友愛と秘密のヨーロッパ社会文化史

古代秘儀宗教からフリーメイソン団まで

深沢克己・桜井万里子［編］

東京大学出版会

Fraternité et secret dans l'histoire socio-culturelle européenne.
Des mystères de l'antiquité à la franc-maçonnerie

Katsumi Fukasawa et Mariko Sakurai (dir.)

University of Tokyo Press, 2010
ISBN 978-4-13-026138-8

緒　言

フリーメイソン団に代表される友愛団や秘密結社の研究は、わが国のヨーロッパ史研究では未開拓の分野に属する。中国史では秘密結社の存在が早くから注目され、その研究にも蓄積があるが、ヨーロッパ史については、フリーメイソン団の発祥地であるイギリス史の分野でさえも、まだ本格的な研究はなされていないといってよい。たしかに一九世紀前半のウィーン体制下に増殖する政治秘密結社については、政治史または社会運動史の文脈で言及され、またフリーメイソン団そのものについても、サロンや読書協会とならぶ「啓蒙の世紀」の社交形態として概説的に述べられることはあるが、政治的または文化的な機能にとどまらず、それらの結社や団体に固有の内在的特徴を、思想史的・社会学的視野のもとに研究しようとする姿勢は稀薄だった。もちろん身分制国家から均質的な市民社会に立脚する国民国家への推移を論じる伝統的歴史記述のなかに、秘密友愛団が位置をしめるのは困難だったが、そのような記述の枠組みが部分的に放棄され、「社会史」の流行とともに多様な人間関係の様態に関心が向けられるようになっても、フリーメイソン団や黄金薔薇十字団やバイエルン光明会などの秘密団体は「怪しげな」対象として敬遠された。しかし欧米諸国における近年の諸研究が示すように、多少とも秘密をともなう社交団体の発展こそは、近代市民社会を形成するひとつの原動力になったのである。

本書はこのようなわが国の研究史上の欠落を克服し、欧米諸国の最新の研究動向に合流しながら、ヨーロッパ文明史の隠された部分に光をあてることを目標として編集された。全体は二部構成をとり、それらを通観する目的で序章をおき、まず友愛団や秘密結社を分析するための基本概念を体系的に検討する。つづく第Ⅰ部は「友愛団の宗教史的文脈」と題され、近世以降に出現する多様な秘密団体に直接または間接に関連づけられる諸要素、とくに宗教的起源をもつ象徴や観念、または社会学的な編成原理の参照系をあたえたと考えられる諸要素を研究する。なかでも古代秘儀宗教、中世以降のキリスト教内部の秘教伝統、在俗信徒の信心団体としての兄弟団は、フリーメイソン精神の成立と展開を語るうえで不可欠の要素である。また宗教的少数派を、たんに正統教会に対する「異端」としてでなく、その内部的な存在様式に着目することにより、秘密友愛団との差異と類似の比較史的考察が可能になる。

以上の考察をふまえて、第Ⅱ部は「友愛団・秘密結社の諸形態」と題され、近世後半期から近現代にいたるそれらの展開を論じる。直接にフリーメイソン団をあつかった論考のほか、聖ヨハネ騎士団とアイルランドのオレンジ団を研究対象とする諸章もまたフリーメイソン団との関連を分析しているように、近現代ヨーロッパ社会におけるこの友愛団の重要性を浮かびあがらせている。それはローマ教皇の破門宣告からナチス・ドイツにおける弾圧まで、数々の迫害をのりこえて三〇〇年間も存続し、いまなお七〇〇万ないし八〇〇万人もの加入者数を誇るがゆえに、他の多くの秘密団体のモデルとなり、多様な儀礼と象徴体系の源泉になったからである。

要するにヨーロッパ文明史のなかで、古代秘儀宗教やキリスト教の霊性と秘教伝統を背景にもちながら、相互扶助的な兄弟団から哲学的社交団体へ、さらには政治秘密結社へと変転しつつも、その内部に秘儀的な編成原理を多少とも導入した団体・結社が簇生し、それらが重要な社会的・文化的・政治的な機能をはたした点に、これまで看過されてきた本質的問題がひそんでいる。

なお本書は、平成一七—一九年度日本学術振興会科学研究費補助金・基盤研究(B)「ヨーロッパにおける宗教的・密儀的な団体・結社に関する比較社会史的研究」による共同研究の成果である。また今回の出版にあたり、平成二二年度同科学研究費補助金・研究成果公開促進費による助成を受けた。

二〇一〇年六月

深沢克己

目次

序章　友愛団・結社の編成原理と思想的系譜

深沢克己

一　本書の課題

本書は、ヨーロッパ史上に出現した多くの団体・結社に通底してみられる多少とも宗教的・秘儀的な編成原理に着目し、その社会学的構造と、思想史的系譜とを相互連関的に研究することを目標として編集された。古代地中海の密儀的諸宗教、中・近世ヨーロッパの兄弟団や修道騎士団や異端的宗派、近世に増加する慈善組織や相互扶助組合、さらには読書協会や展示協会など、「啓蒙の世紀」を飾る多様な社交団体、そして一九世紀に登場する政治秘密結社などは、これまでも各分野の専門家により研究されてきた。ただしその場合には、それぞれの団体・結社の性格や機能に応じて、宗教史・経済史・社会史・政治史の視点から別個に研究されるのがふつうであり、これら多様な諸団体を共通の視点から考察し、そこに継承・重複・相互関係を探究する関心は稀薄だったといってよい。本書が試みたいのは、一見それぞれ無関係にみえる諸団体のあいだを結ぶ共通の編成原理、すなわち団体成員の内部的結束を固める友愛と秘密の原理について考察し、同時にこの原理の背景をなす宗教的・秘儀的伝統の役割を考究することである。

このような広範囲にわたる連関を探究する根拠となり手がかりとなるのは、一八世紀初頭から現在まで、世界最大の秘密友愛団として存続するフリーメイソン団のもつ習合的・折衷的性格である。なぜならば「ヨーロッパ精神の危機」(ポール・アザール)[1]のさなかに原型をととのえたこの友愛団は、その後一世紀間にさまざまな変転を経験しながら、ヨーロッパ文明の伝統と革新、たとえば身分制原理と市民的平等の共存または部分的融和を実現し、また自発的結社の古い形態と新しい形態、とりわけ宗教的兄弟団と世俗的社交団体とのあいだを架橋すると同時に、十字軍以来の修道騎士団の伝説を象徴的または現実的に復興させて組織化した。他方では理性と信仰、科学的認識と神話的思考とを融合させ、ラテン・キリスト教世界の宗派分裂を克服するために、原始キリスト教を超えて旧約聖書の天地創造神話に回帰しながら、ユダヤ=キリスト教的伝統と古代東方の秘儀的諸宗教とを結びつける象徴体系を探究し、ヘレニズム期エジプトで成立したヘルメス文書から、ルネサンス末期のドイツに出現した薔薇十字文書にいたる一連の秘教思想を参照系として、それらを秘儀伝授の儀礼に導入することにより、宗教の普遍的・原初的形態を回復しようと試みた。要するにフリーメイソン団は、伝統を否定せず、むしろそれを回復し継承することにより、新しい理想社会を建設しようとしたのである。

たしかにこれらの壮大な実験の多くは、せいぜい一時的な成功をおさめたにすぎず、ときには戯画的な失敗に終わった。つづく一九世紀には、政治革命と国民主義との時代的要請に適応しながら、フリーメイソン団もまた政治への関与を深め、総じてカトリック諸国では反教権主義の立場に傾斜し、プロテスタント諸国では公認教会と良好な関係をたもちながら、秘教的要素をしだいに周縁化させ、部分的には払拭する。とはいえこの友愛団の基本原理であり、団体への帰属意識の根幹をなす友愛と秘密の原則はそのまま保持され、それを支える象徴と儀礼の体系も継承された。しかも一九世紀に簇生する政治秘密結社の多くは、フリーメイソンの組織形態や加入儀礼を模倣し、その象徴体系を部分的に借用しながら、内部的結束と思想的統一をはかった。たとえばデカブリストの乱に参加したロシア青年将校にはメイソン団員が少なからず含まれ、彼らの組織した「北方結社」と「南方結社」は、三位階制の組織、秘密の加入儀礼、忠誠誓約の儀式、道徳的規律の遵守など、フリーメイソン団の制度をほぼそのまま採用している。[2] 同じくイタリアのカルボナリは、フリーメイソンの「会所」loge に相当する「売店」vendita を単位に組織され、メイソン同士が「兄弟」frère と呼んだように、たがいを「従兄弟」cugino と呼び、放光する三角形や三色リボンや髑髏などの象徴記号を目印とし、志願者には目隠しをさせ、キリスト教的色彩の濃厚な加入・昇位儀礼をおこなうことにより、複数位階制の秘密組織をきずいた。ナポレオン没落後のイタリアでは、活動を禁止された多くのメイソンがカルボナリに合流したので、両者は人的にも連続または重複している。[3]

以上の実例が示すのは、革命や武装蜂起をめざす政治結社の組織原理を説明するのは、たんに国家権力による弾圧の防止という実践的必要だけではないこと、少なくともヨーロッパ文明史上においては、政治秘密結社はしばしば非政治的な秘密社交団体を先行モデルとし、後者の宗教的または秘儀的な要素を部分的に継承しながら、その特異な利点を活用することにより成立した事実である。[4] このようにフリーメイソン団のプリズムをとおして観察すると、カトリック宗教改革と宗派間対立の世紀から「啓蒙の世紀」への移行と同じく、文化的世界市民主義の時代から政治的国民主義の時代への転換もまた、断絶性よりも連続性の相貌のもとにあらわれる。社会現象としての団体・結社の歴史を研究するためには、その内部的凝集性を保証する精神的・儀礼的要素の考察が不可欠であり、この視点から眺望するとき、古代ギリシアのエレウシス秘儀から近代アイルランドの秘密結社まで、また中世ローマ教皇の思想空間から現代イタリア人亡命者の反ファシズム運動まで、本書を構成する諸要素のあいだを結ぶ複数の糸をたぐることができるはずである。

二　「ソシアビリテ」論から結社の歴史へ

なんらかの共通の目標のために、自発的に組織される団体・結社の歴史は、近年では多くの研究者の関心を集めつつある。たしかに「ソシアビリテ」または「社会的結合」の概念は、いまから三〇年もまえに二宮宏之により導入され、わが国の歴史学界に多大な影響をおよぼした。ただしそこでは、ソシアビリテ概念はもっと広義に解釈され、家族集団や村落共同体、職能団体や都市社団まで含む社会関係一般に適用されたので、自発的結社への関心が中心的位置をしめたわけではない。それまでの日本の歴史学界では近代資本主義生成史と国民国家成立史とが正統的な研究課題とみなされ、経済史的概念としての「階級」および政治史的概念としての「民族」が基本的分析概念となっていた現状を突破し、歴史学のパラダイム転換を実行するために、二宮はソシアビリテ概念をきわめて戦略的に使用し、階級や民族に還元されない社会関係に関心をもつすべての研究者を結集するための合言葉の役割をあたえたのである(5)。

ところで二宮自身は、この概念をフランス絶対王政の統治構造分析に適用し、血縁・地縁集団や職能集団・身分団体などの「自然生的」社会結合が、王政国家の権力秩序に組みこまれる過程を論じ、それを絶対王政の「社団的編成」と名づけた(6)。したがってそこでは「ソシアビリテ」sociabilitéと「社団」corpsとはなかば重複する概念となり、日常的な懇親関係や仲間意識はあるにせよ、自発的結社というよりは、むしろ所与の共同体的枠組みという側面に比重がおかれるようになる。二宮が「きずな」と「しがらみ」との互換性を好んで論じたのは、この文脈から理解される。ソシアビリテ概念をはじめて歴史学に導入したモリス・アギュロンが、悔悛苦行兄弟団とフリーメイソン会所の分析から南フランス型社交形態の「潜在的民主制」を論じたのと比較すれば、関心の方向性はかなり異なるが、この統治構造論はわが国のフランス近世史研究に決定的な影響をおよぼし、王権と社団との相互依存関係を分析する国制

史研究に結実することになる。(7)

それゆえ固有の意味での自発的結社への関心が高まるのは、もう少し最近になってからである。フランス近代史の分野では、たとえば槇原茂の農村史研究がこの関心を明示する。(8) アギュロンの分析視角を継承しながら、槇原は一九世紀フランス農村に出現する多様な民衆結社、すなわち「シャンブレ」chambrée や相互扶助会、教育同盟や農業信用組合、カトリック系青年会や共済組合を分析することにより、従来の「保守的・停滞的」な受動的農民像の克服を試み、「個人の自発的な意思による結合、アソシアシオン」の発展を強調しているからである。生活空間に根ざす近隣関係や社会的連帯が、国家権力により掌握され統合される側面を重視するいくらか悲観的な歴史像に対して、諸個人が自発的に形成する結社の集合体としての能動的な市民社会像を描こうとするのは、おそらく近世史と近代史という対象の差異に起因するのではなく、むしろ研究者の主体的姿勢または内面的動機に由来すると考えたほうがいいだろう。

その意味で、綾部恒雄監修による『結社の世界史』全五巻（山川出版社、二〇〇五―〇六年）が刊行されたことは、今後わが国の歴史研究に新しい視点をあたえるのに貢献するにちがいない。たしかにそれは本格的な研究書ではなく、日本・中国・アメリカ・イギリス・フランスの各国について、多様な集団や結社を対象とする概説的論文を集めた書物であるから、論述にも粗密の差があり、なかには結社に含めるのが適当とは思えない対象も含まれる。しかしそれでも全体の方向性は明確に示されており、監修者である綾部の序言は、血縁・地縁の紐帯原理に対して、約束原理にもとづく集団として結社を定義し、それに「約縁集団」の呼称をあたえている。しかも綾部は、血縁・地縁集団と約縁集団とを、伝統から近代へ、共同体的規制から自由な個人による集団形成へという発展段階の文脈ではなく、歴史をつうじて並存する結合形態の諸類型として理解しているのである。各巻の編集者もこの基本的理解を多かれ少なかれ共有し、たとえば中国史の巻を担当した野口鐵郎は、「それぞれの目的達成の願望に裏打ちされた、人為的で機能的な社会集団組織」として結社を定義し、その展開を隋唐期にさかのぼる長期的持続のなかに位置づける。[9] また日本史の巻を担当した福田アジオも、和歌森太郎による「血縁・地縁・心縁」の概念を援用しながら、はじめは血縁・地縁と未分化だった心縁が、しだいに独立した社会結合の原理となる歴史過程を研究課題とする。ここでは共同体から個人へという図式が維持されているようにもみえるが、むしろ心縁集団の増加が中世後期の惣村の形成にさかのぼる長期的視野のなかで考察されている点を重視すべきだろう。[10]

二〇〇九年春に邦訳が出たシュテファン＝ルートヴィヒ・ホフマン著『市民結社と民主主義一七五〇―一九一四』(山本秀行訳、岩波書店)は、アメリカおよびヨーロッパ諸国の市民社会が、フリーメイソン会所を筆頭とする無数の社交結社の集合体として成立した事実を、幅広い時間と空間の枠組みのなかで描き出している。すなわち血縁・地縁集団と区別されるだけでなく、営利目的の企業組織や、職能的利害を防衛するための同業組合や、武力行使を組織化するための軍隊などとも区別され、信心業・愛徳・相互扶助・道徳的修行・知的向上などの非功利的な目的を共有する人々が、会合し、交流し、談論し、共同で作業する喜びのために組織する自発的結社を、近代市民社会形成の原動力として位置づけている。フリーメイソン団はこのような社交結社の代表格であるから、著者のホフマンがもともとフリーメイソン史研究者だったことは偶然ではない。それゆえこの書物が、ほぼ同時に翻訳刊行されたピエール＝イヴ・ボルペール著『「啓蒙の世紀」のフリーメイソン』(深沢克己編、山川出版社、二〇〇九年)とともに、わが国の社交結社史研究、とくにフリーメイソン史研究を刺激することが期待される。

三　社交結社の組織原理

ところで「社交の喜び」を共有するための集まりは、はかなく脆弱な基盤のうえに成立する。同業組合の親方層は、品質管理と市場独占のために共同規制をおこなう必要があり、また配当利益を共有する社員団体は、会社経営と株式相場に連帯責任をもつので、内部で利害対立はあっても、つねに組織の維持がはかられる。ところが非功利的な理想や精神的悦楽のために集合する人々は、ささいな対立や紛争、無理解や無気力により離散してしまう危険性がある。それゆえこのような集会に持続的な形態をあたえ、明瞭な輪郭をもつ社交結社とするためには、功利的結社とはやや異なる組織原理が必要になる。すなわちそれは、まず規約または会則を作成し、加入志願者に必要とされる宗教的信仰または道徳的資質、社会的な地位または世評などの条件を明示すると同時に、加入した成員が遵守すべき規律、とくに集会への恒常的な出席と、集会中の礼儀作法とを規定しなければならない。しかし規約はもちろん外在的な拘束にすぎず、それだけでは団体の内部的凝集力を高めるのに充分ではない。成員間の内面的連帯を強め、団体内部の調和をたもち、共通の目標に向けて協力するためには、より特殊な組織原理が必要になる。この原理を要約すれば、外部世界に対する一定の閉鎖性、加入儀礼の執行、および成員間の原則的平等の三点にまとめられるだろう[11]。

第一の閉鎖性は、いま述べた加入資格の制限と混同されてはならない。フリーメイソン団は原則として身分・国籍・宗派を問わず、すべての品性ある成人男性に開かれた組織であり、また兄弟団のなかにも、本書第三章（河原温）で論じられるブルッヘの「雪のノートルダム」兄弟団のように、王侯貴族から手工業者まで、都市役人から外国商人や女性まで、幅広い階層に開かれていた事例は多い。ここでいう閉鎖性とはそのような意味ではなく、団体の内部と外部、成員と非成員とを厳格に区別し、前者を「選ばれた人々」の自覚的集団として認識しようとする傾向である。この傾向を代表するのは、「秘儀伝受者」initiés と「俗人」profanes とを峻別するフリーメイソン団の場合であるが、多くの兄弟団の成員も、みずからをキリスト者の選良とみなし、それが団体への帰属意識および信心業や愛徳行為への使命感をささえた。そしてまさしく、兄弟団やメイソン会所が雑多な社会階層の人々で構成される場合にこそ、集会内部での親密な友愛と調和を実現するために、外部の日常世界から遮断された空間を創出し、そこが別世界であることを明示する必要が生じたのである。この意味での閉鎖性を考えるうえで、イギリスにおける初期のメイソン会所が、居酒屋の別室で集会を開く習慣があったことを想起するのは興味深い。常連客の集まる居酒屋が「無形のソシアビリテ」の舞台だったことは知られているが、この移ろいやすい社交関係が、メイソン会所という「有形のソシアビリテ」に移行したとき、兄弟たちは居酒屋の個室を借りきり、ドアと窓を閉めて光や音がもれないように注意しながら、外部と遮断された社交空間を実現したのである。(12)

こうして内部を外部から区別し、選ばれた人々の親密な空間とするためには、加入志願者に多少とも厳粛な儀礼を経験させ、成員となることの自覚をうながすのが有効であり、これが第二の加入儀礼の目的となる。この儀礼に不可欠の要素は、それゆえ志願者による誓約であり、友愛の「約縁集団」はこれを基盤として成立する。一般に兄弟団への加入志願者は、キリスト者として正しい生活をいとなみ、団の規約を遵守することを宣誓するが、ときにはそこに秘密保持の誓約や象徴体系の伝授がともない、加入儀礼に多少とも秘儀的性格をあたえる場合もある。イタリアで成立し、一五世紀末から南フランスを中心に広まった「悔悛苦行兄弟団」confrérie de pénitents はその典型例であり、その志願者は指定された服装で出頭し、入口で誰何されたのちに入室を許され、儀式化された問答を交わしてから、団体の内部活動、決議事項、ときには構成員の氏名をも、外部に漏洩しないことを誓約する。それにより新団員は友愛と連帯を享受し、同時に団に固有の象徴記号、たとえば頭巾は謙譲を、腰紐は服従を、黒色は地獄の責苦をあらわすことを教えられる。これら一連の儀礼は、フリーメイソン団の秘儀伝授とよく類似し、その影響を受けた前述の政治秘密結社の入社式をも想起させる。(13)

とはいえ歴史家が「兄弟団」confrérie と総称しているものは、名称も実態も多様な諸集団の集合にすぎず、そこから性急に一般的特徴を抽出することはできない。近世南フランスの兄弟団について、アギュロンは「灯明団」luminaire や「聖体兄弟団」confrérie du saint-sacrement など、おもに小教区教会の主祭壇と祭礼の管理を担当する「制度的兄弟団」と、共同の祈禱や宗教行列などの信心業のほか、祝祭や宴会などの懇親関係にも重点をおく「結社的兄弟団」とを区別し、さらに後者を職能別兄弟団および悔悛苦行兄弟団の二種類に分類した。職能別兄弟団は当然にも同業組合と結びつく排他性の強い組織であり、そこへの加入はほとんど自動的または強制的であるが、悔悛苦行兄弟団は個人の自発的加入を原則とし、幅広い社会層から団員が構成され、愛徳業と相互扶助、とくに葬儀組合的機能に重点があった。悔悛と霊的高揚をめざすこの兄弟団は、宗教戦争と対抗宗教改革の時代的文脈で発展をとげ、異端との闘争に貢献し、カトリック信徒のエリート集団としての意識を強め、それに対応して半秘密結社的な色彩をおびるようになる。エリート主義と秘密結社とが内面的親和性をもつことは、イエズス会系の兄弟団「友人会」Amicorum associatio（＝Aa）の事例をみれば明白である。これはイエズス会系学院（コレージュ）の優等生を集めた「マリア信心会」congrégation mariale のなかから、さらに精選された人材で構成され、文字どおりの秘密結社として行動したのである。[14]

こうして創出された選良の友愛空間では、外部世界の価値意識や身分的序列は原則として廃止され、同質の目標と美徳を共有する平等な人々の共同体が形成される。そこでの成員たちは、俗世間の称号や敬称や肩書きをもちいず、たがいを「兄弟」として呼びかわすのである。この第三の原則は、兄弟団においてもフリーメイソン会所においても、役員の選挙制と任期制により表現される。たとえば悔悛苦行兄弟団では、団長をはじめ、顧問役、会計役、書記、典礼長などの役員を、秘密投票による多数決制で毎年選出したが、これと同じ制度は、多かれ少なかれ他の類型の兄弟団にも見出され、どこでも団長の任期は二年を超えなかった。もちろん例外はあり、互選により次期役員を選出したり、役員団が推薦する複数の候補者を投票にかける場合もあり、また再選が禁じられていない場合には、第三章（河原）の「雪のノートルダム」兄弟団の事例が示すように、一部の都市エリート層が団長（主席）の役職を独占する場合もあった。[15] フリーメイソン会所の役員制も兄弟団のそれと類似しており、この友愛団が中世イングランド・スコットランドの石工兄弟団をモデルとして成立した事情をよく示している。基本文書である『アンダーソン憲章』（一七二三年）の規定にしたがい、イギリスでは各会所の会所長および役員も、統轄団体であるロンドン大会所 Grand Lodge of London の大会所長も、集会での秘密投票制により毎年選出される。ただしフランスでは、「免許状 patente 制度にもとづく会所長の終身制が、パリ市民層の諸会所を中心に広まった。これはアンシャン・レジーム下の売官制を応用した制度であり、一七七三年のフランス大東方会 Grand Orient de France 成立により、ようやく廃止に向かう。この「フリーメイソン制度革命」以後は、会所長、監督、会計役、書記、儀式長などの主要役員は、秘密投票制により毎年選出されるようになる(16)。周知のように、オギュスタン・コシャンからラン・アレヴィにいたる一部の歴史家は、この平等で民主的な社交空間のなかに、民主主義的政治変革の原点を見出そうとした(17)。

四　秘密結社の基本性格

以上の論述から、友愛と秘密、通常の社交団体といわゆる秘密結社とのあいだに明確な断絶はなく、むしろ両者は多様な偏差をともないつつ連続することが理解されるだろう。現代の会員制社交クラブでも、会員のエリート意識が強化されるにつれて、外部に対する閉鎖性と秘密性が高まる傾向はしばしば観察される。また悔悛苦行兄弟団が宗教行列をおこなうときに、目出し頭巾で顔を隠した本来の意図は、信心業における謙譲および成員間の平等を表現することだったはずだが、それは同時に団体成員を部外者に対して秘匿する効果をもたらした。そして南北戦争後のアメリカ合衆国南部諸州で、クー・クラックス・クランが類似の目出し頭巾を使用したとき、それは恐るべき秘密結社が、迫害の対象者を威嚇する道具と化したのである。

そこでつぎに、固有の意味での秘密結社について論じなければならないが、すでに述べたことから暗示されるように、そこに明確な定義や判別基準をあたえることはむずかしい。そもそも秘密結社の代表格のようにいわれるフリーメイソン団自体が、それに該当するかどうか議論の対象になっており、現代のフリーメイソンの多くは、政治的プロパガンダに利用されることを恐れて、それに分類されることを拒否している。実際問題としても、この団体の指導者、すなわち大会所長や幹部役員の氏名は一八世紀以来つねに公表されており、ときには公的な場で積極的に発言をおこない、集会所の建物も公表されているのだから、その意味では秘密結社とは呼べない。他方では迫害され地下に潜行した宗教的少数派や、非合法的な革命的政治組織を、すべて秘密結社に分類することも適当でないだろう。第五章（篠原琢）で論じられるチェコの非カトリック信徒は、三十年戦争勃発後から一七八一年のヨーゼフ寛容令まで、約一六〇年間にわたり地下に潜伏せざるをえなかったが、それをただちに秘密結社と呼ぶことが適切でないのは、ナント王令廃止後のフランス改革派信徒や、禁教下日本の隠れキリシタンをそれに分類できないのと同様である。また非合法化された共産党組織を、それだけの理由で秘密結社とみなすことにも、論理的な飛躍があるというべきだろう。それゆえ本書の視点から秘密結社を考えるためには、もう少しべつの基準を考察する必要がある。

社会学者ゲオルク・ジンメルは、この分野に関する先駆的著述のなかで、秘密が人間関係におよぼす心理的影響を論じたのち、秘密結社の基本的要素として、対外的な保護と対内的な信頼をあげている。すなわちそれは、一方で集団の共有する道徳的・宗教的・知的・政治的または犯罪的な内実を、政治権力や教会権力、または社会的圧力などから保護することを本質的な機能とし、他方で成員が秘密を守る能力を相互に信頼することを存立基盤とする。そしてこの秘密保持の手段として、誓約と違反者の処罰、沈黙の修行や知識の口頭伝承などが導入される。この秘密結社の社会学的特徴は、第一にもちろん外部世界に対する閉鎖性であり、内部と外部との境界線は秘密により防衛され、内部世界は優越意識の支配するエリート的または特権的空間となる。第二の特徴は儀礼の創出であり、これこそは公開結社と区別される秘密結社の根本的特徴である。なぜならば秘密の儀礼の執行は、外部世界から独立した調和的全体を構築する唯一の手段だからである。そして第三の特徴は位階制的構造であり、段階的な秘儀伝授を組織することにより、秘密そのものを階層化し、最高の秘密を秘匿することにより結社内部に支配＝従属関係を形成し、中央集権組織を実現するのである。ジンメルは秘密結社の内部で、形式的儀礼と友愛的平等のもとに個人が匿名化され非人格化される結果、一種の無責任体制が生じると結論している。(18)

ジンメルによる秘密結社の社会学的特徴は、さきほど論述した社交結社の内在的傾向と対応するが、異なるのは第三点であり、社交結社では成員間の原則的平等を強調したのに、ジンメルの秘密結社論では位階制的従属関係が指摘されている。ただしこれが公開結社と秘密結社との本質的差異をなすか否かは、なお慎重な検討を要する問題である。一八世紀のフリーメイソン団についても、普遍的友愛の平等主義を強調するか、それとも秘儀伝授の階層制による貴族主義を重視するかは、研究者の視点により立場がわかれる。それはともかく、第八章（勝田俊輔）がこのジンメルによる社会学的考察をふまえて、一九世紀アイルランドのオレンジ団を対象に、秘密結社の本質的要素として秘密保持の誓約に注目し、それが公権力との鋭い対立関係を生み出す過程を分析したのは、社交結社と政治結社との流動的な境界領域を暗示しながら、秘密結社の外在的条件をよく解明している。

それゆえ根本的に重要なのは、ジンメルも指摘するように、この誓約を含む秘密儀礼の執行であり、これこそがたんなる地下組織や非合法団体から秘密結社を区別する特徴である。この分野について多数の著作を公表したセルジュ・ユタンも、秘密結社の本質的特徴を加入儀礼の存在に求め、この儀礼を執行し、それにより伝授される象徴体系を共有する集会組織としてそれを定義している。(19)そこでつぎに考えるべき点は、加入儀礼または秘儀伝授、すなわち「イニシエーション」initiationとは何かという問題であるが、この概念の人類学的定義はさておき、ユタンの説明にしたがえば、それは劣等状態から優越状態へと移行する儀式であり、この移行のために精神的または肉体的試煉を受け、象徴的な死と再生を体験しなければならない。(20)たしかにこれは、基本的にフリーメイソン団を念頭においた定義であり、多種多様な秘密結社のすべてに適用できるかどうかは考慮の余地があるだろう。

ユタン自身も秘密結社の類型化をいろいろ試みているが、ジャン＝フランソワ・シニエの編集した近著『秘密結社』（ラルス社、二〇〇五年）は、それを宗教的・秘儀的・政治的・犯罪的の四類型に大別しながら、古今東西にわたり多様な事例を論じている。[21] この分類法によれば、加入儀礼に関するユタンの定義がよく当てはまるのは、道徳的向上や自己探究をめざす秘儀的秘密結社の場合である。これに対して宗教的秘密結社の成立要因は、神と救済の探求における公教と秘教（仏教用語では顕教と密教）の区別にあり、前者が万人に開かれた教えであるのに対して、後者は選ばれた少数者のみが知りうる教えであるゆえに、秘密の教義と儀礼を共有する閉鎖的な信徒団を形成する必要が生じる。たとえばグノーシス主義の諸教派における秘儀伝授の内容は、使徒ヨハネにあたえられた秘密の啓示にほかならない。また政治的・犯罪的秘密結社においては、当然にも目的遂行のための組織防衛が前面にあらわれるので、加入儀礼は秘密保持の宣誓に重点がおかれる。とはいえシニエの編著には、日本の真言密教や中世南フランスのカタリ派など、秘密結社に分類することが不適当と思われる事例も多く、そこでの議論も批判的に検討する必要がある。

まず同書のなかで秘儀的結社に分類された錬金術師の組織、薔薇十字団、フリーメイソン団などは、いずれも既存の「公教的」諸宗教を超越しようとする習合的または融和的な思想を背景にもち、その秘儀伝授は教会分裂や宗派間対立を超えた究極的な真理を探究する過程でもあるので、宗教的結社との区別は流動的である。そして政治的・犯罪的結社についても、それらが真に「秘密結社」の名に値するのは、加入と宣誓の儀礼がたんなる契約上の手続きではなく、志願者を「生まれ変わらせる」ための多少とも神秘的な意味をもち、それにより集団の特殊な凝集力が確保される場合のみである。カルボナリ団の加入儀礼がこのような性格をもつことは、本章の冒頭で言及したとおりであるが、犯罪的結社についても、たとえばシチリア島のマフィアは、志願者に「沈黙の掟」omertà を課するために、「トラーパニの聖母」などの聖画像のうえに自分の指先から血を滴らせる儀式のなかで、まるで連禱のように忠誠をくりかえし誓約させ、誓約が終わると聖画像に火をつけて燃やし、最後にマフィア兄弟の三徳「名誉・義務・度胸」を大声で宣誓させる。[22] ここには宗教的・秘儀的な加入儀礼の基本的要素が導入されており、それゆえユタンの定義は、必要な修正を加えれば、秘密結社の多くの類型に適用できることが理解される。つまり加入儀礼が志願者の外部的・規範的束縛よりも、内面的・人格的変革に重点をおく場合に、それは形式的手続きを超えた「秘儀伝授」[23]となり、それを執行する閉鎖的集団は秘密結社となる。もちろんこの重点の度合を測定する厳密な基準はないので、公開結社または非合法団体と秘密結社とのあいだには、つねに曖昧で幅広い境界領域が残存するのである。

五　公教と秘教のあいだ

宗教的結社と秘儀的結社との区別が流動的であり、また秘密結社の本質的要素をなす秘密儀礼または秘儀伝授の性格を広義に理解してよいとすれば、「公教主義」exotérisme と「秘教主義」ésotérisme との対立概念もまた、宗教上の教説にのみ限定せず、より広く哲学的・思想的な次元で考察する余地が生まれる。ユタンは秘儀伝授と秘教主義とを密接不可分のものと考え、公認教会と布教組織の体現する公教主義と、「隠された真理」を求める選良の秘密結社により保持される秘教主義とを対比するが、この秘教主義とは宇宙の生成や世界と人間の運命に関する「根源的叡智」または「原初的伝承」の探究にほかならない。[24] このような概念上の区別は、それぞれの語源的意味に合致する自然な解釈であり、すでにディドロとダランベールの『百科全書』でもつぎのように説明されている。「古代の哲学者たちは二重の教説をもっていた。ひとつは外部的、公開的または公教的で、もうひとつは内部的、秘密的または秘教的だった。前者は万人に向けて公然と教えられたが、後者は選ばれた少数の弟子たちのために留保された。[25]」この解釈にしたがえば、秘教主義または秘教思想は、少数者の閉鎖的集団の内部で共有される社会学的特徴、および啓示宗教の教義体系の背後に隠された「奥義」arcana を探究する宗教学的特徴により定義されることになる。[26]

世界各地で教鞭をとりながら、古今東西にわたる多様な秘教思想を研究した異端的学者ピエール・A・リファールも、同様の一般概念を採用している。リファールによれば、秘教主義とは社会現象であり、文化現象ではない。なぜならばそれは純粋に個人的な営為ではなく、秘儀を伝授する集団の存在を前提とするからであり、またそれは明示的な教理や知識をあたえず、文化伝達という教育機能をもたないからである。秘教主義とは確立された理論や教義ではなく、むしろ無限の探究過程そのもの、または探究の手段や方法であり、原初的伝承の生きた体験または再現である。それは形態と内容との二側面から構成され、前者は奥義の規律としてのヘルメス主義、後者は霊知または内観的覚知としてのグノーシスであるが、両者は不可分の一体をなして秘儀伝受者の営為を形づくり、類比と照応と象徴による宇宙の統一的解釈の探究をささえる。[27] リファールは以上の概念規定を呈示するにあたり、イスラーム内部のスーフィズム、インドのヨーガ、東アジアの禅などの事例を好んで引用し、秘教思想の普遍的性格を強調している。

しかしこのように抽象的な一般概念は、その包括性と反比例して厳密さを欠くように思われ、それを個々の歴史的事例に適用することの妥当性について、批判の対象とされるのは当然である。ユタンやリファールとは異なり、パリ高等研究実習院の宗教学部門という「正統的」学術機関の指導教授の地位にある碩学アントワーヌ・フェーヴルは、まさしくこの点について批判的検討を試みた。フェーヴルは「エゾテリスム」がヨーロッパで形成された概念である以上、それを抽象的に一般化するのではなく、むしろ歴史的個体として経験的または「現象学的」に考察し、その諸傾向の全体を記述すべきであると主張する。この観点からみれば、秘教主義をたんに秘密や奥義と同一視したり、または諸伝承の「超越的一体性」を証明するための「中核的知識」の探究に還元したりするのは、不適切な抽象的限定である。ヨーロッパ固有の参照系をなす秘教主義とは、ルネサンス期以降に確立する思考形態または精神的態度であり、公認宗教であるキリスト教が、中世神学と同居していた想像的または象徴的な世界解釈の形態を放棄するにつれて、それを継承する自律的な知的営為として成立する。それは神学と自然学との分離を修復し、形而上学と宇宙論とを架橋するために「神話的思考」を実現する営為であり、具体的には古代ヘレニズム諸宗教とアブラハム一神教（ユダヤ教・キリスト教・イスラーム）との共通分母を探究し、すべてを均質の統一体として解釈する方法である。[28]

以上の基本的解釈をふまえて、フェーヴルは近世ヨーロッパ秘教思想に共通する構成要素を列挙する。まず四つの「内在的」または基本的要素として、(1)「照応」すなわち宇宙の万物を結びつける対応・連関・相互依存の解読、(2)「生ける自然」すなわち不可視の炎または光の循環により万物は生命をもつという観念、(3)「想像と媒介」すなわち自然の秘密を読み解く能動的想像力と、その不可欠な媒介となる象徴や儀礼や仲介霊の活用、(4)「変成体験」すなわち知的営為と想像力、または霊知と内面的変化の一体化した「生まれ変わり」の体験がそれぞれ呈示され、つぎに二つの副次的または「相対的」要素として、(5)「融和の実践」すなわち既存の諸宗教すべてを融合させ、その隠された唯一の根源を明示する作業、(6)「伝達」すなわち伝承の「正規性」と秘儀伝授の観念をともなう師弟間の知識伝達が付加される。[29] 以上六つの構成要素は、かならずしも同一次元に属するわけではなく、リファールの区別を援用すれば、(1)(2)(3)(5)は秘教主義の内容（宇宙の統一的解釈）に、(4)(6)はその形態（内面的変革をともなう秘儀伝授）に相当すると考えてよいだろう。またそれらの一部は、リファールが呈示する秘教主義の「不変要素」と重複し、たとえば(1)は後者の「類比と照応」に、(3)は「汎ヘルメス主義的」解釈学に、(4)(6)は「秘儀伝授」にそれぞれ対応すると考えられるので、フェーヴルとリファールの見解上の対立は、見かけほど絶対的ではない。[30]

ともあれ抽象的一般概念ではなく、歴史的個体概念として秘教主義を定義するフェーヴルの立場は、学術研究機関に所属する一部の専門研究者から支持され、たとえば近年刊行された『グノーシス・西洋秘教主義事典』（ブリル社、二〇〇五年）の編者、アムステルダム大学教授ウォウテル・J・ハネフラーフも、みずから執筆した「秘教主義」の項目のなかで、フェーヴルの概念規定を踏襲している。[31] たしかにフェーヴルが秘教主義を秘密一般から区別し、それを秘儀的秘密結社と直結させがちなユタンやリファールの解釈を批判したのは正当である。秘教思想の代表格とみなされる錬金術や神智学の書物は、少なくともルネサンス期以降、数多く出版され流通したので、少なくとも表面上は「俗人」に対して秘匿されたわけではない。また神智学者やカバラー学者が、つねに閉鎖的な秘密結社に組織されたわけでもない。さらに秘教主義と公教主義、たとえば奥義探究と公的典礼とは、かならずしも両立不可能ではなく、多くの場合に相互補完的な関係にある。(32)

しかしその反面、フェーヴルの「経験的」手法が考察の範囲を限定し、いくらか狭隘な歴史像を構築したことは否定できない。すなわちそれは、まず時間的観点からみれば、ヨーロッパ近世に固有な現象として秘教主義を定義した結果、古代と中世の思想潮流をその「前史」として位置づける一種の発展主義的または段階論的な歴史構成を採用している。フェーヴルがもともと近世ドイツ神智学の研究から出発したことが、このような構成を導く背景になったと考えられる。(33)つぎに空間的観点からみれば、それは中国・インド・イスラーム文化圏などとの比較や連関の研究を捨象し、西洋秘教思想の固有性だけを強調することにより、ヨーロッパ中心史観の一類型という外観をあたえてしまう。ユタンやリファールが数々の事例を引用するように、儀礼や象徴を利用しながら、宇宙万物の照応、たとえば天体の運行と人間の運命との連関性を解明しようとする思考形態は、中国をはじめ世界各地に見出されるので、それを他の要素と合体させて、ヨーロッパの「固有性」のなかに閉じこめるのは、生産的な方法とはいえない。(34)要するに歴史的個性の記述は、つねに世界的規模の比較史のために開かれている必要がある。

六　秘教主義と秘儀伝授の諸相

以上の検討から理解されるように、加入儀礼と関連づけられた秘密・秘儀・秘教の観念は、それぞれ密接に関連し、部分的には重複しあうにもかかわらず、相互に区別されなければならない。とくに秘教主義を短絡的に秘密結社と同一視し、異端的な危険思想、したがって既存の教会権力や世俗権力と対立する「反体制的」思想とみなすことは、問題の次元をとらえそこなう結果をまねく。たしかに西方ヨーロッパでは、秘教的思想潮流はカトリックまたはプロテスタント諸教会とのあいだに軋轢を生む傾向にあり、たとえば一四世紀前半のローマ教皇ヨハネス二二世は、すべての錬金術師に対する破門教勅を発布している。しかし破門教勅や異端審問による抑圧はたいてい挿話的で一時的なものにすぎず、中世末期以降の錬金術や神智学の展開をさまたげなかった。すでに述べたように、秘教思想は教義体系ではなく、霊知探究の過程または方法であるから、それ自体として異端的性格をもつわけではなく、公認教会と直接に競合するわけではない[35]。

それゆえフェーヴルも指摘するとおり、同一宗教の内部に、公教的祭儀と秘教的儀礼とが並存することは可能である。第一章（桜井万里子）は女神デメテルへの信仰に由来するエレウシス秘儀が、初穂奉献の制度化をつうじて、アテナイ国家祭儀として制度化される過程を分析するが、そこに引用された「デメテルへの讃歌」が証言するように、それは同時に死後の幸福を約束する入信儀礼を執行し、その儀礼の内容は語ることを許されない秘密とされた[36]。また南イタリアのクロトンで成立したピュタゴラス教団においても、秘儀伝受者と区別される沈黙修行者の集団があり、後者はピュタゴラスの弟子により指導される公教的段階に属したといわれる[37]。

さらに個人的次元で考えれば、正統教会の聖職者として、公教的な典礼や司牧や修道生活に従事しながら、他方で秘教的な探究や内観に没頭する例は少なくないが、おそらく当事者はそれを両立不可能とは考えておらず、それに「異端的」という烙印を押すのは、正統性の守護者を標榜する第三者の偏見であり、歴史家は無批判にそれを踏襲すべきではない。第二章（千葉敏之）は紀元千年前後に活動したジェルベール・ドリャク、のちの教皇シルウェステル二世の知的教養について、スペイン辺境伯領でアラビア科学に接した経験とともに、彼の周囲に形成された知的サークルの共有する天文学や数学の知識が、占星術や数秘学による世界の類比的・象徴的解釈と不可分の関係にあったことを示唆し、それが彼の終末論的歴史観に枠組みをあたえたと推論しているが、このジェルベールの事例もおそらく例外ではない。イスラエル人のフランス史家ミリアム・ヤルデニは、宗教戦争末期に指導的な改革派牧師からカトリック聖職者へと改宗したピエール・パルマ・カイェの思想性を研究しながら、そこにカルヴァン派神学とカトリック神学との曖昧な共存とともに、新プラトン主義的世界観や秘教的ルネサンス科学の影響、悪魔祓いや錬金術への共感、さらに兆候と象徴の解読にもとづく独自の年代学構想を見出している。(38) こうして約六〇〇年の歳月をへだてて、公教的神学と秘教的探究との関係をめぐる問題が、ほぼ同じ位相で持続していることが確認される。

それゆえ第四章（ウラジミール・ウルバーネク）が、三十年戦争初期のボヘミアを研究対象として、シメオン・パルトリキウスやハーベルンフェルトに代表されるプロテスタント亡命知識人のあいだに終末論的世界認識が浸透した事実に着目し、その構成要素として一六一八年の彗星出現に触発された占星術的な世界解釈、天文学的・年代算術的な時代区分を援用した千年王国的歴史観、キリスト教カバラーとパラケルスス的錬金術を背景とする薔薇十字文書への共鳴を分析したのは、時代と地域を超え、また宗派間分裂にかかわらず、宇宙万物の照応を探究する秘教的伝統が共有されたことを示す恰好の事例を提供する。この伝統は、薔薇十字文書がアルプス以北の諸国で広汎な反響を呼びさました事実からも推察されるように、ヨーロッパ思想史のひとつの底流を形づくったのである。第五章（篠原）はヨーゼフ寛容令とともに顕在化した非カトリック信徒、とくに「狂信者」たちの存在に着目しているが、これらの人々の宗教意識が、三十年戦争期の亡命知識人のそれと多少とも連続性をもつのか、それとも断絶した関係にあるのかは、今後の研究課題になるだろう。ナント王令廃止後のフランス改革派信徒についていえば、オランダを中心とする亡命知識人・牧師の思想運動と、南フランス民衆を主体とする「荒野」の教会運動とのあいだには、分離と連帯との両面的性格が認められる。

いずれにせよ、ルター派やカルヴァン派など既存のプロテスタント諸教派への帰属を拒否する「狂信者」の集団は、その自己同一性の根拠となる信仰上の伝統なしには理解できないだろう。この伝統をささえたのは、遍歴職人や旅芸人をよそおって各地の信仰共同体を巡回する司牧者の活動だったといわれるが、このような活動形態は、チェコの宗教的少数派にのみ見出される現象ではない。錬金術師の「秘密結社」と呼ばれるものの実態は、巡礼者やロマ人（ジプシー）の集団にまじってヨーロッパ各地を遍歴する個々の秘儀伝受者が、秘密の合言葉や動作法により相互に識別し援助しあう無形の共同体だった(39)。第一章（桜井）で論じられるオルフェウス秘儀が、固定的な教団組織をもたず、各地を巡回する放浪導師としての吟遊詩人により広められたとすれば、この形態もまた広い地域と時代にまたがる現象であることが理解される。

事情は初期のフリーメイソン団についても同様であり、制度化された会員制の会所組織が結成される以前から、各地に居住し、または移動するメイソンたちは、個人的な通信網を利用して連絡をとり、必要に応じて集会を開いていた。イギリスの著名な古物収集家エライアス・アシュモウルは、史料により確認される最古のフリーメイソンとして知られ、内戦中の一六四六年に、ランカシャ地方の都市ウォリントンで加入儀礼を受けたことが彼自身の日記に書かれているが、そこで彼を受けいれた「会所」lodge とは、地方名士数人が出席した臨時の集会にすぎなかった(40)。そして一八世紀にもこの柔軟な組織形態は長らく存続し、国際的な移動と交流の発展にともない、むしろ多様化したと考えられる。現在フリーメイソン史研究の第一人者であるピエール＝イヴ・ボルペールは、一八世紀フランスの外交官マリ＝ダニエル・ブレ騎士、のちコルブロン伯の日記を網羅的に分析し、メイソン界と俗人界にまたがるこの人物の社交関係を再構成したが、そこには高位階の授与にかかわる興味深い記述が含まれる。すなわち一七七五年六月、コルブロン伯は陸軍少尉ミルヴィル副伯と個人的に面会し、後者から「カドシュの騎士」位階を伝授されていた。「カドシュ」Kadosh はヘブライ語で「聖性」を意味し、当時のメイソン界では威光ある最高位階とみなされたが、コルブロン伯は正規会所での集会には出席せずに、個人的な秘儀伝授によりそれを取得したのである。[41]
それゆえ秘教主義と秘密結社とを性急に同一視すべきでないことは前述のとおりであるが、それに加えて秘密結社と秘儀伝授の概念自体も、それぞれ柔軟に解釈しなければならない。社交関係または「ソシアビリテ」一般について と同じく、少数派の秘密礼拝や「選ばれた人々」の奥義伝達においても、「有形」と「無形」の多様な交流形態が存在したのである。

七　フリーメイソン団の貴族主義と平等主義

以上の論点をふまえてフリーメイソン団の歴史的性格を考察するならば、そこに市民的「公共圏」の概念を機械的に適用することには慎重であるべきであり、とりわけ貴族的社交形態が依然として優越する「啓蒙の世紀」の社交界では、秘儀伝受者たちの交友関係もまた、公共空間と私的空間との曖昧で幅広い境界領域をその舞台として展開されたことが理解される。[42] それゆえフリーメイソン会所の自由・平等の原則、会憲と会則による合法的な秩序形成、選挙による代表制などを根拠として、そこに「民主主義的社交性」や「啓蒙思想の社会的実現」、さらには「立憲政体の学校」や「理念的な市民政体の小宇宙」を読みとろうとする一部の歴史家たちに対しては、[43] それらの制度的・政治的諸側面が、個々の兄弟たちの思想と活動の全体的文脈において、どの程度の比重をしめたのかについて問いかける必要がある。この問題を論じることは本章の課題ではないが、それと関連してフリーメイソン団における貴族主義と平等主義との関係、すなわちジンメルの秘密結社論で強調された集権的階層秩序と、普遍的友愛思想との関係について補足的な論点を呈示しておこう。

一般に哲学・思想史の立場から象徴体系や秘教思想や神話伝承に関心をもつ研究者が、それらの要素にもとづく秘儀伝授の階層制による貴族主義的側面を重視し、それに対して社会史の立場から、宗派や身分や階層や出身を超えて形成される社交ネットワークを再構成しようとする研究者が、コスモポリタンな友愛平等主義を強調するのは当然である。これを「メイソン学」的視点からいえば、それぞれの流派ごとに異なり、秘教的で貴族的な色彩をおびた高位階制または「スコットランド儀礼」Rite écossais に関心をもつか、それともメイソン界に共通の基礎をなし、石工兄弟団の世俗的で平民的な伝統に立脚する「青の位階」または「象徴位階」を重視するかの差異となってあらわれる。しかしこのような対立または矛盾は、ある程度まで外見上の問題にすぎない。なぜならば第一に、高位階制の「貴族主義的」性格は、俗人界の身分制度とは連動せず、内面化された象徴的次元（ユタンのいう「質的階層制」）[44]に属し、そこには道徳的・霊的努力により原則としてだれでも到達可能だからであり、第二にそれは、伝説的記憶または神話的観念としての修道騎士団と結びつき、高貴な理想をになう「仲間団」sodalitas の復活を希求するので、普遍的友愛主義と矛盾するものではないからである。[45] それゆえジンメルの社会学的分析は、この観念的秩序をいくらか実体化してとらえすぎた面がある。

十字軍による聖地再征服をフリーメイソン団の起源に結びつける解釈は、はやくも一七世紀後半に見出されるが、この伝説から友愛団の組織原理をみちびき、高位階制の成立に根拠をあたえたのは、スコットランド出身のアンドル・マイケル・ラムジ騎士だったといわれる。カンブレ大司教フェヌロンとの交流によりカトリックに改宗したラムジは、一七三六—三七年にパリで有名な『演説』*Discours* をおこない、十字軍によるイェルサレム神殿再建の伝説をもとに、建設作業に従事した石工団体と、それを指揮し防衛した騎士修道会、とくにイェルサレム聖ヨハネ救護騎士団との双方がフリーメイソン団の起源をなすと主張したからである。[46] これによりフランスと大陸諸国では、石工団体に由来する「青の位階」と、騎士団を継承する「スコットランド儀礼」との二重構造のモデルが成立し、後者には「騎士位階」と総称される多数の位階が導入されたばかりでなく、中世騎士団の復興を標榜する「改革」メイソン制も出現することになる。

第七章（深沢克己）で論じられる「テンプル騎士厳守会」はその代表例であり、それは一八世紀中葉にドイツで成立した「クレルモン高位階部会」の位階制を母体として構想され、悲劇的な末路をたどったテンプル騎士団の継承と復興をかかげて勢力を拡大したが、やがてジャン＝バティスト・ヴィレルモスの主導する「リヨン改革」により「聖都善行騎士団」へと改変され、中世騎士団伝説を事実上放棄し、キリスト教的愛徳とソロモン神殿の象徴的再建とに重きをおくようになる。この間に騎士位階は大陸メイソン界の全体に普及し、神殿再建にまつわる「東方の騎士」、薔薇十字伝説に由来する「薔薇十字騎士」、錬金術的色彩の濃厚な「黒鷲の騎士」などがつぎつぎに導入される。[47] また他方では、ブルゴーニュ公フィリップ三世（善良公）によりブルッヘで一四二九年に創立された「金羊毛騎士団」が、当初の十字軍的目標と乖離するにつれて、創立神話であるアルゴナウタイ航海伝説の錬金術的解釈が発展し、金羊毛は「賢者の石」さらに聖グラール杯と同一視され、やがて一八世紀にはアヴィニョンを拠点とするフリーメイソンの一派「ヘルメス儀礼」が、「金羊毛騎士」および「アルゴナウタイ騎士」の位階を導入する。[48] それゆえ啓蒙と理性の世紀は、また騎士団伝説の世紀でもあり、両者は外見上は矛盾しながらも共存し、相互浸透を実現したのである。

以上の背景を考慮すれば、第六章（西川杉子）で研究されるマルタ騎士団、すなわち聖ヨハネ救護騎士団が、その内部にフリーメイソン会所をもち、秘密友愛団との親和性を保持しながら、他方で騎士道精神に郷愁をいだくロマン主義的風潮に乗って管区を再建させ、一九世紀後半には博愛主義的救護団体として国際赤十字運動を促進した事実は、そこにいたる複合的過程の細部について未解明の点をのこすとしても、内面的連続性をもつ現象として理解される。すでにこの時代には、イスラーム教徒との戦いを標榜する十字軍精神はその存在理由をうしない、修道騎士団への言及は純粋に神話的思考の次元にとどまると同時に、とくにフランスやイタリアなどの「ラテン系」メイソン制においては、世俗的共和主義の傾向が強まり、その結果として秘儀伝授の階層制も、象徴的で形式的なものへと転化するからである。第九章（北村暁夫）で詳細に分析される亡命イタリア人の反ファシズム運動とフリーメイソンとのかかわりは、この文脈で近代フリーメイソン団のひとつの到達点を表示すると考えてよい。ルイージ・カンポロンギを中心人物とするイタリア人権同盟の周囲に、政治諸党派が結集して反ファシズム連合が成立する過程で、フリーメイソンの人脈がいわば触媒または接合剤として機能したのは、それが政治的イデオロギーの対立を超越する社交と友愛の原理に立脚するからであり、反ファシズム闘争という当面の共通目標にとどまらず、象徴の解釈をつうじて共有される普遍的価値により結ばれているからである。まことに想像界と神話学の哲学者ジルベール・デュランが述べるように、「イデオロギーが分裂させるとき、神話が統一をもたらす(49)」のである。

（1）Paul Hazard, *La crise de la conscience européenne (1680-1715)*. Paris: Boivin, 1935.（ポール・アザール『ヨーロッパ精神の危機』野沢協訳、法政大学出版局、一九七三年）。
（2）Jean-François Signier (dir.), *Les sociétés secrètes*. Paris: Larousse, 2005, pp. 150-151.
（3）*Ibid.*, pp. 146-149; Serge Hutin, *Les sociétés secrètes*. Paris: P. U. F., 1952, 13e éd. 2007, pp. 96-103; Éric Saunier (dir.), *Encyclopédie de la Franc-maçonnerie*. Paris: Librairie Générale Française, 2000, pp. 138-139, 443-445. 本書第九章（北村暁夫）でも述べられるように、ガリバルディを筆頭として、リソルジメント運動に参加した活動家にはメイソンが多かった。「青年イタリア」を創立したジュゼッペ・マッツィーニも高位メイソンとして知られ、イタリア・メイソン界に深い思想的影響をおよぼしたが、彼自身が「真正の」メイソンだったか否かについては、一部の研究者から疑念も出されている。Cf. Daniel Ligou (dir.), *Dictionnaire de la franc-maçonnerie*. Nouvelle édition. Paris: P. U. F., 1987, p. 807; Saunier, *op. cit.*, pp. 561-563.
（4）事情は中国においても同様であり、宗教結社・相互扶助結社・政治結社の区別は流動的で、むしろそれらをすべて包含する複合的性格を特徴としていた。野口鐵郎編『結社の世界史2　結社が描く中国近現代』（山川出版社、二〇〇五年）。清朝末期の宗教結社については、武内房司の興味深い論考を参照。武内房司「清末四川の宗教運動——扶鸞・宣講型宗教結社の誕生」（学習院大学文学部『研究年報』三七輯、一九九一年三月、五九一—九三頁）、同「清代貴州のカトリックと民間宗教結社」(細谷良夫編『清朝史研究の新たなる地平──フィールドと文書を追って』山川出版社、二〇〇八年、二一三─二三八頁)。

(5) この間の事情をよく示す書物は、二宮宏之編『結びあうかたち──ソシアビリテ論の射程』(山川出版社、一九九五年)であり、これは前年に開催された日本西洋史学会大会シンポジウムをもとに編集された。ここでの論点とのかかわりでは、二宮による問題提起とあと書きのほか、とくに岸本美緒と三浦徹による批評的論評が興味深い。

(6) 二宮宏之「フランス絶対王政の統治構造」(吉岡昭彦・成瀬治編『近代国家形成の諸問題』木鐸社、一九七九年、一八三─二三三頁)。この論文はその後、二宮宏之『全体を見る眼と歴史家たち』(木鐸社、一九八六年)、同『フランス　アンシャン・レジーム論──社会的結合・権力秩序・叛乱』(岩波書店、二〇〇七年)にくりかえし再録された事実が示すように、フランス近世史にとどまらず、日本の西洋史研究に幅広い影響をあたえた。もしも高橋幸八郎『市民革命の構造』(御茶の水書房、一九五〇年)を旧約聖書にたとえるならば、二宮のこの論文は新約聖書に相当すると考えてもよいだろう。

(7) Maurice Agulhon, *Pénitents et francs-maçons de l'ancienne Provence. Essai sur la sociabilité méridionale*. Paris: Fayard, 1968, nouvelle éd. 1984. 二宮の理論的影響下に生み出された研究は多いが、高澤紀恵の近著『近世パリに生きる──ソシアビリテと秩序』(岩波書店、二〇〇八年)はその代表作のひとつである。高澤の関心もまた「ソシアビリテと権力の関係性」にあり、教区や街区を基盤とするパリ住民の近隣関係が、王権の治安行政に包摂される過程の分析を主題としている。

(8) 槇原茂『近代フランス農村の変貌──アソシアシオンの社会史』(刀水書房、二〇〇二年)。もちろん民衆運動や労働運動にかかわる組合・結社の研究にかぎれば、わが国には社会運動史研究のすでに長い伝統がある。この分野では喜安朗の一連の著作、とくに『近代フランス民衆の「個と共同性」』(平凡社、一九九四年)および『夢と反乱のフォブール──一八四八年パリの民衆運動』(山川出版社、一九九四年)をあげることができる。

(9) 野口鐵郎「中国史と結社」(同編、前掲書、三─一八頁)。

(10) 福田アジオ「日本史のなかの結衆・結社」(同編『結社の世界史1　結衆・結社の日本史』山川出版社、二〇〇六年、三─一三頁)。中国史・日本史の編者が明快な問題設定をしているのに対して、フランス史の巻を担当した福井憲彦は、結社をソシアビリテ論の広い文脈に置きなおし、より陰影のある問題提起を試みる。そこでは血縁・地縁との対比よりも、むしろ国家による「支配の回路」との関係が重視され、わが国におけるフランス史の研究傾向を反映している。福井憲彦「アソシアシオンで読み解くフランス史」（同編『アソシアシオンで読み解くフランス史』山川出版社、二〇〇六年、三—一三頁）。

（11）以下の論述については、フリーメイソン団に関する基本的諸文献にくわえて、兄弟団に関するガブリエル・ル・ブラの社会学的考察に多くを依拠している。Gabriel Le Bras, *Études de sociologie religieuse.* tome II. Paris: P. U. F., 1956, pp. 418-462.

（12）無形／有形のソシアビリテ sociabilité informelle/formelle の概念は、通常アギュロンに帰されているが、今回わたくしは彼の著作のなかにこの用語を再確認することができなかった。探しかたが悪かったのかもしれない。それはともかく、わたくし自身は「ソシアビリテ」の語を社交性・社交関係の意味にもちい、本文でも述べたように非功利的な目的を共有する人々が、「社交の喜び」を求めて集まる心性または行動について使用するのが、もっとも適切な用語法であると考えている。この意味のソシアビリテが、「友愛」fraternité と重複する概念になることは、第三共和政期の政治家ジュル・フェリが証言するとおりである。一八七六年に「寛大な友情」会所の集会に出席したフェリは、フリーメイソンにとって寛容と愛徳との結合が意味するところを問われて、つぎのように回答している。「それが意味するのは、友愛があらゆる教義や形而上学的観念に優越し、あらゆる宗教ばかりか、あらゆる哲学にも優越するものだ、ということです。それが意味するのは、社交性とは友愛を学問的用語にいいかえたにすぎず、社交性は余分な説明を要しない、ということです。それが意味するのは、社会道徳は人間の良心のなかにその保証、その根源をもち、自立した生命をもつので、ついには神学的なささえを投げ捨てて、世界の征服に向かって自由に歩むことができる、ということです。」（引用は Maurice Agulhon, "Introduction. La sociabilité est-elle objet d'histoire?", in: Étienne François (dir.), *Sociabilité et société bourgeoise en France, en Allemagne et en Suisse, 1750-1850.* Paris: Éditions Recherche sur les Civilisations, 1986, p. 20 より。）ここで「社交性」と訳した原語は、もちろん sociabilité である。たとえ現代フランスの歴史家の一部が、この語を広義の社会関係に適用しているとしても、そこに含まれる内面的・主観的意味が完全に消去されるわけではない。この点を忘却すると、議論は無用な混乱におちいる危険性がある。

（13）Le Bras, *op. cit.*, p. 442; Agulhon, *Pénitents et francs-maçons* (*op. cit.*), pp. 206-207. フリーメイソンの加入儀礼についての簡略な記述は、ピエール＝イヴ・ボルペール『「啓蒙の世紀」のフリーメイソン』（深沢克己編、山川出版社、二〇〇九年）、六一—六二頁、一四一頁の用語解説、および四三頁の図版解説を参照。

（14）南フランス兄弟団の類型については、Agulhon, *op. cit.*, pp. 27-160. 近年フランスでは宗教史的視点による兄弟団研究がいちじるしく進展をとげた。本章執筆のために参照した最新の文献は、Bernard Dompnier et Paola Vismara (dir.), *Confréries et dévotions dans la catholicité moderne (mi-XVe-début XIXe siècle)*. Rome: École française de Rome, 2008（とくに編者による綜括論文、Dompnier et Vismara, "De nouvelles approches pour l'histoire des confréries", *ibid*., pp. 405-423）; Marie-Hélène Froeschlé-Chopard, *Dieu pour tous et Dieu pour soi. Histoire des confréries et de leurs images à l'époque moderne*. Paris: L'Harmattan, 2006. また以下の整理された論述も有益である。Gabriel Audisio, *Des croyants, XVe-XIXe siècle*. Paris: Armand Colin, 1996, pp. 252-261. 中世ヨーロッパの兄弟団一般については、河原温の近著『ヨーロッパの中世2　都市の創造力』（岩波書店、二〇〇九年）、一三五―一四九頁が有益な概観をあたえる。マリア信心会と「友人会」の関係についてはつぎの文献を参照。Louis Châtellier, *L'Europe des dévots*. Paris: Flammarion, 1987, pp. 84-104; id., *Le catholicisme en France*. 2 tomes. Paris: SEDES, 1995, t. II, pp. 65-68.

（15）Agulhon, *op. cit.*, pp. 93-96; Le Bras, *op. cit.*, pp. 444-445.

（16）Daniel Ligou (dir.), *Dictionnaire de la franc-maçonnerie* (*op. cit.*), pp. 415-417, 879-880; Pierre Chevallier, *Histoire de la franc-maçonnerie française*. 3 tomes. Paris: Fayard, 1974-1975, t. I, pp. 151-184. ロンドン大会所の起源と『アンダーソン憲章』の概要については、さしあたり深沢克己「一八世紀フランスのフリーメイソンと寛容思想」（深沢克己・高山博編『信仰と他者――寛容と不寛容のヨーロッパ宗教社会史』東京大学出版会、二〇〇六年）、二二五―二三二頁、またフランス大東方会の成立事情については、ボルペール前掲書、一四二―一四三頁の用語解説を参照。

（17）Ran Halévi, *Les loges maçonniques dans la France d'Ancien Régime, aux origines de la sociabilité démocratique*. Paris: Armand Colin, 1984.

（18）ゲオルク・ジンメル『社会学――社会化の諸形式についての研究（上）』（居安正訳、白水社、一九九四年）、三五〇―四一七頁。ただしわたくしがおもに依拠したのは、つぎのフランス語訳である。Georg Simmel, *Secret et sociétés secrètes* (traduction française par Sybille Muller). Belval: Circé, 1996. なお秘密結社の社会学的特徴の整理は、ここでの論述に合わせて順序を入れ替えてある。

（19）Serge Hutin, *Les sociétés secrètes d'hier à aujourd'hui*. Paris: Éditions Jean Boully, 1989, pp. 25-26.

（20）Serge Hutin, *Les sociétés secrètes*. Paris: P. U. F. (*op. cit.*), pp. 4-5.

（21）Jean-François Signier (dir.), *Les sociétés secrètes*. Paris: Larousse, 2005.

(22) *Ibid.*, p. 215; Hutin, *Les sociétés secrètes d'hier à aujourd'hui* (*op. cit.*), p. 60. サルヴァトーレ・ルーポ『マフィアの歴史』（北村暁夫訳、白水社、一九九七年）、四七―四八、八一頁。 多くの秘儀において血が本質的役割をもつことは、古代のミトラ密儀やキュベレ・アッティス密儀からフリーメイソン団の親方位階と「復讐」位階の昇位儀礼まで、数々の事例から確認される。もちろんカトリック教会の聖体の秘蹟は、「実体変化」によるイエスの血を飲む行為を含んでいる。ここに引用した古代密儀宗教については、Signier, *op. cit.*, pp. 24-27 のほか、本村凌二『多神教と一神教――古代地中海世界の宗教ドラマ』（岩波新書、二〇〇五年）を参照。

(23) 「加入儀礼」と「秘儀伝授」はいずれも initiation の訳語にもちいられるが、本章ではここで述べたように、なんらかの印象的な儀式と試煉をへて「生まれ変わり」を体験した志願者に対して、秘密の動作法や合言葉や象徴体系、または哲学的・宗教的な奥義が伝授される場合をさして、とくに秘儀伝授の用語をあてることにする。

(24) Hutin, *Les sociétés secrètes*. Paris: P. U. F. (*op. cit.*), pp. 8-11.

(25) 引用は、Pierre A. Riffard, *L'ésotérisme*. Paris: Robert Laffont, 1990, p. 78 による。

(26) 同様の定義は、現代のイスラーム神秘主義のなかにも見出される。アラウィー教団の導師ハーレド・ベントゥネスによれば、スーフィズムは「イスラームの秘教道」であり、ムハンマドの受けた啓示には二つのメッセージが含まれる。すなわち「一つは通常の人間のためのもの、他は親密な人のための、より微妙で奥義的なものである」（シャイフ・ハーレド・ベントゥネス『スーフィズム　イスラムの心』中村廣治郎訳、岩波書店、二〇〇七年、三一―三五頁）。もともとシーア派イスラーム、とりわけイスマーイール派にはコーランの「表面的意味」（ザーヒル）と「内面的意味」（バーティン）を区別する伝統があり、後者に到達するには、奥義の段階的伝授により霊的純化を体得しなければならなかった。Signier, *op. cit.*, pp. 40-41, 46.

(27) Riffard, *op. cit.*, pp. 25-27, 237, 247-249, 307-310.

(28) Antoine Faivre, *L'ésotérisme*. Paris: P. U. F., 1992; 3e éd. 2002, pp. 4-14, 36-37. 邦訳は、アントワーヌ・フェーヴル『エゾテリスム思想――西洋隠秘学の系譜』（田中義廣訳、白水社、一九九五年）、七―一六、四一―四二頁。ただしここではフランス語の原著に依拠して要約したので、訳語法はかならずしも邦訳書のそれと一致しない。また同書の記述は、つぎに掲げるフェーヴルの主著により補完する必要がある。Id., *Accès de l'ésotérisme occidental*. 2 tomes. Paris: Gallimard, 1986; nouvelle éd. 1996, t. I, pp. 15-47.

（29）Faivre, *L'ésotérisme* (*op. cit.*), pp. 14-22. 前掲邦訳書、一七―二五頁。このフェーヴルの所論は、島薗進の近著『スピリチュアリティの興隆――新霊性文化とその周辺』（岩波書店、二〇〇七年）、二一六―二一八頁でも簡潔に紹介され論評されている。

（30）Riffard, *op. cit.*, pp. 311-364.

（31）Wouter J. Hanegraaff (ed.), *Dictionary of Gnosis and Western Esotericism*. 2 vols. Leiden-Boston: Brill, 2005, Vol. I, pp. 336-340.

（32）Faivre, *op. cit.*, p. 6（邦訳書八頁）; id., *Accès de l'ésotérisme* (*op. cit.*), t. I, pp. 30-33. とはいえこれらの論点に関しても、フェーヴルの批判が全面的に妥当するわけではない。たとえばセルジュ・ユタンは、神智学を論じたべつの著書のなかで、その二つの様式を区別している。すなわち一方には、多少とも複雑な儀礼と象徴体系に依拠し、階層制的に組織された友愛団さらには秘儀的秘密結社の枠組みのなかで実践される神智学があり、他方には一切の外的形式を排除し、孤立した個々人の内的照明または「霊的宗教」による魂の再生をめざす純粋に内面的な神智学がある。前者の例として薔薇十字文書に示される錬金術的な秘儀伝授の儀礼体系があり、後者の例としてエマヌエル・スヴェーデンボリの幻視体験をあげることができる。Serge Hutin, *Théosophie, à la recherche de Dieu*. Saint Jean de Braye: Éditions Dangles, 1977, pp. 36-37, 90-93.

（33）Faivre, *Accès de l'ésotérisme* (*op. cit.*), t. I, pp. 138-177, 198-213, 242-337; t. II, pp. 101-153, 220-240; id., *L'ésotérisme au XVIIIe siècle en France et en Allemagne*. Paris: Seghers, 1973.

（34）「重要な視点を忘却しないためには、西洋を閉じた空間のなかで研究せず、確実にアジア起源と考えられる諸影響を考慮にいれるべきである。アレクサンドロス大王の遠征が、ギリシア世界と中央アジアおよびインドとを結びつけたことを忘れてはならない。仏教の僧侶や、バラモン教の苦行者たちは、アレクサンドリアおよびギリシア化した世界の全域を訪れて説教したのである。」Hutin, *Théosophie* (*op. cit.*), p. 102.

（35）Serge Hutin, *L'alchimie*. Paris: P. U. F., 1951; 11e éd. 2008, p. 17; Riffard, *op. cit.*, pp. 20-21; Faivre, *L'ésotérisme* (*op. cit.*), pp. 7-8.（邦訳書九―一〇頁）

（36）Signier, *op. cit.*, pp. 20-21; Riffard, *op. cit.*, pp. 413-415.

（37）Signier, *op. cit.*, pp. 84-85; Pierre Riffard, *Nouveau dictionnaire de l'ésotérisme*. Paris: Payot, 2008, p. 122. 同様

に、イスマーイール派から派生したシリア・レバノンのドルーズ派教団の内部でも、秘教的知識を伝授された「智者」（ウッカール）とその他の「無智者」（ジュッハール）とが区別される。Signier, *op. cit.*, pp. 44-47.

(38) Myriam Yardeni, "Ésotérisme, religion et histoire dans l'œuvre de Palma Cayet", in: id., *Repenser l'histoire. Aspects de l'historiographie huguenote des guerres de Religion à la Révolution française*. Paris: Honoré Champion, 2000, pp. 73-92.

(39) Hutin, *L'alchimie* (*op. cit.*), pp. 16-17; Signier, *op. cit.*, pp. 94-97.

(40) Pierre-Yves Beaurepaire, *La République universelle des francs-maçons, de Newton à Metternich*. Rennes: Éditions Ouest-France, 1999, pp. 28-29; id., *L'Europe des francs-maçons, XVIIIe-XXIe siècles*. Paris: Belin, 2002, p. 28.

(41) Id., *L'espace des francs-maçons. Une sociabilité européenne au XVIIIe siècle*. Rennes: Presses Universitaires de Rennes, 2003, pp. 88-89. コルブロン伯の日記については、ボルペールの邦訳書『「啓蒙の世紀」のフリーメイソン』（前掲）一一八頁でも言及されている。なおフリーメイソン史の基本用語については、同書一三一－一四四頁の用語集を参照。

(42) Beaurepaire, *L'espace des francs-maçons* (*op. cit.*), pp. 109-112. ボルペール前掲書、四一－四五頁。

(43) Halévi, *Les loges maçonniques dans la France d'Ancien Régime* (*op. cit.*), pp. 103-106; Margaret C. Jacob, *Living the Enlightenment. Freemasonry and Politics in Eighteenth-Century Europe*. New York-Oxford: Oxford University Press, 1991, pp. 3-51.

(44) Hutin, *Les sociétés secrètes* (*op. cit.*), p. 120.

(45) Faivre, *Accès de l'ésotérisme* (*op. cit.*), t. I, p. 239.

(46) ラムジ『演説』の全文は、Louis-François de La Tierce, *Histoire, obligations et statuts de la très vénérable confraternité des francs-maçons*. Frankfurt am Main: François Varrentrapp, 1742; nouvelle éd. Paris: Romillat, 2002, pp. 115-125 に収録されている。

(47) Faivre, *op. cit.*, t. I, pp. 225-232. 本文に引用した三つの騎士位階については、ボルペール前掲書九一、九五、九九、一〇三頁の図版解説を参照。

(48) Faivre, *Toison d'Or et alchimie*. Milano: Archè, 1990; id., *Accès de l'ésotérisme* (*op. cit.*), t. I, pp. 215-224.

(49) 引用は、Faivre, *Accès de l'ésotérisme* (*op. cit.*), t. I, p. 240.

第Ⅰ部　友愛団の宗教史的文脈

第一章　エレウシスの秘儀とオルフェウスの秘儀

――古代ギリシアにおける二つの秘儀

桜井万里子

一　古代ギリシア人の宗教

ギリシア神話は日本でも多くの人々に読まれ、現代の若者のあいだでも人気が高い。マンガの題材としてもしばしば取り上げられている。しかし、古代ギリシアの宗教の実態については、神話ほどには知られていない。ところが、宗教はポリス社会において、市民の日常生活ともそのような生活を支える原則を提供していた政治とも切り離しがたく結びついていた。したがって、ポリス社会における宗教の位置と意義を考察することは、古代ギリシアを理解するために不可欠の前提となる。

ただし、古代ギリシア語には現在の「宗教」という語に対応する語は存在しない。「宗教」に近い意味をもつ語としては *ta theia* を挙げることができる。これは神を意味する *theos* から派生した語で、中性の複数形をとっている。「神に纏わることがら」という意味と解してよいであろう。しかし、この語句の使用頻度はそれほど高くはない(1)。他方、「神聖な」という意味のギリシア語は *hieros* であり、その派生語 *hieron* は神殿、神域を指し、その複数形 *hiera* は祭儀や供物、生贄を意味した。また、神官は *hiereus* である。このような *hieros* という語の展開の仕方を見ると、

「神聖な、聖なる」という概念が古代ギリシア人にとって重要な意義をもっていたことは明らかである。(2) 宗教史研究の金字塔というべきミルチア・エリアーデの『世界宗教史』においてエリアーデが対象とするのは、「聖なるもののすべての顕われ」である。(3) それを参考にすれば、古代ギリシアの宗教を論じる場合、人々が聖なるものとのあいだに作り上げた関係を対象として措定すればよいであろう。そう視点を定めると、その後の一神教などと比較してきわめて顕著であるのが、古代ギリシアの宗教が共同体の祭祀である、ということである。

古代ギリシア語に *hieros* に関連する用語が多種あることが示すように、古代ギリシア人は、神々という人間を超える存在とのあいだの関係を重視し、その関係の制度化を彼らなりに行なっていた。それは主に宗教儀礼・祭儀（*ta theia, ta hiera*）という形式をとる制度であり、それが古代ギリシアに特有の国家であるポリスを支える重要な基盤となっていた。ポリスは政治共同体であると同時に、宗教共同体でもあったからである。

ta theia, ta hiera の語の用例が示すように、古代ギリシアでは、ポリスやポリスを構成する種々の共同体（その最小単位はオイコスすなわちイエ）が古来の伝統的な宗教儀礼を踏襲し、仕来りどおりに、滞りなく挙行することが何よりも重視されていた。他者の目には捉えにくい個人の内面に宿る神々への信仰よりも、具体的な表現形式としての共同体の祭儀に参加することが重要であった。しかし、個人の自我が共同体から自立して、あるいは突出して意識される事態が生じてくれば、そのような個人の意識は、魂の救済を共同体の祭祀以外のところに求めることになっただろう。もちろん、この場合の「個人の意識」は近代に誕生した個人主義とは全く異なる。

「共同体から自立した個人」という存在の出現はどのようにして確認できるのだろうか。それはおそらく初めはほとんど気付かれることなく徐々に進行したであろう。かつて私は、身体を抵当に入れた借財を禁止したソロンの政策を考察した際に、家父（オイコスの長）の上に位置するポリスが「市民とその家族の一人一人についてポリス共同体の成員としての身分に最低の保護を加えた」とその政策の意義を説明した。(4) 嫡出男子のいない市民の遺産相続に関する法の制定も、ポリスによる家父長の権限への掣肘を意味したと解釈できる。また、前五〇八／七年のクレイステネスの改革により、市民である父親が一八歳になった息子をデーモス成員たちに紹介し、彼らに市民としての資格を認められたときに初めてその息子はデーモスの成員として（すなわち市民として）登録される制度が成立したが、ここにもポリスによって父親である家父の権限に制約が加えられた一例を見ることができる。人が父祖代々所属していたオイコスからの自立度を高め、個人としての自覚を次第に鮮明にしていく過程をそこに認めることができよう(5)。そのような個人には、共同体の祭祀とは異なる、個人として参加する祭祀あるいは宗教儀礼が必要となろう。秘儀はそのニーズに応じるものであった。なぜなら、本章で取り上げる二つの秘儀には加入者はいずれも個人として参加しているからである。

本章では、先ず初めに、前五世紀のアテナイで、ポリスの繁栄を支える重要な柱の一つであったエレウシスの秘儀について、それがポリス社会において果たした役割、繁栄の支柱となりえたメカニズムを再考する。次に、ポリスの宗教とは一線を画す、言い換えれば、ポリス内共同体との関連が希薄なオルフェウスの秘儀の実態を探り、それと公的祭祀であるエレウシスの秘儀とを比較することにより、古代ギリシアにおける秘儀を契機に形成される団体についての理解を深め、本書の課題に古代ギリシア史研究から発言したいと考える。

二　エレウシスの秘儀

(1)　国家祭儀としてのエレウシスの秘儀

エレウシスの秘儀は穀物の女神デメテルと娘コレを主神とし、アテナイ市から約二〇キロメートル西に位置するエレウシスで毎年春と秋に開催され、ギリシア世界の各地から多くの入信者を集め、アテナイの国威発揚にも貢献した。

入信資格はギリシア語を話せることと殺人の穢れを負っていないことのみで、身分や性別に制限は加えられていなかったので、女や奴隷もこの秘儀には入信できた。アテナイが前四世紀以降にギリシア世界の覇者の地位から脱落し、衰退していくなかでもエレウシスの秘儀の名声は衰えることはなかった。ローマの属州となってからも、多くの入信者がこの地を訪れ、ハドリアヌスやマルクス・アウレリウスのような皇帝も入信するほどの魅力を保っていた。

古代ギリシアの宗教が共同体の祭祀という特質をもち、共同で行なう儀礼行為が重要であって、個人の内面の問題は問わないと前節で述べたが、アテナイの国家祭儀であるエレウシスの秘儀はそのかぎりではないようにもみえる。なぜならば、前六〇〇年ごろに成立した「デメテルへの讃歌」において、デメテルがエレウシスの人々に秘儀を教えたと歌う箇所には、

広い大地には葉と花が一面に咲きほこった。すると女神は法の守り手たる王たちのところに行って、トリプトレモスと馬を駆けるディオクレースと力優れたエウモルポスと人々の導き手ケレオスに、祭儀の執り行ない方を教え、またトリプトレモスとポリュクセイノスと、加えてディオクレースの一同に、秘儀を明かした。これは、聴くことも語ることも許されぬ、侵すべからざる神聖な秘儀であり、神々に対する大いなる畏れが声を閉じこめてしまう。

幸いなるかな、大地に住まう人間の中でこの秘儀を目にした者よ。参入を許されず、祭儀に与れぬ者が、死して後、闇覆う冥界で同じ定めに与るべくもない。（四七二―四八二行）[6]［傍線、傍点引用者。以下同様］

とあり、傍点を付した詩句からは、秘儀が死後の幸福を約束していると読め、死を恐れる個人の内面に与えた影響が窺われるからである。さらに、傍線を付した詩句には、秘儀の「口外無用」の規定を確認できる。

以上のような特質をもつエレウシスの秘儀に関しては、ポリス・アテナイもその最盛期である前五世紀中葉に、国家祭儀としての秘儀開催のため法制度を整備した。それは前四六〇年代末の碑文（以下、［碑文Ⅰ］）が伝えるところである。(7) アテナイは前四七八年に成立したデロス同盟の盟主としてギリシア世界の中でのその存在と名声を高め、強固にするために、エレウシスの秘儀を、オリュンピアの祭典であるオリュンピア祭やデルフォイのピュティア祭に類似の、全ギリシア的な祭儀に仕立て上げようとの施策を練った。その確たる現われが当該碑文にみられることは、すでに論証した。すなわち、同盟参加ポリスがエレウシスの秘儀に参加するのを容易にするための休戦（スポンダイ）の制度が制定されたが、これはオリュンピア祭開催時の休戦（エケケイリア）の制度を念頭においての制定だったと考えられる。(8) さらに、入信者から徴収する手数料の金額や聖財の管理方法などが定められたことも指摘した。(9)

入信者から徴収する手数料についてはC面に記されている。ここでは例示として一部のみを取り上げるが、九二―一〇三行に以下の規定がある。

［碑文Ⅰ］
デメテルの女神官は、小秘儀の時には各ミュステスより一オボロスを、大秘儀のときにも各ミュステスより一オボロスを受け取るべきこと。受け取ったオボロスの総額は、一六〇〇ドラクメを除き二柱の女神のものたるべきこと。そしてこの一六〇〇ドラクメからデメテルの女神官は年度期限内に支出された額を、支出された額通りに支払うべきこと。

このように、秘儀のミュステス（入信希望者）が各神官に支払う手数料の額が細かく定められている。入信希望者はいずれかの共同体に所属していることによってではなく、手数料を支払うことによって入信可能となることがこの規定から明らかになる。なお、入信の儀礼に関する規定は、一〇六―一一四行に記されているのみである。

［手数料を］支払わないミュステスを加入させてはならない、但し、かまどより加入を許されたものはこの限りではない。ケリュケスおよびエウモルピダイのなかの成年に達した者がミュステスを加入させるべきこと。［引用文中の角括弧は引用者注。以下同様］

ここでは入信の儀礼について内容に立ち入った規定は見出せない。秘儀であるから当然といえば当然かもしれないが、入信儀礼に関する裁量は二つの名門エウモルピダイとケリュケスに委ねられたことを本規定は示している。なお、エレウシスの秘儀の聖法を解説する権能は二名門のうちエウモルピダイのみが有していた。聖法はこの一族のあいだで不文律として継承されていたと推測されている[10]。さらに、以下には、これまで取り上げなかったA面について言及しておこう。残欠が多いが、かろうじて意味がとれる三一―四三行を訳出すれば以下の通りである。

［碑文Ⅰ］A

……

［三〇行欠］

もし債務者を引き渡さないならば、神域に立ち入らざること。

アテナイ人をこれらのポリスの土地から、どのようなやり方であれ、強制退去させないこと、

ただし、現地の裁判で敗訴の場合、または、敵に捕らわれた場合を除く。

諸ポリスの中のどのポリスであれ、これを望まないのであれば、条約《シュンボロン》のゆえに訴訟の裁判を、アテナイ人のも

とで受けること。

前半部が失われているため断定はできないが、他の面と同様、民会での決議内容が刻字されたものと解してよいだろう。残欠が甚だしく、全体の趣旨さえも取りにくいが、「債務者」という語は罰金を課せられた者を指していることから判断して、秘儀に関連した何らかの違法行為（瀆神行為）に関する規定であると推測できる。また、他ポリスからの入信希望者に対し、アテナイ市民の身柄の安全と引き替えに秘儀参加を認める、という趣旨のようである。国家間に友好的外交関係が成立していない場合、そのポリスの成員には秘儀参加を認めなかったらしい。

本碑文の年代については、校訂者は前四六〇年代末と推定している。決議された規定が対象としているのがA面ではアテナイに対する他の諸ポリスであること、また「アテナイ人たち」という表現が二カ所にあること、さらに、「アテナイ人がその意向を有する限り」という表現は民会が国政の最高決議機関であることを前提としていることなどから、当該碑文の刻字、設立の頃までには、民主政ポリスとして民会が最終決定権を掌握していたと解することができる。したがって、当該碑文についての、前四六二年のエフィアルテスの改革直後という年代推定は十分説得的である。条約という語が言及されていることから、秘儀に参加するポリスとのあいだにはすでに条約が存在していたと想定できるわけで、それゆえ、ここではデロス同盟に参加しているポリスが念頭に置かれている、と考えてよい。ただし、この規定の成立については、デロス同盟の金庫がアテナイに移された前四五四年より五年以上も前であると推定される点は、注目すべきであろう。本碑文中の諸規定は、デロス同盟に対するアテナイの政策の一環であるとともに、たとえばパンアテナイア祭の拡充などを含む、アテナイが前六世紀以来展開していた宗教政策の一環であることをも示しているのかもしれない。

(2) 初穂奉献碑文

デロス同盟の金庫がデロス島からアテナイに移動して以降、アテナイの対外関係は明らかに変化するが、この変化はエレウシスの秘儀にも少なからず影響した。それは、エレウシスの二女神に対する初穂に関する民会決議（*IG* I^3 78＝［碑文Ⅱ］）に鮮明に現れている。その前半部では初穂奉献が定められている。それまでにも個人やエレウシス周辺の共同体などが初穂を奉献する慣行はあったのだろうが、本決議によって奉献が国を挙げての行為であることが定められた。その一－一八行を訳出する。

［碑文Ⅱ］

アカルナイ区のティモテレスが書記を務めた。

評議会および民会決議。ケクロピスが当番評議員《プリュタネイス》、ティモテレスが書記、キュクネアスが議長を務めた。以下は起草委員会《シュングラフェイス》が起草した。父祖の慣習とデルフォイの神託にしたがって、アテナイ人は二女神の収穫物のうち、大麦は一〇〇メディムノイから六分の一を下らぬ量、小麦は一〇〇メディムノイから一二分の一を下らぬ量を初穂として奉献すること。もし何人かそれより多くの実りを生産しても、より少ない実りを生産しても、同じ割合で初穂を奉献すること。デーマルコスたちがデーモスごとに徴収し、エレウシスのヒエロポイオイに手渡すこと。三棟の穀物倉を父祖の慣習に従ってエレウシスに建造すべきこと、ヒエロポイオイと棟梁《アルキテクトーン》が必要であると考える場所に、二女神の聖財からの［支出で］。彼らがデーマルコスから受け取るかぎりの収穫物をそこに納めること。また同盟諸ポリスも同様に初穂を捧げること。諸ポリスは収穫物の徴収役を選出すること。収穫物が最もよく徴収されると諸ポリスが考えるやり方で。それが徴収されたならば、彼らはアテナイへと発送すべし。運び込んだ者たちはエレウシスにてエレウシスのヒエロポイオイに渡すこと。

［以下略］

決議は、初穂について大麦は収穫高の六〇〇分の一、小麦は一二〇〇分の一を各農民に命じている。徴収は各デーモスの長であるデーマルコスの担当である。市民のなかには原籍地であるデーモスに居住していない者もいたが、徴収は農地が所在するデーモスの長（デーマルコス）が担当したのであろう。アテナイばかりでなく同盟に参加している他ポリスの市民にも奉献を命じているところには、当時のアテナイの強権的な支配のやり方をみることができる。

決議の後半部二一―三四行にはさらに興味深い規定がある。

> 評議会は使者を選出し、今のこの民会決議を諸市に送り出すべし、現在についてはできるだけ早く、今後については評議会が良いと思われるときに。ヒエロファンテスとダイドゥコスはヘラス人が父祖の慣習とデルフォイの神託にしたがって収穫物の初穂を捧げるよう、秘儀において命じること。デーマルコスからの収穫物の量をデーモスごとに、ポリスからの収穫物の量をポリスごとに板に書き記したあとでその板を、エレウシスのエレウシニオンと評議会場に立てること。評議会は他のギリシアの全ポリスにも、評議会が可能と思われるところに、アテナイ人と同盟諸市とが初穂を奉献する根拠を伝えて、宣言を送ること、ただしそれらのポリスには命じるのではなく、もし望むならば父祖の慣習とデルフォイの神託にしたがって初穂を奉納するよう呼びかけて。［以下略］(11)

傍線を付した箇所は、全ギリシアの人々（ヘラス人）への初穂奉献の呼びかけである。デロス同盟参加諸ポリスだけでなく、遠慮がちながら、全ギリシアのポリスへ初穂奉献の呼びかけがなされているところに注意を向けるべきであろう。先に引用した前四六〇年代末の決議碑文（［碑文I］）が秘儀開催に関連した休戦（スポンダイ）を制定した際と同様の意図、すなわちアテナイの覇権増強のためにエレウシスの秘儀の権威を高め、オリュンピア祭に似た全ギリシア的な宗教行事にしようとの意図を認めることができる。

ところで、この碑文をめぐるこれまでの最大の論争点は、その成立年代である。前五世紀の碑文の中でも残存状態が最も良いものの一つであるが、アルコン名が記載されていないため、[12]年代確定の決め手に欠けるという難点があるからである。[13]年代の下限については、二女神への初穂に関する記録である *IG* I³ 391（［碑文Ⅲ］）がそれを決定する根拠を提供している。その前半部を訳出すれば、以下のようになる。

［碑文Ⅲ］

アルカイオスがアルコンの年［前四二二／一］エレウシスのエピスタタイは、その書記役はキュダテナイオン区のフィロストラトスだったが、エレウシスのヒエロポイオイから二女神への初穂の穀倉からの銀貨を受け取ること。

プレピスが最初の書記役を務めた評議会において、アリスティオンがアルコンの年［前四二一／〇］。キュダテナイオン区のフィロストラトスが書記役であったエレウシスのエピスタタイは、エレウシスのヒエロポイオイ、すなわちケファレ区のテオクセノスと同僚委員たちから二女神への初穂の穀倉からの銀貨六ドラクメを受け取ること。

当該碑文は、アルコン名が記載されているので年代に疑問の余地はない。前四二二／一年の記載では、「エレウシスのヒエロポイオイ」が初穂の売上金をエピスタタイ（管理委員会）に渡すことが定められているが、金額の記載はない。一方、翌年の金額は六ドラクメとなっている。先に訳出した初穂に関する民会決議（［碑文Ⅱ］）の四〇－四二行「[二女神を初めとする神々への供犠の費用をまかなった後の]残りの大麦と小麦をヒエロポイオイは評議会と共に売却し、二女神に奉納品を捧げること、」という規定との一致は明らかで、初穂に関する民会決議を受けて、このような記録が行なわれていると考えられる。したがって、碑文Ⅱの民会決議は前四二二／一年以前に出されたと見てよい(14)。

これは、筆頭アルコンの名前を明記して年代を示す原則が前四二一／〇年から認められるとするMattinglyの指摘(15)とも矛盾せず、初穂に関する民会決議の年代は前四二二／一年以前とみてよいであろう。では、碑文年代の上限はどうであろうか。初穂奉献を、デロス同盟参加ポリスばかりでなく全ギリシアのポリスに呼びかけている、という平和な状況の存在が推測できることから、決議の年代はペロポネソス戦争開始より前とする見解がある。その見方をとるCavanaughは、さらに、いま［碑文Ⅲ］として一部を訳出・引用した初穂余剰金の引渡しの記録*IG* I^3 391にあるエピスタタイの役職名が、［碑文Ⅱ］に見出せないことについて、それが当時エピスタタイがまだ制定されていなかったことを示す、と考える(16)。

そのエピスタタイの新設を定めた民会決議は、幸いにも現存する（*IG* I^3 32＝*SEG* X 24）(17)。しかし、この民会決議碑文にも年代は明記されていない。それゆえ、［碑文Ⅱ］にエピスタタイへの言及がないのは、その時点でまだエピスタタイが存在していなかったからだというCavanaughの解釈の妥当か否かを判断するには、［碑文Ⅱ］とともに*IG* I^3 32の年代の特定を可能な限り追究する必要がある。ところが、この*IG* I^3 32の年代を特定するには、アテナイの碑文研究が一九九〇年代に迎えた新しい局面が大いに関係してくるのである。

当該碑文の年代は、*IG* I^{3}と略記される一九八一年刊行の『ギリシア碑文集成第一巻第三版』第一分冊では、前四四九／八年または四四八／七年と推定されている(18)。その主たる根拠は、当該碑文でのシグマの古体、すなわち「三線のシグマ」の使用にあった(19)。従来、三線シグマの使用の下限は前四四〇年代とされていたので、*IG* I^3 32の年代もこの原則に従って推定されてきた。しかし、この原則に呪縛されていたために、研究者たちは碑文（［碑文Ⅳ］）中の以下の六―一二行の訳文（ただし一部略）中の動詞の時制について解釈に苦慮することになったのである。

［碑文Ⅳ］
テスピエウスが動議した。自余の事項については、評議会［の決議］に従う。アテナイ人より五人が選出され、これら五人は各々四オボロスを受領し、彼ら五人のうちより一人が票決によって書記役を担当すべきこと。これらの者は、アクロポリスにおける建造事業担当の委員会が神殿および神像に関するエピスタタイの役に当たっていた場合と同様に、二柱の女神の財貨のエピスタタイの役に当たるべきこと。選出された五人は、もし二女神への返済の遅れているものがあれば、評議会に出頭し、それを明示して徴収すべきこと。
［選出された五人は］今後、何が最も必要不可欠であるかを神官たちおよび評議会と共に評議して支出をつかさどるべきこと。

ここでエピスタタイの新設に際してモデルとしているのは、「アクロポリスにおける建造事業の担当」を職務とするエピスタタイであるが、ここにある建造事業とはパルテノン神殿の建造工事を指しているとみてよい。その工事は前四四七年から四三二年までの一五年間であったから、我々のこの碑文年代を四四〇年代とするならば、まだ神殿の建造工事は進行中だったはずである。ところが、傍線部の原文の動詞 *epestaton* は未完了過去であるため、進行中の行為を表現する未完了過去の用例が他の古典文献にあるかどうか探る必要が生じた。一九六〇年代はその食い違いを苦労して説明しようとした時代だった[20]。しかし、新しい碑文学の進展は、その苦労をまったく無用としてしまったのである。

三線のシグマは前四三〇年代にも使用されていたと主張して孤軍奮闘していたMattinglyの見解の妥当性を、今やほとんどの研究者が認めるところとなったことについては、師尾晶子の明快な論考があるので、(21)ここでは説明を省略する。今では、［碑文Ⅳ］の年代についても四四〇年代と見なす理由がなくなり、先に紹介した未完了過去の疑問も氷解した。(22)そのうえ、この未完了過去は、パルテノン建造担当のエピスタタイの任務がすでに終っていることを示している。前四三一年にはペロポネソス戦争が始まるが、エレウシスのエピスタタイ創設を定めた民会決議である［碑文Ⅳ］には、戦争の気配は微塵も感じられないので、それは前四三二年の民会決議とみなすことが最も妥当とおもわれる。

［碑文Ⅳ］の成立年代が前四三二年に引下げられたことを受けて、Cavanaughは初穂奉献の決議がそれよりも以前、おそらく四三〇年代初めから半ばごろと推測する。果たしてこの推定年代は妥当であろうか。初穂奉献碑文にエピスタタイへの言及がないことをもって、この委員会がまだ存在していなかったとみなしてよいのか、という疑問が浮かぶ。(23)

エピスタタイの職務内容は、先に引用した創設の際の決議に、「これらの者は、［中略］二女神の財貨の管理をする役に当たるべきこと、」と明記されている。ところが、初穂奉献の決議碑文（［碑文Ⅱ］）は、ヒエロポイオイがエレウシスで初穂を徴収し、その収益で供犠したあとの残余の穀物を評議会と共に売却することを定めてはいるが、その後になされるべき剰余金の聖財への繰入れには触れていない。剰余金の繰入れは、エレウシスにおいてではなく、アクロポリスで行なわれる手続きであって、当該決議の対象範囲の外にある。したがって、剰余金の取り扱いを職務の一部としていたエピスタタイへの言及がないことを、その役職がいまだ制定されていなかったことの証左であると結論するのは、いささか性急といわざるを得ない。［碑文Ⅱ］の年代は、前四三二年成立の［碑文Ⅳ］と関連させて考えるべきではないだろう。

当該碑文の年代を推定する他の手掛かりは、この初穂奉献決議碑文の末尾に付加されているランポンの修正動議にあるかもしれない。その修正動議（四七—六一行）を以下に訳出しておこう。

ランポンが動議した。他のことは二女神への初穂の起草委員会に従う。起草の文言とこの決議とを評議会の書記は二枚の石柱《ステーレー》に刻字し、一枚をエレウシスの神域に、他をアクロポリスに立てること。契約委員は二枚の石柱の請負契約をすべし。コラクレタイ（会計委員会）は銀貨を与えるべし。二女神への初穂に関する以上のことを二枚の石柱に刻字すること。新任のアルコンはヘカトンバイオンの月を［閏月として］挿入すること。バシレウスはペラルギコンの神聖な土地の境界を定めること、そして今後は評議会と民会の同意なしにペラルギコンに祭壇を建立することのないこと。また、ペラルギコンから石を切り出すことも土と石を運び出すこともないこと。もし何人かこれらのいずれかに違反するならば、五〇〇ドラクメの罰金を科されるべし、またバシレウスは評議会において弾劾すべし。オリーブの初穂についてはランポンが起草し、第九プリュタネイアの時に評議会に提出すべし。評議会は民会へと回付を怠らざるべし。

初穂として大麦と小麦に加えてオリーブ油も奉献すべきことを定めたこの修正動議は、占い師ランポンによって提案されている。彼は、南イタリアのトゥリオイ建設（前四四六または四四四年）に植民者として参加した。しかし、トゥキュディデス第五巻一九章二四によれば、ランポンは前四二一年のニキアスの和約締結の際には、アテナイの使節代表としてスパルタに赴き、そこで条約に署名している。このようなランポンの長い活動期間を考慮するならば、彼が提案した修正動議の年代は前四三〇年代であっても四二〇年代であってもおかしくない。他方、アクロポリス北西斜面に位置するペラルギコンと呼ばれる敷地内の整備については、トゥキュディデス第二巻一七節の記述が参考になるかもしれない。前四三一年のペロポネソス戦争開戦直後にアッティカ各地の住民が市内に移住してきて、市内のいたるところに仮の住家を設けたときの様子が、そこには記述されているからである。

ただアクロポリス、エレウシニオンなど、厳重に立入りが禁じられている場所だけが移住者の入居をまぬかれた。アクロポリスの崖下に、ペラルギコンという土地[24]があった。これについては、「ペラルギコンは荒地たるべし、云々」のデルポイの予言の片句が伝わっていて、この地に住むものはのろいを受けるといわれ、住居が禁じられていたが、現実の必要に迫られて、難民の住居がところせましとばかりに立てられた。［久保正彰訳］

このような混乱状態[25]は戦争が続行しているあいだは続いただろうが、ニキアスの和約により国内の安定化が図られようとしたときに、ランポンがペラルギコンの整備に関する修正動議を提案したのではないだろうか。それは、ニキアスの和約締結のための使節代表であったランポンの意図として、整合性の高い推測である。初穂奉献の決議は前四二一年春のニキアスの和約直後に成立した、と見なすのが、最も矛盾の少ない推論であろう。

(3)　アテナイの覇権確立過程における初穂奉献の位置

アテナイは、ニキアスの和約で成立した平和を利用してエレウシスの二女神への初穂奉献の制度を導入し、デロス同盟参加ポリスに対しアテナイへの忠誠を求めた。この奉献の強制は、前四五三年からの貢租（フォロス）の六〇分の一をアテナ女神に奉献する行為が習慣化した事態のなかで、違和感なく出された強権的政策であったのかもしれない。それとともに、他のギリシアのポリスに対しても初穂奉献を呼びかけたところには、エレウシスの秘儀を全ギリシア的な祭儀へと発展させてアテナイの国威を高めると同時に、デロス同盟内の諸ポリスへの支配を強化しようとしたアテナイの意図を見ることができる。

その経緯を具体的に辿ってみよう。［碑文Ⅰ］と［碑文Ⅱ］とではアテナイが他のポリスに対してとる姿勢に違いがみられる。［碑文Ⅰ］では、他のポリスがアテナイと条約を結んだ場合には、という前提が想定されているが、［碑文Ⅱ］では、デロス同盟に参加しているポリスに対して初穂の奉献が有無を言わせぬ強制となっている。そのうえで、遠慮がちながら、ギリシア世界のすべてのポリスに初穂奉献を呼びかけている。ポリス・アテナイが、エレウシスの秘儀にこの時点でパンヘレニックな祭典と同等の権威、あるいは評価を獲得させようとしていたことを、これは示している。

前五世紀中葉のアテナイがエレウシスの秘儀に全ギリシア的な祭儀に匹敵する権威を帯びさせ、それを国威発揚の手段として利用するために進めた制度化の過程をこれまで論証してきた。それは、エレウシスという地域共同体の祭祀がポリスという上位のレヴェルに位置する政治共同体の祭祀へと変貌を遂げる過程でもあった。つまり、秘儀への入信者は共同体成員としてではなく、所属共同体から離れた、私的な立場でこれに参加したのであって、そうであるからこそ女性も奴隷も秘儀に入信できた。アテナイはポリスとして国家祭儀であるエレウシスの秘儀を主催し、財政的にも施設に関してもその維持・発展を推し進めたが、同時に、秘儀参加者はギリシア世界のどこからでも手数料さえ支払えば入信できるという二面性を、前五世紀までにエレウシスの秘儀は備えるにいたったと言える。

他方で、入信者だけが参加できた秘儀の儀礼については、口外無用という規定の遵守は一人一人の参加者の意志にかかってくる問題であって、その限りで宗教儀礼としての秘儀には個人の立場での参加が前提となる。したがって、規定を破り、秘儀の内容を部外者に漏らしてしまった場合、史料で確認できる限り、処罰はその個人に対しポリスによって行なわれた。ここには個別の秘儀入信者とポリス・アテナイとの関係が成立している。ただし、秘儀冒瀆の嫌疑で訴えられたメロスのディアゴラスは、アテナイから脱出して逮捕を免れたといわれている。[26] 法的にアテナイの裁判権が及ぶのは、アテナイ国内に限られていたからである[27]。また、訴追は、一般的なアセベイア（瀆神行為）の罪について行なわれたのであって、エレウシスの秘儀に特化する罪状はなかった。興味深いのは、紀元後二世紀のパウサニアスがエレウシスの秘儀に関連する神域について記述した際に、「私は話のもっと先をつづけて、アテネ市内に所在しながらエレウシニオンと呼ばれているこの聖所の故事来歴すべてを解説したい気持ちに駆られたのだが、ひとつの夢見が私を制止した。世の万人に向かって筆をとっても神の冒瀆とはならないような事柄のほうに方向転換するとしよう（一、一四、三）[28]」と述べていることで、ここから秘儀の内容を明かさないという規定は、後二世紀にはポリスの法的な規制とは一線を画した一種の宗教的な規制として入信者を拘束したことが窺われる。

エレウシスという地域共同体の祭祀であった秘儀が、ポリスという政治共同体の祭祀へと変貌を遂げるとともに、ギリシア世界の住民一般を受容する秘儀へと発展した過程をこれまで跡付けてきた。そこで気付かされるのは、この過程のどこにおいても、マックス・ウェーバーの言うカリスマ性を備えた宗教的権威を背景とした権力者の存在[29]が見出されないことである。そのような存在への期待も見出されない。現世において個人が抱える矛盾や労苦が神々の存在とどのように関係しているのか合理的に説明する必要が、まだ個々人の中に意識されていなかったのであろうか。現世における救済の期待を、ポリス市民は超越的存在に向けるのではなく、共同体の共同的営為に向けることで解消できる段階にあったのであろう。

エレウシスの秘儀がポリス・アテナイの国家祭儀という共同体的な側面をもっていたことが、秘儀に参加するアテナイ市民に充足感、安心感を与えており、「個人の救済」という問題はまだ深刻に意識されてはいなかった。個人と共同体のあいだの乖離がさほど大きくはない状態に、前五世紀のアテナイ社会はあったということであろう。しかし、最近注目度が高まっているオルフェウスの秘儀は、これに該当しない事例である。次節では、この秘儀について検討を加えて行くことにする。ただし、エレウシスの秘儀に関して行なった論証過程と以下のオルフェウスの秘儀に関する論証過程とは、大きく相違する。それは残存史料の数量と質とが異なるからである。したがって、オルフェウスの秘儀参加者については、前五世紀の場合に加え、前四世紀の事例も参考にしつつ論じることになる。

三　オルフェウスの秘儀

(1)　アテナイ人にとってのオルフェウス像

オルフェウスはトラキア出身の詩人・楽人だったといわれており、彼に関する言説は前六世紀に始まっている。若くして亡くなった妻を求めて冥界に降り、彼の奏でる楽の音で冥界の王ハデスの心を動かして、妻を地上に連れ帰る許可を得るが、地上に辿り着く直前にハデスとの約束を破り、後ろを振り返って妻の姿を確認しようとしたため、永遠に妻を失うことになった。この神話上のオルフェウスについては、古典期の文献には断片的な言及のみ残存しているにすぎないが、ウェルギリウスとオウィディウスの作品のなかには彼の物語の全体像を見ることができる(30)。一方、図像資料にはオルフェウスを扱った例が多数存在する。特にアッティカ産の赤像式陶器画に多く、オルフェウスに関する多様な図像をみることができ、前一世紀のローマで語られていた彼の神話のほぼ全体が、すでに前五世紀のアテナイで人々のよく知るところであったことを示している。

しかし、彼の作とされてきたオルフェウスの詩歌は相当数あるものの、はたして実際にオルフェウス作であったかと言えば、そうとは限らない。むしろ、彼の名前で流通する歌が時代を超えて作成されていた、ということらしい。オルフェウスの名で伝わる神々への讃歌は現存するテクストに関する限り、ローマ帝国の時代の成立であり、たとえば「オルフェウスのアルゴナウティカ」は古代末期の作であることが判明しているが、その成立年代の確定は困難で、研究そのものが暗礁に乗り上げていた。その霧に包まれているかのような、錯綜を極める伝オルフェウス作の韻文を整理し、成立年代を明らかにする試みに挑戦したのが、West[31]であった。彼はまた、オルフェウスを教祖とする、「オルフェウス教」が、ギリシア世界内で普遍的な宗教運動として流布していたことを証明する証拠資料はない、と結論できるとする。[32]

(2) 文献史料のオルフェウス

本章は前五世紀のアテナイにおけるオルフェウスの秘儀についてその実態を問い、エレウシスの秘儀と比較することを目指すものであるので、まずはオルフェウスに関するアテナイ人の記述に目を向けてみよう。僅かではあるが前五世紀の文献にオルフェウスに関する記述が残っており、前四三八年に上演されたエウリピデス作『アルケスティス』にも次のような記述がある。

もし私にもオルフェウスの歌と調べがあって、デーメーテールの姫君か、またはその背の君を歌に酔わせて、そなたを冥府から連れ出すことができるのであったなら、すぐにも地の下に降りてゆくものを。（三五七―三六二行）[33]

［松平千秋訳］

この作品より以前の前四七〇年から四六〇年のあいだのいずれかの年に上演されたアイスキュロス『バッカイ』（現存せず）にもオルフェウスに関連した言葉が語られていることは、伝エラトステネス「星座について」二四の以下の記述から知ることができる。

オルフェウスは妻を求めて冥界へ降り、そこがどういうところか見てしまった。その後、彼はかつて自分に名声をもたらしてくれたディオニューソスをもはや崇めなくなり、太陽こそ神々のうちで最高の神と称え、太陽にアポローンという名前までつけた。そして明け方、パンガイオンという名の峰に登って、誰よりも先に太陽を見るために、夜通し起きて日の出を待ち望んだ。そこで悲劇詩人アイスキュロスが言っているように、ディオニューソスはそれゆえ立腹し、バッサライを彼のもとに遣ったが、女たちは彼を引き裂き、四肢をバラバラになるまで放り投げた。ムーサイはそれを集めてレイペートラというところに葬った。[34]［逸身喜一郎訳］

これらの記述から、前五世紀にすでにオルフェウスをめぐる神話のモチーフのほぼ全体がアテナイ人たちの知るところだったのは、たしかであると考えられる。他方、オルフェウスの秘儀についての比較的早い言及としては、たとえば、ヘロドトス第二巻八一節がある。

エジプト人の服装は、脚の周りに房のついたカラシリスという麻の肌着を付け、その上から白い毛織の着物を羽織るようにして着ている。しかも毛の物は聖域へは身につけて入らず、遺骸につけて埋めたりもしない。それは宗教上禁ぜられているのである。この点では、いわゆるオルフェウス教［*orphikoi*］およびバッコス教［*bakchikoi*］（これは本来エジプト起源である）、さらにはピュタゴラス派［*pythagoreioi*］の戒律と一致するものがある。これらの宗派の密儀［*touton ton orgion*］にあずかったものは、毛の着物をつけて葬られてはならぬことになっているからである。このことについては縁起説話が伝えられている。[35]［松平千秋訳］

ここで「オルフェウス教」と訳されている *orphikoi* は、orphism と英訳されている語である。また、「密儀」と訳されているのは *orgia* であるが、この語の最初の用例はエレウシスの秘儀の縁起を歌う「デメテルへの讃歌」にある。

いざ、私のために大いなる神殿とつき従う祭壇を、アクロポリスの聳え立つ壁の麓、カッリコロンの泉を臨む小高い丘の上に、皆こぞって造りたまえ、後々正しく式を執り行ない、私の好意を得ることができるよう、祭式［*orgia*］は私みずから教えてやろう。（二七〇—二七四行）(36)

ここにあるように、デメテルがエレウシスの人々に教えた秘儀がオルギアと呼ばれており、そのオルギアという語をオルフェウスの秘儀関係者たちも自分たちの儀礼を呼ぶ際に使用していたことを、ヘロドトスのいま引用した記述は伝えている。

約五〇年後に書かれたプラトン『国家』364 d-e は、さらに興味深い情報を伝えてくれている。

またある人々は、神々が人間の言いなりになるということについて、ホメロスを証人として引き合いに出します。というのは、ホメロスもこう言ったからです——

神々ご自身でさえ、願いによって御心を動かす
されば人間たちは供物を捧げ、やさしく祈り
御神酒や犠牲の焼香によって、宥しを乞うては
神々のお怒りをやわらげる——罪を犯して過ったときには

さらに彼らは、セレネやムゥサの女神たちの子と称するところの、ムゥサイオスとオルペウスの書物なるもの［*bibloi*］をどっさりと持ちだし、それに基づいて犠牲を捧げる式典をとり行ないます［*thyepolousin*］。彼らはそのようにして、個人のみならず国家［諸ポリス］(37)までも説得して、供犠と楽しい遊戯によって生前も死後も不正な罪を赦免され、清められることができるのだと信じ込ませるのです。この供犠と楽しい遊戯のことを彼らは

「秘儀」[*teletai*] と名づけ、それはわれわれをあの世での苦しい罰から解放してくれるが、この儀式をなおざりにする者には、数々の恐ろしいことが待っているのだ、とおどかすわけです。[38]［藤沢令夫訳］

ここにある *teletai* という語に関しては、アリストファネス『平和』に次のようにある。

俺たちすべてを滅ぼして、神々の中で彼らだけ［月と太陽］が儀式［*teletai*］を支配することを望んでいるのだ。（四一二―四一三行）

［ヘルメースが助けてくれるならば、］俺たちはパナテーナイアの大祭を、そして神々の他のすべての儀式を［*pasas tas allas teletas tas theon*］、秘儀［*mysteria*］とディポリエイア祭とアドーニア祭を、あなた、ヘルメースのために催そう。（四一八―四二〇行）

ここでは、秘儀に限らず、様々な神々への儀式を *teletai* と呼んでいる。*orgia* と *teletai* を比較するならば、前者の方がより限定的な意味で用いられているとみてよい。ただし、『平和』のこの引用箇所にオルフェウスの名は出てこない。

(3)　アテナイにおけるオルフェウスの秘儀

アテナイでオルフェウスの秘儀の信者が存在していたことは、アリストテレスの弟子にしてリュケイオンの学頭だったテオフラストスによる『カラクテレス』一五の「迷信家［*deisidaimon*］」の項に言及されていることから、明らかである。

彼が夢を見たときは、夢解きや予言者や鳥占い師の下に赴く、どの神にあるいはどの女神に祈りを捧げるべきかを訊ねるためである。そして、毎月オルフェウスの秘儀者［*orpheotelestai*］たちのもとに秘儀を受けに出かける、妻と一緒に、妻が忙しければ、乳母と子供と一緒に、出かける。(39)

この記述は、オルフェウスの秘儀を執り行なう人々（オルフェオテレスタイ）がいたこと、その秘儀を希望者に個人的に行なっていたこと、入信者や信者は、妻や子のようにきわめて身近なあるいは親密な人々と共に秘儀に参加したこと、を伝える。(40)この「迷信家」の項では、様々な迷信担ぎの例が列挙されていて、右に訳出した箇所でも、夢見について相談する三者が並べられているが、彼らはいずれも助言を得るための相談であって、何らかの儀礼に与ることを目的としてはいない。「迷信家」の記述全体を概観しても、宗教儀礼を受ける事例は他にない。ここに何を読み取るべきであろうか。国家の関与がないことはもちろんだが、共同体としての挙行でもなく、毎月とあるからこの「迷信家」は定期的に儀礼を受けに行くらしい、しかし、妻が必ずしも毎回同行するわけではないので、一家を挙げての月例行事ではないらしい。また、妻が同行しないときには乳母を同行させるとあるが、乳母は多くの場合、非市民であって、在留外人身分か奴隷身分に属していて、アテナイ市民共同体の外に位置する存在であった。このことから、迷信家の一人とテオフラストスが呼ぶこの人物は、所属する共同体の一員としてではなく、所属共同体とは無関係に、個人あるいは私人（イディオス）の立場でオルフェオテレスタイのもとに出かけていたと解してよいであろう。

一方、秘儀を授ける側、すなわちオルフェオテレスタイとはどのような人物であったのだろうか。プラトン『国家』の先に引用した箇所の直前に、正義と不正についての言及に続いて、

そして乞食坊主［*agyrtai*］や予言者［*manteis*］といった連中は、金持たちの家の門を叩いては、自分には犠牲や

呪文によって神々から授かる力があるのだと信じこませようとします。

と記述されている。この記述からは、プラトンがオルフェオテレスタイもそのようなタイプの人々であると見なしていると読み取ることができる。(41)

自宅で秘儀やそれに類した儀礼を授ける者の存在は、他の記述からも窺える。デモステネスは、第一八弁論『冠について』二五九節において、デモステネスの政敵アイスキネスが成人すると、母が入信儀礼を行なう［*telouse*］のを書物［*bibloi*］を読み上げて手伝っていたと揶揄攻撃する。入信者は「私は災厄を逃れて、見つけた、さらなる良きものを」と歌ったとある。その記述は、母親が自分の家で信者に対し儀礼を授けていたことを示していて、それは、オルフェオテレスタイと類似の宗教活動であったとみられる。(42)

この事例から、個人の家で営まれる私的な宗教儀礼、言い換えれば非公認の民間祭祀がアテナイに存在していたことが、確認できる。オルフェウスの秘儀も、アテナイにおいてはその類いの民間祭祀であったのだろう。では、そのアテナイにおいて、オルフェウスの秘儀に参加する人々にはどのような特徴があったといえるのか。共同体成員としてではなく個人としてオルフェオテレスタイのもとへ赴いたことは、先ほど推測したとおりである。

そのオルフェオテレスタイの宗教的権威について、それを受け入れるか否か判断するのは秘儀を受けようとする本人自身であって、共同体内で合意されていた評価ではない。パンアテナイア祭や都市のディオニュシア祭のようなアテナイというポリス共同体主催の祭儀に参加する場合は、自分の支出はほとんどなく、(43)同時に他の市民たちとの連帯を実感でき、犠牲獣の肉にもありつけた。国家祭儀であるエレウシスの秘儀に参加する場合も、手数料は支払わなければならなかったものの、国有の神域での国主催の秘儀に参加することにより、ポリスという自分が所属する共同体のなかでも最大の共同体のレヴェルで死後の安寧を確信できたうえに、他の参加者との連帯を実感できた。しかし、オルフェウスの秘儀参加者の場合は、自分で費用を負担し、個人として儀礼に与る。オルフェオテレスタイにもポリスの財政上の支援はなかったから、彼らの収入源は、信者が支払う手数料であった。そうであれば、秘儀参加費用はさほど小額ではなかったかもしれない。先に引用したプラトン『国家』の記述「乞食坊主［*agyrtai*］や予言者［*manteis*］といった連中は、金持たちの家の門を叩いては、自分には犠牲や呪文によって神々から授かる力があるのだと信じこませようとし」から推測できるように、オルフェオテレスタイが富裕者を狙ったとすれば、秘儀に与かるために支払う手数料はかなり高額であったのかもしれない。オルフェウスの秘儀に与かる者は、ポリスやその他の自分の所属する共同体成員が参加する宗教儀礼にもおそらく抵抗感なく参加しながら、それとは別に自分自身の判断でオルフェウスの秘儀に入信し、毎月のようにオルフェオテレスタイのもとへ手弁当で出かけたのだから、その思いはかなり真摯あるいは切実だった、とみるべきだろう。

その参加者たちが秘儀において何を見聞きし、何を行なったかについては、当事者の言葉が残っていないので推測するしかない。しかし、二〇世紀前半まで関連史料が乏しかったオルフェウスの秘儀について、二〇世紀後半になって相次いで新史料が発見されるという史料状況における画期を我々は迎えた。

(4)　オルビアの骨板、デルヴェニのパピルス

一九五一年に黒海北岸オルビアから骨板複数が出土し、一九六二年には北ギリシアのテッサロニキ近郊のデルヴェニで墓群の一つから焼け焦げたパピルスの巻子が発見された。このパピルス文書は二〇〇六年に校訂テクストが刊行され、(44)研究が一段と進捗し始めている。さらに一九七四年には南イタリアのヒッポニオンの女性が被葬者である墓から前五世紀の金板が発見された。(45)死後の魂の救済についての言葉が刻まれているこの金板と類似の金板は、これまでに他の地からも出土しており、(46)オルフェウス信仰と関連していると見なされて、「オルフェウスの金板」と呼ばれる

図1　オルビア出土の骨板

ことが多い。しかし、現在まで四〇枚以上発見されているこれらの金板には具体的にオルフェウスとの関連を明示する語はないため、果たして黄泉の国に行く死者のための副葬品であるそれら金板がオルフェウス信仰に基づくものか否か、断定は困難で、二〇世紀初めから長い論争が続いている。[47]

Graf と Johnston はオルフェウス信仰との関連を肯定する見解を、特にヒッポニオン出土の金板に記された語

「バッコイ」を有力な根拠として、提示しており[48]、さらに Bernabé と Cristóbal も同様の解釈に基づく新著を刊行し、最近になって肯定的解釈が圧倒的に優勢になってきている[49]。しかし、金板に「オルフェウス」を直接示す語がない以上、現在の段階ではその関連を結論することには慎重であったほうがよいだろう。他方、デルヴェニ出土のパピルスにはオルフェウスの名が確認できるし、オルビア出土の骨板（図1）[50]には「オルフィコイ」の語が確認できる。これらはいささかのヒントを与えてくれるのではないだろうか。

　前五世紀のものと推測されているオルビア出土の三枚の骨板には、「生命　死　生命　／　真実　／　ディオ［ニュソス？］　オルフィコイ」、「平和　戦争　／　真実　虚偽　／　ディオニュ［ソス？］」「ディオニュ［ソス？］　／　真実　／　魂」という文字が刻まれていた。オルフィコイは、このような抽象的な言葉を唱えて、俗の世界からの離脱を目指したのであろうか。真実という語が頻出するのは、オルフィコイの厭世的な傾向を物語っているのかもしれない。エレウシスの秘儀への入信は、貧富や社会的地位に関係なく誰もが懐いていた死への恐れと不安を軽減あるいは解消させる機能をもっていた。それを国家祭儀として制度化したポリスの対応は、市民の結束を揺るがす要因を排除しようとする動きであったと解せるが、他方の、オルフェウスの秘儀の場合、死への恐れを自己の費用負担で解消しようとする、個人の自発的な行動だった、と見られる。

　デルヴェニ・パピルスは、前五世紀末の一知識人によるオルフェウスの秘儀の教義へのコメントや神々の系譜に関する解説が記されているため、パピルス発見以来多くの研究者の関心を集めている。オルフェウスの名が明記されているのは、第一八欄の歌のみであるが[51]、全体がオルフェウスの秘儀に関する記述であるとみてよいだろう。その内容から世界の誕生、神の存在について考察の深化が図られていることがわかる。

　本章のテーマであるオルフェウスの秘儀への入信については、第二〇欄にわずかではあるが言及されている。

諸ポリスにおいて秘儀［*telete*］に与かり、聖なる事々［*ta hiera*］を見た者たちについては、彼らが理解していなくても私はさして驚かない。語られることを聞いて、同時に学ぶことはできないからである。しかし、*ta hiera* を生業としている者から［聞いた］者たちはといえば、彼らは驚きと憐れみに値する。というのは、秘儀［*telete*］に与かる前には自分は見る［識る］であろうと思い、秘儀［*telete*］に与かった後では、理解する前に退去してしまうからである、繰り返し質問することもなく、見たり、聞いたり、学んだりしたことの一部を理解しているかのように。そして、憐れみに値するというのは、前もって手数料を支払うだけでは十分ではなくて、見識を欠いたまま退去するからである。儀礼の前には［教義を］理解できるであろうと期待をしながら、だが、儀礼を済ませた後では、［理解できるという］希望をも奪われて退去するのである。

この記述においては二種類の秘儀の存在を著者は想定している。一方は諸ポリスにおける秘儀で、ポリスによって公共の祭儀として挙行される秘儀、他は、自ら個人的、自発的に手数料を払って、それを職業としている専門の秘儀執行者（たとえば、オルフェオテレスタイ）に授けてもらう秘儀である。後者については、秘儀に参与した者は秘儀の意味を十分理解すべきである、と厳しい姿勢を求めている。前五世紀末のギリシア世界において、人々が参加する秘儀に二種類あることを、この記述は伝えている[52]。前者に属するのがエレウシスの秘儀のような公共の秘儀、後者がオルフェウスの秘儀である、とみなしてよいだろう。あるいは、前者が伝統的な公共の祭儀、後者は個人が自発的に参加する新興の秘儀、と分類することもできよう[53]。

このような二種類の秘儀の相違を理解すれば、アテナイにおいて、オルフェウスの秘儀に関連する公文書が存在していないことは十分に納得できる。オルフェウスの秘儀は非公認の新興祭祀であった。もちろん、公認されていなかったからといって、それは弾圧されたことを意味してはいない。民間祭祀としての存在は、すでに取り上げたテオフラストスの記述が語っているように、アテナイ人によって受容されており、それに参加する市民も少なくなかっただろう。

ただし、その民間祭祀は教団のような組織を背景にしていたとは考えにくい。少なくともアテナイにおいてはそうであった。だが、教団や宗派のような何らかの組織による布教活動が行なわれていなかったのであれば、オルフェウスの秘儀はどのようにして伝えられ、流布していったのだろうか。思い出されるのは、ホメロスの叙事詩が吟遊詩人たちによってギリシア世界に広められた事実である。各地を放浪・巡回する詩人たちを通して、全ギリシア人はホメロスの叙事詩を共有するようになった。このホメロスの叙事詩の普及は、オルフェウスの秘儀流布の経緯を考える際に参考になる。オルフェウス教などというものはない、あるのはオルフェウスの歌だけ、というウェストの言葉[54]は、そう考えれば納得できる。オルフェウスの歌を広めた吟遊詩人たちは、ブルケルトの言う放浪導師（wandering priests）[55]に相当する人々だったのではないか。ちょうど、各地を巡回しながら職人としての仕事を果たしたデーミウルゴイ[56]のように、オルフェウスの歌を歌う放浪の歌人は、聴き手の反応を見ながら、あるいは聴き手の要請に応じながら、次第に巡回導師の役割を果たすようになったのであろう。彼らは、秘儀を授けながら、諸ポリスを、また、諸ポリスの中の共同体を巡回したのではないだろうか。テオフラストスが言及する迷信家は毎月オルフェウスの秘儀に与っていたが、彼は毎月定期的に巡回してくるオルフェウスの秘儀の導師すなわちオルフェオテレスタイのもとを訪ねて、秘儀に与っていたのではないか。

「オルフェウスの歌」はその後も引き続き作られ続け、ネオプラトニストたちがそのオルフェウスの名で伝えられた「歌」を集成し、それが今に伝わっていることはよく知られている[57]。その長い継承の過程で、秘儀そのものが、儀礼の内容であれ、儀礼執行者であれ、秘儀参加者たちのあり方であれ、変化したことは十分にありうる。しかし、その問題は、古代末期の社会・文化状況のなかで考察されるべきであろう。本章では、前五世紀のエレウシスの秘儀との対比として、前五、四世紀のアテナイにおけるオルフェウスの秘儀について論じた。

四　むすび――時空を超えて存在が確認できる巡回導師、放浪する説教師

エレウシスの秘儀は、デメテルとコレーを祀るエレウシスの神域で始まり、前五世紀までにアテナイの国家祭儀としての制度が体系的に整えられた。祭儀運営の経費は、アテナイ国家の国力と秘儀の権威のもとに初穂および入信手数料が徴収され、これによって賄われた。その組織確立の経緯を本章の前半で辿ったが、その過程で明らかになったのは、クレイステネスの改革によってアテナイ市民共同体成員としてポリス・アテナイに統合されたアテナイおよびアッティカの住民が、時代の潮流の中で従来から所属していた家族や村落など伝統的な共同体のなかに安住することができず、さりとて、共同体からの離脱など考えられないままに、個体として直面する死への不安の解消を図るために、エレウシスの秘儀に入信するという構図であった。

他方のオルフェウスの秘儀の場合は、秘儀への参加がポリスの後ろ盾なくして個人として行なわれる民間の祭祀であった。このような秘儀への入信は、小は家族から大はポリスにいたるまでの、様々なレヴェルの共同体に所属しながらもそこから一時的であれ脱け出そうとする決断を伴う行動を前提としていた。そのようにして入信したオルフェウスの秘儀においては、おそらく「友愛」を伴った信者集団が成立し、新しい種類の共同体の成立が実現したのであろう。オルビア出土の骨板は、そのような共同体の存在を示唆する。アテナイ社会を構成する人々の内面的な自立の度合いが、エレウシスの秘儀入信者とオルフェウスの秘儀入信者とでは異なっていたとも考えられる。ギリシア世界の各地でオルフェウスの秘儀が実践されていたことを示唆する史料が残存しているのは、それが人々の内面のニーズに応える受け皿となっていたことを示していると推測してよいのではないだろうか。全体を統合する組織や体系的な

教義がないにもかかわらず、オルフェオテレスタイと呼ばれる放浪（巡回）の導師たちが「オルフェウスの歌」を伝え、広めることにより、オルフェウスの秘儀はギリシア各地で少数の集団の間に徐々に受け入れられ、信仰の対象となって、アテナイにも導入されたという解釈が成り立つ。

宗教的少数派の、地域に根ざした強靭な革新性を取り上げた第五章は、隔絶した共同体における人間の精神の営みについて、オルフェウスの秘儀に内在する普遍性に気付かせてくれる。ヨーゼフ寛容令が発布された一七八一年頃において、少数者であった農村部の「隠れ非カトリック教徒」の凝集力を支えたものが、遍歴職人や旅芸人の巡回説教師であって、彼らが隔絶した農村の信仰共同体同士を結びつけていた。多神教の古代ギリシアとカトリックが主流の一八世紀チェコ農村とでは、それぞれの社会、文化の質は大きく異なるが、精神的な閉鎖空間において部外者である巡回の導師、説教師の影響力が大きかったことを改めて認識することができる。人々の精神生活を統べる主流の組織（アテナイではポリス共同体の祭儀、チェコではカトリック教会）に属さずに、各地を巡回しながら住民の精神的要請に応じる存在が、時代や環境の相違にかかわらず、出現した事実に逢着した。このような存在の出現を促す条件については、今後さらに研究を深める必要があろう。

（1）　たとえば、ソフォクレス『オイディプース王』九一〇行。岡道男訳（『ギリシア悲劇全集3』岩波書店、一九九〇年）では「神を尊ぶ心」と訳されている。

（2）　*hieros* の対立概念として *hosios* という語がある。しかしこの語は、「神の法によって承認された（人間に属する領域の）」という意味であって、「聖」に対する「俗」の意味で捉えると、大きな誤解を招くことになる。

（3）　ミルチア・エリアーデ『世界宗教史Ⅰ』（筑摩書房、一九九一年）、i頁。

（4）　桜井万里子「ポリス社会における家族と女性」（『古代ギリシア社会史研究――宗教・女性・他者』岩波書店、一九九六年）、一四五―一四六頁を参照。

(5) この過程については、桜井前掲書、一二七―一五八頁参照。

(6) 逸身喜一郎・片山英男訳『四つのギリシャ神話――『ホメーロス讃歌』より』(岩波文庫、一九八五年)。

(7) *IG* I^3 6 (*IG* I^2 6). 本章では同碑文のA面とC面のみ訳出した。B、C面については、桜井「エレウシスの祭儀とアテナイ民主政の進展」『古代ギリシア社会史研究』、五六―六〇、九五―九六頁(『史学雑誌』第八二編一〇号、一九七三年、の同名論文を再録)においてすでに訳文を提示して、内容を検討し、議論した。

(8) 桜井「ポリスと宗教」(『古代ギリシア社会史研究』、一九―五〇頁)においてオリュンピアの祭典の際の休戦(エケケイリア)とエレウシスの秘儀の際の休戦(スポンダイ)の類似点と相違点について論証を行なった。スポンダイについて、オリュンピアのエケケイリアとは質が異なり、デロス同盟参加諸ポリスの各々とスポンデー(献酒をとり交わす儀礼)を行なって、個々のポリスとバイラテラルに休戦に関する取り決めを結ぶことによって、エレウシスの秘儀を全ギリシア共通の祭儀にまで高めていったことを論証できたと考えている。エケケイリアは普通名詞であるので、オリュンピアの休戦の名称として特定し、それとエレウシスの秘儀のスポンダイとを比較することは疑問である、と高畠純夫氏は上記拙著の書評(『史潮』新四一号、一九九七年、六二―六九頁)で批判されていた。もちろん読んでいただけばわかるように、エケケイリアが普通名詞であることはこの論文でも否定しているわけではない。ただし、オリュンピア祭の休戦の場合は制度上は「エケケイリア」が用いられていたことが確かであると考え、これら二語の実施内容についての相違を調べ、エレウシスの秘儀挙行の際の休戦がオリュンピア祭とは異なるという論証を試みた。これは今でも正しいと考えている。たしかに、エレウシスの秘儀の場合、その休戦について普通名詞としてのエケケイリアという語は使用されていない。ただし、トゥキュディデスはエケケイリアとスポンダイの二語を区別せずに使用しているが、それは語の日常的用法においてである。

(9) 同右、五六―五九、九五―九六頁。

(10) 同右「エレウシスの祭儀とアテナイ民主政の進展」、六七および八八頁(注(69))参照。

(11) 決議の省略部分を参考のために以下に引用しておく。「これらのポリスからの初穂ももし何人かが運び込むなら、ヒエロポイオイは同様のやり方で受け取ること。彼らはペラノス[菓子の供物]から始めて以下の供犠を執り行うこと、エウモルピダイが教示するやり方で、二女神のそれぞれに大麦と小麦(の収益)から角を金で飾った牛を始めとする三頭の犠牲獣を、またトリプトレモスと男神と女神とエウブロスのそれぞれに成獣一頭を、アテナに角を金で飾った牛一頭を。残りの大麦と小麦をヒエロポイオイは評議会と共に売却し、二女神に奉納品を捧げること、アテナイ人の民会に良いと思われることを行ってから、そして奉納品には初穂から奉献されたことと、初穂を捧げたヘラス人たちの（名）を書き記すこと。以上のことを行う者たちに多くの良きことと豊かな実りと多くの実りがあること、アテナイ人にもアテナイ人のポリスにも二女神にも不正を為さないかぎり。」

（12）アテナイの行政年は筆頭アルコンの名前で表示されていた。ただし、碑文で残されている公文書にはアルコン名が記載されていないものがあり、その場合は年代確定に困難が伴う。前四二一年以降の公文書にはアルコン名を明記する原則が確立している、というMattinglyの見解については、注（15）を参照。

（13）研究者の見解は、かつては前四四五年から前四一五年まで多様であった。本碑文の研究史、および年代に関する諸説については、M. B. Cavanaugh, *Eleusis and Athens: Documents in Finance, Religion and Politics in the Fifth Century B. C.*, Atlanta, Georgia, 1996. pp. 29-95 に詳論されているので、そちらに譲り、紙数に制限のある本章では省略する。

（14）翌年の初穂の余剰金六ドラクメが小額であることは、同盟参加ポリスにまで初穂奉献を命じる民会決議がまだ成立する以前であったことを示す、という解釈がある。しかし、前四二一／〇年は、ニキアスの和約締結の翌年である。いまだ、初穂が順調に徴収されていなかったことを示しているのではないだろうか。

（15）H. B. Mattingly, "Athens and Eleusis: Some New Ideas", in *ΦΟΡΟΣ: A Tribute to B. D. Meritt*, Edited by D. W. Bradeen and M. F. McGregor. New York, 1974, pp. 161-169. ただし、Mattingly 提案のこの原則に対し、疑念も出されている。Cf. A. S. Henry, "Archon-Dating in Fifth Century Attic Decrees: The 421 Rule", *Chiron* 9 (1979), 23-30.

（16）M. B. Cavanaugh, *op. cit.*, 73-95.

（17）私も旧稿で試訳を提示し、当時有力視されていた前四四九／八または四四八／七年の決議という想定のもとにエピスタタイ新設の意味について論じた（『古代ギリシア社会史研究』、六〇—六二頁）。

（18）当該碑文の年代に関する先行研究については、桜井『古代ギリシア社会史研究』、八五頁（注37）参照。

（19）師尾晶子「デロス同盟と碑文研究——碑文の刻文年代をめぐるマッティンリ説と近年の学界動向」（『史学雑誌』第一〇五編一一号、一九九六年）、五九—八六頁参照。

（20）B. D. Meritt and H. T. Wade-Gery, Dating Documents to the Mid-Fifth Century, II. *JHS* 83 (1963), pp. 100-117 もこの未完了過去 epestaton の説明に苦労している。

（21）注（19）参照。

(22) 桜井「エレウシスの秘儀とアテナイ民主政の進展」(『史学雑誌』)において、エレウシスのヒエロポイオイがエレウシスの名門エウモルピダイ出身者からなる、という推測を提示したが、それは、四六〇年代末にヒエロポイオイが管理すると定められている(*IG* I^3 6)二女神の聖財を、わずか十数年で新設のエピスタタイが管理することになった(*IG* I^3 32)のは、エレウシスの秘儀に関する特権が、ヒエロポイオイの役職を含めそれを独占する名門から民主政ポリスによって剝奪されたことを物語っており、そこに貴族政から民主政にいたる過程の一つをみることができる、という仮説の根拠となっていた。しかし、エピスタタイの新設の推定年代が一〇年余下がって前四三〇年代末となったことにより、新設の際の事情をめぐって推測した緊急性あるいは緊張関係は、考慮の対象としては後退した。一九七六年以来のゲノスに関する研究動向が導き出したアテナイ史研究のパラダイム転換を考量するならば、ゲノスの特権を民主政ポリスが剝奪したという図式はこの際放棄すべきだろう。しかし、ヒエロポイオイがエレウシスの秘儀に関係が深い人々から成っていたという推測はできるのではないか。

(23) もちろんCavanaughは、碑文学上の年代決定の諸要素を検討し、前四三〇年末以前の年代も不可能ではない、と慎重に論証を行なっている。Cf. *op. cit.*, pp. 78-81.

(24) Cf. J. M. Camp, *The Archaeology of Athens*. New Haven and London, 2001, pp. 123-124.

(25) Cavanaugh, pp. 89-92はペラルギコンについては、この場所を守るため、ランポンが開戦前にあらかじめ予防したと推測するが、トゥキュディデスの上記引用箇所を読むかぎり、そのような動きが開戦前にあった様子はない。

(26) アリストファネス『鳥』一〇七一―一〇七三行参照。

(27) ただし、デロス同盟内の諸ポリスに対してアテナイは裁判権を主張したとみられる。たとえばML 40(エリュトライへの規定)参照。

(28) パウサニアス(馬場恵二訳)『ギリシア案内記』(上)(岩波文庫)、七三頁。

(29) マックス・ウェーバー、世良晃志郎訳『支配の諸類型』(創文社、一九七九年)、七〇―七九頁。

(30) ウェルギリウス『農耕詩』四巻、四五三―五二五行、オウィディウス『変身物語』一〇巻、一―一〇四行、一一巻、一―六八行。

(31) M. L. West, *The Orphic Poems*. Oxford, 1983.

(32) *op. cit.*, pp. 2-3.

(33)『ギリシア悲劇全集5』（岩波書店、一九九〇年）。

(34) アイスキュロス『バッサライ』の一部であるとみられる断片だが、逸身喜一郎によれば、どこまでが作者アイスキュロスの記述であるかは不明である。『ギリシア悲劇全集』第一〇巻（岩波書店、一九九一年）、五七頁参照。

(35) ヘロドトス、松平千秋訳『歴史』（上）（岩波文庫、一九七一年）、二一〇頁。

(36)『四つのギリシャ神話』（注3参照）、三一頁。

(37) 原文では「国家」は複数形である。彼ら（後述の「乞食坊主や予言者といった連中」。五五頁参照）が諸ポリスまでも説得するという記述は、彼らがポリスからポリスへと移動したことを推測させる。この記述については、桜井「オルフェウスの秘儀と古典期のアテナイ——デルヴェニ・パピルス文書を手掛かりに」（『西洋古典学研究』五八巻、二〇一〇年、一—一一頁）で論じた。

(38) プラトン、藤沢令夫訳『国家』（上）（岩波文庫、一九七九年）、一一九—一二〇頁。

(39) テクストは Theophrastus, *Characters, edited with introduction, translation and commentary by J. Diggle*. Cambridge, 2004, p. 112 を使用とした。なお、作品成立の年代は明らかではないが、ディグルに従えば前三三〇年代か三二〇年代であろう（*op. cit.*, pp. 27-37）。

(40) 毎月とあるので、入信ではなく、秘儀に与ることを目的としていたのであろう。Cf. Theophrastus, *op. cit.*, p. 369.

(41) Cf. Theophrastus, *op. cit.*, pp. 369-370.

(42) アイスキネスの母方の伯（叔）父もまた占い師（*mantis*）であったらしい。cf. Parker, *Polytheism and Society at Athens*, Oxford, 2005, p. 117, n. 5.

(43) 犠牲獣の調達費用は、富裕な市民が指名を受けて公共奉仕《レイトゥルギア》としてこれを負担する慣わしであった。

(44) T. Kouremenos, G. M. Parassoglou and K. Tsantsanoglou, *The Derveni Papyrus*, Firenze, 2006.

(45) G. Pugliese Carratelli and G. Foti, "Un sepolcro di Hipponio e un nuove testo orfico", *La Parola del Passato* 29 (1974), pp. 91-126.

(46) これらの金板のテクストと英訳を簡便な体裁で集成しているのが、F. Graf (edition) and S. I. Johnston (translation), "The Tablets: An edition and translation", *Ritual Texts for the Afterlife: Orpheus and the Bacchic Gold Tablets*. London and New York, 2007, pp. 1-49 である。

(47) W. Burkert, *Greek Religion Archaie and Classical*, Oxford, 1985, pp. 290-295 は、慎重に、あるいはそれまでの研究史を考慮して、バッコスの秘儀をオルフェウスの秘儀と同一視せず、また、ヒッポニオン出土の金板をエジプトの死者の書と関連させながらも、オルフェウスの秘儀とは結び付けていない。しかし、*Babylon, Memphis, Persepolis: Eastern Contexts of Greek Culture*. Cambridge, Mass. and London, 2004, pp. 71-98 では、同著者はオルフェウスの秘儀もエジプト起源と見て、バッコスの秘儀との近似性を述べている。注（46）に言及した Graf と Johnston との意見交換の中で Burkert の考え方も変化したのであろう。

(48) F. Graf and S. I. Johnston, *op. cit.*

(49) A. Bernabé and I. J. San Cristóbal, *Instructions for the Netherworld: The Orphic Gold Tablets*. Leiden/Boston, 2008, pp. 179-205 は、この疑問に関する研究史を概観するとともに、金板がオルフェウス信仰に由来する、との結論を出している。

(50) West, *op. cit.*, plate 1.

(51) 以下は第一八欄の試訳である。「[前略] そして下方へ動くものたち。そして「モイラ」と言いながら彼は明らかにする、この大地と他のすべてのものが空中に気息の状態であることを。さてもこの気息をオルフェウスはモイラと呼んだのだ。他の人たちは、日頃語るところでは、「モイラが彼らのために紡いだ」と述べ、「モイラが紡いだようになる」と述べる。ただしいことを言っているのではあるが、彼らはモイラが何かも知らないで、また紡ぐということが何かも知らないでそう述べる。なぜなら、オルフェウスは意思をモイラと呼んだのだから。これがすべての人間がつけた名称のなかで最も似つかわしいと彼には思えたので。なぜなら、ゼウスと呼ばれる前にモイラが神の意思として遍く永遠に存在していたのだから。しかし、それがゼウスと呼ばれてからは、彼は誕生したと考えられた、以前にも存在していたが、名前が付けられていなかったので。それ故に彼は言う、「ゼウスが最初に生まれた」と。なぜなら最初は意思であるモイラがいて、その後にゼウスとなって神聖視されたのである。しかし、人間たちは語られたことを理解せずに、ゼウスを最初に誕生した神と考える。[後略]」

(52) 桜井「オルフェウスの秘儀と古典期のアテナイ」（注（37））、六―七頁。

(53) 同右、一―一一頁参照。

(54) West, *op. cit.*, pp. 1-4.

（55）Burkert, *Greek Religion*, p. 291.
（56）村川堅太郎「デーミウールゴス」『村川堅太郎古代史論集Ⅰ』（岩波書店、一九八六年）参照。
（57）West, *op. cit.*, pp. 1-38.

第二章　秘義・啓示・革新

——ジェルベール・ドリャクとオットー三世の紀元千年

千葉敏之

一　キリスト教における秘義と啓示

キリスト教は本来、再生儀礼としての洗礼《バプティスマ》を通じて、信仰・階層・出自を問わず、万人を等しく信徒として受容する普遍宗教である。しかしその一方で、救済計画の背後に秘匿された神の意志（すなわち真理）を、人智を超えた奥義、つまり〈秘義〉mysterium[(1)] と定め、この秘義を認識するに至るまでの、果てのない精神修養と霊性の階梯を、信徒集団の中に設けた。司教、修道院長という制度上の職位に具現される権力のヒエラルキーとは全く別の、霊的境位の階梯構造が、平等であるはずの信徒を上下の位階に振り分けた。

秘義の究明には、原則として、二つの道が存在した。一つは、古代末期の教父の系譜を引く聖典研究という方法である。旧約及び新約聖書の各文書について、字句通りの表面的理解を超えて、記述の背後に隠された神慮を寓意的に読み解き、そこから信者が倣うべき道徳律を引き出す聖書註釈学《エグゼゲーゼ》の手法は、聖アウグスティヌスと大教皇グレゴリウスを範と仰ぐ、中世的知性の基幹的営為となった[(2)]。これは秘義認識法のうち、理性とテクストに基づく〈知解〉intellectus に分類することができる。

いま一つの方途は、信仰実践による霊性 spiritualitas の練磨である。それは日々の典礼への参加（典礼秘義）に始まり、その上には修道誓願を立て修道士《モナクス》となって祈りと労働《オーラ・エト・ラボーラ》の日々を送る道があり、さらには隠修士《エレミータ》となって俗世を捨て、「荒野」で孤独に修行を積む道、また世界を遍歴流浪し、あるいは生命を賭して異教徒の地に分け入り改宗を説く——イエスや使徒に倣った生を営む——という最も苛酷な道が続く。こうした方法は、秘義の〈観想〉contemplatio の道と呼ぶことができる。

この知解と観想という二つの方法は、截然と分離しうるものではなく、むしろ相補的、相乗的な関係にある。これら飽くなき探究と厳しい修練によって高められた霊性は、しばしば神や神の使いとの直接対話の能力を帯びたが、その代表的なものが、〈幻視〉visio という、中世キリスト教に特有の精神＝肉体的状態であった。伝承される数々の幻視譚が示すように、この幻視状況において、秘義の一端が、神やその使いとしての天使、あるいは聖人の仲介や補佐をえて、その者にのみ啓示されるのである。(3)

一方で、幻視状態に入るには、信者側の自助努力とともに、神による〈選び《ウオカテイオ》〉という契機が必要となる。そのモデルを提供したのが、旧約預言文書群に登場する預言者たちであり、新約ではヨハネ黙示録におけるヨハネの黙示体験であった。パトモス島で「霊に満たされ」たヨハネには、イエスが遣わした天使の導きのもとに、まもなくこの世を襲う驚天動地の出来事が、轟く声と眩い映像からなる未曾有の感覚体験を通して示されている。(4) この〈黙示＝啓示〉revelationes によって得た知は、まさに「神に注ぎ込まれた知」scientia infusa にほかならない。

キリスト教における、こうした神秘主義的な秘義認識のあり方には、初期キリスト教時代におけるグノーシス的世界観の影響が認められる。神の創造した世界についての理性的理解の深化が、その者の魂の状態をより高次なものへと押し上げ、さらに高い真理認識へと導き、最終的には神との、理知・霊性両面での合一が達成されるという、その考え方は、秘義の知解と観想を同時に追究する中世的求道に連なっている。(5)

いま述べたヨハネ黙示録も他の黙示文書群も、世界の静態的構造を解き明かすというよりは、神により創造された世界がいかに崩壊し、最終的な審判を経て、天上のエルサレム＝理想国家がいかに地上に実現するのか、その推移と展開のダイナミズムを予告的に記した文書群であるといえる。中世の人々は、時代の変転、すなわち一つの時代《アエタース》の終焉と新たな時代《アエタース》の開闢に恐怖（アンチキリストの暴虐、最後の審判＝終末論《エスカトロジー》）と期待（至福千年の到来、天上のエルサレムの実現＝千年王国主義《キリアズム》）という背馳する心情を抱懐しつつ、つねに大きな関心をもって歴史を観察、評価してきた。その心性とは、時代の終焉を逸早く予見し、事態に十二分に備えたいという、焦燥感を伴う切望にほかならない。その予兆《オーメン》は、地上で巻き起こる出来事の推移に現れるとともに、神徴啓示の空間たる〈天《カエルム》〉に、東方の王＝占星博士《マギ》をベツレヘムの馬小屋へと導いたかの星のごとく、星辰の動きや天変地異によって示された。天に顕現する予兆の解読には、天体運行の仕組みを解明する天体運行学（天文学 astronomia）、天体運行から教会の典礼暦を定める暦学（computus）とともに、天体運行と人事を結ぶ天体解釈学（占星術 astrologia）が重要な役割を果たした。これをさらに天地創造から終末に至る有限の時間枠の中で展開する歴史の発展段階に位置づけ、〈現代〉の所在を知る術を与えたのが、黙示文書群ならびにダニエル書等の預言文書群である。変革が強く自覚される時代にあって、人々は神慮を推し量ることで自らが救済史に占める位置と役割を導き出し、これを喧伝《プロパガンダ》することで自らの行動を正当化したのである。

紀元千年《ラン・ミル》という時代は、終末論的見地から、キリスト降臨後一〇〇〇年（九七九年）、キリスト受難後一〇〇〇年（一〇三三／三四年）によって画される時代、と定義できる。[6] この時代が強い終末意識に充たされた〈革新〉の時代であったことは、J・フリートやR・ランデスが多様な類型の史料を駆使して証明を試みている。[7] 社会に瀰漫する終末意識との因果連関は定かでないが、この時代が歴史的に見て、諸々の変革の潮流が合する稀有な時代であったことは確かである。すなわち、カロリング朝の政治秩序が一世紀をかけて徐々に崩壊するなかで、ゲルマニアには久々に皇帝《インペラトール》を頂くオットー朝が誕生し、ガリアではカロリング家領する西フランク王国がカペー朝へと移行した。また、クリュニー修道院に発端する修道院改革運動は、祈禱＝典礼共同体としての修道院、祈り手《オラトール》たる修道士の社会的地位を高めつつ、皇帝・教皇との個人的紐帯を駆使して、ラテン＝キリスト教世界に新たな霊性を吹き込んでいた。同時にイタリア半島における隠修士の独特な生活形態と精神性とが、改革を通じて規律を回復した修道生活と相互に影響を与え合うなかで、より孤独で観想的な生のあり方を示していた。これら複雑に絡み合う諸変化の求心点となり、また牽引役を果たしたのが、紀元千年を歴史上重要な転換点と認識し、その変革を担うべき皇帝理念を掲げ、母后テオファヌを通じてビザンツ的政治表象の作法を導入したオットー三世の宮廷と、「ローマ帝国の革新」renovatio imperii Romanorum という、その政治スローガンであった。

本章では、紀元千年期ラテン＝キリスト教世界に生じた諸変革を自ら導き、オットー三世宮廷の〈革新《レノウァティオ》〉理念の形成とその遂行に、大司教、修道院長、教皇という立場で関わったジェルベール・ドリャク（教皇シルウェステル二世）の生涯を検証することを通じて、この時代の知的、政治実践的変革と〈革新〉理念の関係、ならびにその世界観を、冒頭で述べた秘義と啓示をめぐる問題の位相から、解き明かしたい。

二　ジェルベール・ドリャクとその影響圏

(1)　ジェルベールの生涯

ジェルベール・ドリャク Gerbert d'Aurillac の生涯については、彼自身の著述（とくに書簡集）とともに、弟子のリシェが著した『フランク人たちの歴史』*Historia Francorum* に詳しい[8]。九四五年以前にオヴェルニュ地方オリャクに生まれ、まもなく同地の聖ジェロ修道院 St. Géraud において初等教育を受けた[9]。同修道院はクリュニー修道院と同じく、在地貴族が創設した私有修道院で、ジェルベール入門時には既にクリュニー改革（修道院長オドの時代）を導入し、また教皇直属の免属修道院となっていた。[10] 同修道院でジェルベールは、後に修道院長となるレモンから文法を学び、また自由学科の諸学を学んだとされる。青年となったジェルベールは、同修道院を訪問したバルセローナ伯ブレイ二世（Borrell II：伯位九四七―九九二年）に同行し、九六七年、カタルーニャ地方のリポイ Ripoll にある聖マリア修道院に入門した。[11] ジェルベールは、当時同修道院で盛んに行なわれていたアラビア語文献のラテン語への翻訳事業を目の当たりにし、その精華に触れる。彼の教育を担当したのは、リポイに程近いビック Vich の司教アト Ató であり、その指導の下、ジェルベールは、上級四学、すなわち算術、幾何学、天文学、音楽を中心に学んだ。[12] このカタルーニャ滞在は、三年近くに及ぶ。

九一〇年創設のクリュニー修道院を出発点とする修道院改革運動は、修道院長オドの時代に発展の基礎を与えられ、マイオールス（在位九五四―九九四年）、オディロ（在位九九四―一〇四九年）両修道院長の長期にわたる安定的任期のもとで、修道士ならびに修道院の社会的地位の確立をはかる改革運動を、震源であるブルゴーニュを超えて、南西ドイツ、北イタリアへと押し広げる社会的影響力を蓄えていた。[13] その根底には、在地の土地所有に根差した強固な経済的地盤と、[14] 教皇、国王宮廷との太いパイプとがあった。と同時に、クリュニー本院やオリャクの聖ジェロ修道院の例に示されるように、私有修道院の在地貴族による改革は、修道院の典礼実践や社会的地位の向上に資するのみならず、在地権力再編の有効な手立てとなっていた。

ジェルベールのカタルーニャ留学は、クリュニー改革の特徴たる教皇直属性（免属特権）を求めた伯ブレイ二世の思惑と、在地権力を改革の後ろ盾としたいクリュニー修道院長の狙いとが嚙みあって初めて実現しえたことであった。オリャクの聖ジェロ修道院自体、クリュニー本院の意向で創立者ジェロを列聖し、改革を支援する世俗貴族のモデルとしたものであって、一方で、西フランク王国（カロリング＝ロベール家）の政治的支配、教会管区上の支配下にあったバルセローナ伯は、隣接するムスリム王朝の脅威に曝されながらも、政治的自立を図るべく、まずはナルボンヌ司教座からの独立とビック司教座の首都大司教座化を、ローマ教皇の認可を得て進めようとしていた[15]。こうしたカタルーニャとローマの関係と首都大司教座創設を通じた教皇座による地方教会組織の掌握という手法は、ジェルベールの教皇登極後も維持される（ポーランド、ハンガリー教会のケースなど）。

九七一年、ジェルベールはビック司教アト及び伯ブレイ二世とともにローマへ赴き、教皇ヨハネス一〇世に謁見した[16]。この時、教皇自らの仲介により[17]、ジェルベールは皇帝オットー一世との会見を果たすとともに、そのオットーの許可を得て、同じくローマで知遇を得たランス大助祭で論理学者のゲランヌスに誘われ、ランス大司教座に赴いた。ランスでは、大司教座付属学校に学び、まもなく学監 scholasticus に就任し、主として上級四科を教授した。この間、上記のリシェをはじめとする優れた後進を育成することとなる。

一〇年に及ぶランス滞在後の九八一年、ジェルベールは再びローマを訪れる機会を得た。ランス大司教アダルベロに随行したジェルベールは、その途次のパヴィーアで皇帝オットー二世に会う。ジェルベールの学識に驚嘆したオットー二世は、マクデブルク大司教座付属学校学監オートリヒとラヴェンナにて討論を行なうよう命じ、ジェルベールはこれに勝利を収める。これを機に、オットー二世は、北イタリアのピアチェンツァ地方の古刹ボッビオの聖コルンバヌス修道院長に、ジェルベールを抜擢する。しかし、当時のボッビオには、豊かな蔵書と優れた学問研究によって名声を博したカロリング朝時代の面影はなく、風紀は紊乱していた。オットーはジェルベールにその再建と改革を委ねたのであったが、在地修道士の抵抗にあい、またオットー二世の急逝により政治的後援を失って、九八三年、志半ばで失意のうちにランスに帰る。

ランスで学監の地位に復したジェルベールは、九九一年、サン・バール・ド・ヴェルジ公会議で、カロリング家出自の大司教アルヌルフの廃位を承け、ランス大司教に選出された。しかし大司教廃位という教会法上きわめて異例な措置について、その妥当性が問題となり、教皇を巻き込む紛争が管区を席巻した。この間のジェルベールの苦悩は、問題解決のためのオットー朝宮廷や教皇への熱心な働きかけと、彼の書簡がこの問題に集中している事実に見て取ることができる。[18] 一方で、先のカタルーニャ問題は、西フランク王国内におけるカロリング家と新興のカペー家との政治的対立という問題と連動していた。この争いには、国王戴冠（聖別）地であるランス大司教座、及び戴冠権者たるランス大司教が関与していたが、そのランス大司教自身も、全ガリア教会に対する首位権を貫徹すべく、サンス大司教らとの厳しい競合のさなかにあった。ランスから多くの使節が教皇のもとへ派遣されたのも、また司教座付属学校で教育を受けた者たちをガリア教会内の主要な司教座や修道院に送り込んだのも、ランス大司教座の時局的判断によるものであった。紀元千年前後の時代は、キリスト教圏の拡大に伴う首都大司教管区再編の時代であると同時に、君主の戴冠権をめぐる大司教座間の激しいせめぎ合いの時代であり、ジェルベールはまさにその渦中にあったといえる。

念願叶ってランスを去り、オットー朝宮廷に招請されたジェルベールは、幼王オットー三世の家庭教師兼政治顧問として、九九七年、まずはザクセンに所領を下賜されたが、翌九九八年には、イタリア支配の要、ラヴェンナ大司教に任ぜられ、ペンタポリスに八つの伯領を与えられた（ZR830）。この背景には、カタルーニャからローマへ赴いた際に結ばれたオットー朝宮廷との紐帯があった。ジェルベールの書簡を見ると、様々な案件の処理のための陳情の書簡が多数、皇帝本人あるいはリウドルフィング家の構成員に向けられていることがわかる。一方で、オットー朝宮廷サイドとしては、西フランク王国との政治的関係を調整するうえで、ガリア出身の有能な教会人と密な接触を保つことは、むろん重要なことであった。ただ、オットー二世、オットー三世との関係はあくまで、学問上の師弟関係という形式が——実態としては執政上の顧問であったが——取られた点は、注目に値する。同様の関係性においてオットー朝の宮廷に結びつけられた人材として、ヴェルチェリのレオ、ケルンのヒルデベルトの名を挙げることができるが、彼らは皇帝と一対一の個人的関係を結びつつ、皇帝証書の起草者として実務にあたり、また皇帝の政治的演出、皇帝の記憶の創出に、顕彰詩の作成や、おそらくは図像意匠、銘文の考案というかたちで関与した。イタリア、ガリア、ゲルマニア、そして聖アダルベルトの出自するスクラヴォニアに生まれつつあった改革派の教会知識人たちのネットワークは、皇帝や国王、教皇や大司教の恩顧関係《パトロネージ》を通じて、さらに広域にその繋がりと影響力を広めていった。ジェルベールは、この役割を担った最大の教会人であったといえる。

九九九年にドイツ人教皇グレゴリウス五世が世を去ると、オットーは満を持してジェルベールを使徒座に就ける。ジェルベールはその際、皇帝と教皇の協力関係の理想であったコンスタンティヌス大帝と教皇シルウェステル一世の関係を今生に甦らせることを祈念し、改名してシルウェステル（二世）を名乗った。わずか三年の治世中に「ローマ帝国の革新」をスローガンに掲げ、まさに「世界の改造」を企図したが、一〇〇一年の若き皇帝の死を追うがごとく、一〇〇三年五月、この世を去る。

(2) ジェルベールが結ぶ世界

家庭教師としての君侯との師弟的人脈《ディサイプル・コネクション》のみならず、とくにランス司教座付属学校での教育活動から、この時代のガリアにとってきわめて重要な人脈が、ジェルベールを中心に形成された。「ジェルベール伝」とも呼ばれる『フランス史』の著者ランスのリシェ、モンティエール・アン・デール修道院長アドソ[19]、ラン司教アダルベロ、カンブレ司教ゲラルドゥス（ランス大司教アダルベロの親族）、サン・ヴァンヌ修道院長リカルドゥス（位一〇〇四―四六年）等、である。こうした主として司教座付属学校を拠点とする師弟関係の人脈――要職の掌握を通じ政治＝社会的影響力を握る――が、紀元千年を迎えるこの時代において、ランスのみならず、マクデブルク（大司教アダルベルト、オートリヒ、聖アダルベルト）、ケルン、ヒルデスハイム（司教ベルンヴァルト）、トリーア、ディジョン（サン・ベニーニュ修道院）

等、クリュニー改革やゴルツェ改革と部分的に重なりながら、広範かつ急速に形成されつつあった。

一〇世紀第4四半期に活発化する、こうした新しい教会知識人たちに共通する点は、①新しい修道士的霊性、②文法学と算術を基軸とする自由七科の習得（ボエティウス訳によるアリストテレス読解）、③聖書註解を通じた歴史認識、にあるといえる。彼らは司教や修道院長といった高位の聖職、それを補佐する司教座聖堂参事会員《カノニクス》の地位、あるいは君侯に近習する宮廷礼拝堂付司祭職《カペラーヌス》を入手し、君主の施政、王や王息の教育に影響力をもった。

この時代の教会知識人の最大の特徴はしかし、典礼の荘厳化、祈禱と記憶をめぐる文化の刷新とともに、それらを支える典礼写本の制作と、写本作成のための人の頻繁な貸借・交換にこそあった。ジェルベールは自身の人的ネットワークを通じて数多くの書籍を集積し、先行する一〇世紀前半と比べての図書流通量の大幅な増加に寄与した。その証拠に、一〇世紀末から一一世紀にかけて、各司教座や修道院のみならず、教会知識人個人や君主の「蔵書《ビブリオテカ》」目録」catalogus librorum が急増する。[20] 知の伝達と共有は主にこうした図書の流通と集積された蔵書をもとに行なわれる、教会知識人の積極的な著述活動（書簡を含めて）を通じて図られた。ジェルベールは皇帝や国王との師弟関係を通じ、ランス派人脈をさらに広域に押し広げたが、それは新たな知の伝達経路の敷設を意味した。書簡往復や言伝《ことづて》、直の面会を通じて、書籍は各地に流通し、写本処にて転写された。その貯蔵所《ストレージ》である図書館《ビブリオテカ》=蔵書庫の蔵書目録を分析することは、ゆえに、この時代の知の全体像を解明することに連なる。次節以下では、この蔵書分析を基盤に、冒頭の問題提起に関わる、紀元千年期の天文知、預言知のあり方を検討していきたい。

三　天文知と革新

(1)　天文知・預言・黙示録

ジェルベールはランスでの勉学を経た後、リポイ修道院滞在中にアラビア語による天文学に触れ、とくに天体の位置を測定する道具アストロラーベ astrolabium と算盤 abacus の使用法を学んだ。ランスでの授業で用いるとともに、これらの使用法を記した論文を著し（『算盤を用いた数字の計算に関する諸規則』*Regulae de numerorum abaci rationibus*）、弟子の一人にも書かせている（『アストロラーベの使用法』*De utilitatibus astrolabii*）。これらの天体運行学に関する論文は、前節で述べたジェルベールの師弟関係を通じてヨーロッパの各地に広まるのみならず、オットー三世の御前講義でも用いられるなど、実用性を超えた、いわば「珍奇な宝物」としての受容の実態も史料的に確認できる。[21] 天体の正確な観測は近代天文学への発展の端緒と見なすこともできるが、紀元千年期の文脈における意義は、この時代の知の構造の中に求めなければならない。

ジェルベールをはじめ、初期中世知識人の絶対的な学問的権威たるボエティウスは、その著『算術教程』*De institutione arithmetica* において、上級四科を学ぶことの意義を詳らかにしている。[22] すなわち、四科は、真理を見極める学としての哲学の前提をなす。四科の根底にはまず、〈数〉figura の学たる算術 arithmetica があり、そのうえで数の「関係」を学ぶ音楽論 musica、数の「量」を学ぶ幾何学 geometria、数の「運動」を学ぶ天文学がある。この〈数《フィグーラ》〉こそが、創造主によって創られたこの世界を成り立たせる第一原理であって、数を通じて世界の真理を見究める哲学の、いわば思考の基礎をなすのがこの四科にほかならない、というものである。算術及び天文学を究めることは、神の創造の神秘たる〈秘義〉を知解する術を体得することを意味し、さらにその営為は、「神への愛」を示すことであると理解された。ジェルベールの同時代人であり、オットー一世への頌詩で知られるガンダースハイムの修道女ロツヴィート（九七五年以降没）は、対話篇『パフヌティウス』（一章二一節）において、四科の目的を、数と比率によって成り立つ世界の秩序を知り、神への愛へと飛翔することだ、と唱っている。[23] 被造物としての世界、宇宙は、数と比率によって秩序づけられた「数」由来の構造をもち、したがって算術とは世界の数的構造を知解するための学問にほかならない。そして天体の運行も同様の構造（運動原理）をもち、その原理を解明する学問が、天体運行学《アストロノミア》であると位置づけられる。

この〈数〉が一方で、人類の歴史的展開の論理をも貫く原理たることは、聖書中に明らかである。とくに旧約のダニエル書、新約のヨハネ黙示録において展開される数の象徴学は、初期中世の聖書註解学者によって学問的に精緻化された。セビーリャのイシドールスは『数の書』*Liber numerorum* を著し、「聖書の多くの箇所で、数がいかほどの秘義［神秘］を示しているかは明白であり、したがって数に関する知識を軽視すべきではない」[24] と述べている。この数秘学 **numerologia** は、聖書の寓意を読み解く基本技術であるとともに、宇宙の神秘的構造や天啓を解読し、来るべき出来事を予知するための方途であった。旧約聖書が数の寓意[25] で解けるのならば、それを現代に当て嵌めることによって現在《いま》の意義が把握され、それを未来の予兆と解すれば〈預言〉**prophetia** という行為が成り立つことになる。[26]

さて、一〇世紀のロートリンゲン修道院改革の拠点の一つ、ゴルツェ修道院について、一一世紀に作成された蔵書目録 **catalogus librorum**[27] が伝えられている。同リスト中の一〇〇点を超える蔵書の大半は、教父著作、説教集、聖人伝、カノン法集成等の、教会での聖務や典礼に関わる作品であり、その他に文法学に加え、キケロ等のラテン文典、アリストテレスのラテン語訳（ボエティウス訳）、音楽論、算術論等の上級四科の著作が数多く含まれている。同蔵書リスト中で、本章の問題関心からとくに注目すべきは、アラートゥスの『星辰譜』***Aratus, De astrologia liber*** である。紀元前四世紀末から三世紀にかけて活躍した古代ギリシアの知識人アラートゥスの『星辰譜』は、ローマの天文学へと継承され、中世の天文知の基本文献となったものである。その内容は、ゼウスが定めた星座の運行を解説すると同時に、その規則を知ることによって、航海や農業を営む上で不可欠となる自然現象を予知する術を記している。全くの異教の書ながら、九世紀中葉に作成されたライヒェナウ修道院の蔵書目録[28]など、主要な修道院の蔵書に含まれている。

さらに指摘すべき書物は、『シビュラの巫言』*dicta Sibillae* である[29]。同書は二世紀半から五世紀の間に成立し、シビュラ（巫女）に帰されたテクスト群で、多くの異本をもち、新約聖書の外典[30]に数えられる政治的預言の文書である。中世においてはとくに一二世紀以降普及し、その寓意《アレゴリー》に満ちた終末到来の預言は、一三世紀にはフランシスコ会士による皇帝フリードリヒ二世に対する抵抗のプロパガンダにも利用された[31]。同書もまた、ゴルツェ以外の数多くの教会施設で蔵書されていたことが確認できる。こうした預言文書として、ゴルツェの目録にはさらに『来るべき世紀についての預言の書』*Liber prognosticorum de futuro saeclo*（おそらくトレード大司教ユリアヌスの著作）、『預言者エスドラの書』*Liber Esdrae prophetae*（旧約外典『第四エズラ書』）などの表題が見られる。

天体の運行と人間生活との結び付き、天体運行に関する知識を得ることが、来るべき事態の予知を可能にするという認識に加え、一〇世紀の修道士が、天体と人体、あるいは人間の運命との関わりを信じていたことを証言する書物がある。パリ国立図書館所蔵の九世紀の写本（Cod. Parisinus Nouv. Acq. Lat. 1616, fol. 10v-12r.）には、「月相占い」**lunaria** がラテン語で記されている。月相占いとは、一カ月三〇日間の運勢を「月相」**luna**（第一月相―第三〇月相）との関係から定めたものである。一般に民間暦とされるが、本写本のそれはラテン語で書かれている点が、知識人の利用が想定できるゆえに示唆的である。同様に、ヴァティカンにある九―一〇世紀の写本（Cod. Vat. Pal. Lat. 834, fol. 42v.）には、「獣帯占い」**zodiologia** のテクストが伝来しているが[32]、これは、七惑星（planetae：太陽・月・水星・金星・火星・木星・土星）が、獣帯（zodiacus：黄道十二宮の占める領域）中に占める位置、すなわち「獣相」をもとに、人間の一般的な運勢を定めたものであり[33]、月相占いと同じ範疇に属する文書であると言える。ここから、天体の運行と人間の運命を照応させる占星術的認識が——一三世紀以降の天体配置図《ホロスコープ》の隆盛を俟たずして——この時代にも存在していたことが確認できる[34]。

こうした認識に立てば、モンティエール・アン・デールのアドソが、九五〇年頃に、オットー一世の妹で、西フランク王ルイ四世の后であったゲルベルガの求めに応じて著した『アンチキリスト出現の場と時について』*De ortu et tempore antichristi* の重要性が理解されよう[35]。書簡への返書という形式を取るこの小文は、中世に広く普及したパタラの擬メトディオス（オリンポス主教、三〇〇年頃）による『メトディウスの黙示録』*Revelationes Methodii* に依拠して書かれたものであり[36]、諸帝国の滅亡（最後はエルサレムにおけるローマ王の死）、アンチキリストの出現[37]、神の子によるアンチキリストの打破、最後の審判の開始に至る、世界の顚末を預言する内容をもつ。同書がこの時期に執筆された事実を終末意識の高揚と直結するのも、いつの時代にも見られる文書類型として時代の個性とは結びつけない姿勢も、いずれも支持はしがたい。というのは、同文書の執筆者が改革派修道院長にしてジェルベールの弟子であり、献呈者がリウドルフィング家の人物であるという事実は、蔵書文化史的観点から見るならば、ジェルベールの人脈を伝った黙示的預言の流通の、雄弁な証と評価できるからである。

この点をふまえ、ジェルベールの経歴と黙示録との接点をさらに求めると、九七〇年のカタルーニャ滞在が浮かび上がる。この問題について、少し考えてみたい。

西ゴート王国の首都トレードにおいて、セヴィーリャ司教イシドールスが司宰した第四回トレード公会議（六三三年）は、その決議第一七項 De apocalypsi libro ut teneatur et quando legatur において、復活祭週から聖霊降臨祭までの期間、ヨハネ黙示録が朗誦されるべきことを定めた[38]。ヨハネ黙示録は元来、典礼での唱和を意図したテクストとされるが、本決議によって西ゴートの文化伝統に定着することとなった。さらに八世紀末になると、バスク系、西ゴート系、モサラベ系の文化が融合するアストゥリアス王国において、リエバナの修道士ベアートゥス（七九八年以降没）[39]が七七六年から七八〇年代にかけて『ヨハネ黙示録註解』（全一二巻）を著した。同写本は終末のイメージを見事に伝える彩色挿絵を伴って、ピレネー山圏の修道院を中心に普及した。ベアートゥスにおけるアンチキリストは、当時の養子論争[40]を背景としているため、養子論 adoptianism を唱える異端と重ね合わせる形で「人の姿」で描かれたという[41]。ベアートゥス的黙示思想とイメージの伝統はその後もカタルーニャ地方（カタルーニャ諸伯領）[42]では、同地方の文化を深部で規定し続け、とくに一二世紀に入ると、祭室壁画、祭壇画として固有の展開を見せることになる[43]。

ジェルベールの時代には、ベアートゥスのモーガン写本（九四〇―四五年、New York, Pierpont Morgan Library, MS 644）、ジローナ写本（九七五年、Gerona, Mus. de la Catedral, MS7）、エスコリアル写本（一〇〇〇年頃、Real. Bibl. del Monasterio, MS2）の制作が知られており、ここにベアートゥス的伝統の存続を見て取ることができる。リポイ滞在歴をもつジェルベールがこの伝統をピレネー以北へともたらした可能性を、オットー三世発注の『バンベルク黙示録』（Bamberger Apokalypse: Bamberg, Staatsbibliothek, MS Bibl. 140）と、オリャクの聖ジェロ修道院に程近いサン・スヴェール修道院（St. Sever、ガスコーニュ公領）において一一世紀後半に制作されたベアートゥス写本（Paris, BN Nat Ms lat. 8878）の存在が示唆している[44]。同サン・スヴェール写本は「分ち書き」で書かれ、クリュニー系修道院改革者モンタネールのグレゴリウス（一〇七二年没）のもとで作られたものであったことは、特筆に値しよう[45]。

黙示録註解とそのイメージの伝統は、終末論的預言文学と結びつくとともに、歴史解釈の型ともなっている。ベアートゥスのもとで統合された黙示録とダニエル書に、擬メトディオスの預言[46]が加わり、四つの帝国が盛衰し、「現代」を最後の第四の帝国と位置づける時代認識、そして最終皇帝、天使的教皇の登場への待望、その後のアンチキリスト（偽皇帝、偽教皇、偽預言者と等値される）到来への戦慄、キリストの再臨を経た千年王国の到来、という段取りが、人類の歴史の過去と未来を理解する認識の枠組みとなった。一一世紀初に鮮明な終末論を展開した修道士ロドルフス・

グラベール（一〇四七年没）がその著『歴史』*Historiae* 五巻において展開している歴史観も、こうした段階論的認識にほかならず[47]、と同時にそのような認識は、出来事のより深い寓意的な解釈[48]によってのみ得られるものであるとされた。こうした歴史認識は、終末到来の恐怖という側面[49]をもつと同時に、堕落腐敗した現世界を〈革新〉renovatio する最終皇帝や天使的教皇到来の待望論でもあった[50]。この点を理解するために、次に、〈革新〉概念の伝統について考察したい。

(2) 〈革新〉の諸伝統

紀元千年期の時間観念は、時を刻み意味づける循環が幾層にも重なり合う多元的観念であった。キリスト教が導入した天地創造から終末に至る直線で有限のタイムスケールは、終末意識の高揚といった特殊な状況下でのみ意識されるものに過ぎなかった。キリストの生涯を軸に編成された教会暦（太陰暦）は、キリストの一回限りの受肉・受難・復活をなぞるものでありながら、太陽の運行を基準とする一年という周期で無限に反復される時間でもあり、これは農事暦と軌を一にしていた。一方で、歴史認識における時間観念は、ダニエル書中のネブカドネツァルの夢解釈譚を基盤とする四帝国盛衰論を規準に意味付けがなされた。これも本来、終末到来の時期を推し量るべき時間論であったが、〈現在〉の位置が、そのつど前送りされることで、直進性よりも循環性の高い時間観念であったと言える。

もう一つ重要な時間観念が、社会有機体説的な〈革新〉という観念である。すなわち、社会は一定の期間を経る中で様々な老廃物（制度疲弊、人心の腐敗、悪徳の横行等）を蓄積すると考え、そうした状況を一気に打開すべく、社会の儀礼的な再生が図られる、というものである。原初的社会に見られる「王殺し」「王の追放」「外人王の招来」は、この社会の転換を、社会を体現する王の交替によって象徴的に達成するものである。中世ヨーロッパにあっては、悪王の追放、王の廃位や王位転覆のほかに（あるいはこれと並行して）、「旧き良き御代」への回帰、「善き統治」の再生によって社会の改良が図られた。

ローマ皇帝貨に見られる「善き時代の再生」Felicium temporum reparatio という銘文は、クリストグラム（☧）の旗をもち、勝利の女神とともに舟に乗る皇帝（舟＝国家）や、不死鳥の図像を伴って、コンスタンティヌス大帝没後の一定期間に打刻された[51]。同貨幣には、「善き時代」と観念された大帝治世への回帰を政治目標として掲げる後継皇帝の意図があったと考えられている。ここで使用されている〈reparatio〉という概念の用法を検討したヴィドマーによれば、元来、四季（とくに春）や植物の再生、あるいは太陽の一日の運行や月齢といった自然界の再生的循環を含意したが、これが「善き時代」という概念と結びつき、善き時代の再生（回帰）という意味をもつに至ったという。貨幣発行当時の政治的文脈によって、それが特定の皇帝の治世を想定したものなのか、茫漠と善政一般を指すのかは、解釈の分かれるところである。キリスト教は同概念を継承し、これを洪水が大地を覆い、生物を根絶やしにする「ノアの箱舟」譚の寓意と解釈した。アウグスティヌスは『神の国』第一五章二〇節において、「地の国の全種族を根絶やしにした」洪水に言及し、ノアの息子たちから人類が「再生」された（reparatum est）と述べている。さらに同概念は、キリストの受難を通じた人類の再生、の意味で用いられ、最終的にはその文言を具現する洗礼儀礼へと適用されるに至った。

一方、「カロリング・ルネサンス」として表現される、カール大帝宮廷主導の政治・文化の革新を、P・E・シュラムは〈correctio〉と呼ぶべきだと主張した[52]。すなわち、この革新は、古典古代文化の再生ではなく、アルクィンらが「あるべき姿」と捉えた理想的状態へと、現行の政治、文化、社会制度を修復しようという運動であったからである。その理想状態は、四元素（地水火風）のバランスという点では宇宙有機体論的性質をもち、また人間における四枢要徳（強靱・節制・公正・思慮）の強調という点では倫理的性格をもつが、宇宙と人体はその〈figura〉、すなわち数字＝形状を通じて比例的関係にあって、その関係性はアーヘンの聖マリア聖堂の形状や、カール大帝のモノグラムの図案に現われているばかりか、アルクィンを初めとする宮廷知識人の書き表した著作にも明記されている、という。[53]

このように、中世における〈革新〉には、大別して、理想的過去への回帰という、時間の流れを遡及しながら社会の前進（改善・復旧・善き状態の回復）が図られる回帰的革新と、宇宙（自然）と人体を相対性、比例の関係において捉え、両者を貫く形質を理想的状態へと正す修復的革新の二つがあった。これを社会人類学的に捉え返せば、先に述べた「王殺し」的な、社会の仮想的な崩壊と再生を通じた浄化と理解することができよう。本章で扱う紀元千年期の〈革新〉renovatio もまた、この伝統を継承する時間観に根差した政治スローガンであったと考えることができる。問題は、その過程にいかなる世界観が投影され、そのプロセスがいかなる物語として構築されるか、という点にある。[54]では、本章が問題とする紀元千年の〈革新〉には、どのような内実が込められていたのだろうか。

四　紀元千年における革新と啓示

(1)　シルウェステル伝承と教皇名選択の意図

ジェルベールの教皇名「シルウェステル（二世）」選択の理由については、同名教皇シルウェステル一世（位三一四―三三五年）に肖るという意図があった点では一致をみるものの、その解釈は研究者の間で分かれている。[55]シルウェステル一世と言えば、いわゆる「シルウェステル伝承」に語られる伝説的教皇で、かのコンスタンティヌス大帝の不治の病を癒し、その代償として、教皇の一連の基本特権を皇帝より授与された、とされる人物である。ジェルベールは皇帝と教皇の理想的協力関係を求めたという説、また彼の墓碑銘《エピグラフ》に讃えられるごとく、カトリック教会の発展に決定的な貢献を果たした同名教皇に肖り、教会改革を成し遂げるためとする説などが有力であるが、ここには大きな矛盾が存在する。それはこの「コンスタンティヌスの寄進状」の真正性を、オットー三世が一〇〇一年一月（シルウェステル二世教皇在位期）の国王証書の中で明確に否定しているためである。[56]

シルウェステル伝承には、二つの系統が存在する。一つは、『コンスタンティヌスの定め』*Constitutum Constantini* であり、三二四年三月三〇日にローマ教皇並びに全世界の司教に宛ててコンスタンティヌス帝自らが筆を執り、ローマにおいて交付した「文書」という体裁を取る。同文書は『偽イシドールス教令集』（成立については九世紀半説から一一世紀説まである）[57]中の一文書として――あるいは単独文書としても――伝来するもので、「信仰告白の部」Confessio と「寄進の部」Donatio に分かれる。後者は一般に「コンスタンティヌスの寄進（状）」Konstantinische Schenkung と呼ばれている。[58] いま一つの系統は、『シルウェステル事績録』*Actus Silvestri* で、五世紀後半に作成された後、ラテン語（オリジナルは二種類〔A（1）・B（1）〕あり、現在、約三〇〇点の写本の存在が知られている）のほか、ギリシア語、シリア語、アルメニア語でも広く普及した伝承である。[59]『定め』と比較すると、「寄進の部」の内容が完全に欠落している。

両伝承及びシルウェステル崇敬の紀元千年期における普及を裏付ける事実としては、まず第一に、聖ガルス修道院、ライヒェナウ修道院等、当時の有力修道院の蔵書目録に『シルウェステル伝』の名が頻出するという事実を挙げることができる。[60] また第二に、同教皇の頭部と遺体が安置されるローマの聖シルヴェストロ・イン・カピーテ聖堂（Chiesa di San Silvestro in Capite: 八世紀後半の創設）に付設された修道院の院長レオが、九五五年三月に教皇アガペトゥス二世による長文の証書（ZU238）の受給者として登場し、同修道院の豊かな所領と諸特権の承認を受けている点が指摘されえよう。[61] さらに、コンスタンティヌス大帝が建造し、キリスト教改宗のための洗礼をシルウェステル一世から授かったと伝えられるラテラーノ聖堂（サン・ジョヴァンニ・イン・ラテラーノ）に、シルウェステル二世が埋葬された事実は、伝承の流布のみならず、シルウェステルの名がローマを「教皇都市」化する上での象徴として利用されていた可能性をも窺わせる。[62]

ここで、ジェルベール改名の目的を、本章の主題である革新と啓示の文脈から再考してみたい。『事績録』第二部に記された物語は、キリスト教徒を異教徒として殺戮する皇帝コンスタンティヌスに対し、神が「腫れ物」（ライ病）を罰として与え、治癒のために魔術師や医師が万策を尽くしたが効果なく、死を覚悟した大帝は使徒聖パウロと聖ペトロから夢告を受け、その指示通りシルウェステルからラテラーノの皇帝宮にて受洗し、快癒する、という筋である。シルウェステルは信仰のために都市ローマの代官に捕えられ、拷問にかけられた経験をもつことで司祭の資格と証聖者としての名声を得ていたが、さらにユダヤ教徒との討論会の場で、死せるユダヤ教徒を蘇生させる奇蹟を起こし、また竜を退治するなど、『事績録』中では、キリストの資質を帯びる者として描き出されている。[63] ローマの民に請われ、歓呼をもってローマ司教（＝教皇）となったシルウェステルは、さらにコンスタンティヌスによる迫害の追手を逃れるべく、ローマ北方の聖ソラクテ山中の岩穴（六世紀に隠修士修道院が建つ）に逃れていた。すなわち、キリストに倣って殉教者となる覚悟をもつことで、シルウェステルは教皇の地位にふさわしい霊性を証し、ローマ帝国の皇帝をキリスト教正統信仰へ改宗させるという、教会史上の偉業を果たしえた、とされているのである。

一方、コンスタンティヌス大帝は、快癒後、神への感謝の印として、教皇に対し件の包括的権利を譲与するのだが、同時にヴァティカンに聖ペトロに奉げるバシリカを、またラテラーノにはキリストに奉げる聖堂を建立した。[64] 大帝の罹患したライ病 lepra は宗教的象徴性の高い病であって、とくに新約聖書におけるキリストの治癒奇蹟譚やヨブ記におけるヨブの罹病体験を根拠に、「聖性を証するための試練」という特別な意味を帯びていた。[65] 一〇世紀の第4四半期から紀元千年にかけて、オットー朝宮廷は、トリーアの『エクベルト写本』Egbert-Codex 第二一葉裏（図1）、『オットー三世の福音書抜粋』Evangeliar Ottos III 第九七葉裏、エヒテルナハ修道院の『黄金写本』Codex aureus 第一五葉裏、ライヒェナウ島聖ゲオルク修道院南壁第一壁画など、多数の画像媒体を通して、ライ病治癒譚の可視化を集中的に行なっている。[66a] さらにコンスタンティヌスは夢告を通じてシルウェステルを洗礼者として選び、また、天

図1　ライ病人の治癒（マタイ伝8章）

に十字の御旗を見て、戦場で勝利を得た[66b]。すなわち、啓示を受けることで神に選ばれたことを知り、キリスト教の歴史のなかで自身が果たすべき重大な役割を予知しているのである。

　このように見てくると、「シルウェステル」の名（同時にコンスタンティヌス大帝の記憶を覚醒させる）は、紀元千年の革新を担うべき皇帝と教皇の「選ばれし者」としての資質――最終皇帝と天使的教皇――を顕示するための選択でもあったと考えられる。では、神に選ばれて歴史的使命を担う、紀元千年の皇帝とはいかなるものであったのか、次項で考えてみたい。

(2) 被啓示者としてのローマ皇帝

紀元千年を挟む時代は、別稿でも論じたように、人里離れた山岳地帯や洞穴《グロッタ》、潟《ラグーン》に庵を結んで瞑想と祈りの生活を送る、隠者・隠修士的な霊性と生活形態が、ギリシア典礼の拡大とともに、イタリア半島を中心に広がった時代であった[67]。その背景の一つに、紀元千年を現世の終末と捉える終末意識の高揚と死後の救済を求める心性が存在した可能性は、一〇三〇年代をピークとするエルサレム巡礼の増加等の並行現象と合わせると、高いといえる。ただ、皇帝が行なう苦行、山籠りを、これと同一の次元で論じることはできない。

　オットー三世は、九九九年三月、隠修士カマルドリのロムアルドゥスの勧めで、ベネヴェント地方の聖山モンテ・ガルガーノの聖ミカエル修道院（大天使ミカエル崇敬の拠点）に巡礼している[68]。一方で、同時代のヴェネツィア総督ピエトロ・オルセオーロ二世もまた、総督の身分のまま、カタルーニャで隠者としての修行を行なっている。隠者としての両君主の関係は、それまで親ビザンツであったヴェネツィアを親オットー朝へと政策転換させ、一〇〇一年にはオットー三世のヴェネツィア訪問を実現させた。紀元千年前後のイタリア半島において、隠者的霊性は、ヴェネツィア本島から、マリノスら潟で生活する隠者の集団を経て、ラヴェンナ北郊のペレウム、ラヴェンナ南郊のサン・タポリナーレ・イン・クラッセ修道院、ローマ東方スビアーコの聖ベネデット／聖スコラスティカ修道院（九九九年にオットー三世が滞在）、ローマ南方のグロッタフェッラータ修道院を経て、ローマのアヴェンティーノ丘の聖ボニファーチョ＝アレッシオ修道院へと、ほぼ等間隔で結ばれるネットワークが、オットー三世を介して結ばれていたのである。

なかでも聖ボニファーチョ修道院は、早くから修道院長レオが教皇グレゴリウス五世のもとで教皇特使の任を引き受けるなど、親オットー朝的教皇権のもとで、ローマにおける存在感を高めていた。このギリシア的典礼と隠者としての生を特徴とする同院は、その名に「ドイツの使徒」聖ボニファティウスの名を冠することから理解されるように、異教徒の改宗を重要な役割として担っていた。なかでも修道士として自ら所属した、プラハ司教聖アダルベルトの存在は大きく、兄弟のガウデンティウス（後のグニェズノ大司教）、アダルベルト伝を執筆したクヴェアフルトのブルン、ヨハネス・カナパリウスなどが、同院の修道士として名を連ねている。皇帝宮を聖ボニファーチョ修道院と同じアヴェンティーノ丘に造営せんとしたオットー三世は、スラブ人の居住するスクラヴォニアへの伝道を担う隠修士の養成を同修道院に託していたのである。いわば、隠者としての人脈が、紀元千年の政治動向に影響を与え、また紀元千年期の伝道を支えていたと言える。

一方で、隠者的生を送ることは、この時代、ギリシア的隠修制の受容を契機に、神の言葉を聞き、秘義を感得し、啓示を受けるための最も効果的な方法と捉えられつつあった。前節のシルウェステル伝承におけるシルウェステルやコンスタンティヌスのように、君主の隠者行は、キリスト教世界の舵取りとして、より高い霊的境位に達し、被啓示者（幻視者）としての資質を獲得するための行為であった。後世の皇帝伝説群（バルバロッサ不死伝説等）において、社会に革新をもたらす不死の皇帝は、その時をまって、荒地や洞窟、山奥に隠れ、隠者的生を静かに送っている[69]。ジェルベールとは好対照をなす聖アダルベルトを求道の師としたオットー三世の参籠は、革新を担いうる者に求められる一種の入巫儀礼《イニシエーション》であったと考えられるのである。

ヨハネ黙示録（一章一一節）においてヨハネに啓示された幻視の内容は、書簡によって七教会に送達される。この七教会は当時の〈世界〉全域を象徴するものであって、「全世界」の表象は、伝統的な世界三大陸説（アジア・ヨーロッパ・アフリカ）をふまえ、キリスト降誕伝承では、三人のマギ（占星術を操る賢者王）によって具現される。世界の三大陸構成についてのテクストと図解は、イシドールス『語源』写本、マクロビウス写本の説明文及び同挿図に明らかである。オットー三世の皇帝権の特徴の第一はこの汎世界性であって、図像的には三王礼拝図の模擬図である、同宮廷発注の四点の典礼書献呈図に描かれている（『リウタール福音書』『バンベルク黙示録』ほか）。献呈図はいずれも擬人化されたローマ、ガリア、ゲルマニア、スクラヴォニアが教会と戦士の補佐を受ける盛装・正対で着座する皇帝に傅《かしず》き、支配の承認を示す貢納を差し出す構図となっている。貢納者は三大陸の象徴でなく、帝国の現実的支配領域であることが文字で図中に明記してある。

『レーゲンスブルク秘蹟書』（一一世紀初）第一一葉裏面の顕彰詩に、「見よ、世界の諸大陸を制する者を」ECCE TRIUMPHATIS TERRARUM PARTIBUS ORBIS とあるように、キリストに倣う皇帝は、キリストと同じく、「世界の四隅」を制する者でなければならなかった。「四隅」と言う表現は、ヨハネ黙示録第七章一節ほかにある、アンチキリスト率いるゴグとマゴグが出現する際に用いられるものであり、これを制するキリストに関わる表現でもある。

紀元千年前後の約一〇年間に、オットー三世宮廷がライヒェナウ修道院の写本処に発注したと考えられる一連の典礼写本（福音書、黙示録、ダニエル書、イザヤ書、祈禱書）には、カロリング朝の写本文化には見られなかった献呈図 Dedikationsbild 及び戴冠図 Koronationsbild が含まれている。[70] 前者は、その写本が作成者から発注主へ、あるいは発注主から聖人へと献呈される図像が描かれることから、写本の発注関係や献呈聖人について伝える史料たりうると同時に、しばしば伴われる説明文や献呈詩とともに、同写本の宗教的意味合い、ひいては献呈聖人を介した社会関係の存在を傍証する史料でもある。

一方で、後者の戴冠図は、同写本が戴冠を直接の契機として制作された可能性を示唆するとともに、王権や皇帝権の理念を図と文字（擬銘文）で顕示するものであり、その意味では、王冠や笏杖等の支配権標 Insignien に類する史料とも言える。美術史上、写本挿絵芸術の開花期と位置づけられるオットー朝において、オットー三世発注の写本中、最も注目に値するのは、アーヘン司教座宝物庫蔵の『リウタール福音書』Liuthar-Evangeliar の第一六葉表面に描かれた戴冠図（図2）である。写本では見開き左頁にあたる第一五葉裏面の書籍を携えた修道士の図と合わせると献呈図を構成するが、見開き右頁に当たる図は明らかに戴冠図として構図されている。

図2　リウタール写本献呈図

ここで注目すべきは、そこに描かれたオットー三世（王の特定は左頁の擬銘文から明らか）の身振りである。皇帝は、大地母神テラに支えられた玉座に正対で着座し、天上の神の右手から皇帝冠を受けるとともに、四福音書記者を象る有翼の動物によって四方を囲まれ、まさに「荘厳のキリスト」Majestas Domini の身振りで描かれているのである。これはキリストの典型的身振りを借用する「キリスト的身振り」christomimesis であると解釈できる。さらに着目すべき点は、キリストを身振りする皇帝の空間的位置とその表現手法である。羊皮紙は塗り分けによって、天上（父なる神の領域）、中空（キリストの領域）、地上（人間の領域）の三つに明確に分節されており、この段階性は、神の右手、皇帝、諸侯及び聖職者という、各空間に帰属する人間を合わせて描き込むことで補強されている。皇帝はまさに天に出現する幻視として、写本を開く者の眼前に出現するのである。

この幻視表現は、バンベルク州立図書館蔵の『イザヤ書註解』(一〇〇〇年頃、Msc. Bibl. 76)第一〇葉裏面に描かれた、熾天使《セラフィム》に周囲を囲まれ正対着座するキリストの顕現図[71]に端的に表れている。

こうした中空に顕現《テオファネイア》するイエスの図像表現は、オットー三世やジェルベールが滞在し、居住したローマに残る、初期キリスト教時代に遡る聖堂アプシス部のモザイク画に典型的な表現手法であった[72]。控え壁と、そこから東へ半円形に抉られたアプシス部との立体的で、高低差と奥行きある祭壇空間を効果的に活用するこれらモザイク画は、古代ローマの皇帝崇敬図像の影響を受けながらも、五世紀以降、聖アウグスティヌス及びティコニウスの黙示録註解テクストの影響下に、小羊の顕揚、十字架称揚、キリスト顕現とその称揚といった題材が、ヨハネ黙示録における「二四名の長老による小羊礼讃」などの記述を踏まえて表現されている。そこでは、黙示録における世界崩壊や竜の出現、竜との戦いや最後の審判における地獄表現といった負の場面でなく、聖ヨハネが見守る天上での礼讃表現のみが選び取られている。

中空に夢幻のごとく立ち現われる皇帝の姿[73]は、黙示録に記述された「再臨のキリスト」(パルーシア)の模倣《ミメーシス》であると同時に、「世界の四隅」に支配を及ぼす普遍的皇帝権の持ち主としての、また天地創造と世界崩壊、天上のエルサレムの降臨という、宇宙誌的な次元の出来事を導く者としての資質の視覚表現と読むことができる。次代の皇帝ハインリヒ二世が皇帝戴冠時に纏った「星座のマント」(Sternenmantel Heinrichs II. バンベルク司教座宝物庫蔵)[74]は、オットー三世が目指す皇帝と宇宙誌《コスモグラフィ》との不可欠の関わりを、戴冠という理念開示に最適の時機に臣民に示す意志が次代の君主に継承されている事実を物語る[75]。オットー三世宮廷の〈革新《レノウァティオ》〉は、神に選ばれ、その秘義を啓示されし者によって果たされるべき、宇宙誌的次元の事象として表象されたのである。

星辰の運行をめぐる学は、ジェルベールによるアラビア天文学の仲介と学究的貢献を通じて、いわば合理的学知としての進歩を見せた。天体への科学的好奇心はしかし、同時に天体の動きや配置が人体や人間の営みに及ぼす影響についての占星術的好奇心をも刺激することとなった。この点で、教会暦を策定するために必要なベーダ式暦算法の普及（写本点数の顕著な増加）もまた、天体の観察を促すとともに、天体の運行と教会で営まれる典礼とを結びつけることに一役買ったといえる。一年を単位とする教会暦は農事暦と合致するだけでなく、王国集会や戴冠式といった国事の日程とも連動性を高めていった。毎年繰り返される教会暦の平穏なサイクルは、戦争や飢饉、天変地異の発生を機に、人々の昂じる不安の中で、終末へと向かう黙示録的時間の中に置き換えられた。こうした二つの時間観念が、この時代の人々の心性に矛盾なく並存しえたように、天体をめぐる知のあり方も、秘義会得のための知解と観想の道も、同じように共存しえたのである。

オットー三世宮廷の呈示した〈革新〉は、前節で確認した〈革新〉の諸伝統を受け継ぐものでありながら、紀元千年に固有の文脈の中で独自の内容と表象を備えたものであった。それはキリスト教黙示文書群によってプロット化された終末へ向かう歴史的展開を基礎とし、この時期に集中的に発注された典礼書、黙示録写本、ならびにローマ、ラヴェンナに残された初期キリスト教モザイク群の再解釈・再利用によって、新たな視覚体験として表徴されたものであった。この中で皇帝は、キリストの位置を借り受けることで、地上的世界から隔絶された〈天〉に、神の啓示を受ける特異な存在として登場することになる。

ジェルベールが結んだ世界とその間に敷かれた知のネットワークは、紀元千年期の知と霊性の伝達を、書籍の移動、人材の移動というかたちで可能とした。より高度な知の探求とより高い霊性の追究が相乗的に絡み合う、修道院・教会改革のうねりが、新しい帝国のビジョンの形成に大きく貢献したのである。ジェルベールがオットー三世に託した君主像が、終末論的な最終皇帝としてのそれであったか否か、この問いに答えるための史料は欠落し、ジェルベール自身も黙して語らない。ただ、ジェルベールがその書簡において繰り返し強調しているのは、オットー三世の血統の完全性、つまりラテン皇帝の血とギリシア皇帝の血を受け継いでいるという事実である。そうした理想的君主のもとで実現されるローマ帝国の再生＝革新とは、同時に、ラテン的知の伝統とギリシア的知の伝統が統合される、知の理想的状態を招来すべきものであったに違いない。

五　黙示的世界観と世界変革の系譜

紀元千年に向けた〈革新《レノウァティオ》〉のスローガンは、黙示録を基盤とする君主の宇宙誌的自己表象の形式を創り出した。それは天体や天変地異を「終末の予兆」と感得する心性を前提とした社会にあって、天地創造から世界崩壊へ至る宇宙誌的な表象世界に自己を位置づけ、自らを神の秘義の啓示を受ける霊的資質と宿命をもつ預言者的存在と措定するとともに、世界史的役割を神より託された者として自己を顕示する君主のあり方と言える。この黙示的革新の思想＝運動形態は、中世盛期のカタリ派、使徒派《アポストリチ》、フィオーレのヨアキムの思想とその影響下に展開するフランシスコ会聖霊派の運動に継承され、宗教改革の指導者層（メランヒトン、トマス・ミュンツァー等）を経て、本書第四章（ウラジミール・ウルバーネク）に見られるボヘミア兄弟団の世界観、運動の展開にも看取される、宗教的革新運動の祖型となった。世界終末を意識した切迫的時間観念をもち、宇宙誌的次元にまで及ぶ「世界変革」の歴史観から導かれる歴史的使命を自覚し、寓意と象徴を駆使して急進的に展開する黙示的宗教運動のあり方は、ヨーロッパに固有の運動形態であると言える。(76)

一方で生得の身分や社会階層、貧富の差といった、市民を垂直的に秩序づける中世社会にあって、「友愛」という水平的な絆によって結ばれた兄弟団の存在は、第三章（河原温）に示されるように、都市社会に発生した新しい人間関係に組織形態を付与する柔軟な集団形成の論理として、きわめて重要な役割を担った。この組織がキリスト教という資質を超える事態は、少なくとも中世ヨーロッパには見られなかったが、正統教義を逸脱する異端運動（あるいは異端と断罪されなくとも、鞭打ち苦行団などの新興の宗教運動）の受け皿となりえたことは、多くの異端研究が明らかにしているところである。宗教改革以降、カトリックの世界観、秩序観を超えて、友愛の名のもとに既存の社会体制を超えた人々の紐帯が、国境をも越えて作られていくとき、翻って友愛の論理は、第七章（深沢克己）が扱うフリーメイソンのごとく、中世社会が醸成した秘義と啓示をめぐる思想と儀礼を、はるかに洗練させた形で借用しつつ、独自の宇宙観をもつ組織を作り上げていく。その原点は、まさに紀元千年の「エウロパ」にこそあったのである。

略語

LMA＝*Lexikon des Mittelalters. CD-ROM-Ausgabe.* Stuttgart: J. B. Metzler, 2000.
MGH＝Monumenta Germaniae Historica
ZR＝*Regesta Imperii. II-5: Papstregesten 911-1024.* Bearbeitet von H. Zimmermann. Wien 1998.
ZU＝*Papsturkunden 896-1046.* Bearbeitet von H. Zimmermann. Wien 1988-1989.

（1）オード・カーゼル／小柳義夫訳『秘儀と秘義——古代の儀礼とキリスト教の典礼』（みすず書房、一九七五年）。使徒文書によると、秘義とは、「父なる神の秘匿された永久の救済計画であり、それはキリストを通じて歴史的に実現され、聖霊によって教会において啓示されるもの」とされる。神の救済意志とはロゴス（理性、言葉）であるが、それがキリストの降臨、受難、復活、再臨を通じて実現する（「肉」となる）。この意志は「隠されたもの」という特徴をもつが、象徴と記号によって啓示される。その際、それを受け取る時と場所、方法とが問題となる。Ludwig Hödl, Mysterium, in: ***LMA** Bd.* 6, Sp. 981 f.; Wolfram von den Steinen, ***Der Kosmos des Mittelalters. Von Karl dem Grossen zu Bernhard von Clairvaux.*** München: Francke Verlag, 1959, besonders S. 138-150.

（2）中世において聖書釈義は「聖書の訓詁学」という範疇を大きく逸脱し、思考の鍛錬、現代史の解釈、未来の予知、論争の展開、そして新しい思想を表現する手段とさえなりうるものであった。後述する各種の図書館の蔵書リストを見ても、聖書釈義の分野が最も充実している。

(3)「幻視」(Vision) について、ディンツェルバハは、自己の生活世界から超自然的な方法で他の空間へ移されて、描写可能な視覚体験を忘我状態あるいは昏睡状態（夢見）のうちになし、その体験を通じてそれまで隠されていたことが明らかとなる、そのような体験、と定義している。中世における語法として、visio と revelatio とが同義で用いられている点も指摘している。Peter Dinzelbacher, *Vision und Visionsliteratur im Mittelalter*. Stuttgart: Hiersemann, 1981, S. 29ff.

(4) アナーニ大聖堂地下主祭室を占める黙示録を主題とする壁画（一三世紀後半）では、パトモスのヨハネが、黙示録の壮大な幻視を一望できる観察点に巧みに配置されている。*Un universo di simboli. Gli affreschi della cripta nella cattedrale di Anagni*. A cura di Gioacchino Giammaria. Roma: viella, 2001, tavola 37.

(5) Ioan P. Couliano, Expériences de l'extase. Paris: Editions Payot & Rivages, 1984（邦訳＝ヨアン・P・クリアーノ／桂芳樹訳『霊魂離脱とグノーシス』岩波書店、二〇〇九年）.

(6) カール一世の皇帝戴冠（八〇〇年の年始に当たる一二月二五日）について、それを第七千年紀の開始日と捉える当時の終末意識から解釈した研究として、次の文献がある。Wolfram Brandes, "Tempora periculosa sunt". Eschatologisches im Vorfeld der Kaiserkrönung Karls des Grossen, in: *Das Frankfurter Konzil von 794. Kristallisationspunkt karolingischer Kultur*. vol. 1. Hrsg. von Rainer Berndt. Mainz: Selbstverlag der Gesellschaft für Mittelrheinische Kirchengeschichte, 1997, pp. 49-79.

(7) とくに、Johannes Fried, Entzeiterwartung um die Jahrtausendwende, in: *Deutsches Archiv für Erforschung des Mittelalters*, Jg. 45, H. 2, 1989, S. 381-473; *The Apocalyptic Year 1000. Religious Expectation and Social Change, 950-1050*. Ed. Richard Landes et al. New York: Oxford University Press, 2003. ヨハンネース・フリート、リチャード・ランデスとその学派、フランスのドミニク・バルテルミらが加わった紀元千年における終末意識をめぐる論争については、以下を参照。Mihai-D. Grigore, *Ehre und Gesellschaft. Ehrkonstrukte und soziale Ordnungsvorstellungen am Beispiel des Gottesfriedens* (*10. bis 11. Jahrhundert*). Darmstadt: Wissenschaftliche Buchgesellschaft, 2009, S. 344 ff.

(8) Richer, *Histoire de France* (*888-995*). *Tome II*. 2e tirage. Éd. et trad. Robert Latouche. Paris: Les Belles Lettres, 1964.

（9）オリャクは在地貴族ジェロ家の所領であり、ベネディクト会系聖ジェロ修道院は、同院の創設者にして、聖人として崇敬されたジェロ・ドリャク（九〇九年没）に因む。Léonce Bouyssou, Aurillac, in: *LMA Bd. 1*, Sp. 1244.

（10）オリャクの聖ジェロ修道院（元来は聖ペトロ修道院）は、一〇世紀前半、クリュニー修道院長オドの時代（位九二七―九四二年）に同院の傘下に入り、と同時に教皇直属（免属）の地位と教皇による庇護を得た（ZR 19：教皇庇護下に置かれたのは、九一四―九二八年の間）。ジェロの列聖は、オドの執筆した伝記に明らかなように、世俗貴族による修道士的霊性の追究を美化し、宣伝する意図のもとに画策されたものであったと考えられる。オドのクリュニー改革のネットワークを通じた人材と思想の移動の一つが、リポイ修道院との関係である。聖ジェロ修道院が近隣修道院に及ぼした影響の一つとして、九三七年にトゥールーズ辺境伯領内のサン・ポン・ド・トミエール（Saint-Pons-de-Thomières, ナルボンヌ司教区）に修道士を派遣し、教皇直属・教皇庇護を実現した事実がある（ZR 135）。

（11）八七九年創設、ビック司教区。九五一年、教皇アガペトゥス二世からイムニテートを承認され（ZU 127）、同年、修道院長アルヌルフのもとで写本処がつくられる。同写本処は九七九年の時点で既に六五点の写本と、その他にアストロラーベ一点と、天文学、幾何学に関する重要な諸論考を所有していた。第一の最盛期とされる修道院長ウリバ（一〇〇八年以降―一〇四六年）の時代には、蔵書が一二一点から二四六点にまで増えていることが、一〇四七年の蔵書目録によって知られている。Wolfgang Baunach, Die Abtwahl in den Königsklöstern der Spanischen Mark. Ein Beitrag zum Verhältnis von Staat und Kirche in der Karolingerzeit, in: *Spanische Forschungen der Görresgesellschaft. 1. Reihe*, Bd. 19, 1962, S. 25-98.

（12）Emmanuel Poulle, L'Astronomie de Gerbert, in: *Gerberto. Scienza, storia e mito. Atti del Gerberti Symposium* (*Bobbio 25-27 luglio 1983*). Bobbio: Editrice degli A. S. B., 1985, pp. 597-617.

（13）同修道院が「沈黙の掟」を厳格化すべく手話（ハンド・サイン）の体系を作り上げ、「天使の身振り」の模倣者として自己を喧伝した点については、次の文献を参照せよ。Scott Gordon Bruce, *Silence and Sign Language in Medieval Monasticism. The Cluniac Tradition, c. 900-1200*. New York: Cambridge University Press, 2007.

（14）Barbara H. Rosenwein, *To Be the Neighbor of Saint Peter. The Social Meaning of Cluny's Property, 909-1049*. New York: Cornell University Press, 1989.

（15）カタルーニャ教会のナルボンヌ司教座からの分離独立をめぐる歴史研究の伝統的理解の傾向性と近年の研究による脱却の

試みについては、村上司樹「一〇―一一世紀カタルーニャ地方の教会と社会」(『摂大人文科学』第一七号、二〇〇九年九月、三一―五八頁)を参照せよ。

(16) 謁見の目的は、ビック司教座をカタルーニャ地方全教会の首都大司教座に昇格させる許可を得ることであった。フリードマンは、この訪問をタラゴーナ大司教座の復活と、それによるナルボンヌ大司教座からの独立を果たすため、としている。Paul Freedman, Archbishop Berenguer Seniofred de Lluçà and the Gregorian Reform in Catalonia, in: *Studi Gregoriani*, 14, 1991, pp. 153-159; Id., *The Diocese of Vic. Tradition and Regeneration in Medieval Catalonia*. New Brunswick: Rutgers University Press, 1983, pp. 14-37.

(17) *ZR* 475.

(18) 九九五年の年初、教皇ヨハネス一五世は、聖ボニファーチョ修道院長レオを教皇特使としてドイツに派遣し、ランス大司教管区内の全司教を集めた教会会議を開催し、同案件の処理に当たらせるとともに、アルヌルフ廃位とジェルベール叙任の無効(前者の大司教復位)を宣する一方、アルヌルフ廃位に関わった司教たちに対し、聖務停止を言い渡し、またジェルベールの大司教権行使をも停止する措置を講じた(*ZR* 727)。

(19) リュクスイユ修道院(ブルゴーニュ)の奉献児童《オブラートゥス》であったが、後にフルリをモデルに改革されたトゥールのサン・テヴル修道院の学監となる。九三五年にモン・ティエール・アン・デール修道院に移り、九六八年、同院長となる(―九九二年)。アドソの蔵書目録については、Henri Omont, Catalogue de la bibliothèque de l'abbé Adson de Montier-en-Der (992), dans *Bibliothèque de l'École des Chartes*, t. XLII, 1881, pp. 157-160. アドソは九九二年、エルサレム巡礼の途上で死去する。

(20) ジェルベール個人の図書館(蔵書庫)については、リシェの論稿がある。また、ジェルベールら宮廷知識人の助言に影響を受けたオットー三世の図書館は、ボッビオに程近いピアチェンツァに置かれた。Pierre Riché, La Bibliothèque de Gerbert d'Aurillac, dans *Mélanges de la Bibliothèque de la Sorbonne*, 8, 1988, pp. 94-113.

(21) Arno Borst, *Astrolab und Klosterreform an der Jahrtausendwende*. Heidelberg: Carl Winter, 1989, S. 53 ff. ; Paul Saenger, *Space between Words. The Origins of Silent Reading*. Stanford: Stanford University Press, 1997, pp. 143-164. 天体観測器《アストロラーベ》や算盤《アバクス》といった道具類は、アラビア語圏から珍品としてヨーロッパに流入したが、これがジェルベール魔術師説の一つの根拠となったとされている。

(22) K・リーゼンフーバー/村井則夫訳「ボエティウスの伝統――プラトン主義とアリストテレス論理学の中世への継承」(『中世における古代の伝統』上智大学中世思想研究所紀要・中世研究四号、創文社一九九五年)。

(23) "Quanto enim mirabiliori lege deum omnia in numero et mensura et pondere posuisse quis agnoscit, tanto in eius amore ardescit". *Hrotsvithae Opera*. Hrsg. von Paul von Winterfeld. Berlin: Weidemannsche Verlagsbuchhandlung, 1902 [Nachdruck, 2001], S. 166; リーゼンフーバー「ボエティウスの伝統」、二二七頁。

(24) »Ratio numerorum contemnenda non est. In multis enim sanctarum scripturarum locis quantum mysterium habent elucet«. *Isidori Hispalensis episcopi Etymologiarum sive originum libri XX*. Ed. W. M. Lindsay. Oxford: Oxford at the Clarendon Press, 1921, Liber III, IV, 1.

(25) カロリング朝時代の卓越した教会知識人ラバーヌス・マウルス(八五六年没)が著した『聖書の寓意』(*Allegoriae in universam Sacram Scripturam*)は、聖書中に登場する諸概念がいかなる寓意をもつかを、アルファベット順の項目別に解説している。*Rabanus Maurus. Auf den Spuren eines karolingischen Gelehrten*. Hrsg. von Hans-Jürgen Kotzur. Mainz: Philipp von Zabern, 2006.

(26) 幻視による神の啓示(天啓)は預言者の召命であって、預言自体は預言者の資質(賜物)によってなされることが多い。教会では、新約聖書中の最後の使徒の死をもって公的啓示(預言)は完了し、信仰箇条を定める啓示は揃っていると考えられている。ゆえに以後の預言は全て私的啓示であり、その意義は二次的であるとされる。

(27) Le Catalogue des Manuscrits de l'Abbaye de Gorze au XIe siècle, ed. D. G. Morin, dans *Revue Bénédictine* 22, 1905, pp. 1-14.

(28) *Mittelalterliche Bibliothekskataloge Deutschlands und der Schweiz. 1. Bd.: Die Bistümer Konstanz und Chur.* Bearbeitet von Paul Lehmann. München: C. H. Beck, 1918 [Nachdruck 1969], S. 55-101 (St. Gallen, Benediktinerkloster, Nr. 16-23).

(29) *Mittelalterliche Bibliothekskataloge*, S. 249, Z. 30 (Reichenau, Nr. 49).

(30) 「シビュラの託宣」(佐竹明訳、日本聖書学研究所編『聖書外典偽典六 新約外典I』教文館、一九七六年、三二一―三五六、四六一―四七三頁)。

(31) Christian Jostmann, *Sibilla Erithea Babilonica. Papsttum und Prophetie im 13. Jahrhundert*. Hannover: Hahn-

sche Buchhandlung, 2006, S. 80-124.

(32) *Lunaria et Zodiologia Latina*. Ed. Emanuel Svenberg. Göteborg: Almqvist & Wiksell, 1963.

(33) Barbara Obrist, La représentation carolingienne du zodiaque. À propos du manuscrit de Bâle, Universitätsbibliothek, F III 15 a, dans *Cahiers de civilisation médiévale*, 44, 2001, pp. 3-33.

(34) これに関して、一〇〇〇年頃にフルリで制作された写本（Paris, Bibl. Nat., Lat. 17868）中には、アラビア語の星辰名を含むアラビア占星術教本のラテン語訳テクストが含まれている。Saenger, *Space between Words*, p. 159. こうした天体解釈は、世界各地の文明に遍く見られる現象であると言える。ヨーロッパでは、宗教改革期においても、占星術的運命論が、それを否定するルターのような論客と対決する形で維持されていた。アビ・ヴァールブルク／進藤英樹訳『異教的ルネサンス』（筑摩書房、二〇〇四年）。

(35) *Adso Dervensis De ortu et tempore Antichristi, necnon et tractatus qui ab eo dependunt*. Ed. Daniel Verhelst. Turnhout: Brepols, 1976; Robert Konrad, *De ortu et tempore Antichristi. Antichristvorstellung und Geschichtsbild des Abtes Adso von Montier-en-Der*. Kallmünz, Opf.: Lassleben, 1964.

(36) 七世紀にシリア語で書かれたが、まもなくギリシア語に訳され、八〇〇年頃カール大帝の宮廷でラテン語訳された。さらに俗語へも訳され、社会の広範囲に知られるに至る。*Sibyllinische Texte und Forschungen, Pseudomethodius, Adso und die tiburtinische Sibylle*. Hrsg, von Ernst Sackur. Halle: M. Niemeyer, 1898, S. 1-96.

(37) Adriaan H. Bredero, The Anouncement of the Coming of the Antichrist and the Medieval Concept of Time, in: *Prophecy and Eschatology*. Ed. Michael Wilks. Oxford: Blackwell, 1994, pp. 3-13; *The Use and Abuse of Eschatology in the Middle Ages*. Ed. Werner Verbeke, Daniel Verhelst and Andries Welkenhuysen. Leuven: Leuven University Press, 1988.

(38) "Apocalypsin librum multorum conciliorum auctoritas, et synodica sanctorum praesulum Romanorum decreta, Iohannis evangelistae esse praescribunt, et inter divinos libros ||fol. 74 rb|| recipiendum constituerunt. Et quia plurimi sunt qui eius auctoritatem non recipiunt, eamque in ecclesia dei praedicare contempnunt. Si quis eum deinceps aut non receperit, aut a pascha usque ad pentecosten missarum tempore in ecclesia non praedicaverit, excommunicationis sententiam habebit". Concilium Toletanum quartum, XVII, *in: Collectio Hispana Gallica Augus-*

todunensis (Codex Vat. lat. 1341). Digitalisiert von A. Grabowsky und D. Lorenz (MGH Benedictus Levita Projekt). Stand 2008. 3. 2 (http://www.benedictus.mgh.de/quellen/chga/).

(39) アストゥリアス王国内、リエバナ渓谷にある聖マルティヌス修道院所属の修道士。『ヨハネ黙示録註解』(*Beati in Apocalipsin libri duodecim*) は、スペイン暦で八三八年（西暦八〇〇年）に終末が到来するとの予測から書かれたとされる。同書の挿絵付き写本は、三二冊伝承している。註（6）を参照せよ。

(40) 八世紀、ヒスパニアでキリスト養子論が勢力をもち、トレード大司教のエリパントゥスとウルヘル（Urgel）司教フェリクスが、イエスは人間で、神の養子になったとする説を唱えていた。イスラム教神学者から三位一体説を厳しく批判されたことが背景にあったようである。養子論は、七九四年のフランクフルト教会会議でアルクィンが主張する正統教義に敗れた。アルクィンはフェリクスに対して、「ネストリウスの不信仰がキリストを二つの性質で二つに分割したように、あなたの無教育で無謀な説もキリストを二つに分割しました。一つには人間の子として、二つには神の養子として」と書き送っている。なお、アルクィンによるベアートゥス宛書簡が一通伝承しており、アルクィンはベアートゥスを正統信仰の擁護者として讃えている。Wilhelm Heil, Adoptianismus, in: *LMA Bd.1*, Sp. 162f.

(41) Rosemary M. Wright, *Art and Antichrist in Medieval Europe*. New York: Manchester University Press, 1995, p. 33.

(42) 九世紀初頭（八〇一年頃）にバルセローナをイスラーム勢力から回復したフランク王権は、西ゴート系貴族を初代バルセローナ伯に据えて、ジローナ伯領を含む諸伯領から成るヒスパニア辺境領を置いた。九世紀末、フランク王権の弱体化と共に、これら辺境諸伯は在地化を進め、やがてフランク王権からの自立を果たす。

(43) カタルーニャ地方のモサラベ芸術については、次の文献を参照せよ。Wilhelm Neuss, Probleme der christlichen Kunst im maurischen Spanien des 10. Jahrhunderts, in: *Frühmittelalterliche Kunst I. Neue Beiträge zur Kunstgeschichte des 1. Jahrtausends*. Baden-Baden: Verlag für Kunst und Wissenschaft, 1954, pp. 249-284.

(44) Wright, *Art and Antichrist*, p. 40 ff.

(45) Saenger, *Space between Words*, p. 233.

(46) 腐敗した教会を刷新する天使的教皇の待望論については、Marjorie Reeves, *The Influence of Prophecy in the Later Middle Ages. A Study of Joachimism*. London: Oxford University Press, 1969（邦訳＝M・リーヴス／大橋喜之訳『中

世の預言とその影響――ヨアキム主義の研究』八坂書房、二〇〇六年）を参照。

(47) クリュニー系改革派に属し、とくにディジョンのサン・ベニーニュ修道院と深い関係をもつ。修道院長ヴィレルムス（ヴォルピアーノ）の要請で『歴史』を著し、修道院長の伝記を書いた。紀元千年の恐怖をめぐる論争において、頻繁に取り沙汰される人物。ユゲット・タヴィアーニ＝カロッツィ／西村善矢訳「ラウル・グラベール『歴史』における紀元千年の異端――テクストとコンテクスト」（『テクストの宇宙――生成・機能・布置』名古屋大学大学院文学研究科、二〇〇六年、七二－九六頁）。

(48) グラベールは数字の「四」を歴史解釈の鍵とする立場（四重性 quaternitas）を取り、四福音書、四元、四枢要徳、世界史の四段階論等、四の象徴によって歴史を解読した。こうした点は、聖書解釈学における数秘学的要素を継承するものであり、ヨアキム主義に至る伝統を形成している。

(49) 紀元千年における終末論的高揚の有無については、もっぱら集合的恐怖の存在、その表現の有無が問題とされた。

(50) リーヴス、前掲書、とくに第三部第二章（三八六頁以下）及びE・パノフスキー／中森義宗・清水忠訳「ルネサンスとリナスンシズ」（『ルネサンスの春〈新装版〉』新思索社、二〇〇六年、五三－一三二頁）を参照。

(51) Werner Widmer, Felicium temporum reparatio, in: *Variorum mvnera florvm. Latinität als prägende Kraft mittelalterlicher Kultur. Festschrift für Hans F. Haefele zu seinem sechzigsten Geburtstag*. Hrsg. von Adolf Reinle et al. Sigmaringen: Thorbecke, 1985, S. 11-17.

(52) Percy Ernst Schramm, Karl der Große. Denkart und Grundauffassungen, in: ders., *Beiträge zur allgemeinen Geschichte. Erster Teil: Von der Spätantike bis zum Tode Karls des Großen (814)*. Stuttgart: Hiersemann, 1968, S. 302-341.

(53) カロリング期の"renovatio"概念については、次の論文集を参照せよ。*Au Moyen Âge, entre tradition antique et innovation. Actes du 131e congrès national des sociétés historiques et scientifiques, Grenoble, 2006*. Sous la direction de Michel Balard et Michel Sot. Paris:Édition du CTHS, 2009. なかでもとくに、次の論文を参照のこと。Michel Sot, Renovatio, renaissance et réforme à l'époque carolingienne: recherche sur les mots, dans *Au Moyen Âge*, pp. 117-140. ロマネスク的な時間認識、時間表象を円環図像と聖書釈義の関連から論じたものとして、金沢百枝『ロマネスクの宇宙――ジローナの《天地創造の刺繍布》を読む』（東京大学出版会、二〇〇八年）、六〇頁以下を参照せよ。

（54）従来「改革」と呼ばれてきた歴史事象――一一世紀後半のグレゴリウス改革も、ルネサンス自体も、また大規模な反乱や蜂起も――はみな、こうした革新と再生の伝統の上に位置づけられうる。こうした時間観念が破棄され、社会が未来へと定向的に進化すると考える近代の進歩主義に至って初めて、革新の意味が根本的に変化することになるのである。

（55）Georg Prochnow, Mittelhochdeutsche Silvesterlegenden und ihre Quellen, in: *Zeitschrift für Deutsche Philologie*, Bd. 33, 1901, S. 145-212.

（56）MGH DOIII-389（一〇〇一年一月一八日―二三日）。ただし、原本でなく、ヴァティカン文書館所蔵の一三三九年の要約のみで伝承する同文書の真正性及び日付には、疑問が呈されている。

（57）Horst Fuhrmann, *Einfluss und Verbreitung der pseudoisidorischen Fälschungen. Von ihrem Auftauchen bis in die neuere Zeit*. Stuttgart: Hiersemann, 1972-1974.

（58）今野國雄「『コンスタンティヌスの定め』をめぐる問題」（同『西欧中世の社会と教会』岩波書店、一九七三年、二一九―二四八頁所収）。

（59）現時点で学術校訂本は存在せず、一七世紀の印刷本が用いられている。写本の伝承については、以下を参照。Wilhelm Pohlkamp, Kaiser Konstantin, der heidnische und der christliche Kult in den Actus Silvestri, in: *Frühmittelalterliche Studien*, Bd. 18, 1984, S. 357-400, hier S. 357 f., Anm. 2.

（60）*Mittelalterliche Bibliothekskataloge*, S. 80, Z. 27 ("Vita sancti Silvestri et sermones in volumine valde vetusto": St. Gallen, N. 16, Mitte 9 Jh.); S. 85, Z. 31 f. ("Vitam sancti Silvestri in volumine I.": St. Gallen, N. 18, 872-883); S. 94, Z. 2 f. ("Genesii vel Senesii martyris in collectariolo cuius principium est vita Silvestri": St. Gallen, N. 21, 9-15 Jh.); S. 101, Z. 18 ("Vita sancti Silvestri": St. Gallen, N. 22, Ende 10. Jh.); S. 210, Z. 3 ("Vitam sancti Silvestri": Muri, N. 40, 1032-1055); S. 247, Z. 18 ("sancti Sylvestri et virorum illustrium liber in codice I": Reichenau, N. 49, 821-822).

（61）クリュニーの修道院長オド（九四二年没）が数次にわたってローマを訪れた際、アヴェンティーノ丘の聖マリア修道院やローマ近郊のスビアーコ修道院とともに、聖シルヴェストロ修道院にも改革を導入した可能性が指摘されている。その根拠の一つは、九四六年に登極したアガペトゥス二世がローマへの修道院改革導入に積極的な教皇として知られている点である。Eileen Kane, *The Church of San Silvestro in Capite in Rome*. Rome: Edizioni d'Arte Marconi, 2005, p. 52.

（62）　時代は一三世紀半に下るが、ラテラーノ聖堂近くにある聖クワトロ・コロナーティ聖堂（SS. Quattro Coronati）内の聖シルヴェストロ礼拝堂内には、シルウェステル一世によるコンスタンティヌス大帝治癒譚がフレスコ画による環状伝記《サイクル》として描かれている。また、ローマ近郊のティヴォリにある聖シルヴェストロ聖堂の祭室壁画（一三世紀初）にも、同聖人とコンスタンティヌス大帝の逸話が描かれている。Hanspeter Lanz, *Die romanischen Wandmalereien von San Silvestro in Tivoli. Ein römisches Apsisprogramm der Zeit Innozenz III.* Bern et al.: Peter Lang, 1983.

（63）　竜退治は、ヨハネ黙示録における「竜」の描写をもとに、「世の革新」のための踏むべき前提と位置づけられた。また、ドラゴン退治者としての聖ゲオルク崇敬との関係を指摘する研究者もいる。さらに、反キリスト、黙示録の怪物としての竜は、図像表現として定型化する（『バンベルク黙示録』の竜〔一〇〇一年頃〕、ローマ・ヴェネツィア宮所蔵の象牙三連板〔一〇世紀〕、後代ではチヴァーテ、サン・ピエトロ・アル・モンテ修道院付属教会の堂内ティンパヌムのフレスコ画〔一二世紀半〕など）。Wright, *Art and Antichrist*, p. 19 ff.

（64）　コンスタンティヌス大帝の改宗の時期と場所については、カエサレアのエウセビオスの記事（今際の際にニコメディアで改宗）と、ローマで異端であるアリウス派に改宗したとするヒエロニムスの記事が知られている。『事績録』の記事については、明らかな意図のもとに歪曲されたものと評価され、現在では、創作意図の分析へと関心は移っている。

（65）　時代は一世紀ほど下るが、現実にライ病を罹患しながらエルサレム王国の王となったボードワン四世についての次の研究がある。Bernard Hamilton, *The Leper King and his Heirs. Baldwin IV and the Crusader Kingdom of Jerusalem.* Cambridge: Cambridge University Press, 2000（とくに二四五頁以下の Appendix を参照）。

（66 a）　その他、ヒルデスハイムの聖ベルンヴァルトの青銅柱、ハインリヒ二世の『福音書抜粋』、サン・タンジェロ・イン・フォルミスの壁画など、画像化が集中しており、発注者はオットー三世宮廷か、その近辺の高位聖職者である。Axel H. Murken u. a., Aussatz, in: *LMA Bd. 1*, Sp. 1254 f.

（66 b）　コンスタンティヌスが天に十字を見たという、ローマ北縁にあるミルヴィオ橋（pons Milvius）について、アガペトゥス二世の件の証書（ZU238）は、聖シルヴェストロ修道院に対し、橋の所有権並びに渡橋税の徴収権、さらにはこの橋の前にある聖ヴァレンティヌス修道院の帰属を認めている。

（67）　千葉敏之「複製された神聖王権」（博士学位論文、二〇〇四年）、第二章第四節。

（68）　*Regesta Imperii, II-3: Die Regesten des Kaiserreiches unter Otto III.* Bearb. von M. Uhlirz. Wien u. a.: Böhlau,

1956, Nr. 1303 a, 1304 b. この記事は、『聖ロムアルドゥス伝』第二五章の記述に基づくもので、同聖人伝では、巡礼の動機を「贖罪」としている。同修道院はベネヴェント＝シポント司教の所有物で、ギリシア人による占拠への恐れから、皇帝オットー一世より九六七年（MGH DOI-338）に安堵を受けている。城砦が複数、併設されていたことから、イスラーム教徒やギリシア正教徒に対する防塁の役割も果たしていたと考えられる。フリートら「終末」論者は、巡礼の行なわれた「年号」に注意を喚起している。

(69) 一〇〇〇年の世界巡幸のさなか、アーヘンにおいて行なわれたとされるオットー三世によるカール大帝の墓の捜索では、生前さながらの姿のカール大帝が発見されたと伝えられている。Knut Görich, Otto III. öffnet das Karlsgrab in Aachen. Überlegungen zu Heiligenverehrung, Heiligsprechung und Traditionsbildung, in: *Herrschaftsrepräsentation im ottonischen Sachsen*, Sigmaringen: Jan Thorbecke, 1998, S. 381-430.

(70) 例外として、シャルル禿頭（八二三―七七年）の宮廷では、献呈図や戴冠図を伴う典礼写本が制作されている。

(71) David Ganz, *Medien der Offenbarung. Visionsdarstellungen im Mittelalter*. Berlin: Dietrich Reimer, 2008, Tafel II.

(72) エスクイリーノの丘に建つ、ローマ四大聖堂の一つ、サンタ・マリア・マッジョーレ大聖堂アプシス部のモザイク画や、聖プデンツィアーナ聖堂のアプシス・モザイクなど、ローマだけでも数多くの例がある。こうした初期キリスト教時代のモザイクにおける顕現表現とヨハネ黙示録との関係については、以下を参照。Dale Kinney, The Apocalypse in Early Christian Monumental Decoration, in: *The Apocalypse in the Middle Ages*. Ed. Richard K. Emmerson and Bernard McGinn. New York: Cornell University Press, 1992, pp. 200-216.

(73) オットー朝における天上的王の表象については、以下の文献を参照せよ。Wolfram von den Steinen, *Homo Caelestis. Das Wort der Kunst im Mittelalter*. Bd. 1. Bern und München: Francke Verlag, 1965, S. 119-124.

(74) ハインリヒ二世の戴冠用マントに施された星座刺繍の図像学的解釈については、以下を参照。Warren T. Woodfin, Presents Given and Presence Subverted. The Cunegunda Chormantel in Bamberg and the Ideology of Byzantine Textiles, in: *Gesta*, 47/1, 2008, pp. 33-50.

(75) 一一世紀半ば以降、いわゆるロマネスク時代に入ると、教会建築を通じた宇宙誌の表現がより精密化する。とくにファサードの入口部の造作は、内陣の構造と相同の奥行きと見る者に迫る傾斜を利用し、地上・中空・天上の立体的表現手法が採られるようになる。そのモチーフは、黙示録の最後の審判、キリスト昇天、マリア昇天等、天への上昇性を含む場面であった。とりわけ黙示録の影響が著しい例として、モワサック（南西フランス）の聖ピエール修道院付属教会南口扉口部の彫像を挙げておく。Chantal Fraïsse, Moissac. Histoire d'une abbaye. Cahors Cedex: La Louve, 2006, pp. 220ff. ; Meyer Schapiro, *The Romanesque sculpture of Moissac*. New York: George Braziller, 1985.

（76）　この黙示的世界観においては、モンゴル人やイスラーム教徒などの敵対的民族、異教徒をアンチキリスト配下のゴグ、マゴグに準えることで、対峙すべき敵のイメージを明確化するとともに、それを終末到来の予兆と捉えた。こうした殲滅されるべき敵とともに、ユダヤ教徒やイスラーム教徒については、そのキリスト教への全面的改宗という段階が、別途、終末に至る道筋として、用意されていた。

第三章　中世ブルッヘの兄弟団と都市儀礼

――一五世紀「雪のノートルダム」兄弟団の活動を中心に

河原　温

一　中世ヨーロッパの兄弟団

中世ヨーロッパにおいては、兄弟団（信心会）［fraternitas, confraternity, confrérie, Bruderschaft］と総称された自発的な俗人の信心の団体が組織された。兄弟団は、各人の死に備え、永続的生への期待を現世における慈愛と典礼の儀礼的行為を通じて求めた宗教的団体である。その構成メンバーは、多様な職種、身分の者を含み、共通の守護聖人崇敬に基づく人的絆への参加によって形成され、擬制的家族としての性格を備えていた。兄弟団は、カトリックの宗教生活において重要な役割を果たし、中世後期に多様な形態をとってヨーロッパ各地に繁茂して、様々な社会的、宗教的活動を担った。職業集団としてのギルド（同業組合）と並んで、兄弟団の存在は中・近世ヨーロッパにおける都市の統合と市民生活において多様な貢献をなしたと考えられており、近年のヨーロッパ中・近世社会史研究において注目されてきた(1)。しかし、兄弟団の活動は、中世宗教史研究の大家A・ヴォッシェにより「ブラウン運動」にもたとえられているように、ギルドなどとは異なり、社会状況によってその活動がしばしば変化する制度的不安定さや断続性を示す集団でもあったこと、また特定の兄弟団構成員がしばしば同じ都市における他の兄弟団にも同時に所属しえたという柔軟性も備えていたといった点にも留意する必要があるだろう。

本章では、兄弟団を前近代のヨーロッパ社会における宗教的結社の一つのモデルとしてとらえ、フランドル都市ブルッヘへの兄弟団の事例をとりあげてその活動の意義を検討することにしたい。ブルッヘは中世後期に北西ヨーロッパにおける国際的商業都市としての地位を占め、外国商人の存在も大きかった。本章で扱うブルッヘへのマリア（ノートルダム）崇敬のための兄弟団は、在地のブルッヘ市民のみならず、イタリア商人をはじめとする外国商人やブルゴーニュ公をはじめとする諸侯をも含む「国際的」な団体であったことも注目されるところである。本章では、そうした多様な社会層に開かれていたマリア兄弟団の活動の意義を探ってみたいと思う。

中世フランドル都市における兄弟団研究は、一九六三年に刊行されたJ・トゥセールによる浩瀚な中世末期フランドルの民衆宗教研究をほぼ唯一の例外として、一九八〇年代後半からようやく盛んになった。しかし、近年のイタリア、スペイン、南フランスといった南ヨーロッパの事例研究の厚みに比べると、史料的な乏しさもあって、なお途上にあるといえる状況である。(2)

本章では、ブルッヘ国立文書館所蔵および市立文書館所蔵の兄弟団関係文書と会計簿を主な素材として考察をすすめたいと考える。

二　ブルッヘにおける「雪のノートルダム」兄弟団の成立

(1)　ブルッヘの兄弟団

中世後期とりわけ一四、一五世紀は、ヨーロッパ各地で民衆の信仰心の高揚がみられた。なかでも「聖体」Eucharist 崇敬、聖遺物崇敬、聖人崇敬の高まりが知られている。一三世紀以来都市に定着して都市民に説教を通じて福音を広めたフランシスコ会、ドミニコ会をはじめとする托鉢修道会の影響の下で、聖母マリア信仰の巡礼が活発となるとともに、聖母マリア（ノートルダム）崇敬のための兄弟団（マリア兄弟団）の活動が多くの都市で知られるようになる。[3] たとえばフランスのノルマンディ地方では中世後期に創設された約一二〇〇の兄弟団 confrérie のうち、三分の一以上の四五七の兄弟団が聖母マリアを守護聖人とするマリア兄弟団であった。またイタリアでは、マリア崇敬に基づく賛歌合唱のためのマリア兄弟団 Compagnia di laudesi が、フィレンツェをはじめとして数多く誕生している。フランドル都市ヘントでも一五〇〇年以前に創設された三〇の兄弟団のうち、四〇％にあたる一二の兄弟団が小教区を基礎とするマリア兄弟団であった。一般にマリア兄弟団は、聖母マリアの祝祭日における典礼、物故メンバーに対する埋葬、追悼ミサを中心とした死者の社会的記憶の保持をその活動の中心としていたが、フィレンツェの「オルサンミケーレのマリア」兄弟団のようにメンバー以外の貧民への大規模な救貧活動や、マリア崇敬のための大規模なプロセッションや祝祭活動を行ったものもあった。[4] 本章で扱うブルッへの「雪のノートルダム」兄弟団 Broederschap van Onze Lieve Vrouw ter Sneeuw/Confrérie de Notre Dame de la Neige もまた、単なるマリア崇敬の活動にとどまらない、大規模な都市の祝祭活動に関わった兄弟団として注目される。

一五世紀のブルッへにおいては、一八の兄弟団が知られており（表1）、そのうち三分の一にあたる六つがマリア兄弟団であった。「雪のノートルダム」兄弟団は、その中で「乾木のノートルダム」兄弟団 Broederschap van Onze Lieve Vrouw van den Drogenboom と並んでメンバーを全市から集めた「全市型」のマリア兄弟団として一五世紀後半から一六世紀にかけて活発な活動を行った。

ブルッへでは、ノートルダム教区の起源は九世紀にさかのぼるが、教区教会としてノートルダム教会 Onze Lieve Vrouw Kerk が建てられたのは、一一世紀後半のことである。ノートルダム教会は、聖ドナース参事会教会と並んで、ブルッへで最も重要な教会となっていったが、聖母マリア崇敬の隆盛は、一四世紀のことであり、ノートルダム教会

表1　15世紀のブルッヘにおける兄弟団

1 Broederschap van O. L. V. van den Drogenboom（乾木のノートルダム兄弟団）[ca. 1396]
2 Broederschap van O. L. V. van Rozebeke（ローゼベーケのノートルダム兄弟団）
3 Broederschap van de H. Judocus
4 Broederschap van O. L. V. van de Oubevlekete Ontvangenis（囚人慰問のノートルダム兄弟団）
5 Heilig Bloedbroederschap（聖血の兄弟団）[ca. 1406]
6 Broederschap van O. L. V. van Husterloo（フステローのノートルダム兄弟団）
7 Sint-Joosbroederschap
8 Broederschap van O. L. V. van Blindekenis (uit Potterie)（ポテリのノートルダム兄弟団）
9 Broederschap van de schoenmakersknechten（靴屋の兄弟団）
10 Broedershcap van O. L. V. ter Sneeuw（雪のノートルダム兄弟団）[1371/1456]
11 Sint-Annagilde（聖アンナ兄弟団）
12 Broederschap van de H. H. Barbara en Katharina（聖バルバラとカタリーナの兄弟団）[ca. 1300]
13 Broederschap van Sint-Kristoffel（聖クリストフォル兄弟団）
14 Broederschap van Sint-Cornelius en Sint-Gelein [1486, Sint-Janshospitaal]
15 Gilde van Sint-Eeuwoud/Sint-Theobald [1464]
16 Confrérie van Sint-Job en Sint-Laurentius [1400, Sint-Salvatorkerk]
17 Gilde van Sint-Rochus（聖ロークス兄弟団）[15世紀末, Sint-Janskerk]
18 Confrérie van Romeynen（ローマ巡礼兄弟団）[1481, Sint Salavatorkerk]

内に祭壇をもつ四つのマリア兄弟団も一四世紀のうちに成立したようである。その一つが「雪のノートルダム」兄弟団であるが、一四世紀の史料が断片的であるため、後述するように正確な設立年代は不明である。(5)

(2) 史料

現存する「雪のノートルダム」兄弟団に関する主要史料は、証書類 Cartularium と会計帳簿 Rekeningen である。現在ブルッヘ国立文書館 Rijks Archief Brugge に所蔵されている証書類の最古の文書は一四六四年であり、以後一七世紀まで断続的に残されている。この証書類は、「雪のノートルダム」兄弟団に関する奇跡譚、兄弟団規約をはじめとして、メンバーによるミサ典礼活動や定期金設定、兄弟団への寄進などの記録である。今一つの史料は、会計帳簿 Rekeningen であり、一四六七年から一五三六年までの兄弟団の収支の記録である。これらの史料に関しては、先行研究としてS・ファン・デ・カペルが検討を加えているほか、R・ストロームとA・ブラウンによる同兄弟団の活動に関する研究があり、本章もそれらの研究に多くを負っている。(6)

(3) 「雪のノートルダム」兄弟団の由来

この兄弟団に付されている「雪のノートルダム」Onze Lieve Vrouw ter Sneeuw という名称は、そもそも何に由来するのであろうか。その名称は、四世紀の古代ローマにおける次のような伝承に由来するとされている。

四世紀のローマの都にヨハネスという名のローマ人貴族がいた。彼は子供がいなかったので、聖母マリアのために彼の富を使うことを決心した。そのためにどうするのが良いのかを知るため、ヨハネスは聖母マリアに祈った。すると、八月四日の夜にマリアが彼の夢の中に現れ、彼がマリアに捧げられる教会を明日早朝に雪が降るはずのとある丘の上に建てることが、彼女に奉仕する最大の業であると告げた。果たして、翌八月五日に、七つの丘の一つの地面は雪に覆われたのであった。その丘に、教皇リベリウス[Liberius, 三六六年没]にちなんで、Basilica Liberiana と名づけられた教会が建てられた。その教会は、五世紀にシクストゥス三世により再建されたのち、ローマの四大バシリカの一つである Santa Maria Maggiore 教会となったという。(7)

この伝承は、一〇世紀頃から Santa Maria Maggiore 教会の創建伝承としてマリア信仰の高まりとともに広められ、夏の時期でありながら雪の降ったという八月五日が祝日とされるようになったとされている。こうして成立したローマにおける「雪のノートルダム」信仰が遠くフランドル地方にまで広がったのは、中世盛期以降北西ヨーロッパからローマを訪れたローマ巡礼者によって伝えられた可能性が高いと考えられている。フランドル地方ではブルッへの他に、コルトレイクにも同様の伝承に基づく「雪のノートルダム」礼拝堂が建てられている。またブルッへの北海へ通じる外港であったスライスにも一四世紀初頭に「雪のノートルダム」兄弟団が存在しており、この伝承が一四世紀には広くフランドル地方に広まっていたことをうかがわせる(8)。とはいえ、残念ながら史料がほとんど残されていないため、この伝承の広がりをこれ以上追及することはできない。

他方、ブルッへにおける「雪のノートルダム」兄弟団に関する史料は、上述したように一四六〇年代以降残されているにすぎない。音楽史家R・ストロームは、この兄弟団が仕立て工ギルドを中心として一四五〇年以前に創設されたとし、美術史家M・P・マルテンスもそれを支持している。しかし、仕立て工ギルドと「雪のノートルダム」兄弟団の関係を明示する史料は残されていないためこの見解は仮説にとどまっている(9)。

実際、同兄弟団の最古の活動記録は一四五六年であり、一四六四年にはノートルダム教会に祭壇を所有していたことが知られているにすぎないため、それ以前にさかのぼることは史料上は困難である。しかし、ブルッへの他の多くのマリア兄弟団がすでに一四世紀後半に設立されていたことから、「雪のノートルダム」兄弟団の創建をこの時期に想定する見解（A・デ・ウィッテ）もある(10)。いずれにせよ、以下では、一五世紀後半の史料を中心にその組織と活動を検討することにしたい。

三　「雪のノートルダム」兄弟団の組織と活動

(1)　組織と役員構成

「雪のノートルダム」兄弟団の規約は、上述した証書類を集成した〈Het Cartularium〉のフォリオ冒頭に記載されている。この規約は、一四六七年／七〇年の間に作成されたとみられ、全二四条から成る。(11) 内容は大きく四つに分けることができる。第一に、組織と役員およびメンバーシップに関する規定、第二に、八月五日の兄弟団の祝祭日の活動規定、第三に兄弟団が行うミサと死者供養、第四に八月五日以外のブルッヘの祝祭日における諸活動についてである。

まず組織とメンバーについての規定（規約五、七―九、一一―一九条）から見ていこう。「雪のノートルダム」兄弟団の役員は、代表者である主席 deken 一名、監督役 overziender 六名、世話役 zorger 八名、書記 klerk 一名、祭壇付き司祭 kapelaan 一名から成っていた。

主席は任期一年とされたが、実際は一四七〇年以降三年まで可能とされ、またその後再任されることもあった。ブルッヘのノートルダム教区民であることが就任の際の条件であったようである（七条）。ファン・デ・カペルにより、一四六七年から一五三六年までの同兄弟団の役職者リストが作成されているが、(12) それによると、「雪のノートルダム」兄弟団の規約作成時にも証人として名前のある、Jan de Blazere が、一四六七年から一五〇七年までの四〇年間に一五回にわたって主席の役職を占めている（一四六八―七一、一四七三―七六、一四八二―八五、一四八八―九一、一四九四―九五、一五〇五―〇七）。彼はブルッヘの市政役職である参審人も務めており、都市のエリートであったことは間違いない。その他、一五世紀末までに主席を務めた人物は一二名いるが、そのうち Marc vanden Velde と Jan de Lenesse、Jacob Vander Lende の三名はいずれも三―五回にわたって主席を務めており、この代表職が少数のエリートの役職であったことをうかがわせる。また一六世紀初頭に主席を複数回務めた Moskeron 家は、ブルッヘの有力な商人家系だったことが確認できる。主席は、兄弟団の代表者として、メンバーを毎年集会に招集し、会合と会計簿を司った（二四条）。

監督役は、任期二年で、毎年三名ずつ交代した。彼らは、兄弟団の財政を主席とともに管理した（七条）。世話役は、八名で、毎年半数の四名が改選された。彼らは、八名のうち毎週二名ずつ、四週を一サイクルとして兄弟団の活動を司ったのである。同兄弟団のメンバーが死亡した場合には、四名の世話役が遺体をノートルダム教会へ運ぶこととされている（一八条）。監督役、世話役とも、同じメンバーが繰り返し役職についており、主席とともに、限られたグループから選ばれていたと考えられる。

書記は、主席を補佐し、ノートルダム教会に設けられた同兄弟団の祭壇の備品を管理した。また兄弟団の会食の際、その年に物故したメンバーの名前を読み上げる役を果たしていた（五条）。祭壇付き司祭は、ノートルダム教会において、兄弟団のメンバーのためのミサ（レクイエムミサ）を執り行っている（五、一三、一四、一七、一八条）。以上の役員の構成を図示しておくと図1のようになろう。

同兄弟団のメンバーシップについては、規定の第二三条にある。メンバーの数は後述するように一五世紀後半において、最盛期には千人を超えており、またメンバーの社会的裾野は広かったことが指摘できよう。

まずメンバーとなる者は、フランドル貨で入会金 inkomgeld 四ドゥニエおよび、書記に一ドゥニエを支払う必要があった。また、年会費 jaargeld は、二ドゥニエであり、役員たちにより徴収された。年会費二ドゥニエは、もう一つの主要なマリア兄弟団である「乾木のノートルダム」兄弟団の年会費が二スー（スヘリンゲン＝二四ドゥニエ）であったことからすると一二分の一の金額であり、また当時の平均的なレンガ積工の日当が四ドゥニエであったことからすると、その賃金の半日分であり、決して高い額ではなかったといえよう。それが、一五世紀後半にこの兄弟団のメンバーの数を増加させた一因であったかもしれない。

次に、八月五日の「雪のノートルダム」の祝日における活動であるが、まず八月五日の前日の夕方 vespers に、ブルッヘのノートルダム教会 Onze Lieve Vrouw Kerk においてオルガンとともに、salve と呼ばれるポリフォニーの合唱が行われた。翌八月五日の朝八時にミサ曲 discant が歌われ、教会の鐘が鳴らされる。その後ミサ曲が五名の都市のトランペッターの演奏とともに歌われ、メンバーが市内を行進するプロセッション（宗教行列）が行われた（第一条）。

午後一時には、祭壇において托鉢修道会士（フランシスコ会）により説教がなされ、その中で「雪のノートルダム」の奇跡譚が語られた。夕方 vespers には、兄弟団の主席 deken、監督役 overziender、世話役 zorger、司祭 kapelaan が出席してミサが執り行われた。同時にノートルダム教区の「聖霊の食卓」（ブルッヘの小教区ごとに設けられた救貧組織）に六ドゥニエの喜捨がなされている。また、毎年この祝日には、アリアム・ドゥ・フローテ Aliames de Groote やアントニス・ドゥ・ローヴェレ Anthonis de Roovere といった一五世紀のブルッヘにおいて著名なレトリシャン（修辞家・詩人、rederijker）による宗教劇の上演が行われている。アントニス・ドゥ・ローヴェレは、「乾木のノートルダム」兄弟団のメンバーであり、「雪のノートルダム」兄弟団には属していなかったが、彼の妻がメンバーであり、彼自身、「雪のノートルダム」兄弟団の典礼行事（宗教劇の上演）にも密接に関わっていたのである。

また、八月五日以外にも、年間のすべての日曜日と聖母マリアの祝祭日（二月二日、三月二五日、七月一日、八月一五日、九月八日、一一月二一日）において、晩課［夕べの祈り］の後、salve が兄弟団の雇用した歌手たちによりオルガンの伴奏で歌われることになっていた。R・ストロームは、こうした「雪のノートルダム」兄弟団の典礼において行われた音楽パフォーマンスを、一五世紀の音楽史におけるポリフォニー音楽発展の重要な一齣として注目している。

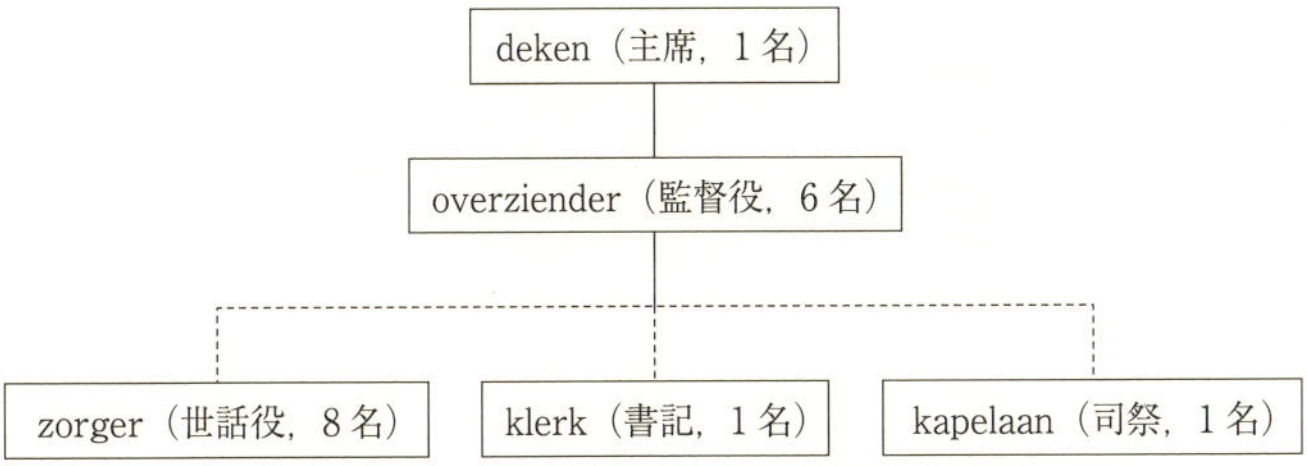

図1　「雪のノートルダム」兄弟団の組織

第三に、社交団体としての兄弟団を支えたと思われる会食（宴会）について。「雪のノ

ートルダム兄弟団」の場合、会食は、八月五日の祝日には、主席、監督役、世話役、書記のみが参加して行われたが、一般のメンバーの会食は、八月五日の雪のノートルダムの祝祭日以後の最初の日曜日に行われることが定められていた。その年の同兄弟団への新規加入者は、この会食の際に四ドゥニエを兄弟団に、書記に一ドゥニエを支払う義務があった（第二三条）。また通常の男性会員は六ドゥニエ、女性四ドゥニエを、夫婦は合わせて八ドゥニエを支払うことになっていた（第四条）。会食には、ビール、チーズ、ワイン、ハム、バター、香辛料、果物などが出された。会食は単にメンバー同士の交歓のみならず、会食の途中では、書記がすべての物故メンバーの名前を読み上げ、その社会的記憶の保持がはかられるとともに、新たな役員の選出が行われた。その後兄弟団の礼拝堂付き司祭が、死の典礼の際に歌われた一種の哀歌である〈de profundis clamavi〉を唱えることになっていた。会食の最後に、司祭が「すべてのメンバーの魂」zielen van alle onse ghebroeders ende ghezusters のために祈りをささげた。

役職者たちの他の仕事として、主席、二人の監督役、二人の世話役および礼拝堂付き司祭は、毎年すべての日曜日と重要な祝祭日に、ノートルダム教会で正午に行われるハイ・ミサ hoogmis と午後のマリア賛歌 salve 詠唱の儀式に出席しなければならなかった。彼らが出席できない場合は、何人かの兄弟団のメンバーが代わりに出席することになっていた。

(2) 財政

さらに同兄弟団は、貴重書類（証書集成、特許状、会計帳簿など）、祭壇用装飾品（布、宝石、蠟燭など）といった兄弟団の財産を収める櫃 brandkast を保持し、六本の鍵で管理した。そのうち二本は六名の監督役のうちの二名によって、残りの四本は、八名の世話役のうちの四名により保持されたのである（第二四条）。なお、同兄弟団は、一四六九年に都市内の団体としての法人格を示す「印章」zegel を所有している[13]。

次に、「雪のノートルダム」兄弟団の財政状況を概観しておこう。同兄弟団の会計帳簿は、一四六七年から一四九九年までと一五〇〇年から一五三六年までをカヴァーする冊子に綴じあわされた帳簿二冊が伝来している。ここでは、一四六七年から一五〇八年までの四〇年間に限定して収支の動向をみておく。

「雪のノートルダム」兄弟団の収入は、(i)兄弟団に寄進されたブルッヘ市内の不動産（家屋）からの定期金収入、(ii)メンバーの入会金、年会費収入、(iii)その他兄弟団への寄進（死亡金 doodgeld、宝石・蠟燭などの祭壇用備品など）から成っていた。

表2　「雪のノートルダム」兄弟団の収支（1467-1508年）の10年ごとの推移

年代	収入額		支出額	
1467-68	19£	8s. 4d. g.	12£	0s. 2d. g.
1476-77	44£	19s. 6d. 2 (mitten)	42£	6s. 4, 5d. g.
1487-88	47£	0s. 2d. g.	32£	7s. 7d. g.
1497-98	18£	0s. 8d. g.	31£	10s. 6d. 18 (mitten)
1507-08	19£	2s. 7d. g. 6 (mitten)	17£	6s. 10d. 6 (mitten)

典拠：RAB, Oud archief, nr. 1531, rekeningen; Van de Cappelle [1997] p. 81.

また、支出は、(i)死者供養のためのレクイエム・ミサ、ハイ・ミサ、日曜ミサなど様々な祝祭日に行われるミサ典礼費用、(ii)八月五日の「雪のノートルダム」兄弟団の祝日のための支出（ミサ、会食、祭壇装飾、説教師代など）、(iii)そのほかの都市における活動経費（プロセッション、蠟燭、ノートルダム教会の礼拝堂の装飾、歌手・楽士の雇用）などに分けられる。収支額の概要は、一〇年ごとにみると表2のようになる。

この収支表で注目されるのは、「雪のノートルダム」兄弟団の活動の最盛期が一四七〇年代から八〇年代にあり、その後はメンバーの数の減少とともに低下していることである。一四七〇年代は、同兄弟団のメンバーでもあったブルゴーニュ公シャルル・ル・テメレールの治世の後半期にあたり、八〇年代はシャルルの娘マリ・ド・ブルゴーニュとその夫マクシミリアンによるブルゴーニュ＝ハプスブルク家の治世の時期であった。後述するように、この時期は、フランドル都市にとって都市の自立が脅かされた時代であり、領邦君主たるブルゴーニュ公との政治的関係が極めて微妙になる時期でもあったことを確認しておきたい(14)。

(3) 活動

「雪のノートルダム」兄弟団は、中世ヨーロッパの世俗的兄弟団の類型として、その活動の中心が聖母マリア崇敬と死者供養の典礼にあったことは間違いない。実際の典礼活動について検討してみよう。規約と一四六七年以降知られる会計帳簿の支出項目からまず確認できるのは、メンバーの死者供養のためのレクイエム・ミサ requiem messe の重要性である。兄弟団規約の一三―一七条には、ノートルダム教会内の同兄弟団の祭壇において、礼拝堂付き司祭が、すべての物故メンバーの魂のためにレクイエム・ミサを読み上げ、蠟燭をともすこと、毎日曜日には、主席、二名の監督役、二名の世話役とともに死者のためのハイ・ミサと salve の詠唱を行うことが規定されている。ノートルダム教会で行われたマリア崇敬とミサのための詠唱は、兄弟団により雇用された歌手とオルガニストによって行われており、R・ストロームがすでに指摘しているように、同兄弟団における音楽のパトロネジの役割が注目される。この点は、フランシスコ会の修道院に祭壇を置いて活動した「乾木のノートルダム」兄弟団においても確認されるところである。また一五世紀にブルッヘに滞在していたイタリアのメディチ銀行の支配人A・ターニやその後継者T・ポルティナーリらがフランドルにおいてテナー歌手をリクルートし、フィレンツェをはじめとするイタリア都市へ送り出していたことも知られており、こうした兄弟団における音楽活動が歌手たちにとっても重要なパフォーマンスの場を提供していたのである[15]。

また、個々の兄弟団メンバーに対するミサの設定とその遂行も兄弟団の典礼的活動として重要であった。いくつか例を挙げよう。

（a）一四七六年七月に Jacob と Kataline Danckaert 夫妻が、同兄弟団に Zilverstraat（銀通り）にある一軒の家屋の定期金二スー六ドゥニエを寄進したが、その見返りに、夫妻のために年二回のミサが Sint Joris と Sint Marcus の祝日にノートルダム教会の「雪のノートルダム」兄弟団の祭壇で行われ、蠟燭が供えられることが定められた。
(b) 先述した同兄弟団の主席職を最も多く務めた Jan de Blazere 自身も、一四八三年に Vleeshouwersstraatje（肉屋通り）にある一軒の家屋の定期金二二スーを寄進し、それと引き換えに彼の死後、彼と彼の妻の墓において、毎年八月八日に兄弟団のメンバー八名と礼拝堂付司祭によるミサが行われること、また彼の妻のために、九月三日にポリフォニーの詠唱が行われることが定められた。
(c) 一四八五年三月に、Lieven de Cleerc は、二〇ポンドをブルッヘの小教区の貧民のために定期金として設定し、兄弟団へ寄進した。兄弟団は、その見返りにノートルダム教会の同兄弟団の祭壇において彼のためのミサを年一回行うこと、および彼と彼の妻の墓の前で毎年詩篇を詠唱することが定められた。
(d) 一四九八年一〇月、Jan Moskeron とその妻は、二ポンドを兄弟団の基金 jaarlijkse fundatie として寄進した。その見返りとして兄弟団の祝日（八月五日）に、毎年彼らのためにオルガニストを伴ったハイ・ミサ（六回）を行うことが設定された。

以上四例を挙げたに過ぎないが、そこには個人の魂の救済を兄弟団という仲間団体を通して希求した中世末期のブルッヘ市民の想いがうかがえるだろう。[16]

さて、「雪のノートルダム」兄弟団にとって今一つ重要な活動は、都市の様々な守護聖人の祝祭日に行われたプロセッション（宗教行列）への参加であった。規約の二〇―二二条から知られるように、「雪のノートルダム」兄弟団は、毎年聖ボニファティウスの祝日（六月五日）とサクラメントの祝日（聖霊降臨祭後の最初の木曜日）にプロセッションを行っていた。それぞれのプロセッションにおいては、主席を筆頭に、同兄弟団の若手メンバー四名が蠟燭をもち、他のメンバーが小旗を持って行進することが定められている。

プロセッションの後の午後には、八月五日とその後最初の日曜日と同様、兄弟団のメンバーによって会食が行われた。

多くの中世都市と同様、一五世紀のブルッへにおいては、聖人の祝日以外にも数多くのプロセッションが君主や教会の要請により臨時に行われたが、A・ブラウンによればその頻度は、フランドルの領邦君主であったブルゴーニュ公の対フランス戦勝祈願を中心に一四五〇年代から増加し、とりわけ一四六〇年代から八〇年代にかけて急増している[17]（表3）。

表3　15世紀ブルッへにおけるプロセッション［祈願行列］

年代	平均	ピークの年	年代	平均	ピークの年
1400年代	0回	1408年（1回）	1450年代	6回	1457-58年（13回）
1410年代	1	(1)	1460年代	10	1468（18回）
1420年代	2	(1)	1470年代	15	1474（18回）
1430年代	4	1436（7回）	1480年代	18	1482（28回）
1440年代	4	(1)	1490年代	8	1490（13回）

典拠：A. Brown, Ritual and State-buildung, p. 17.

この時期のプロセッションのモチーフは、戦勝祈願の他、平和祈願、ブルゴーニュ公の結婚祝いや病の治癒、疫病対策など様々であり、ブルッへでは主にシント・ドナース参事会教会の聖遺物（聖ドナティアヌスと聖ヴァージルの遺骨）および、都市ブルッへの最も重要な聖遺物であったキリストの「聖血」がプロセッションの先頭に掲げられて都市内を巡回したのである。「雪のノートルダム」兄弟団も、規約に定められている上記の二つの祝日における定期的なプロセッションだけでなく、社会情勢の変化に応じて臨時に挙行されたかかる祈願行列に他の兄弟団とともに参加したと考えられる。近年注目されているように、プロセッションは、都市社会の政治的、社会的危機の際にしばしば教会や都市当局によって組織された都市の統合を強化するパフォーマンスであり、中世後期の都市儀礼として兄弟団との関わりは、今後さらに検討される余地があると思われる[18]。

(4)　メンバーの社会的属性

「雪のノートルダム」兄弟団の構成メンバーについては、ファン・デ・カペルにより、一四六七年から一五三六年までの証書類、会計帳簿に現れるメンバー五五〇九名についてのリストが作成されている[19]。また、A・ブラウンにより、一四六七年から一四九九年までのメンバー総数の推定がなされた。後者によると、一四六七年以降一四七五年まで新メンバーとなった者は毎年百人を超えており、その後減少に向かう。メンバーの総数は、一四六七年から一四九〇年まで毎年千人を超えており、一四七九年度がピーク（一三二九人）であった。一四九一年以降、メンバーは六百人前後まで減少しているが、それでもブルッへでは最大の会員を有する兄弟団であったことは間違いない[20]。先に見たように、入会金が二ドゥニエと安く、多くのメンバーを広い階層から集めえたと考えられる。実際、メンバーの職業的広がりは、ブルゴーニュ公シャルルやその母イサベラ・ド・ポルチュガルをはじめとする王侯貴族から広範な商工業者層までを含んでいた。一四六七年から一四九九年までに知られるメンバーのうち、七六名の職業が確認できるが、彼らはブルッへの五五の同業ギルドのうち三四のギルドのメンバーであった。その中でも多かったのは、パン屋、小間物商、取引仲介人、仕立て工、金細工匠である。またその七六名のうち、それぞれのギルドの主席 deken を務めていた有力者が一〇名、そのほかのギルドの役職者が二三名含まれている。他方、女性が兄弟団メンバーの半数近くを占めていたことも注目に値する。とりわけ一四七〇年代から八〇年代においては、女性のメンバーが男性を上回っていたことが確認できるのである[21]。しかし、女性が兄弟団の運営役職に関わることはなかった。

また、スペイン、ドイツ、イングランド商人を中心に、イタリア、スコットランド、ポルトガル、フランス商人などの外国商人も含まれていたことが注目される。フランシスコ会の修道院に祭壇を置いていた「乾木のノートルダム」兄弟団が高額の入会金（二スー）を必要とし、その構成メンバーとしてより多くのイタリア、スペイン商人をはじめとする外国商人を含んでいたことが知られているが、「雪のノートルダム」兄弟団もまた、外国人に開かれた兄弟団であったのである。その点で、都市貴族のアドルネス家、バーンスト家、ブルゴーニュ公の高位の宮廷役人（総収入役）となったピーテル・ランシャル、イタリア商人のアルノルフィニ、画家のペトルス・クリストゥス、音楽家

表4　「雪のノートルダム」兄弟団の主要メンバー（1467-1499）

カテゴリー	名前
王侯貴族	Charles le Téméraire; Isabella de Portugal*; Anthony de Luxembourg; Philippe de Crève
宮廷役人・都市貴族	Pieter Lanchal*; Gruuthuse 家*; Baenst 家*; Adrones 家*
市政役職者（参審人）	Willem Moreel; Jan de Brazere
在地有力商人	Moskeron 家
外国商人	Arnolfini 家*; Spinola 家; Bonkeil 家
芸術家・レトリシャン	Petrus Christus*; Hans Memling; P. Coustin; Arnoud de Mol*
聖職者	Tournai 司教; Eckhout 修道院長

注：*印は「乾木のノートルダム」兄弟団のメンバー．

のアルノウ・D・モルなど有力なメンバーが同時に「乾木のノートルダム」兄弟団にも所属していたことは、両兄弟団の親和性を示しているといえよう。実際、この二つの兄弟団は、レトリシャンのアントニス・ドゥ・ローヴェレを中心に、ブルゴーニュ公シャルル・ル・テメレールが一四六八年にブルッヘにおいてヨークのマーガレットと華燭の祝宴を挙行した際、都市における祝祭（演劇）を準備する役割を担ったと考えられているのである[22]（表4）。

四　ブルゴーニュ公の都市政策と「雪のノートルダム」兄弟団

それでは、一五世紀後半における「雪のノートルダム」兄弟団が都市ブルッヘにおいて果たした社会的役割は何であったか。その検討のためには、当時の都市ブルッヘのおかれていた政治社会情勢を考えてみる必要があるだろう。

一四六七年にフィリップ・ル・ボン（善良公）のあとを継いでブルゴーニュ公（フランドル伯）となったシャルル・ル・テメレール（在位、一四六七－七七）にとって、そのパッチワーク的領土を統合して強力なブルゴーニュ国家を形成するためには、経済的にも軍事的にも強力な存在であったフランドル諸都市をブルゴーニュ公の集権政策のうちに組み込むことが必要であった。とりわけ、国際商業の中心都市として極めて豊かであったブルッヘをブルゴーニュ公の権力のうちに統合することが、当時毛織物工業ギルドによる強力な「自立主義」particuralisme を掲げ、ブルゴーニュ公にとりわけ敵対的であったブルッヘのライバル都市ヘントを懐柔する上でも重要であったと考えられる。先代のフィリップ・ル・ボンは、一四三六－三八年におけるブルッヘの反乱を鎮圧する一方、ブルッヘのシント・ドナース教会と密接な人的結びつきを保持し、また「乾木のノートルダム」兄弟団のメンバーにも名を連ねて、ブルッヘの政治的、経済的有力者集団（名望家層）との絆を促進した。シャルル・ル・テメレールもそれをうけ、「乾木のノートルダム」兄弟団とともに、より広範なブルッヘ市民をとりこんでいた「雪のノートルダム」兄弟団との関係を取り結ぶことで、ブルッヘの市民生活 civic life における信心（マリア崇敬）を共有していることを示し、ブルゴーニュ公権力の正統性 legitimacy を市民に印象づける狙いがあったと思われる。(23)

シャルル・ル・テメレールは、一四六八年にヨークのマーガレットとの結婚式の祝宴をブルッヘで行ったのち、一四六九年以来ブルッヘの「雪のノートルダム」兄弟団のメンバーとなっている。そして、ブルッヘのノートルダム教会の祝祭日に寄進を行うことで、マリア崇敬の中心であるノートルダム教会との霊的関係を築き、一四七二年の四月には、同教会の「雪のノートルダム」兄弟団の祭壇でのミサに、宮廷役職者や各国の外交官たちとともに参加している。また、シャルルは、本論でも触れた、一五世紀後半にブルッヘで頻繁に行われた多くのプロセッションの挙行をシント・ドナース教会に働きかけるなど、都市ブルッヘとの宗教的絆の強化を意図したのであった。(24)

シャルル・ル・テメレールは、すでに以前からブルッヘの市民軍の中心をなした射手ギルドのトーナメントや、都市貴族も加わった馬上槍試合（白熊のトーナメント）に参加していたが、都市の有力者の社交団体によるこうした軍事的、貴族的イベントとの結びつきだけではなく、托鉢修道会やノートルダム教会といったブルッヘの教会組織をベースとして活動していたマリア兄弟団を媒介として、ブルッヘ市民のより広範な階層との儀礼的な結びつきをめざしたと考えられる。

Ａ・ブラウンによれば、フィリップ・ル・ボン以後のブルゴーニュ公によるフランドルの都市民の宗教的領域への深い関わりは、フランスやイングランドの王権とは異なるブルゴーニュ公家の領邦統治政策の一つの特徴をなしていた。ブルゴーニュ公のこうした宗教儀礼的パフォーマンスは、ブルッヘ市民に向けられた「劇場国家」としてのブルゴーニュ公権力の演劇的表現であり、ブルッヘのノートルダム教会は、都市側とブルゴーニュ公家の間の良好な関係を作り出す一つの舞台装置となったのである。(25)

他方、兄弟団の側から見るならば、一四六八年にブルッヘの市政の中心である参審人職にあった二八名のうち、半数近い一二名は「雪のノートルダム」兄弟団の、五名は「聖血の兄弟団」Heilig Bloedbroederschap のメンバーであったこと、また一五世紀後半の「乾木のノートルダム」兄弟団のメンバーの一七％にあたる七〇名が「雪のノートルダム」兄弟団のメンバーでもあったことなどからも推測されるように、(26)ブルッヘのマリア兄弟団は単なる信心の団体にとどまらず、複数の都市団体に属するメンバーの人的絆を背景に、その儀礼的パフォーマンス（プロセッションや祝祭の演出など）を通じて君主（ブルゴーニュ公）側のアプローチに応答し、都市ブルッヘへの政治的、社会的安定と都市民のアイデンティティの強化に貢献したといえるであろう。

一五世紀におけるフランドル都市の自立主義とブルゴーニュ公による集権化政策のせめぎあいのなかで、「雪のノートルダム」兄弟団を一つの典型とする都市民による宗教的団体は、その儀礼的、祝祭的活動を通じ、君主とのシンボリックな対話 symbolic communication の担い手として中世末期の都市の政治社会的側面においても重要な役割を演じたのである。

五　近世以降の結社・秘儀的団体との比較史的考察

さて、こうした中世後期のブルッヘへのマリア兄弟団に代表される中世の兄弟団のあり方は、異なる時代の宗教的団体ないし結社といかなる関係にあるだろうか。最後にこの点について触れておきたい。

中世後期のヨーロッパにおける兄弟団の隆盛は、カトリック公教会の司牧に飽き足らない市民の自発的、仲間団体的救済手段への志向を背景としていた。そこには、聖母マリアをはじめとする聖人崇敬を通じた確かな霊的救済への願望が秘められていると同時に、人びとの社会的、地縁的所属を規定していた様々な枠を超えたところで機能した結合原理が認められる。(27)ブルッヘの「雪のノートルダム」兄弟団の事例において明らかなように、中世後期の都市における兄弟団は、本来排他的、秘儀的性格をもつことはなく、むしろ規約を遵守することのみを軸として多くの都市民に開かれた組織であった。したがって、フリーメイソンをはじめとする近代の結社の結合関係が、むしろ会員内部に限定された秘密性、入会にあたっての秘儀的儀式（イニシエーション）を重視していたこととは、一見すると正反対のベクトルにもとづいていたようにみえる。とはいえ、兄弟団における祈りの共同体、仲間団体としての平等性の重視、役員の互選といった基本的性格は近世以降の多くの結社にも共通するものである。また、中世末から近世にかけて南フランスやイタリアにおいてとりわけ繁茂した「改悛のための兄弟団」や「鞭打ち苦行の兄弟団」の場合、人物審査による新規メンバーの限定、祈りや儀式の遂行にあたっては、参加者全員が目だけを出した頭巾を着用し、メンバー同士の無名性、平等性を強調していたことなど、フリーメイソンをはじめとする他の秘儀的結社との共通性を示している点は、興味深い。

他方、兄弟団は、死後の魂の救済という宗教性とともに、世俗的権力とのかかわりを欠くことはなかった。中世ブルッヘの「雪のノートルダム」兄弟団の場合、それは都市の上級君主としてのブルゴーニュ公との儀礼的関係であり、兄弟団自体がブルゴーニュ公自身を含む政治権力と都市の良好な関係を維持するための都市側の一つの政治的装置として機能したといえる。このことは、イエズス会がカトリック教会権力を背景に、イタリアやスペインにおいて多くの兄弟団活動を統括していったケースは別として、(28)近世以降の一般の兄弟団のあり方とは異なる点ではないかと思われる。

中世と近世の兄弟団の関係については、兄弟団の社会的結合のあり方が、宗教改革・対抗宗教改革の時期を境に大きく変容していったとされており、中・近世ヨーロッパにおける兄弟団の活動をより長期的なコンテクストの中で検討していくことが今後の課題となろう。[29]

その点で、本来キリスト教信仰に準じ、修道請願を軸に一二世紀のイェルサレムにおける貧しい巡礼のための病院活動から出発して、各国からメンバーを集めて成立した聖ヨハネ（マルタ）騎士団のあり方は、同じくキリスト教精神に基づいていた兄弟団の活動と比較検討するのに興味深い対象である。西川杉子（本書第六章）によれば、近代の聖ヨハネ（マルタ）騎士団は、地中海地域を中心に、救護団体として一三世紀から一九世紀にいたる七〇〇年にわたる紆余曲折の歩みを経験し、フランスやスペインの王権、および教皇庁の保護の下でその活動を変化させていったという。聖ヨハネ騎士団の特性として、地域的に限定されていた兄弟団活動とは異なり、当初からヨーロッパ各国のメンバーを含む「トランスナショナル」な組織であった点、貴族家系（修道騎士）を中心に組織内に明確な位階が存在したこと、それぞれの時代において本拠地を変えながら広範な活動を展開していったことなどが挙げられよう。

兄弟団（兄弟会）と騎士団（騎士修道会）は、中世において成立したキリスト教を媒介とした特異な人的結合に基づく組織であり、上記のような差異が認められつつ、両者とも前近代ヨーロッパに発して近世・近代へとその系譜が引き継がれていった自発的団体として注目される。キリスト教信仰にもとづく組織であった兄弟団や騎士修道会の長期的な変容過程を中世から近世・近代にかけて比較検討しつつ追跡してみることが今後なされるべき研究方向といえるだろう。

（1）河原温「フラテルニタス論」（『岩波講座世界歴史8　ヨーロッパの成長』岩波書店、一九九八年）、同「信心・慈愛・社会的絆——中・近世ヨーロッパにおける兄弟団（コンフラタニティ）の機能と役割をめぐって」（『地中海研究所紀要』〔早稲田大学〕、第四号、二〇〇六年）、六七—七七頁。P. Johanek (Hg.), *Einungen und Bruderschaften in der Spätmittelalterlichen Stadt*, Köln-Wien: Bählau, 1993.

（2）例外的にヘントGentについて、P・トゥリオによる包括的研究が行われた。P. Trio, *Volksreligie als spiegel van een stedelijke samenleving. De broederschappen te Gent in de late middeleeuwen.* Leuven: Leuven U. P., 1993. 中世ネーデルラントの兄弟団研究の現状については、P. Trio, "Middeleeuwse broederschappen in de Nederlanden. Een balans en perspectiieven voor verder onderzoek", in: *Trajecta*, III, 1994, pp. 97-108; Id., Les confréries comme expression de solidarité et de conscience urbaine aux Pays-Bas à la fin du Moyen Age, in: H. Brand et al. (eds.), *Memoria, Communitas, Civitas. Mémoire et consciences urbaines en Occident à la fin du Moyen Age*, Ostfildern, 2003, pp. 131-141; Id., The Social Positioning of Late Medieval Confraternities in Urbanized Flanders: from Integration to Segregation, in: Monika Escher-Apsner (Hg.), *Mittelalterliche Bruderschaften in europäischen Städten*, Frankfurt am Main; Peter Lang, 2009, pp. 99-110.

（3）渡辺伸「教会と民衆の文化」（朝治啓三・江川温・服部良久編著『西欧中世史』（下）、ミネルヴァ書房、一九九五年）、二〇七—二三二頁、江川温「中世末期のコンフレリーと都市民」（中村賢二郎編『都市の社会史』所収、ミネルヴァ書房、一九八三年）、八六—一一二頁、服部良久「中世リューベックの兄弟団について」（中村賢二郎編『都市の社会史』所収、一九八三年）、一一三—一三八頁。

（4）河原温「フラテルニタス論」、一八九—一九〇頁、J. Henderson, *Piety and Charity in Late Medieval Florence*, Oxford: Oxford U. P., 1994.

（5）S. Van de Cappelle, *De Onze Lieve Vrouw broederschap ter Sneeuw te Brugge gedurende de late mitddeleeuwen (ca. 1467-1536)*. Licentiaat Verhandeling, KUL: Leuven, 1997, pp. 49-50.

（6）Rijksarchief Brugge (RAB), OLV. ter sneeuw, Nr. 1501 (cartularium: 1467-1536); Nr. 1531 (rekening: 1467-1499); この時期に関する記述史料として、Carton (ed.), *Het boeck van al 't gene datter geschiedt is binnen Brugghe, 1477-1491*, Gent, 1859 がある。先行研究としては、下記を参照。Van de Cappelle, *op. cit.*; R. Strohm, *Music in Late Medieval Bruges*. Oxford: Oxford U. P., 1985; A. Brown, Bruges and the Burgundian "Theatre-state": Charles the

Bald and Our Lady of the Snow, *History*, 84, 1999, pp. 573-589; A. Brown & G. Small, *Court and Civic Society in the Burgundian Low Countries, ca.1420-1530*. Manchester U. P., 2007.

（7）Van de Capelle, *op. cit.*, pp. 44-45.

（8）Van de Cappelle, *op. cit.*, pp. 46-47.

（9）R. Strohm, *op. cit.*, pp. 47-48.

（10）Van de Cappelle, *op. cit.*, p. 50.

（11）Rijksarchief Brugge (RAB), Oud archief, OLV. ter sneeuw, Nr. 1501: cartularium, fol. 1.

（12）Van de Cappelle, *op. cit.*, Bijlage 3: pp. 262-274.

（13）Van de Cappelle, *op. cit.*, p. 70.

（14）この時期のブルッヘとフランドル都市の政治社会状況については，M. Boone, "La justice en spectacle. La justice urbaine en Flandre et la crise de pouvoir, 〈bourguignon〉 (1477-1488)". *Revue historique*, t. 308, 2003, pp. 43-65; J. Haemers, *For the Common Good. State Power and Urban Revolts in the Reign of Mary of Burgundy (1477-1482)*. Turnhout, 2008 を参照。

（15）河原「15世紀ブルッヘにおけるイタリア商人に関するノート――トマーゾ・ポルティナーリ（ca. 1420-1501）の活動をめぐって」（『人文学報』〔首都大学東京〕，三四六号，二〇〇四年），六九―八七頁。

（16）RAB, Oud archief, OLV, ter sneeuw, Nr. 1501, cartularium Van de Cappelle, *op. cit.*, pp. 92-94.

（17）A. Brown, "Ritual and State-Building: Ceremonies in Late Medieval Bruges". in: J. Van Leeuwen (ed.), *Symbolic Communication in Late Medieval Towns*. Leuven: Leuven U. P., 2006, p. 17.「一五世紀のブルッヘにおけるプロセッションが都市内をどのようにめぐったかについての具体的分析については，青谷秀紀「信仰のかたち――フランドル都市の宗教儀礼をめぐって」（『ユーロピアングローバリゼーションと諸文化圏の変容 研究プロジェクト報告書』，東北学院大学オープン・リサーチセンター，二〇〇九年，七四―九四頁）を参照。

（18）Brown, *ibid.*, p. 26; 中世後期のドイツ都市におけるプロセッションについては，A. Löther, *Prozessionen in spätmittelalterlichen Städten. Politische Partizipation, Obrigkeitliche Inszenierung, städtische Einheit*. Köln: Böhlau, 1999 を参照。

(19) Van de Cappelle, *op. cit.*, Bijlage 2, pp. 130-261.

(20) Brown, Bruges and the Burgundian "Theatre-state", pp. 583-584.

(21) Brown, *ibid.*, p. 584.

(22) Strohm, *op. cit.*, p. 83

(23) Brown, Bruges and the Burgundian "Theatre-state", p. 587; W. Prevenier & W. Blockmans, *Burgundian Netherlands*. Cambridge: Cambridige U. P., 1986, pp. 214-240; W. Blockmans, Rituels publics, in: W. Prevenier (dir.), *Le prince et le peuple. La société du temps des ducs de Bourgogne*. Antwerpen: Fonds Mercator, 1998, pp. 321-323.

(24) Brown, Ritual and State-Building: Ceremonies in Late Medieval Bruges, pp. 17, 25.

(25) Brown, Bruges and the Burgundian "Theatre-state", pp. 587-588; Brown & Small, *Court and Civic Society*, pp. 27-28.

(26) Brown, Bruges and the Burgundian "Theatre-state", p. 588.

(27) 河原温「フラテルニタス論」(『岩波講座世界歴史8　ヨーロッパの成長』、一九九八年)、一九七頁。

(28) イエズス会と兄弟団活動の関係をめぐっては、川村信三『キリシタン信徒組織の誕生と変容――「コンフラリヤ」から「こんふらりや」へ』(教文館、二〇〇三年)、第二章「「こんふらりや」の淵源」および第三章「キリシタン史の中の「コンフラリア」と「こんふらりあ」」、三一一一八八頁の叙述が、一六世紀日本のキリシタンの信徒活動組織の起源として、イエズス会を媒介とする一六世紀イタリアおよびポルトガルの兄弟団（信徒兄弟会）組織を想定しており、示唆に富む。

(29) 近世ヨーロッパの兄弟団については、多くの研究があるが、本論に関係するものとして、さしあたり以下の研究を参照。C. Black, *Italian Confraternities in the Sixteenth Century*. Cambridge: Cambridge U. P., 1989; R. F. E. Weissman, "From Brotherhood to Congregation: Confraternal Ritual between Renaissance and Catholic Reformation", in: J. Chiffoleau, L. Martines, A. Paravicini Bagliani (a cura di), *Riti e rituali nelle società medievali*, Spoleto, Centro Italiano di Studi sull'alto Medioevo, 1994; J. P. Donnelly & M. W. Maher (eds.), *Confraternities and Catholic Reform in Italy, France, and Spain*. Kirksville: Thomas Jefferson U. P., 1999; N. Terpstra (ed.), *The Politics of Ritual Kinship. Confraternities and Social Order in Early Modern Italy*. Cambridge: Cambridge U. P., 2000; C. Black & P. Gravestock (eds.), *Early Modern Confraternities in Europe and the America, International and Interdisciplinary*

Perspectives. Aldershot: Ashgate, 2006.

第四章　彗星、世界の終末と薔薇十字思想の流行

——チェコ・プロテスタント知識人の終末論的待望

ウラジミール・ウルバーネク
（篠原　琢／訳）

一　本章の課題

(1)　危機の時代の終末論

本章が扱うのは、おおよそ一六一〇年代から二〇年代というビーラー・ホラの戦いの前後の重要な時期におけるボヘミア、モラヴィアのプロテスタント知識人たちの終末論思想である。この時期、ボヘミアのプロテスタント系諸身分は、一六〇九年に発布されたルドルフ憲章によって、相当な宗教的自由を獲得していた。それでも、ボヘミア国王であり、神聖ローマ皇帝であったハプスブルク家のマティーアス帝に支持されたカトリック少数派と、プロテスタント多数派との間の緊張は続いたままで、それは一六一八年から二〇年にかけて起こったプロテスタント諸身分の反ハプスブルク蜂起、すなわちボヘミア反乱で頂点に達した。一六一九年、諸身分はハプスブルク君主を廃位し、プファルツ伯フリードリヒ五世をボヘミア国王に選出した。一六二〇年に、反乱は敗北に終わり、カルヴァン派の「冬王」フリードリヒは逃亡して、ボヘミアとモラヴィアのプロテスタントたちは国外への亡命を余儀なくされた(1)。

チェコ史学の多数に支配的な叙述にのっとって短くまとめれば、この時期の政治的動向はだいたい以上のようなも

のである。しかし、思想的展開にはあまり注意が払われてこなかった。終末論はこの時期の思想・精神状況に重要な役割を果たしていたが、人類の最後や、世界の歴史の最後のできごとについての神学的教説というばかりでなかった。それは一七世紀前半の人々が直面した劇的な変化をより広い歴史的見通しの下に理解し、説明するための解釈枠組みを提供したのであった。

(2) 本章の構成

本章は、三十年戦争初期における知識人の言説や政治的宣伝活動のなかでの終末論的な構図に焦点を合わせる。第一に、一六一八年の彗星をはじめとする天体現象について論じる。それは、天文学の問題として論じられたのと同時に、神意の徴として終末への期待を高めたのであった。第二に、分析するのは、ボヘミアのプロテスタント系亡命者たちが編纂した世界の年代記である。これらは終末論的枠組みを援用して、世界の終わりを予見しようとし、ボヘミア史をこの文脈に位置づけようと試みている。

第三に、薔薇十字宣言に対するボヘミアの人々の関心を新たな史料に基づいて検討する。薔薇十字の著作に明らかに影響されたチェコ・プロテスタント知識人は存在したし、一般的に終末論的期待を高めたのであった。ここでは、北方の獅子と南方の鷲の戦いという象徴的なヴィジョン（第四エズラ記とされるものと、偽パラケルスス的予言から取ったもの）と、それがプロテスタント陣営のプロパガンダに対して持っていた重要性について検討する。

二　天体現象と終末論

(1) 彗星の出現

前近代人の想像力にとって、つねに大きな役割を果たしていた天体現象からはじめよう。日蝕、月蝕、彗星や合といった天体現象は、しばしば未来に関する徴として解釈された。一六一八年の彗星も例外ではなく、この時代の思想史・宗教史・政治史という広い文脈で重要な役割を果たした。三十年戦争が始まった年にやってきたために、多くの同時代人は彗星をこの戦争の凶兆と受け取った。[2] 一六一八年から二〇年にかけて刊行された学術的著作、暦、説教、予言、報知、ビラ、パンフレットなど多種多様な出版物で、この彗星は扱われている。そのうちには、一六一八年の彗星を、進行中のボヘミアの反乱と結びつけて論じるものがあった。

(2) パルトリチウスの『彗星学考』

ここではそのうちで重要なものを一つ検討してみよう。人文主義者、医師、天文学者であったシメオン・パルトリチウス (Simeon Partlicius, 一五九〇年頃―一六四〇年) による『彗星学考』(*Tractatus Cometographicus*, 一六一九年) で、これは高度な学術的著作である。[3] パルトリチウスは、一五九〇年ごろ、モラヴィアの小さな町トシェシチ Třešť の プロテスタント家庭に生まれた。ラウジッツのゲルリッツ Görlitz にあるルター派のギムナジウムに進み、プラハ大学ではナウムニェジツェのマルチン・バハーチェク Martin Bacháček z Nauměřic の下で学んだが、バハーチェクは、数学者でヨハネス・ケプラーのごく近い友人であり、当時のボヘミアの学術界の指導的人物であった。[4]

パルトリチウスの『彗星学考』は、直接には反乱を指導した貴族たち、二七人の「指揮官」directores に捧げられたものであり、二七人のうち九人は大貴族、九人は騎士身分、そして九人は有力な都市民であった。[5] 献辞は五月に書かれており、直近の政治的事件、とりわけ反乱の反対者たちを「祖国」patria の裏切り者と非難した一六一九年のボヘミア王国議会について触れている。パルトリチウスにとって、政治的文脈が非常に重要なことは明白であろう。

全九章で、パルトリチウスは彗星一般と一六一八年の彗星について論じるばかりでなく、占星術を擁護しながら、ボヘミア反乱を理論的に支持し、世界の歴史的・占星術的年代記のなかに、これを位置づけようとしている。占星術を擁護するにあたってパルトリチウスはミクロコスモスとマクロコスモスというパラケルスス的理論、およびフィリップ・メランヒトン Philip Melanchton の占星術に関する見解に依拠しているが、これらは彼の主張にとって、占星術に否定的態度をとったマルチン・ルターの考え方よりずっと都合のよいものであった。[6]

(3)　彗星をめぐる天文学的議論

『彗星学考』の中核は、彗星についての当時の天文学的議論を扱った部分である。パルトリチウスはアリストテレスの追随者たちを「哲学の自由を恐れている」と非難し、古典古代の思想家たちの権威から離れて、新しい自然哲学のレトリックを使いながら、自説を開陳している。彼は、以前には天空に新しい星や彗星が出現する可能性は信じていなかった、と認めながらも、デンマークの天文学者、ティコ・ブラーエその他の著述家たちが主張することや、一六一八年の彗星を自分自身で観察したことから、それを確信するようになった、と述べる。[7] 実際、パルトリチウスの立場は折衷的である。彼によれば、二つの型の彗星がある。第一のものは基本的にアリストテレス的で、地球上に位置し、大気圏の上方で水蒸気が燃え上がってできたものである。第二のものは蒼穹に属し、元素からなるのではなく、霊気から創られている。[8] ここでパルトリチウスは、彗星は天空の質から成っている、というブラーエの主張をはっきりと引用している。[9] ブラーエに拠りながら、彼は天空は不変ではないとする見解に賛同するのである。

彗星には二つの型があるという理論を得て、パルトリチウスは、一六一八年に現われた彗星は二つあるとするみずからの観察を説明できることになった。一六一八年一一月の第一のものは、大気圏に現われた。それに対して、一二月に彼が現われたとするものは、蒼穹、すなわち天の第八の領域に現われたというのである。[10] この観察は、十の彗星的天体を比較しただけでなく、視差の測定によって得られたものであった。パルトリチウスによれば、二番目の彗星の視差は月より小さく、したがってそれは天空に存在するものなのである。

(4)　彗星の予言するもの

この二つの彗星の影響はそれぞれ異なっている。第一の彗星の短期的な影響については、他の著述家たちの予言するところとそう変らない。彗星は戦争、病、疫病（とりわけボヘミアとその周辺諸国）、そして厳寒や大雪といった異常気象をもたらす。パルトリチウスはボヘミア王妃であったティロールのアンナとその夫であるボヘミア王にして神聖ローマ皇帝、ハプスブルク家のマティーアスの死が、彗星によって予兆されていたのを指摘することを忘れない[11]。第二の彗星の影響はそれほど悲惨なものには見えない。宗教紛争はもたらされるだろうが、パルトリチウスによれば、「彗星はある人々には良きことを、別の人々には悪しきことをもたらすであろう。」

こうして、パルトリチウスによれば、彗星はボヘミアに新しい王を予告するものであり、その王は一六一九年末、もしくは一六二〇年はじめに選出されるはずだ、というのである。この英雄は、正義と新しい秩序をもたらすだろう。災禍の時代の後、ボヘミア国民はよりよい運命を享受し、強力な同盟者を獲得し、魅惑的な名声を博することになるだろう[12]。

(5)　天体と年代記

このように楽観的な短期的予測は、より大きな年代記的図式、黙示録的構図のなかに位置づけられる。四つの王国についての伝統的年代記、四つの運命的な時代、惑星の合と人間の歴史へのその影響に関する図式のほかに、パルトリチウスは世界の歴史を二四の段階にわけるもう一つの時代区分を援用している[13]。この図式に従えば、第二三番目の時代はコンスタンチノープルが陥落した一四五三年に始まり、大きな変化を伴いながら、その終わりは、彗星が現われ、ボヘミア反乱が起こった一六一八年と予言されている。待ち望まれ、予言されているボヘミアの新たな国王は、一六二一年、もしくは一六二四年に始まる第二四番目の時代に重要な役割を果たすことになろう。トルコ人とローマのアンチクリストの双方を打倒するからである。[14] この最後の時代に、ユダヤ教徒と異教徒はキリスト教徒に改宗するが、それは世界の終わりが差し迫っている兆候なのである。[15]

パルトリチウスの短期的な予言は、彗星を扱ったほかの論考にも典型的なものであった。彼の著作に特異なのは、聖俗の歴史だけでなく、大会合という天文学的周期にのっとった総合的な年代記を書こうとしたことであった。[16] 次節では、年代的シェーマをさらに洗練させていったパルトリチウスの後の著作を分析すると同時に、他のチェコの著述家たちの作品にも言及することにしよう。

三　年代記のなかの世界の終わり

(1)　J・H・アルシュテットとヘアボーン・アカデミー

終末論的期待を扱った学術的著作に特徴的なジャンルとして、天体による徴や予兆を解釈しようとした論考のほかに、世界史を総合する年代記をあげることができる。一七世紀の初頭、そのような年代記を書き上げようとしたもっとも野心的な試みの一つが、カルヴァン派の神学者・哲学者のヨーハン・ハインリヒ・アルシュテット Johann Heinrich Alsted による『年代記全書』(*Thesaurus chronologiae*, 一六二四年)である。[17] アルシュテットは、当時、ヘアボーン Herborn の改革派アカデミーで教鞭を執っていたが、それはカルヴァン派の教育機関のうちでも非常に人気の高いものであった。そこにはドイツのプロテスタント諸邦のみならず、チェコ諸邦、ポーランド、ハンガリーなど、東中欧からも学徒たちがより集った。三十年戦争が勃発する直前の時期に、このアカデミーで学んだ人々のうちで、抜きん出た才能に恵まれていたのが、後に教育学者、汎知主義者として知られるようになるヤン・アーモス・コメンスキー Jan Ámos Komenský, Johan Amos Comenius である。彼はヘアボーンに二年間学んだ。アルシュテットが語る、人間の知を百科全書的に体系化しようとする思想や、キリストが再臨し、その後千年にわたって地上を支配するといった千年王国的な展望は、学生たちに大きな刺激となったのである。[18]

(2) 惑星の合と年代記——パトリチウスの『世界の変成』

近年まで、アルシュテットがコメンスキー以外のボヘミアのプロテスタント亡命者たちにどの程度の影響を与えたのかよくわからなかった。その影響の優れた例が、シメオン・パルトリチウスが一六二六年にライデンで刊行した『世界の変成』*Metamorphosis mundi* であろう。[19] この著作は、オランダ、ゼーラント、ユトレヒトの代表たちに捧げられたもので、ジャン・ボダンの共和政論を引きながら、著者は彼らに、歴史研究のために天文学と占星術が有用であることを説こうとしたのであった。[20] パルトリチウスによれば、人類史、帝国、国家の歴史は、惑星の合と一致して、五〇〇年、七〇〇年、八〇〇年、一〇〇〇年ごとの「運命的周期」*fatales periodi* に分けることができる。それぞれの周期は、地域、国家、そして帝国の歴史に「転換」、あるいは「変化」*mutatio* をもたらす。パルトリチウスは神学的、政治的要素が人類史に果たす役割を認めはするが、彼が聖俗の歴史を素描するにあたって援用するのは占星術的な枠組みのみであって、星の配置に基づいて、隠された変化の原因を明らかにしようとしている。[21]

パルトリチウスが語るうちでもっとも重要な周期は、八〇〇年であり、それは大会合の理論から導かれている。より高いところにある土星と木星とは、天空のさまざまな場所で二〇年ごとに「出会う」が、八〇〇年というのは、それが「元の場所」に戻る周期なのである。人類史にあてはめるなら、大会合の周期を使って、世界のはじまりから七つの八百年の周期による独特な時代区分をすることができる。それぞれの合は、聖俗の歴史の重要な出来事に関係づけられる。このような構図は、ティコ・ブラーエやヨハネス・ケプラーといった優れた天文学者たち、そしてアルシュテットのような哲学者も用いたものであった[22]。おそらく、パルトリチウスが歴史の時代区分にあたって四つの運命的な時代という図式から大会合という天文学的な理念に移行したのは、一六二〇年代のアルシュテットの著作の影響を受けたものにちがいない。

パルトリチウスは、世界史を伝統的な方法にしたがって、三つの大きな時代にわけている。大洪水以前の時代、大洪水以後の時代、そしてイエス・キリストによって刷新された世界である。第一の時代と第二の時代の大きな変化、特に最初の人々の滅亡、バベルの塔と言語の混乱の物語を跡づけるにあたって、彼は聖書に従っている。それに続いて、彼は旧約聖書のダニエル書の枠組みを踏襲しながら、四つの王国の物語における変化に焦点を合わせる。それは中世に広く用いられ、宗教改革期に、ヨハネス・スレイダヌスの年代記によって再び人口に膾炙するようになったものであった[23]。

(3)　年代記における「四つの王国」と運命的変化

パルトリチウスの見解では、四つの王国は、東方のアッシリア、南方のペルシアと、ギリシャあるいはマケドニア、そして西方のローマ帝国である。四つの王国を三つの方角に配置することで、古い硬直した図式を動的に解釈することが可能になり、実質として終末論的想像力が裏打ちされることになった。五番目の王国、北方の王国は来るべきものであって、パルトリチウスをはじめ多くの知識人がそのときは近いと確信していたのであった。三十年戦争という状況のなかでは、こうした図式によって、北方王国という主題を政治プロパガンダに利用するための「理論的」背景が作り出されたのである[24]。

パルトリチウスは、それぞれの王国のなかの変化も記述している。ローマ帝国の歴史は、ユリウス・カエサル、コンスタンティヌス大帝、シャルルマーニュの治世によって三つの時期に区分され、ローマ帝国の最後の段階は、紀元八〇〇年からパルトリチウスの時代まで続くものとされる。四つの王国の年代記に加えて、パルトリチウスは、新約聖書『ヨハネの黙示録』にある黙示録的な禽獣の十の角に象徴される十の王国の年代記を書いている。その王国のなかで、パルトリチウスはボヘミア王国についても記述し、その年代区分も試みている。彼はその中で人文主義的伝統に則り、太祖チェフがその民を率いてボヘミアに到着した六世紀をチェコ史の始まりとしている。[25] 最初の運命的時代が始まるのは、その約五〇〇年後、ボヘミア公ヴラチスラフ二世 Vratislav II が初めて王位を獲得したときのことである。二番目の運命的な時代は、土星と木星の合によって印され、一三世紀初頭、ボヘミアが世襲王国になるときである。[26]

三番目の運命的変化が現われるのは、パルトリチウスによれば、一六一九年、プファルツ伯フリードリヒがボヘミア王に選出されたときのことである。これはチェコ人がボヘミアに来着してから約千年後、そしてシャルルマーニュの時代から約八〇〇年後にあたる。この重大な変動は、一六〇三年に土星と木星とがいて座で合した影響を受けているのである。ケプラーをはじめとする天文学者たちによれば、この合は、世界史に特別な意義を有するものであった。これは、世界史が始まってから七番目の、そしてキリスト生誕から二番目の大会合であるはずだった。さらに、世界史の終末のシナリオのなかでその重要性をいやがうえにも高めたのは、一六〇四年に、土星と木星のあいだに現われた新星であった。[27]

パルトリチウスの構図の中で、特別に注目されているのがオーストリア帝室である。彼は『ヨハネ黙示録』中の八人の王が持つ黙示録的なシンボリズム（『ヨハネ黙示録一七・九―一一』）をハプスブルク家のそれまでの八人の皇帝（フリードリヒ三世、マクシミリアン一世、カール五世、フェルディナント一世、マクシミリアン二世、ルドルフ二世、マティーアス、フェルディナント二世）にあてはめる。こうしたシンボリズムは、誰よりもフェルディナント二世を念頭においたものであり、彼は不信心を極めた聖書中の八番目の王に準えられるのである。パルトリチウスにとって、フェルディナント二世は、残忍さと専制を体現する王であって、ディオクレティアヌスやファラオたち以上に恐ろしい迫害に乗り出したのであった。プファルツ伯フリードリヒはその対極にあって、亡命からすぐに帰還したダヴィデ王として描かれる。[28] パルトリチウスはフェルディナント二世の廃位とフリードリヒ五世の国王選出の正統性をこのように擁護する。

(4)　三十年戦争と「終末」の予測

一六二三年七月の合、すなわち一六〇三年の大会合から二〇年後の土星と木星の「小会合」に基づいて、さらに占星術的／聖書的予言が行われる。すなわち、パルトリチウスは宗教的、政治的に新たな破局が一六三五年に起こり、ローマと神聖ローマ帝国とが滅びる、と予言するのである。その事件のなかで、八〇〇年のシャルルマーニュに匹敵する活躍をする英雄たちが現われるだろう。この新たなモーゼ、ヨシュア、エリヤは帝国を浄化し、真の信仰の敵、とりわけ東方と西方のアンチクリスト、トルコ人と教皇を倒すだろう。[29]

パルトリチウスは、亡命したフリードリヒを「甦る獅子」*Leo redivivus* として、これにまだ期待をかけているようにみえる。彼がこの本を公にした一六二六年前後の政治的・軍事的状況からして、その希望には根拠があったかもしれない。ハプスブルク帝国に対して、デンマーク王国を中心にプロテスタント諸侯がハーグ同盟を結成したからである。

終末論的思考や黙示録的予測をめぐらせる中で、パルトリチウスは、この世の終末の前に地上に出現するキリストの千年王国の展望を得ようとしていた。千年王国の始まりを予測する鍵となる文章は、ダニエル書の終章から取られている。この章は、すでに中世から終末論的、黙示録的予言にしばしば援用され、宗教改革期には活字出版の力を得て、それに対する注解や予言が出回り、大きな広がりを見せていた。[30] パルトリチウスの終末の予測は、アルシュテットを忠実に写すもので、おそらく彼の『年代記全書』（一六二四年）から取ったものだろう。これはアルシュテットが千年王国思想についての主著、『黙示録的千年王国論』（*Diatribe de mille annis apocalypticis*, 一六二七年）を書いために、のちによく読まれるようになったものである。[31] その予測によれば千年王国の終焉は二六九四年と計算されるので、千年王国は一六二四年に始まることになる。しかしその前に、巨大な変化と破局的事態が一六四二年まで続き、その後、ユダヤ人と異教徒たちがキリスト教に改宗する。アルシュテットの予測は一六四〇年代はじめに英語に翻訳され、イングランドのピューリタン的千年王国主義者のあいだで大きな人気を博した。彼らはイングランドの内乱をその一部と考えたのである。同じように、ボヘミアの亡命者であったシメオン・パルトリチウスは、ボヘミア反乱とそれに続く諸事件を、同じように終末論の枠組みで解釈したのである。

(5) アルシュテットの影響の広がり

同じアルシュテットの予測は、チェコのプロテスタント亡命者で、のちに人文主義的歴史家となるズホシのパヴェル・スカーラ（Pavel Skála ze Zhoře, 一五八三年頃―一六四〇年頃）が俗語で書いた手稿『教会年代記』*Chronologie církevní* にも再録されている。彼の大著、『教会史』*Historie církevní* は、一六〇〇年から一六二三年までのチェコの歴史について詳細な情報を提供しているため、近年までチェコの歴史研究は、もっぱらこちらに焦点を当ててきた。一六二八年から一六三〇年を扱った『年代記』（それはメタ・ヒストリカルな作品でもある）の方は注目されなかったのである。[32] この膨大な手稿は、主題別に並べられた四六の年代記からなり、ほとんどは聖俗の歴史を扱っているが、日月蝕や彗星、大会合といった天体現象や、聖書数理学について書かれた章もある。スカーラのチェコ語手稿は、かなりの部分、アルシュテットの『年代記全書』から取られたもので、聖俗の歴史と自然史（天体史）とが年代的に対応していることを示そうとした「世界の鏡」Speculum mundi と称する共観的観相もその一つである。

パルトリチウスやスカーラの著作をアルシュテットの年代記の理論と比較してみると、ボヘミアの亡命知識人の言説に千年王国思想が受容されるにあたって、いかにアルシュテットの影響が本質的だったかわかる。アルシュテットは同時代人から、重要な学問的権威、カルヴァン派哲学・神学の百科全書的伝統を体現する人物とみなされていたことは、強調しておかなければならない。一六二〇年代の中葉に、彼が公然と千年王国思想に強い関心を示したことは、カルヴァン派の伝統のなかに学術的な千年王国の理論体系が確立する一助となったのである。

四　薔薇十字宣言の影響

(1)　薔薇十字宣言とボヘミア

三〇年前、薔薇十字的啓蒙についての著作を刊行したとき、フランシス・イエイツは、ジョン・ディー John Dee と大陸の薔薇十字団員との間に強いつながりがあるとして、薔薇十字思想のイングランド起源を過大評価した、と批判された。同時に、薔薇十字思想がプファルツ伯フリードリヒの宮廷に影響を与え、一六一九／二〇年の「ボヘミアへの冒険」を促した、という著者の推論にも批判が浴びせられた。たしかに、後期ルドルフの治世とそれに続く時代における、イエイツの言うところの薔薇十字運動とチェコとの関係が、十分説得的に論証されていないのは明らかである。イエイツは、ロジュンベルク家 Rožmberk をはじめとするボヘミアの貴族たちの間に、薔薇十字運動の支持者を無理に見つけ出そうとしたために、誤った方向に進んだのである。[33]

いまは、イエイツには利用できなかった史料によって、薔薇十字宣言にボヘミアの人々がどのような関心をもっていたか、素描することができる。初期の薔薇十字の著作は、手稿の形で、一六一〇年から一四年にかけて、カッセル、インスブルック、ザルツブルク、テュービンゲンなどの知識人の間に伝えられていたが、プラハにも大きな興味を持つ人々がいた。[34] 神秘的な兄弟団の物語に好奇心をかきたてられたのが、パルケルスス派の医者たちだったのも驚くにあたらない。その一人がボヘミアの指導的医学者のマティアーシュ・ボルボニウス Matyáš, Matthias Borbonius である。彼とマールブルクの医療化学師、ヨーハン・ハルトマン Johann Hartmann との書簡は、それを示す史料である。ハルトマンは、そのときすでにプラハで発表されていた最初の薔薇十字宣言に対する応答について、ボルボニウスに尋ねているのである。[35] ハルトマンが示唆するところによれば、そのような応答を書いた一人がエリック・ランギウス Eric Langius であり、この人物は、ティコ・ブラーエの妹にして、当時としてはもっとも教養の高い女性であったソフィア・ブラーエ Sophia Brahe の夫であった。ランギウス（ランゲ Lange とも）は、ティコ・ブラーエ周辺の人で、ブラーエの死後、プラハに来て、数年を過ごした。残念ながら、ボルボニウスの返事は知られていないし、彼が薔薇十字団に関心を持ち続けたかどうか示す史料もない。

(2)　ハベルンフェルトの薔薇十字への応答

翌一六一四年三月、ヴィルヘルム・ヴェッセルによって初めて、『薔薇十字団の名声』*Fama fraternitatis* がカッセルで刊行され、すぐに大反響があった。そのうちの一つとして、ボヘミアの医師であるハベルンフェルト（ハベルンフェルトのオンドジェイ・ハベルヴェシュル Ondřej Haberveśl z Habernfeldu, 一五八九年頃－一六五五年以前）の短い応答が印刷されている。一六一四年九月一日付けとなっているが、おそらくはラテン語で書かれた原版は今日では伝えられていない。今日利用できるのは、おそらくは一六一五年に刊行された『名声』のオランダ語版に、他の反響とあわせて付録として付けられたオランダ語の翻訳版である。残念ながら、この文書についてのいくつかの疑問はそのままになっている。ハベルンフェルトが手にしたのは、『名声』の活字版だったのか、手稿版だったのか？　それはプラハでのことだったのか？　彼は「薔薇十字」周辺の著述家の誰かと接触があったのか。彼はオランダ語への翻訳やオランダでの出版に個人的にかかわっていたのか？　このような問いに答えるならば、ハベルンフェルトをめぐる人的ネットワークを明らかにする一助になるかもしれないが、ここでは彼の応答の内容を概観するに留めよう。この短いパンフレットは、「錬金術的医術に献身する著者の『薔薇十字団の名声』への回答」とされ、ハベルンフェルトは、自ら、錬金術に基づくパラケルスス派医学の信奉者と名乗っている。彼の文章は、聖書を引き、魔術的、神秘的様相を湛えている。人間は閉ざされた庭であって、その中心には知の泉がある。ダヴィデ王の魔法の鍵をもってその錠を開けるのは、神をおいてほかにない。ハベルンフェルトは、『名声』を魔術的・カバラ的文章と考え、薔薇十字団が神の恩寵の光を、自然の光（つまり真の自然哲学）を通して獲得するよう、希望を表明している。

薔薇十字宣言とそれに続く国際的な議論に、ボヘミアでどの程度深い関心がもたれていたのか明らかにするのは容易ではない。ボルボニウスの書簡とハベルンフェルトの応答のほかには、一六一六年、プラハ大学が批判的に反応したことが知られている。薔薇十字団の錬金術的・オカルト的傾向に対する大学周辺の批判は、ある前兆であった。一六一九年、一六一八年の彗星をめぐって、もう一つの論争が起こったが、その当事者となったのは、アリストテレス派の大学教授、ダニエル・バシリウス Daniel Basilius と、『名声』への最初の応答を書き、そのときにはフリードリヒ五世の宮廷侍医になっていたオンドジェイ（アンドレアス）・ハベルンフェルトだったのである。

(3)　ハベルンフェルトによる彗星の解釈

俗語で書かれたバシリウスの彗星に関する論考では、彗星の性質について、伝統的なアリストテレス的解釈がなされており、ハベルンフェルトはこれに反論した。彼の本には「魔術的彗星についての神学的・哲学的考察」*De asterisco comato magico theosophica Consideratio* という派手なタイトルが付けられている。[36] ハベルンフェルトは、バシリウスの彗星理論に一二点にわたって攻撃を加え、ひどく皮肉の利いた調子で、論評している。彼は、彗星が地上の水蒸気が燃え上がったものだという考えを退け、彗星が通常、秋に出現する、といった意見を嘲っているほか、バシリウスの述べる彗星の影響について疑問を呈している。

ハベルンフェルト自身の立場を天文学的な概念で確認するのはむずかしい。彼の主な目的は、彗星を終末論的、黙示録的枠組みのなかに位置づけることにあるように思えるからである。この目的のために、彼はパラケルススの五つの病因、「自然因」ens naturale、「天体因」ens astrale、「精神因」ens veneni、「毒因」ens pagoicum、「神因」ens diviniを用いて、「神因」の枠組みで、彗星が神の徴であることを説明するのである。こうして、聖書にある、キリストの誕生を告げた新星と、キリストの再臨を告げるはずの新しい彗星との類似性が描かれた。ハベルンフェルトは一六〇二年と一六〇四年の新星が同じように考えられたこと、そしておそらくケプラーがこの問題に夢中になっていたことを意識していた。[37] ただし、ハベルンフェルトにとっては、単に観測に基づく天文学は「パリサイ人の技」であって、聖書による「予言の天文学」astronomia propheticaこそが、秘密の知恵を開示するのであった。[38]

彗星は、最後の時を予兆し、エズラ書にある咆哮する獅子が鷲を倒す解放の時を告げるものであった。[39] それが象徴するところは明らかであった。一六一九年八月、ボヘミアの反乱貴族たちがフリードリヒをボヘミア王に選出したが、それはハベルンフェルトの本が出版される五カ月後のことと考えられる。[40] ハベルンフェルトのようなプロテスタントの熱狂的支持者たちの多くは、フリードリヒがカトリックの皇帝を打倒すると期待したであろう。黙示録的な期待によれば、政治的事件は、キリストの再臨を準備するが、これこそが一六一八年の彗星が主に伝えるところだと考えられたのである。[41]

(4)　ボヘミア・プロテスタント知識人たちの期待

論争は、バシリウスが反論して翌年も続いたが、ビーラー・ホラの戦いと、それに続くプロテスタントへの迫害で中断してしまった。ハベルンフェルトは一六二〇年の後亡命し、ハーグにあったフリードリヒ五世の亡命宮廷と関係した。彼はカルヴァン派に身を捧げ、ハーグで一六二二年に短い論考、『再建されたイェルサレム』*Hierosolyma restitute* を刊行して、これを支持した。[42] 聖書の記述と当時の天体現象との考察をあわせて、ハベルンフェルトはローマとトルコの打倒を一六二四年と予測した。

一六二〇年中ごろまでには、ハベルンフェルトは薔薇十字団の手稿の収集家であり、編集者であったヨアヒム・モルシウス Joachim Morsius と接触を持っていたはずである。彼はヤコプ・ベーメ Jakob Böhme やパウル・フェルゲンハウアー Paul Felgenhauer といった非正統的な宗教文献を積極的に流布させていた。一六二五年、モルシウスは、アナスタシウス・フィラレトゥス・コスモポリタ Anastasius Philaretus Cosmopolita という筆名で、北方の獅子についてのパラケルスス風の予言を刊行し、それを「友人であり、最も栄誉に満ちた政治家、哲学者にして医師である」ハベルンフェルトに捧げた。スウェーデン王グスタフ・アドルフのかつての教師であったヨハネス・ブレウス Johannes Bureus も、この企てに携わった一人であった。鷲と闘って獅子が勝利する、という予言は、バルト海におけるスウェーデンの野心を支援する意図を持っていた。グスタフ・アドルフは、多くの熱狂的プロテスタントから北方の獅子とみなされており、彼は一六三〇年にスウェーデンがハプスブルク帝国に進攻したときにこの予言を利用した。予言は、大々的宣伝の一部となり、二年の間に二〇回以上も再刊されたのである。[43]

ボヘミア反乱とフリードリヒ五世の短い統治は、一六二〇年代に国を去らざるをえなかった世代のプロテスタント知識人の多くにとって、精神的に重要なものであったように見える。そのなかには、著名な教育学者、ヤン・アーモス・コメンスキーもいたし、パルトリチウス、スカーラ、あるいはハベルンフェルトといったそれほど知られていない人々もいた。ルター派主流には反対的だったとはいえ、ルター派のパウル・フェルゲンハウアーのような人物でさえ、ボヘミアにおけるカルヴァン派による第二宗教改革には深い共感を示し、薔薇十字改革に熱狂的な関心を持っていた。彼の目には、それが普遍的な宗教改革への第一歩と映ったのである。パルトリチウス、ハベルンフェルト、スカーラ、そしてフェルゲンハウアーらの終末論的思想は、薔薇十字の著作、一六一八年の彗星、ボヘミア反乱の敗北を論じるうちに密度を増していった(44)。それらのうち、ヨーハン・ハインリヒ・アルシュテットの影響を受けた歴史思想はより学術的次元にあり、一六一八年の彗星の予言や北方の獅子という象徴に関しては、よりプロパガンダ的な側面を持っていたといえよう。

(1) ボヘミア反乱についてもっとも詳しく叙述しているのは、依然としてギンデリーの著作である。Anton Gindely, *Dějiny českého povstání*, 4 vols. Prague, 1870-80. またより一般向けながら、刺激的な著作として、Josef Petráň, *Staroměstská exekuce*. Praha, 1971, fourth revised edition 2004。以下の論文はマルクス主義的研究を要約し、いくつかの新しい問題を提出している。Josef Janáček, "České stavovské povstání 1618-1620 (Otázky a problémy)", *Folia Historica Bohemica* 8, 1985, pp. 7-41.

(2) この彗星についての天文学的論争を扱ったものとして、Stillman Drake and C. D. O'Malley (eds.), *The Controversy on the Comets of 1618: Galileo Galilei, Horatio Grassi, Mario Guiducci, Johann Kepler*. Philadelphia, 1960。これを宗教、政治、占星術の文脈で扱ったものとしては特に以下の諸研究があげられる。Tabitta van Nouhuys, *The Age of Two-Faced Janus: The Comets of 1577 and 1618 and the Decline of the Aristotelian World View in the Netherlands*. Leiden, Boston and Cologne, 1998.; R. B. Barnes, *Prophecy and Gnosis: Apocalypticism in the Wake of the Lutheran Reformation*. Stanford, California, 1988, 特に pp. 168-175, 178-181, 252.

(3) *Tractatus Cometographicus. O dvou nových hvězdách aneb kometách, které se spatřovali na konci roku MDCXVIII. Item o jejich a zatměních měsíce oučincích, které se povlekou až do léta 1624 ... Sepsaný a vydaný od Magistra Simeona Partlicia, ...* [Hradec nad Labem, 1619], fol. F5b. ここでは、プラハ国民博物館図書館に所蔵されている版を使った。Knihovna Národního Muzea, Praha, 28 F15.

(4) パルトリチウスの基本的な伝記は、依然として次のものである。Josef Smolík, 'Šimon Partlic ze Špicberka a jeho literár-

ní činnost', *Časopis Českého Musea* 45, 1871, pp. 319-325; 46, 1872, p. 461. その他、関連する伝記的、書誌的な情報については以下を参照。Josef Hejnic Jan Martínek, *Rukověť humanistického básnictví v Čechách a na Moravě*, IV. Praha, 1973, pp. 101-107. 最近のものとして、Vladimír Urbánek, *Eschatologie, vědění a politika: Příspěvek k dějinám myšlení pobělohorského exilu*. České Budějovice, 2008、特に pp. 32-103。また同じ著者による英語論文として Vladimír Urbánek, 'Simeon Partlicius and His Works: Rudolfine Mood in Bohemian Exile', in: L. Konečný, B. Bukovinská, and I. Muchka (eds.), *Rudolf II, Prague and the World*. Prague, 1998, pp. 291-296.

（5） *Tractatus Cometographicus*, Dedicatio.

（6） *Ibid.*, fols. B7 b-C1a. メランヒトンについては、以下を参照。S. Caroti, 'Melanchthon's Astrology', in Paola Zambelli (ed.), "*Astrologi hallucinati*": *Stars and the End of the World in Luther's Time*. Berlin and New York, 1986, pp. 109-121.

（7） *Tractatus Cometographicus*, fol. E2b.

（8） *Ibid.*, fols. D8a-E2b (sublunary comets), E2b-E5a (superlunary comets).

（9） *Ibid.*, fols. E7b-E8a. パルトリチウスはブラーエの死後刊行された、彼の著述を知っていたが、ブラーエはそのなかで一五七七年の彗星について論じている。*Astronomiae instauratae progymnasmata*. Pragae 1602.

（10） *Ibid.*, fols. F5a-F6b, G2a-G4b.

（11） *Ibid.*, fols. F6b, G1b. アンナは一六一八年一二月一五日に、マティーアス帝はその三カ月後、一六一九年三月二〇日に死んでいる。

（12） *Ibid.*, fols. E7b, G5a, G6b, G7b.

（13） *Ibid.*, fols. I7a-K1b, H8b-I6a. ここで、パルトリチウスはボヘミアのプロテスタント貴族の代表的人物で、ボヘミア反乱の指導者の一人、ブドフのヴァーツラフ・ブドヴェツ (Václav Budovec z Budova) が用いたシェーマを繰り返している。彼は反乱の数年前に『コラーンに対して』(*Antialkorán*, Praha, 1614、現代の再刊は Praha, 1989) を書き上げ、刊行している。これはコラーンに対する論争的論考で、終末論的期待に満ちており、世界史を同じように区分しているが、そこにはまだ政治的含意は見られない。

（14） *Ibid.*, fols. I6a, G7b. アンチクリストについての天文学的予測、とりわけ同時代のルター派の文脈については次を参照。

Barnes, *Prophecy and Gnosis*, pp. 168, 174, 226.

（15）*Tractatus Cometographicus*, fols. M1b-M2b.

（16）パルトリチウスは、後の著作、『世界の変成』(*Metamorphosis mundi*. Leiden, 1626) で天体運行の歴史を扱っている。以下を参照。V. Urbánek, *Eschatologie, vědění a politika*. pp. 85-95.

（17）Howard Hotson, *Johann Heinrich Alsted 1588-1638: Between Renaissance, Reformation, and Universal Reform*. Oxford, 2000; Howard Hotson, *Paradise Postponed: Johann Heinrich Alsted and the Birth of Calvinist Millenarianism*, Dordrecht, Boston, and London, 2000.

（18）Milada Blekastad, *Comenius: Versuch eines Umrisses von Leben, Werk und Schicksal des Jan Amos Komenský*, Oslo-Prag, 1969.

（19）*Metamorphosis mundi, qua omnium in mundo rerum vicissitudines, mutationes aut etiam eversiones vere et graphice depinguntur, astronomicis fontibus demonstrantur, sacrarum literarum rivulis confirmantur, continua historiarum serie illustrantur*... Lugduni Batavorum... 1626.

（20）*Metamorphosis mundi*, f. a3a-a3b.

（21）*Metamorphosis mundi*, f. a3b, s. 2-3, 24.

（22）大会合の理論については以下を参照。John L. E. Dreyer, *Tycho Brahe: A Picture of Scientific Life and Work in the Sixteenth Century*. Edinburgh, 1890, pp. 193-197; Eugenio Garin, *Astrology in the Renaissance: the Zodiac of Life*. London, 1983. ケプラーが大会合を世界史に重要な意味を持つものだとしていたことについては、以下の著作が立証している。Germana Ernst, *From the watery Trigon to the fiery Trigon: Celestial Signs, Prophecies and History*, in: P. Zambelli (ed.), "Astrologi hallucinati", pp. 265-280、特に pp. 271-273. アルシュテットについては、H. Hotson, *Paradise Postponed*, zejména s. 41-75. この点で、パルトリチウスに主要な着想を与えたものと考えられるのは、アルシュテットの *Cursus philosophici encyclopaedia*, 1620; *Thesaurus chronologiae*, 1624. であろう。

（23）ダニエル書 2, 39-40; 7, 1-28. ダニエル書にある四匹の動物は、バビロニア、メディア、ペルシア、マケドニアの四つの王国を現している。

（24）*Metamorphosis mundi*, p. 60, p. 95. パルトリチウスの四つの王国についての説明は一貫していない。ペルシアとギリシャが二番目の王国で、ローマ帝国を三番目の王国とし、四番目が北方の王国とする図式も現われる。四つの王国についての哲学的、天文学的解釈とでもいうべき同じ図式は、アルシュテットの『年代記全書』にも見られる。*Thesaurus chronologiae*, pp. 325-326. 以下を参照。H. Hotson, *Paradise Postponed*, pp. 55-56.

（25）*Metamorphosis mundi*, pp. 148, 155.

（26）*Metamorphosis mundi*, pp. 150-151, 155.

（27）*Metamorphosis mundi*, pp. 154-155. 次を参照。H. Hotson, *Paradise Postponed*, pp. 41-53.

（28）*Metamorphosis mundi*, pp. 127, 154.

（29）*Metamorphosis mundi*, pp. 27, 129, 155, 160-169.

（30）千年王国思想の歴史に関連して、中世や宗教改革期のダニエル書の解釈を扱ったものとして次を参照。Jean Delumeau, *Une histoire du paradis II, Mille ans de bonheur*. Paris, 1995, passim. チェコ中世に、ダニエル書に基づいて終末の到来が予測されたことについては、以下の論集の諸論考を参照のこと。Alexander Patschovsky & František Šmahel (eds.), *Eschatologie und Hussitismus*. Praha, 1996.

（31）*Metamorphosis mundi*, pp. 155-156. 以下を参照。H. Hotson, *Paradise Postponed*, pp. 94-99.

（32）Pavel Skála ze Zhoře, *Chronologie církevní*, Zámecká knihovna Mnichovo Hradiště, rkp. 47-11-1（ムニホヴォ・フラヂシュチェ、城館図書館手稿部）. 詳しくは、V. Urbánek, *Eschatologie, vědění a politika*, pp. 209-215.

（33）Frances A. Yates, *The Rosicrucian Enlightenment*. London, 1972. 邦訳、フランセス・イエイツ『薔薇十字の覚醒――隠されたヨーロッパ精神史』（山下知夫訳、工作舎、一九八六年）。批判として、たとえばロバート・エヴァンズ Robert Evans による書評を見よ。The Historical Journal XVI, 1972, 4, pp. 865-868.

（34）Carlos Gilly, *Iter Rosicrucianum. Auf der Suche nach unbekannten Quellen der frühen Rosenkreuzer*, in: Das Erbe des Christian Rosenkreuz. Vorträge gehalten anläßlich des Amsterdamer Symposiums 18.-20. November 1986 "Johann Valentin Andreae 1586-1986 und die Manifeste der Rosenkreuzerbruderschaft 1614-1616", Amsterdam 1988, pp. 63-89; idem., *Cimelia Rhodostaurotica. Die Rosenkreuzer im Spiegel der zwischen 1610 und 1660 entstandenen Handschriften und Drucke*. Amsterdam 1995, 特に pp. 25-29.

（35）Roudnická lobkowiczká knihovna, Zámek Nelahozeves, VI Eb 29, No 2, 'Joh. Hartmanni 1592-1612 Epistolae ad

Borbonium', p. 13. 以下を参照。Gustav Gellner, *Životopis lékaře Borbonia a výklad jeho deníků*. Praha, 1938, pp. 92-97. ボルボニウスはバーゼルで学び、一五九七年に博士位を取得している。一六一〇年よりプラハに居を定め、有力な都市貴族になった。上記ゲルナーの著作のほか、近年の研究として以下を参照。Michal Svatoš, 'Cesta za vzděláním doktora medicíny Matyáše Borbonia', *Acta Universitatis Carolinae-Historia Universitatis Carolinae Pragensis* 35, 1995, pp. 29-40. ハルトマンについては、Bruce T. Moran, *The Alchemical World of the German Court: Occult Philosophy and Chemical Medicine in the Circle of Moritz of Hessen* (*1572-1632*). Stuttgart, 1991, 特に pp. 50-67; idem., 'Court Authority and Chemical Medicine: Moritz of Hesse, Johannes Hartmann, and the Origin of Academic *Chemiatria*', *Bulletin of the History of Medicine*, 63, 1989, pp. 225-246.

(36) *De asterisco comato magico theosophica Consideratio. Cum Praefatione admonitoria de absurdis cujusdam immaturi astrophaebi, quae de cometa ad diem 4. Novemb. Anni 1618 apparenti, conscripserat. Et magico politico quodam Bohemi leonis nivei sub finem annexo consilio. Currenti calamo depicta per H.F.C.M.A.D.C.H.R.Anno MDCXIX*... ここで用いたのは、プラハの国民図書館 Národní knihovna v Praze の所蔵する版である (NK: 49 D 57)。この本が刊行された正確な年代はわからない。表紙には一六一九年とあり、献辞には一六一九年三月の日付があるが (fol. a1a)、この本に収録されている詩の一つには、一六二〇年二月の日付がある (fol. a3b)。

(37) *Ibid*., fols. E4a-E4b. ケプラーがベツレヘムの星と一六〇四年の新星を比較したことについて、最近の研究として以下がある。Howard Hotson, *Paradise Postponed*, pp. 44-45. また次を参照。Zdeněk Horský, *Kepler v Praze*. Prague, 1980, pp. 171-175.

(38) *Consideratio*, fols. M2a-M3a.

(39) *Ibid*., fols. L3a-L3b. 獅子と鷲の予言の主な出典として、第四エズラ記一一－一二。また、次を参照。Hotson, *Paradise Postponed*, pp. 57-60.

(40) ただし、この点で *Consideratio* の出版の時期については疑義がある。註 (36) を参照。

(41) より広い状況の中で同種の見解を扱ったものとして、Barnes, *Prophecy and Gnosis*, *passim*、特に pp. 199-202, 223-226; Hotson, *Paradise Postponed*, pp. 59-60.

(42) *Hierosolyma Restituta, sive Seculum Spiritus Sancti igneum... per Andream ab Hobernfeld*. The Hague, 1622. この

希少な本は一部がゲント大学のメウルマン・コレクション（Meulman collection of the University Library of Ghent）に所蔵されている。この本のコピーを送ってくれた Dr. Govert Snoek に感謝する。

（43）*Magische Propheceyung Aureoli Philippi Theophrasti Paracelsi*...（Philadelphia［＝Amsterdam］, 1625）．北方の獅子とグスタフ・アドルフのシンボリズムについては，J. Nordström, *Lejonet från Norden*, in: *id.*, *De yverbornes ö*. Stockholm, 1934, pp. 7-51, 157-180. ハベルンフェルトへの献辞を含むモルシウスの本の一部は，この本の四六頁から五一頁に載せられている。モルシウスについては，H. Schneider, *Joachim Morsius und sein Kreis. Zur Geistesgeschichte des 17. Jahrhunderts*. Lübeck, 1929.

（44）ハワード・ホットソン（Howard Hotson）は最近，ボヘミアの亡命者たちが一六二〇年代に著した千年王国的，予言的著作は，中央ヨーロッパの非宗派的知識人に対してだけでなく，改革派の主流にも重大な影響を及ぼした，と論じている。Hotson, *Paradise Postponed*, 特に pp. 4, 162-163. また，それをより詳細に分析したものとして，V. Urbánek, *Eschatologie, vědění a politika*, pp. 208-234.

第五章　ヨーゼフ寛容令と「狂信者」

――チェコ農村における非カトリック教徒

篠原　琢

一　チェコ国民史における宗派の問題

(1)　チェコ宗教改革の記憶と隠された宗派的分断

一八六七年五月一六日、プラハで国民劇場の定礎式が華々しく挙行された。チェコ国民芸術の「伽藍」、チェコ国民の文明性の象徴として長らく待ち望まれていた歌劇場がようやく着工されることになったのである。「国民が自らに捧げる！　Národ sobě!」という標語の下に、大々的な募金活動も行われていた。実際には、建設に必要な資金も不足して工事はその後中断され、国民劇場が完成したのは、ようやく一八八二年のことであった。しかし、それだけいっそうに国民的祭典としての国民劇場の定礎式が、チェコ国民史のなかで象徴的に果たした役割の大きさは際立つものともなった。

五月一六日は、バロック期以来、「聖ヤン・ネポムツキーの日」として祝われ、毎年、プラハは数万の巡礼者を迎えていた。一八六〇年代に徐々に、この日はカトリック的な意味と文脈を喪失していくが、国民劇場の定礎式は、意味の転換を完遂するものであった。この日の新聞は、次のように伝えている。

石橋［カレル橋］での人の流れは、いつもとは逆だった。聖ヨハン［ヤン・ネポムツキー、引用者註］像近くに押し合いへしあいしていた人々の影もない。フラッチャニに、敬虔な巡礼者がいないのは顕著であった。そこに活気がでてきたのはようやく午後になってからのことである。［中略］飲食の屋台の脇で売られていた聖像画や聖人伝に加えて、今年は将来の国民劇場の模写や、国民劇場にささげられた詩歌、国民的記念冊子が売られていた。(1)

プラハの祝典行列に加わるため、チェコ各地から農民騎馬団（バンデリウム、Banderium）が組織されて送り込まれた。その流れのなかでひときわ大きな騎馬団を送り込んだのが、コリーン Kolín 市とその周辺である。コリーンの郡長からプラハの総督府に宛てられた報告書は、それについて次のように報告している。

当郡からもバンデリウムがプラハに向かったことを報告する。これは二五名の騎士からなるが、それ以前にあった相違から二つの部隊に分かれた。以下の通りである。

a　カトリックの部隊は、一三人の騎士からなり、その多くはコリーン市民である。これは今月一五日に当地から見物の人々を伴ってビェホヴィツェに向かう。本日（一四日）、そこに馬が送られた。さらにポチェルニツェで宿泊し、そこから一六日にプラハに向かう。

b　プロテスタントの部隊は一二人の騎士からなり、本日午後三時にヴェリーンから騎乗のまま出発した。これらはヴェリーンやその周辺のプロテスタント諸村の農民たちで、ベーミッシェ・ブロトまで騎乗し、一五日にビェホヴィツェ、もしくはポチェルニツェまで行き、一六日の早朝、プラハに向かう。

これらのバンデリウムの人数や行程については、さまざまな説があるため、ここで信頼にたる報告をすることはできない。(2)［後略］

この文書の眼目はそれに続く部分で、プラハの警察長官が、コリーンのバンデリウムがピストルで武装しているという報告を受け取った、というが、その報告は、「完全なでっち上げであり、当地のバンデリウムの誰一人として武装をしている者はない」という主張であった。しかし、本章の問題設定を導くにあたって重要なことは、同時代人にとってはひどく当然のことでありながら、定礎式の記憶と裏腹に忘却されてしまった事実、チェコ国民の物語のなかでは十分な文脈を与えられない状況である。それはここに触れられている宗派的分断をめぐる問題である。

国民劇場建設運動を主導したカレル・スラトコフスキー Karel Sladkovský は、五月一六日の祝典演説で、国民劇場の定礎式を次のように歴史のなかに位置づけてみせる。

私の嘆きのまなざしの前に、何と奇跡的な図絵が現れることか、想像してごらんなさい。夜の薄明かりのなかに、果てのない荒れ果てた野が目の前に突然広がる。それはあの恐ろしいビーラー・ホラの野、野を見張る傭兵の部隊に囲まれている。しかしすでに再び光がさしはじめる。再び私はあの礎石を見る。しかし、その石の下に開いた墓室はますます開き、巨大な墓所全体が広く、開いていく。傭兵たちは気絶して地に倒れ伏す。もう死は生によって克服され、再び、私は自分の眼前に、今日の祝祭行進の数え切れない列を目にしている。この行列は華やかな足取りで、ここから、かの栄えあるわが王たちの居所である古い栄光の丘に赴くのだ。逃げにかかる傭兵たちの背に、今や雷鳴のような声が轟き渡る。「去れ、そして汝が主にこう告げるのだ。ここで死せるものとして汝らが見張りし国民は死を克服し、自らの力で起き上がり、王たちの冠のわきに控え、王たちとともに再び祖国の全土を統治するのだ」、と。［中略］

我らが不死の教師ヤン・フスが命の光を見たところ、古き名のあるプラーフニェからここに巨岩が置かれている。それはわが国民の教育の伽藍が永遠の真実を基礎として立つ証として。その真実を最初に声に出した栄えある人こそがヤン・フスであり、その真実の怖れを知らぬ第一の守り手たちこそが我らが誇りたかい父たちである。[3]

装飾に満ち満ちた演説だが、ここでは三十年戦争とその結果としての再カトリック化が、「国民の死」として描かれ、国民劇場の建設は死からの再生と位置づけられている。チェコ国民は何より「フスの民」であって、再生とはフスに還ることとであった。しかし、再カトリック化が徹底したチェコ諸邦では、一九世紀には人口の九五％以上がローマ・カトリック教会に属していた。たとえば、一八四八年革命期にプラハの国民委員会に寄せられた農村からの請願では、フス派は、言及される場合には否定的な含意を与えられている。[4] これらはバロック期に流布したフス派像に由来するものであった。

チェコにおける「国民再生」をめぐる大きな問題の一つは、圧倒的にローマ・カトリックの信徒が多い地域にあって、世俗的な国民主義が、フス、ないし非カトリックの記憶を過剰に強調した点であり、にもかかわらず、非カトリックの宗派的伝統について、あるいは社会に存在した宗派的分断については、国民史の叙述において忘却されえた点であろう。

ヨーゼフ寛容令によって、ルター派、カルヴァン派が容認されてから、国民劇場の定礎式までいまだ八〇年ばかり、冒頭に掲げた史料は、宗派的分断は、一九世紀のチェコ社会に「なかった」のではなく、忘却された、語られなかったことであることを示している。もちろん、この史料から、国民主義的祭典が、この時期すでに宗派を越えて人々を動員しえた、という事実を読み取ることもできよう。聖ヤン・ネポムツキーの巡礼がカトリックと非カトリックとを分かつわかりやすい記号的実践であったことを考えればなおさらである。それでも、宗派的分断が否定されえない日常であったことが、ここから窺えるのである。

(2)　国民史の叙述と世俗的フス崇拝

一九世紀前半のいわゆる「国民再生期」Národní obrození に成立したチェコ国民史の構想は、フランチシェク・パラツキー František Palacký に多くを負っている。『ボヘミア・モラヴィアにおけるチェコ国民の歴史』(*Dějiny národu českého v Čechách a na Moravě*, 1848, 当初はドイツ語版、『ボヘミア史』*Geschichte Böhmens*, 1836) は、古代からハプスブルク家がボヘミア王位を得た一五二六年までを記述しているが、その中心にあったのはフス派がチェコ史で重要な役割を果たした一四世紀から一五世紀であった。パラツキーが否定しなければならなかったのは、バロック期のカトリック的愛国主義に基づく歴史記述であったが、さらにそれを越えて、彼はフスとフス派をチェコ国民史の中心に置こうとした。パラツキー自身、チェコ兄弟団の流れを汲むモラヴィア東部の新教徒の家庭に生まれ、寛容令期まで隠れていた兄弟団をはじめとする新教徒の伝統については、直接、間接に見聞することがあっただろう。しかしパラツキーについて、その家族が属した宗派的伝統の意味を過大に評価するのは慎まなければならない(結婚に際して、パラツキーはカトリックに改宗している)[5]。彼にとってより身近であったのは、おそらくドイツ・ロマン主義文芸のなかで育まれたフスとフス派のイメージであった。

国民再生期のフス派像は、宗派に根ざした伝統であるよりは、再生期文化のなかで創造された世俗的な神話であり、それを参照する人の政治的立場や、それが参照される社会的文脈に大きく依存していた。パラツキーの自由主義的な歴史像のなかで、フスは、中世的なカトリック支配に対抗し、自由と良心とを守った人物として描かれるが、パラツキーはここに古代スラヴの民主制の残滓を見出そうとした。フスは、薄らぎつつあるスラヴ的伝統の後継者であるとともに、宗教改革の先駆者として、ヨーロッパ近代の前衛の位置を与えられることになる。チェコ史は、その民族性にもっとも忠実であるときに、ヨーロッパ史にもっとも貢献しうるのである。ベツレム教会堂での俗語による説教、チェコ語の表記法の確立、チェコ語の権利の擁護といった事績も、一九世紀の言語ナショナリズムにおいて、有効に読み替えられた。パラツキー自身は高く評価することはなかったが、神聖ローマ皇帝ジグムントが発動した十字軍に対して破竹の戦いを繰り広げた「神の戦士」のイメージも、近代の政治闘争のなかでしばしば大きな役割を果たしてきた。社会主義者たちからすれば、フス派運動は、教会や封建諸侯の特権を批判し、民衆主体の社会秩序を構築しようとした「階級闘争」にほかならなかった。こうした解釈は、後期ゴシック世界の宗教性を離れた、きわめて世俗的なフス、およびフス派像であった。

再生期文化におけるフス派像を批判的に継承し、フス派運動を「チェコ史の意味」そのものまで高めたのは、後にチェコスロヴァキア共和国の初代大統領になった哲学者トマーシュ・ガリグ・マサリクである。四部作の主著、『チェコの問題』『われわれの現下の危機』『カレル・ハヴリーチェク』『ヤン・フス』のなかで、マサリクは、「フマニタ」という理念を中心にチェコ史を再構成した(6)。マサリクによれば、「フマニタ」理念を実現しているとき、チェコ史は独自の意味を持ち、チェコ民族は民族的主体性を獲得しており、その理念から遠ざかったとき、チェコ史は意味を喪失するという。フス派運動、さらにその流れを汲むチェコ兄弟団は、チェコ史において、もっとも「フマニタ」理念に近づいたものであった。

社会主義政権の歴史イデオロギーをつくりあげた中心人物、ズデニェク・ネィエドリーは、『共産主義者――わが民族の進歩的伝統の継承者』で、フス派運動を、階級闘争の前衛として描き出した(7)。チェコの民衆のなかには、フス派以来、脈々と「進歩的伝統」が存在しており、現代でそれを継承するのは共産党である、という。これは、共産党の一党独裁を歴史的に正当化するものであると同時に、イデオロギー的には相容れるところはなかったにしても、歴史の構想としては、まさしくマサリクを受け継ぐものであった。

ビーラー・ホラの戦いのあと、一六二七年に発布された改定領邦条項 die erneuerte Landesordnung für das Königreich Böhmen, für die Markgrafschaft Mähren によって、ハプスブルク帝国世襲領、およびチェコ諸邦では、ローマ・カトリックが唯一のキリスト教信仰とされた。チェコ国民史の構想の中では、再カトリック化と諸身分の衰退は、チェコ国民に対する政治的・文化的圧迫と捉えられる。バロック期の文化状況は、黒衣のイエズス会士がチェコ語の書籍を焚書する、という禍々しいイメージによって象徴され、この時代を描いたアロイス・イラーセクの歴史小説、『暗黒』Temnoによって、一般的な歴史意識に固定された。[8]社会主義期の歴史記述のなかでは、ビーラー・ホラ以後、啓蒙専制期に至る時期は「暗黒時代」として区分されたのである。

一九世紀末、ヤロスラフ・ゴル Jaroslav Goll の周辺で確立した実証主義史学は、『チェコの問題』によって示されたマサリクの歴史哲学とは相容れなかった。ゴルは、「古代チェコの手稿」をめぐる論争では、マサリクの緊密な同盟者で、実証主義史学の方法によって、それが偽作であることの証明に重要な役割を果たしたのであったが、「生」の意味から、国民史を再構成しようというマサリクの歴史哲学は、勃興しつつあった実証主義史学が自負するところのものとは無縁であった。ゴルの門弟の世代を代表するヨゼフ・ペカシは、マサリクの歴史像を歴史学の立場から批判し、後に、『チェコ史の意味』においてそれを総括した。[9]歴史の「意味」とは何か、という哲学的な問題はさておいて、歴史学の課題として見たときに論争点となったのは、国民再生という現象は何に由来するのか、という問いである。ペカシは、このなかでバロック文化とそのなかのカトリック的愛国主義に、再生期のナショナリズムの起源を見ている。歴史学者たちの反論は、再生期文化のなかで暗いイメージを与えられ、マサリクによって、チェコ史の発展において全否定されたバロック時代を国民史に有機的に統合し、ローマ・カトリックとその文化を国民史に正当に回復することを目指していたのである。

チェコスロヴァキア共和国の成立と第二次世界大戦の経験は、そうした試みを粘り強く進めることに対して、大きな困難を与えることになった。その流れは、社会主義政権が成立するころに、『再生期の愛国主義とナショナリズム』を書き上げたフランチシェク・クトナルで途絶えることになる。[10]バロック期のローマ・カトリック文化の再評価がはじまるのは、ようやく一九八〇年代、それも異論派史学のなかのことであった。

「暗黒時代にも民衆のあいだに脈々と受け継がれてきたフス派の伝統」というイメージは、ハプスブルク絶対主義支配の下でも、チェコ語とチェコ文化とが農民に保存された、という平民主義的なチェコ国民史の自己像の要求を満たすものであった。しかし、一九世紀末から一九二〇年代に地域史（郷土史）研究の盛り上がりの中で編纂された二つの重要な史料集を別とすれば、いわゆる「隠れ非カトリック教徒 tajní nekatolíci」についての研究は真剣に進められてこなかった。[11] 人口の圧倒的多数がローマ・カトリック教徒である地域で、世俗的ナショナリズムがプロテスタント的伝統に訴えかけて優越した文化の型を構成する、というねじれた状況のなかでは（スラヴ主義に傾倒した国民再生期初期の知識人を別とすれば、一九世紀以後のチェコの指導的知識人の宗派構成が住民一般のそれと大きく異なっていたわけでもない）、バロック期のローマ・カトリック文化の再評価をめぐる論争は歴史学の課題とはなっても、非カトリック諸宗派のチェコ史における連続性がまじめに討議されることはなかったのである。それは、チェコ・ナショナリズムの発展のなかで、宗派の問題が政治的に周縁化されていくことと表裏の関係にあった。

本章の課題は、ヨーゼフ寛容令が発布された前後にあきらかになった非カトリック教徒の存在に注目し、チェコ社会における宗派間の断裂の問題を検討することにある。非カトリック教徒の強い凝集力を支えたものを考えることによって、世俗的ナショナリズムの中でフス派や兄弟団が神話化されながら、一九世紀の社会の眼前に存在する宗派的断裂や非カトリック教徒の存在が見えないものとなっていく過程を分析する準備としたい。本章で扱うのは、カトリックを深く信仰した一人の村長／農民が残した『覚書』である。[12] 農村年代記として書かれたこの書物には、非カトリック教徒の動向がつぶさに観察されているが、ここに書かれたことの事実としての信憑性はいったん棚上げにするとして、何より貴重なのは、カトリック教徒が非カトリック教徒、チェコにおける宗派的断裂をどのように認識し、表現したのか、それを考える手がかりを与えてくれる点である。

ヨーゼフ寛容令期前後の「隠れ非カトリック教徒」については、主にカトリック教会の報告、国家官庁や領主庁の報告によって伝えられており、国家による系統的な監視報告も現れ始めている。また、一七八一年一〇月のヨーゼフ寛容令の発布によって、いままで身を隠していた非カトリック教徒自身が領主庁やカトリックの教区教会を訪れて、みずからの宗派の名乗りをすることになった。その際の審問の記録から、非カトリック教徒の信条告白を、彼ら自身のことばで知ることもできる。他方、非カトリック教徒の「出現」は、地域社会に動揺をもたらした。カトリック教会とそのモラルによって維持されていた一定の秩序が、「異端」の出現によって脅かされたからである。それはしばしば騒擾となって、治安関係史料に痕跡を残すことになった。寛容令の発布期には、以上のような理由から、隠れていた「非カトリック教徒」自身の実態や、地域社会における彼らの位置づけを知る史料に比較的恵まれているが、本章では、カトリック教徒の認識を検討することを課題にしよう。その前に、一八世紀までのチェコにおける宗派の問題を簡単に概観しておく。

二　寛容令以前の非カトリック教徒

(1)　チェコ宗教改革の記憶

チェコの宗派状況をヨーロッパのなかで特異なものとしているのは、いうまでもなくフス派運動の結果、すでに宗教改革期以前に、複数宗派が容認されていたことである。のちに述べるように、改訂領邦条項後のチェコの非カトリック教徒の信徒集団は、信仰を維持するネットワークをゆるく重ね合わせながら、儀礼においても、信条においても、きわめて多様な集団であった。しかし、ボヘミア王国で複数宗派が容認されていた記憶は、等しく彼らに共有され、非カトリック教徒における愛国主義の根拠となっていた。寛容令発布後に、非カトリック教徒が、禁令にもかかわらず、みずからの信仰を維持してきたことを領主庁や県庁（啓蒙期に導入された国家機関）の前に申し立てるときには、王国の臣民として、複数信仰を容認したいくつかの王令が引き合いにだされたのである。実際に、その時々の王令で容認された宗派信仰が一八世紀まで連綿と維持されてきた、というよりも、複数宗派の伝統が、記憶として参照され、それぞれの正統性の根拠として機能した、ということが重要である。

ボヘミア王国にカトリック以外の宗派の存在を最初に認めたのは、一四三六年のバーゼル協定、あるいは「コンパクタート」である。長引くフス派戦争を終結させるために、神聖ローマ皇帝によって発動された十字軍、そしてカトリック勢力と、フス派穏健派のあいだで妥協が成立した。この結果、一四三六年、リパニ Lipany の戦いで、この両者の連合軍が、禿頭のプロコプ Prokop Holý に率いられたフス派急進派を破り、両者のあいだにバーゼル協定が結ばれた。これは、ボヘミア王国で俗人によるパンと葡萄酒の聖餐（両義聖餐）を認めることによって、両義聖餐派（ウトラキスト）の存在を容認したものであったが、この後も、諸身分と国王権力、あるいは貴族間の争いとあいまって、カトリックと両義聖餐派の争いは絶えなかった。ボヘミア王国については、「二様の人々の王国 Království dvojího lidu」という観念も生まれ、宗派間の断裂は根深いものとなった。

両者の緊張は、両義聖餐派の支持によってポヂェブラディのイジー Jiří z Poděbrad がボヘミア国王に選出されるに及んで頂点に達した。王位をめぐる紛争は、ヤゲウォ家のヴワヂスラフの戴冠によっていったん収まるが、宗派間の対立は依然として大きかった。プラハにおける両派の暴力的騒乱をきっかけとして、一四八五年、クトナー・ホラで開かれた王国議会で、いわゆる「クトナー・ホラ和解」が確認された。これは、農奴身分にある者も含めて、諸個人に対して信仰選択の自由（カトリックか、両義聖餐派か）を認めた文書であった。この間に成立、拡大しつつあったチェコ兄弟団 Jednota bratrská はただし、協定の対象外であった。

宗教改革期には、両義聖餐派の多くがルター派信仰やチェコ兄弟団に流れて、一六世紀には、諸侯の多くはルター派（両義聖餐派からルター派に近づいたものを研究史上は新両義聖餐派と呼ぶこともある）かチェコ兄弟団に属した。両義聖餐派は、チェコに新教諸宗派が浸透する地盤を提供したものの、一六世紀には、知的・政治的活力を失いつつあった(13)。両義聖餐派が、聖職者の叙任においては、公的にはカトリック教会に服し、また自らもカトリック教会の一部とみなしていたこともその理由であろう。一五七五年、ルター派とチェコ兄弟団は連合して、王国議会において二五か条からなる「ボヘミア宗教告白（キリストの肉と血の両様で聖餐を受けるボヘミア王国三身分すべての聖なる信条告白）」を発表した。同時に、ルター派と兄弟団は、カトリック教会から独立した共通の教会組織を創設しようとした。

一六〇九年、ルドルフ二世の発布した「宗教的自由についての憲章」（ルドルフ憲章）は、基本的に「ボヘミア宗教告白」を土台にして発布されたもので、貴族、王国都市、農奴身分にある者を問わず、カトリックその他の信仰を強要されることはない、と謳っているが、実質的にルター派と兄弟団とを法的に承認した文書であった。しかしわずかにその一一年後、一六二〇年、ビーラー・ホラの戦いのあと、フェルディナント二世はこの憲章を破棄し、一六二七年に「改訂領邦条項」によって、ローマ・カトリックを唯一のキリスト教信仰とするのである。

兄弟団をはじめとして、禁圧された諸宗派の信徒たちは、三十年戦争期にチェコからプロテスタント諸地域に亡命する。通史的にあげたいくつかの文章は、それ自体の意味よりも、一七世紀以後もチェコに残った非カトリック教徒の愛国主義を支える記憶において重要な機能を果たしたことをここでは当面確認しておかなければならない。

(2)　一八世紀の「隠れ非カトリック教徒」

三十年戦争期の最初の迫害、亡命の波のあと、非カトリック教徒の系統的禁圧が徹底するには、しばらく時間がかかった。それが制度的に確立するのは、カール六世の勅令によってである。一七二五年に発布されたカール六世の勅令は、つぎのような条項からなっていた。

①農奴身分にある者が異端、たとえば両義聖餐を行う場合、一年間の強制労働に処する。異端信仰を捨てる場合には、家郷に帰し、教会および行政の監視下に置く。

②異端信仰を捨てない場合には、もう一年、ないしもう二年間の強制労働に処する。それでも異端信仰を守る場合には、領邦から追放し、戻った場合には死刑に処せられる。

③ローマ・カトリック教会の元に戻りながら、再び信仰を捨てた場合には、二重の信仰放棄のゆえに罰せられる。身体健全な男性の場合、無期限のガレー船徒役に処せられる。ガレー船徒役に耐えないものは、叩き刑に処せられ、財産を没収される。その後、ハプスブルク世襲領から永久に追放される。

④農奴・領主都市の住民も農村農奴と同じように罰せられる。

⑤自由都市民は、一年から三年の強制労働、異端に戻った場合には、ガレー船徒役と財産没収に処す。自由都市参事会員や王国官吏の場合には、判決の下る前に国王の裁決を必要とする。

⑥異端の説教者やその部下、それを迎え入れる者、さらに秘密の異端集会を組織したり、禁じられた本を広めたりするような者は、斬首される。これらの者を密告した場合、一〇〇グルデンの報酬を得る。密告者の名前はあかされない。御者、商人で禁書を外国から運び込んだ者は死罪に処され、財産は没収される。

以上のように、とりわけ非カトリック教説の流布にかかわった者に対する弾圧が禁令の中心であった。カール六世の時期には、カトリック教会の聖職者、とりわけイエズス会士が非カトリック教徒の摘発に当たり、ドイツ語地域、チェコ語地域と別に巡回使節を組んで、地域の監視を行った。[14]

こうした巡回の記録、およびヨーゼフ寛容令発布後の動向から、チェコにおける非カトリック教徒の中心は、①沿エルベ地域からボヘミア東部（ボヘミア・モラヴィアを区切る丘陵地域）、②ハンガリー王国（上部ハンガリー、現在のスロヴァキア）に隣接するモラヴィア東部の山稜地域（ヴァラハ地方、Valašsko）の二つであったことがわかっている。地域の信徒団体は、相互に孤立してはいたが、説教師の巡回や信仰にかかわる書籍の流通ルートによってゆるやかに結び付けられ、さらにボヘミア東部はザクセンと、ヴァラハ地方は、ハンガリー王国のルター派の拠点と結びつけられていた。ザクセンには、モラヴィアからチェコ兄弟団が逃れたヘレンフートHerrenhut, Ochranovがあったが、一八世紀を通じて、非カトリック教徒は、継続的にザクセンに逃散をはかり、時には一村全体が逃れることがあった。また、対オスマン戦争以後、ハプスブルク帝国内で特別な地位を与えられていた帝国辺境（トランシルヴァニア、バナトの軍政国境地帯）は、非カトリック教徒の追放先であったばかりではなく、自発的に移住をはかる者も数多くあり、寛容令期には、チェコ宗教改革の伝統に連なるこの地の信仰共同体から司牧が迎えられることがあった。

都市民や貴族身分の者のなかには、非カトリック教徒はほとんど見られなかった。信仰を守ろうとするものは国を去ったし、残った者が信仰を維持するのは非常に難しかったからである。そのため、非カトリック信仰を担ったのは農村の人々であったが、彼らの社会構成は非常に多様で、農村社会の名士から最底辺の人々まで含まれた。信仰共同体の指導者となる者は、例外を除いて、正式な宗教教育を受けた者ではなかったが、定期的に集会を持ち、説教を行った。ただし、多くの共同体は決まった指導者を持たず、司牧役の人物は、たとえば遍歴職人や旅芸人を表向きの顔として、各共同体を回った。寛容令発布後、信仰共同体の要件として、司牧を任用することが求められた際にも、多くの共同体が、それを拒否した。もちろん、司牧を「雇用」する財政的負担に耐えなかったという理由もあるが、巡回説教師を迎え入れていたそれまでの実践からして、常任の司牧を持つ必要性を理解できなかったことも大きい。信仰にかかわる書籍も、ザクセンやハンガリーから、御者やあらゆる商人によって持ち込まれ、説教師の巡回ルートに乗って流通した。各信仰共同体は、このようなルートによって結ばれていたのである。こうした状況のなかで、非カトリックの各信徒団体は、一方では孤立した環境の中で特異な教義と儀礼を展開していく方向をとりつつ、他方では、「ボヘミア信条告白」を共通の記憶として、自己認識の差を次第に融解させていった。特にルター派と兄弟団の間に、教義上、典礼上の系統的な差異を見出すことは難しくなっていった。差は、諸宗派のあいだにあるよりも、各信徒団体個別の間で問題となるだろう。宗派的な教義の差は、ザクセンや上部ハンガリーからのルター派説教師との接触によってはじめて明瞭に認識された。

三　一七七五年農民蜂起と非カトリック教徒

(1)　村判事ヴァヴァーク

このように存在していた非カトリック教徒は、どのように社会的に認識されていたのだろうか。ヨーゼフ寛容令の発布以前には、これらの人々は公に宗教的実践を行うことはできず、一八世紀後半になると、信徒団体間のつながりは途絶えがちで、それはむしろ家族的伝統として引き継がれてきた。ここでは、ヤン・ヨーゼフ・ヴァヴァークの年代記を材料として、カトリック教徒が非カトリックをどのように認識していたのか考えることにしよう。

フランチシェク・ヤン・ヴァヴァーク（František Jan Vavák, 一七四一－一八一六年）は、ボヘミア中部の村、ミルチツェ Milčice の農民で、代々村判事（村長）を輩出した家に生まれた[15]。父の代にヴァヴァークの家は貧農に零落するが、彼は有力な農民の娘と結婚して、舅を補佐しながら、村判事の役職をこなすようになった。農業に従事し、村判事職をつとめるかたわら、ヴァヴァークは独学で教養を積み、カトリック信仰やチェコの歴史に題材をとった数多くの散文、詩文作品を書きあげた。そのため、彼の名は、同時代人にもよく知られ、村判事として数度にわたって皇帝から叙勲されたばかりでなく、王国都市プルゼンからは市民権を与えられて隷農身分から解放された。このようにヴァヴァークは、いかなる意味においても平均的な農民ではなかったが、みずからを「母なるチェコ語しか知らない」、「素朴で教養のない農民」と位置づけるように、生涯、農地を離れずに農民身分として強い自意識を持ち続けた。

ヴァヴァークが一七七〇年から一八一六年まで書き綴った『覚書』には、子孫に対して「記憶するに値する」ことがらとして、国王戴冠や農民反乱、ヨーゼフ改革といった同時代の事件から、日々の営農の記録、村判事としての仕事、村の日常生活、さらには農作物の価格変動や季節ごとの天候についても記述されている。ヴァヴァークの『覚書』が貴重なのは、それが五〇年にわたって書き継がれた農民の「年代記」であるばかりではない。ヴァヴァークにとって、チェコ語を愛し、祖国の歴史を知ることは、深いカトリック信仰、ボヘミア国王の代表する古の身分制的王国秩序と不可分であり、「チェコ人」としての言語観と歴史意識、敬虔なカトリック教徒としての宗教意識、そして農民としての身分意識は、三位一体をなしていた。ヴァヴァークは、農民でありながら、その社会観、人間観についてよく知ることのできる稀有な人物なのである。こうして、カトリック的愛国主義を深く持つ一人の農民が、非カトリック教徒をどのように見ていたのか、ここに観察することができる。

ヴァヴァーク『覚書』に、非カトリック教徒についての記述が集中的に現れるのは、一七七五年の農民蜂起、および一七八二年末のヨーゼフ寛容令に関連する箇所である。以下、その記述を検討することにしよう。

(2)　一七七五年農民蜂起

一七七五年一月、ボヘミア北東部のナーホト Náchod 地方を中心に、賦役拒否の農民蜂起が起こった。蜂起の直接のきっかけとなったのは、マリア＝テレジア帝が賦役廃止の勅令を発布したという噂であり、蜂起した農民たちは領主庁に押しかけて、発布されたはずの勅令を見せるよう要求したり、領主庁の書記に賦役廃止令を書かせたりした。蜂起の指導者たちは、「農民総督府 selské gubernium」という組織を形成して、各地の農民をゆるやかに糾合しながらプラハに向かって「進軍」していったが、プラハ郊外のインヴァリドヴナ Invalidovna で敗北し、夏までには蜂起は各地で鎮圧された。

この蜂起は、ボヘミアで最後の大規模な農民反乱であり、マリア＝テレジアは一七七五年八月に賦役令を発布し、領主／農民関係の調整に向けて、国家の介入を強化した。蜂起については、それが特徴的な指導組織を形成したことから、同時代以来、非カトリック教徒の関与が強く取り沙汰されてきた。たしかに、蜂起の中心となったボヘミアの北東部は、一八世紀を通じて、非カトリック教徒が数多く見出された地方でもあったし、国家当局や領主庁の取締り記録では、非カトリック教徒の役割が強調されがちだったので、それが後年、過大に評価されることにもなった。さらに一九世紀の歴史叙述では、「隠れ非カトリック教徒」＝「狂信者」について、ロマン主義的な想像力が働いたことから、この傾向がいっそう強められることになった。

たしかに、非カトリック教徒に典型的な終末待望論や平等主義は、蜂起が拡大し、組織化されるにあたって重要な役割を果たしたであろう。しかし、それは民衆的世界観ともいうべきものの一部であって、禁圧されていた新教諸宗派の宗教・社会思想が蜂起を準備したとか、ましてや蜂起が非カトリック教徒のネットワークの上に組織された、あるいは、非カトリック教徒の隠れたグループが蜂起の思想的・組織的指導層をなした、といったことでは、おそらくない。(16)

もちろん実際、農民騒擾がどのようなつながりによって、またどのような世界観によって支えられていたのか、といったことはいまだに開かれた問いとして残っているし、実際、非カトリック教徒の動向との関係については、まだまだ考えなければならない問題がたくさんある。しかし、ここでは、ヴァヴァークの『覚書』に沿って、村長であり、忠実なカトリック教徒であった人物が、いかに蜂起と非カトリック教徒とを結びつけていたのかを検討することにしよう。以下に見るように、ヴァヴァークは蜂起を非カトリック教徒のものと考えており、まさにこの種の観察が後年の蜂起観を準備することになるのだが、当面、その観察と事実との相関については問わないことにしよう。ここでは非カトリック教徒の存在がどのように考えられ、どのような緊張をもたらしたのかを読み取ることが重要だからである。

ちなみに、ヴァヴァークは、非カトリック教徒のことを「落伍者」odpadlíci、「異端」heretici、「セクトの人」sektáři、「改革派」reformátorové、「ルター派」luteriáni その他さまざまの名称で呼んでいるが、寛容令発布で明らかになるように、非カトリック教徒の諸集団は、自称も他称も安定していなかった。少なくとも『覚書』では、非カトリック教徒を指す多様な名称は交換可能で、実体としては有意な差は認められず、どの語を使うかは、むしろ文脈に依存しているように思われる。

(3) 農民蜂起前夜の非カトリック教徒

さて、蜂起の前年、すでに一七七四年夏、ヴァヴァークの『覚書』には、大天使兄弟団の設立にちなんで、非カトリック教徒の活動について記した記事が見られる。「改革派」が、人々が大天使兄弟団へ加入することを妨害している、というのである。

［大天使］兄弟団の設立が教会で伝えられ、司祭たちが村々を回り、人々が加入したとき、改革派の人々はこれを嘲笑って首を振り、人々をここから遠ざけようとした。ヨハネの黙示録を引き合いに出しながら、アンチクリストがすでに現れ、兄弟団に加入しようとしている、と言うのである。神に祈り、神に仕え、神を敬おうとしないとは、何たる野卑なことであろう！

［中略］こうしてこの兄弟団に加入することは、ベルリン派の人々［ヴァヴァークの理解では、ルター派だけでなく、非カトリック全般を指す。引用者註］とローマ派の人々を区別するのによい手段であったが、これを調べた人は少なかった。身分の低いカトリック教徒たちは、扇動者たちを信じて、加入できない、といいながら、そうしなか

った。

こうして悪魔は　叩き壊す
神をたたえる　行いを[17]

さらにその年の秋には、非カトリック教徒たちの組織的な活動を恐れる記事が現れる。

聖ヴァーツラフの日［九月二八日、引用者註］の頃、セクトの人々は、ほとんど公然と行動し始めた。とりわけ、オポチュノ Opočno、ノヴェー・ムニェスト・ナド・メトゥイー Nové město nad Metují、パルドゥビツェ Pardubice などである。こうして、平穏な、救いのローマの信仰の様子がおかしくなった。どの村でも町でも、一人邪宗の者がいて、それが家なし（podruzi, 保有地を持たない貧農）や下人といった身分卑しい人々、それどころか多くのきちんとした村民・町民までひきつけ、カトリックの聖職者や教会貴顕を侮辱したり、領主に反対する扇動を行ったり、またあらゆるキリスト教的な善き徳から遠ざけようとしたりした。特に世俗の領主たちが、これをうまくやめさせることができないときには、大いに広がっていった。[18]

後に見るように、ノヴェー・ムニェスト・ナド・メトゥイーやパルドゥビツェといった諸都市のあるボヘミア北東部は、一七七五年蜂起が始まり、広がっていった拠点であった。さらにこの地域は、オーストリア継承戦争、七年戦争の時期に直接プロイセン軍の占領を経験しており、ヴァヴァークの『覚書』には、「セクトの人々がプロイセンのフリードリヒ国王に長い手紙を送って、わが国の宮廷と、ボヘミアで宗教の自由が実現するように、そしてカトリック風にではなく、ルター派風 po luteriánsku に生きられるよう、交渉してほしい、と書いたそうだ」という記述が見られる[19]。プロイセンとの戦争の記憶がいまだ生々しい時期に、非カトリック教徒に対する不安は、政治的緊張と共振していたといえるだろう。それはまた非カトリック教徒の隠されたつながりと活動が、慮外の拡がりを持っている、という漠然とした、しかし強烈な不安でもあった。ヴァヴァークが生きる日常のなか、交際の範囲にも非カトリック教徒ははっきりと姿を現していたし、それは彼が見聞する「噂」に一定の根拠を与えていたように見える。ヴァヴァークは記している。

　このころ、確かなこととして言われていたのは、これらの人々のあいだには、ボヘミア王国全土にいる自らのセクトの人々のリストがあって、それは三万人を超える、ということであった。それを調べたのは、本を配って歩いた人たちであり、それからそれへ秘密を伝え、教えを説いて回った。このような者たちのうちの一人がホジャーテフで捕まり、司祭のヴァーツラフ・ニェメチェクが宗教巡察使［missionarius, 非カトリック教徒の摘発を任務とする聖職者］として滞在していたときに、サツケーで逮捕された。この人物はそこから逃げ、五年前にミルチツェ［ヴァヴァークの村、引用者註］で豚飼いとなって、村僕の下で、下男となった。
　この間、この人々は、自分たちのあいだで募金をはじめ、できる者はできるだけの金を渡した。ある者は金貨で、ある者は銀貨で、またある者は銭で募金したが、これがもし本当なら、どのような目的があるのか、やがてわかるだろう[20]。

(4)　ヴァヴァークの見た農民蜂起

　さて、ヴァヴァークの『覚書』に農民蜂起の記事が最初に現れるのは、一七七五年三月二一日の項である。「シュレジエンとの境近くのブロウモフ、ナーホト、スミジツェ、ノヴェー・ムニェスト、チェルネー・オポチュノ領で二月に農民たちが蜂起し」、村々から人々を集めながらプラハに向かっている、というのである。[21] 三月二二日には、ヴァヴァークの住むポヂェブラディ、コリーン地方に至り、ポヂェブラディについたときには蜂起民は千人を超えていた。そこでフルメツ地方の村判事たちが、領主に対して「一七七二年に発布された勅令」（ヴァヴァークは「そのようなものはけっして出されたことはない」と註釈している）を見せることを要求し、今後一切賦役は行わず、帝国税kontribuce以外の諸負担は支払わない、と宣言した。

この当日の記事に、すでに蜂起民の「蛮行」と非カトリックとを結びつける記述が現れる。それはおそらく、以前からヴァヴァークが持っていた不安を投影したものであろう。

三月二二日、コウニツェからウィーン街道を通ってブランディースに至る道すがら、［蜂起民は］周辺の村々から人を集めていった。司祭館とみるや野卑なことばを投げかけ、司祭様たちは安んずることもなく、彼らの言うことを聞いて、飲み物を求められればこれを与えなければならなかった。とりわけそのように振舞ったのは、家なしや下僕、不遜な僕卑たちであった。しかし、最悪の振る舞いをしたのは、ローマよりベルリンを、プラハよりジュネーヴを愛する人々であった。[22]

蜂起の報を受けて一週間から二週間たった三月の末から四月はじめになると、数々の年代記に由来する三十年戦争期の聖像破壊の記憶、蜂起民についての噂に、非カトリック教徒に対する怖れが混じり合ってヴァヴァークの現実が構成されはじめる。彼は書いている。

そう、すでにかれらはなぜ蜂起したのか、公然と示すようになっていた。教会を開けて強奪し、聖杯、聖体顕示台、ミサ用の式服などを略奪していったからである。こうして、この川の源流がどこから流れ、もう以前から準備されていたことが明らかになったのである。(23)

［穀物を運搬する人足が、ドイツ人地域で、ドイツ人の蜂起民が何をしているのか、語ったことを伝えて］彼らは公然と強奪するばかりでなく、教会を略奪し、聖職者を残酷に殴り、ある助任司祭を裸で教会に叩き込み、ミサを行わせ、皮が裂けるほど鞭打ったという。ドゥプでは、口から耳に裂けるほど司祭の下顎を殴りつけ、顎が胸まで垂れ下がった。チェスキー・ドゥプでは、城館を略奪しつくし、文書などすべてのものをそこから投げ出した。周辺の城館でも同じことが行われた。聖杯や聖体器、聖なる物を地面に撒き散らして、嘲りながら踏みつけにし、聖杯や聖体顕示台、式服などを思うままに持ち去った。教会その他の場所の聖像画もそのままにせず、十字架のキリスト像やマリア像、聖ヤン・ネポムツキー像など、それと見るや壊し、破り捨てた。こういうことは多くの場所で起こった。このようなことはチェコ人も行った。クラトノヒでは教会を同じように略奪したし、リプチャニ、ドブジェニツェ、その他の地でも同じであった。(24)［後略］

こうしてヴァヴァークは、蜂起の性格を宗教的なものと断ずることになる。そこには蜂起の前から非カトリック教徒の動向に関する虚実ないまぜの彼の観察が作用しているし、カトリック的年代記の伝えるフス派の記憶も投影されている。

あらゆる点から知られるのは、この蜂起が賦役というより信仰のためであること、肉体的な自由より、宗教的な自由のために起こった、ということである。それは次の四点にわたって知れることで、捕まった蜂起民や、国内の改革派、あるいは異端が語るところによるものだ。

Ⅰ　ローマよりもベルリンから教えを受けようという当地の異端は、蜂起をずっと以前から準備し、つながっており、どのようにこれを始めるのか、知らせあっていた。こうして昨年から自分たちの間で募金をしており、それはもう三万を越えるものとなって、蜂起の費用を支えるはずだった。また、プロイセン国王に軍隊の派遣を求めたということだ。［中略］

Ⅱ　蜂起した人々のほとんどすべては、昨年中に、来年、誰かが望む前に何かが起こる、それは雨のように急にやってきて、だれも逃れることはできない、領主や聖職者が、いちばん難を蒙ることになるし、もう時は来たのだ、と、言っていた。もし、準備していなかったとしたら、こんなことを言えただろうか？

Ⅲ　聖ヤン・ネポムツキーの日に、巡礼に名を借りて蜂起軍がプラハに向かおうと相談している。［中略］プラハの民衆もこれを助けるはずだった。そこにも彼らの友人がいたし、いるのである。ちょうど、ヴァーツラフ王の治世、一四一九年に起こったように、よろこんで略奪し、強盗しようとする人々はたくさんいるのである。

Ⅳ　ビヂョフ、イチーン、フラデツその他の町を攻撃しようとしたのは、そこに蜂起民が捕らえられているのを解放しようとしたからだ。教会を略奪したり、聖職者を責めさいなんだり、聖像画を破り、破壊したりするところから、この蜂起が何に由来するのか、知れよう。最初は、信仰や皇帝や、軍隊に反対するものではない、と言いながら、二度目に現われたときには、もう武器を持っていた。鉄砲や短銃、鋤や槍、刀、その他、鍛治屋が彼らのためにつくってやった得物などである。(25)

ヴァヴァークが耳にした不穏な噂は、広く知られており、プラハ大司教はこの年、聖ヤン・ネポムツキーの日にプラハへ巡礼することを禁じている。[26] チェコ諸邦では一八世紀を通じて、聖ヤン・ネポムツキー巡礼はローマ・カトリック最大の祭礼であったが、告解の聖性を守ったがゆえに殉教したとされるヤン・ネポムツキーは、カトリック的愛国主義、そして対抗宗教改革の象徴であった。したがって、後にも見るように、聖母マリアや聖ヤン・ネポムツキー崇拝をめぐる祭礼や聖像の侮辱は、非カトリック教徒の「蛮行」を表象するのにもっともわかりやすい記号的表現であり、ヴァヴァークは記述のなかでしばしばそれを援用している。

蜂起民が十分の一税をはじめとする教会に対する農民の負担に憤激し、教会や司祭館を襲撃したのは確かだが、蜂起民のすべてに宗教的動機を見るのには無理がある。蜂起に対するヴァヴァークの観察は、カトリック的愛国主義を支える彼の教養から再構成されたものであり、宗派の問題は彼の現実認識の軸をなすものであった。

それでは、その意味でヴァヴァークが経験した、おそらく最大の精神的危機であったヨーゼフ寛容令の発布を彼はどのように見ていたであろうか。

四　ヨーゼフ寛容令と「狂信者」たちの出現

(1)　ヨーゼフ寛容令の発布

一七八一年一〇月一三日、ヨーゼフ二世によって、「寛容令」が発布された。それは臣民を直接把握しようとする啓蒙絶対主義国家の意志の表れであり、カトリック教会を国家に下属させようとする政策の一環であった。実際、寛容令による新たな信仰の管理の主導権を握ったのは、カトリック教会の組織ではなく、国家機関であった。また、信仰を理由とした農民の逃散や、プロテスタント商人が帝国領内で十分活動できない状況について、経済的理由から、プロテスタント諸宗派に対する桎梏は取り除かれなければならなかった。

ヨーゼフ寛容令によって容認されたのは、「アウクスブルク信仰（ルター派）」、「ヘルヴェティア信仰（カルヴァン派）」、それに正教会である。寛容令の前文は以下の通りである。

> 各領邦総督府に告げる。信条への圧迫が有害であり、真のキリスト教的寛容は宗教と国家に有益であることを確信し、アウクスブルク宗派とヘルヴェティア宗派、ならびに統一されていないギリシャ人たちに、それがいつはじめられたか、あるいはかつて存在したのかにかかわらず、私的な宗教的実践を許可する。カトリック宗派は公的な宗教として唯一優越するものであり、二つのプロテスタント宗派ならびに統一されていないギリシャ宗派については、以下に掲げる人数とその住民に許される可能性によって、公的な宗教実践の権利が享受されるが、そうでないところでは、私的な宗教実践が許可される。

この前文を受けて、第一条では、「百家族以上の非カトリック教徒のいるところ」では、祈禱所や学校の建設が許可された。ただし、鐘や塔、公道に面した入り口を備えることは許されなかった。以下、各信仰共同体が司牧や教師を任用する可能性や義務、カトリック教徒と婚姻した場合の子弟の宗派、不動産の取得など、寛容令は七カ条に及んでいる（ハンガリー王国、トランシルヴァニアなどには、ハプスブルク世襲領、ならびにボヘミア諸邦とは内容を異にする勅令が発せられている[27]）。

寛容令の公布は、領邦の総督府から県庁に対してなされ、そこに留められた。通常であれば、勅令・法令は、県庁から領主庁へ伝えられ、さらに領主庁が各村の村判事（村長、Richter, rychtář）にこれを告知して、徹底されるが、寛容令は意図的に県庁で留められたのである。それは寛容令によって、プロテスタント諸宗派がカトリック教徒の間にも信者を獲得することが恐れられたからであり、とりわけボヘミア諸邦については、潜在的な非カトリック教徒の数に過大な虞が抱かれていたからであった。寛容令発布後、一七八二年は、「恩恵の年」として、この間にルター派、カルヴァン派信仰への届出が行われることになっていたが、地域によっては、寛容令の内容や公布の事実自体が知られておらず、迫害への恐怖も依然として存在した。

何よりも問題だったのは、容認された「アウクスブルク信条」「ヘルヴェティア信条」についての理解が十分でなかったことである。多くの非カトリック教徒は、「ボヘミア信仰告白」に連なる記憶を保持してはいるものの、自らの信条、宗教実践が、ルター派に近いのか、カルヴァン派に近いのか、判断できなかった。他方、亡命したチェコ兄弟団の信仰共同体との接触はほとんどなくなっていたために、兄弟団の伝統は大方、失われていた。

(2) 非カトリック教徒現る――ヴァヴァークの動揺

ヴァヴァークが寛容令の噂を聞いたのは、一七八一年一一月のことである。

一一月なかば、皇帝陛下がここボヘミアはじめ諸邦に、宗教の自由を万人に認められる、という噂が流れた。当地の異端のあいだには大きな喜びが沸き起こり、より多くの品物を持って市場に現れるようになった。すでに天の間近にあるかのように、これらの人々は隠さずに公然と現われたのである。(28)

ヴァヴァークの村のすぐそば、ボブニツェ Bobnice 村では、「とりわけ大きな歓喜が巻き起こった。ここではほとんどすべての人々がこの派で、そこに信徒集団があるとして遠くからも多くの人々が目をむけ、[カトリック]教会や自分たちの司祭よりも、かれらにしたがってきたからである。」

ヴァヴァークはこの村の非カトリック教徒の状況には相当に通じていたと見られる。寛容令の発布前にすでに「彼

らの二人の霊的指導者」は世を去っていた。そのうちの一人、当地生まれのイジー・ホラン Jiří Holan は、

思慮深いというよりは、好奇心紛々として、若いときには、手に職もなく、不良で、粗野で、がつがつしていた［中略］。結婚してようやく、父親が残した聖書を読むようになり、それをもとに何でも喋った。［中略］それから別の異端の本を読んで、あれこれ混乱し、説教をしたり、卑しい人々、特に下僕を教え始めたりした。粉挽きのミシュカと知り合って、活動し、ついに二人は逮捕されて、まずビジョフ Bydžov に、それからプラハに送られ、［中略］それからガレー徒囚の刑を受けたが、特別に願い出て、恩赦をえた。[29]

ホランはホジャーテフ Hořátev の鍛冶屋で、この記事にも出てくる「ペチュキの上の粉挽き」mlynář horního mlýna od Peček のプロコプ・ミシュカ Prokop Myška とともに一七七四年に逮捕され、蜂起の最中にプラハに護送された。[30] ヴァヴァークは、ミシュカをこの地域の非カトリック教徒の指導者と認識しており、前出のプロイセン国王への手紙を書いたのは、「ミシュカに違いない」と書いている。ホランは一七七五年一〇月四日にカトリック信仰を認めて釈放されたが、ミシュカについては、「彼の子供たちも友人たちもどこへ行ってしまったか知らないし、尋ねることもできない。いまは彼らの求道者としてジュネーヴにいるといわれている」。[31]

ホランは、釈放されたあとも「異端の教えを下層民に広め続けた」り、終油式を行ったりしていた。興味深いのは、ヴァヴァークとホランとのあいだには個人的な交際があったことである。彼はホランを何度か論破したことや、書籍を貸し与えたことを記している。「彼を何度か言い負かしたが、何も答えることはできなかったし、ほかの狂信者と同様、打ち勝つには聖書の力も必要ないのだ」、「頑固で自らを正そうともせず、貸した本もおそらく読みもしなかった」、[32] と。ヴァヴァークは、一六世紀末から一八世紀にかけて知られた百以上の宗教書籍を手にいれ、読破したと

して、それらを『覚書』のなかに誇らしげに列挙しているが、彼にとって非カトリック教徒やその指導者たちは、「しばしば字も読めず、聖書も知らない」人々であった。

領主城館で寛容令を告げられたのは、ようやく一二月七日になってからのことである。『覚書』には、「城館執事が自らドイツ語からチェコ語に訳したものを借りてきたので、ここに一語一語書き写すこととする」とあって、実際、寛容令のチェコ語訳が書写されているにもかかわらず、ヴァヴァークは勅令を次のように理解した。

皇帝陛下は、当地にやってくる外国人にその宗教を守ることを許可された。プラハに来ているアウクスブルク、ニュルンベルク、ドレスデン、ライプツィヒその他の帝国諸都市の商人、および多くの遍歴職人、また古信徒とよばれるワラキア、セルビアのギリシャ人、またザクセン、シュレジエンといった国外に居住する亡命者たちに、自分たちの宗教を奉じることを許可なされた。(33)

ヴァヴァークによれば、賦役を制限する賦役令や、身体的隷属を禁ずる農奴解放令が、賦役を全廃したものと噂され、賦役拒否や農民騒擾といった不穏な動きにつながったのと同様、寛容令も誤って解釈され、周辺の非カトリック教徒が公然と活動をしはじめた、というのである。各地にカトリック教会からの離脱を表明する人々が現れ、場合によっては一村全体が非カトリック教徒として名乗りを上げた。ヴァヴァークが勅令を「誤解」したのは、現れた非カトリック教徒たちを前にして動揺し、みずからの秩序意識を何とか保とうとしたためではなかったか。

去年一二月に発布された皇帝国王勅令は、ザクセン人、ギリシャ人その他、わが国と通商している姉妹宗教の人々に対して、わが国に住み着き、自由に宗教活動をしてよいとしたが、それは当地のチェコ人の間に大きな興奮をもたらした。というのも、その勅令を読んだすぐあとから、多くの村判事たちは、その本当の本来の意味を顧みず、村に帰って、人々にもう望むように信仰することができるし、そうするべきだと告げたからである。とりわけ最初にその報を広めた人たちがそうした。多くの人々はそれを聞いて喜び、昼に夜に公然と集まり、互いに奇妙な相談をしたり、奇妙なことを行ったり、かつて禁じられていた書物を公然と読んだり、それまで忠実であった下層のカトリック教徒たちを扇動したりした。カトリック教徒が彼らと共にいることを望まないときには、殺すぞ、と脅かしたりして、それを強いたため、半月もしないうちに、村全体がローマ・カトリックを捨てたこともあった。多くのカトリック教徒、特に下僕や女性といった思慮の浅い人々、しかしきちんとした村民でさえ、彼らの口車に乗って、棄教した。新年になってからは、もう公然と説教をはじめ、互いに約束をし、信者の登録をして、自分たちの牧師の元へ、ためらうことなく集団で通っていって、カトリックを否定し、もうカトリック教徒は多くない、と、確信していた。[34]

ヴァヴァークにとって、非カトリック教徒の出現はほとんど理解不可能なものであった。非カトリック教徒の潜在的つながりと、その活動の広がりに、神経症的な不安を感じる一方で、ヴァヴァークは、聖杯派、新教諸宗派、あるいはチェコ兄弟団とはどのようなものか、非カトリック教徒の誰よりも自分がよく知っている、という自負を持っている。非カトリック教徒は、彼ら自身の信仰が何によって伝えられているのか知らない、単なる「気の迷い」だというのである。

なぜこのような信仰を擁し、私たちの信仰［ローマ・カトリック、引用者註］から離れるのか、と、問えば、問うごとに違う答えが返ってくる。ある人はいう。この信仰は豊かだからと。［中略］また別の者は言う。父がそのような本をもっていて、それを読んでいたからだ、亡くなったおばあさんがそんな歌を歌っていたからだ。またこんな風に言う者もいる。そうした本を読んだり、その本で祈ったりするのは聞いたことのないくらい甘美なものだからだ。こういう者もいる。この、あの農民が、羊飼いが、それを奉じていて、誉めていたからだ。もし良くないものなら、それを守ることはなかっただろうから。そしてまたこんなことを言う者もいる。そのように予見され、予言されていて、そうでなければならず、もう時は来たのだ、と。またこういう者もいる。それは守るのがやさしいし、教会に通う必要もないからだ、と。それにしても、彼らは昼も夜も寝ずに本を読み、会合を開き、みながそれで青白い顔で、気もそぞろに歩いている。そんなことはカトリック教会では教えてはいない。またこう言う者がいる。聖職者たちは聖杯を奪って、自分たちだけがそこから飲んでいる。また次のように言う者もいる。罪の告解をしなくていいからだ、と。その他、その他、いろいろな理由があって、まだまだ長々と書けるが、誰もそれが魂の救済のためだ、とは言わないのである。何という盲目、何という気の迷い！　聖書の力を借りて話しかけても、どうにもならないのである。(35)

ヴァヴァークがこのように言うのは、新たな信仰を表明した人々が、その信仰が、カトリックではないとして、いったいどのような信仰で、どのように実践しているのか、明瞭に言語化できないためであった。先に述べたように、ヨーゼフ寛容令がカトリックの優位の下に容認したのは、ルター派、カルヴァン派、正教の三つの宗派であり、それ以外のものはチェコで強く記憶されていた聖杯派や兄弟団信仰も含めて、依然として認められていなかった。カトリック教会からの離脱を求める場合には、カトリック聖職者がつとめる宗教監察使 komisař の審問を経て、この三つの宗派のいずれかに属することを表明しなければならなかったのである。しかし、ほぼ一世紀半のあいだ、ローマ・カトリック教会当局や、宗教巡察使 misionář の監督と監視の下にあって、また聖職者や積極的な信徒たちがプロテスタント諸邦や、帝国内のトランシルヴァニア、あるいは軍政国境地帯といった、非カトリック信仰の容認された地域へ移民していったあとには、信仰実践を主宰する人物もいなかったし、信徒団としての活動が行われる余地も少なかった。

(3)「寛容の年」――「狂信者」の信仰告白

寛容令発布の翌年、「寛容の年」としてカトリック教会から離脱する一年間の猶予期間とされた一七八二年には、各地で新しい信仰を申請した人々の審問が行われた。しかし、非カトリック教徒たちは、自分たちが何を信仰しているのか、答えることができなかった。ヴァヴァークは伝えている。

先週、新たな信者たちは、まず自分たちを福音派として登録し、アウクスブルク信条に従いたい、と宣言したが、誰もそれを聞いたこともなかった。またヘレンフート派とか、ヘルヴェティア派に従いたい、という人たちもいて、彼らはヤン・フスやマルティン・ルターを始祖とか預言者として奉じているが、彼らがそれらのセクトを樹立したわけでもない[36]。

春になると、改革派（ヘルヴェティア派）を名乗る人々が増えてきた。

信仰落伍者たちは、それを宣言した今年の一月から、もう三つ目の信仰を持っている。一月に登録にやってきたときには、アウクスブルク信条の新教徒である、と宣言していた。二月には敬虔派となりたがったが、どう名乗ってよいのかわからず、ザクセンのあの小さな町、ヘレンフートに敬虔派がいることから、ヘレンフート派を名乗った。三月になると、使者がやってきて、すべて改革派［カルヴァン派］と名乗ることを指示されたが、それは聞くところによると、そうすればプロイセン王がボヘミアにやって来たときに、彼らを守り、激励し、その逆にカトリック教徒を破滅させるから、というのである。(37)

ヴァヴァークの観察するところでは、時が経つにつれて、非カトリック信仰をめぐる混乱は深まっていった。五月には、「彼らをヘルヴェティア派と呼んでいいのか、わからない。クリスマスから五カ月経って、彼らは五番目の信仰を口にしはじめている。もうフス派信仰ではない、というのである」という有様であった。(38)

そう書きながら、五月末の記述で、ヴァヴァークは彼らを「フス派」と疑っている。「審問ですべての人々はヘルヴェティア派に申告しているが、それはずっと続かないだろう。なぜフス派が許可されないのか、それをもっとも好んでいるのに、と彼らは言っているからである。しかし、それについて公然と声を上げることは許されない。彼らが持っている本は、間違いなく兄弟団、あるいはピカルド派 pikhartové の出版になるものなのに、信仰はヘルヴェティア派だというのだ。何という混乱！」(39)

非カトリック信仰への登録のために、いったんルター派を名乗りながら、上部ハンガリーからルター派説教師を迎えたとたん、自分たちの信条や典礼との相違に驚き、カルヴァン派に転向したり（その逆もあった）、その二つの宗派に自らを同定しなかったりする例も数多く存在した。宗派の帰属をめぐる状況がいっそう混迷していった様子が、『覚書』から読み取れる。

新年から七番目の月を迎えるここ数日、新たな信仰に七番目の変化が訪れた。［中略］彼らはもう新しいものを考えつくことができず、クリスマスのあとに申告した福音派にいま再び申告しようというのである。ヘルヴェティア派では、チェコ語の書籍が手に入らず、チェコ語のできるヘルヴェティア派の牧師も同様で、チェコにはどこにもいなかったし、ジュネーヴの本ばかりである。「ああ、ヘルヴェティア派に申告したのは間違いだった」、とか、「ヘルヴェティア派信仰ではじめたのは、過りだった、みんなの嗤いものだし、ベルリンの書物にも、ジュネーヴの書物にも何もない」、とか言っている。［中略］多くの人々は、ヘルヴェティア派という名に怒り、激昂している。六週間前には、それはたいへん恩寵深く、快いものだったし、誰もがヘルヴェティア派と言っていたのに。なんと信仰を堅持していることか！(40)

宗教監察使を迎えて行われた審問も、至って要領を得ないものであった。五〇歳になるマルチン・ジェルト Martin Žert という人物に対する審問の様子をヴァヴァークは伝えている。


「両親はいたか、いたとすればどのような信仰であったか。」「両親はいました、カトリックでした。」

「どのような信仰の下で生まれ、洗礼を受けたのか。」「カトリックの洗礼を受けました。」

「どのような信仰によって育てられたのか。」「カトリックで育ちました。」

「一七八一年まではどのような信仰だったのか。」「去年まではカトリックでした。」

「いまカトリックを離れようというのだな。」「いまカトリックを離れます。」

「どのような理由でカトリックを離れるのだ。」「カトリックを離れるどのような理由もありません。」

「いまどのような信仰を告白し、何を奉じようというのか。」「わかりません、何といっていいかわからない。」

「登録しなければならないのだから、知らねばならない。」「そう、私の妻といっしょです。もう妻は登録したでしょう。」

「そなたは男ゆえ、妻の主だ。妻がそなたに従うのであって、逆ではない。そなたは神が創りたもうた思慮ある者ゆえによって、判断することができるが、女は過る。信仰のことで、女に従ってはならない。アダムも女の言うことを聞いたから、過った。」「そうですか、妻が過るのなら、私も過る。」

「それでは少なくとも、どんな信仰かいってみよ。」「思い出せません。」

［中略］

「そなたの救済は、それにかかっておる。何を信仰するのか知らずして、なぜ、どのように信ずるというのだ。」「妻のように信じます。」

「もし妻の信仰が過ったら、そなたも過った信仰をするか。」「私は読み書きはできません。でも本には悪いことは書いてないし、多くの人が信じているのだから。」(41)

ヴァヴァークの再現する問答は、多分に戯画化されたものであろうし、もし非カトリック教徒たちが相互のつながりやはっきりした世界観を持っていたとしても、この時点で審問にすべて正直に答えられたとも考えられない。いずれにしても、名乗り出た人々は頑強であった。ポヂェブラディ領で八月に打ち切られた審問の結果、名乗り出た二三八六名の非カトリック教徒のうち、カトリックに「戻った」のは、三六名にすぎなかったという。(42)

こうした混乱の果てに、容認された二つのプロテスタント宗派を拒絶する人々が現れた。国家当局や、カトリック教会の記録に、「羊信仰派」víra beránková、「アリウス派」ariáni、「理神論派」deisté、「イスラエル派」izraelitéといったさまざまな名称で現れる「狂信者」とは、狭義にはこの人々のことである。ヴァヴァークの『覚書』には、処罰の対象となった「アリウス派」が登場する。

一一月末にパルドゥビツェ領その他のところでは、アリウス派のセクト、あるいはユダヤ教を妄信する信仰脱落者たちが逮捕され、拘禁された。保有地を相続するはずの一〇歳以下の子供は、カトリックの教育のために村長や、名付け親に預けられ、この家族の保有地もまた将来返還されるまで、この人々に留保された(43)。

さて、寛容令の発布は、ヴァヴァークの『覚書』に見るように、チェコ社会に潜在した宗派間の亀裂、とりわけカトリック教徒の非カトリック教徒に対する不安と恐れを顕在化させた。当然のことながら、寛容令は、必ずしも、宗教的寛容を実現しなかったのである。

たとえば、ヴァヴァークの住む地方からさほど遠くない東ボヘミアのフルム村の請願は、名乗りを上げた非カトリック教徒に対するあからさまな不安と敵意を表明している。

謹んでお慈悲を乞い、接吻申し上げ、私たちを守っていただくようお願いいたします。宗派の違いから、当地には人々を騒乱にけしかける人物がいます。まずフルム村では、マチェイ・ツァハが、この種の宗派（新教）の首魁であり、先導者であります。この人物は、夜となく昼となく、所領全体を歩き回り、自らの口で人々を教唆し、屈服させうるとみるや、カトリック信仰をけなし、侮辱し、それを強いるのです。これは私たちカトリック信者には非常に悲しく、辛いことなのです(44)。

農民蜂起の項で述べたように、聖母マリア崇拝や、聖ヤン・ネポムツキー崇拝にかかわる聖像や巡礼、安息日は、宗派間の緊張を表現する端的な記号として機能した。ヴァヴァークは、聖ヤン・ネポムツキーの日や、マリア昇天祭に、非カトリック教徒が示威的に労働を行ったり、これらの聖像が侮辱されたり、破壊されたりする例を報告している。

わが王国の守護聖人、ヤン・ネポムツキーの日には、多くの人々がシュレジエン、ラウジッツ、ザクセン、バイエルン、オーストリア、モラヴィア、シュタイエルマルクから、聖人に礼拝するためにプラハに巡礼にやってくる。ところが地域の新しい信仰者は、ガチョウを運び、畑を耕し、このヤンなど聖人と思わない、自分たちの聖人はヤン・フスであり、これこそが自分たちの代表、守護聖人だと言い放っている。(45)

この例では、ヤン・ネポムツキーとヤン・フスとが対比的に扱われているが、果たしてこのような事実がほんとうにあったのかどうか、わからない。ヴァヴァークは、寛容令を発したヨーゼフ二世の名前を組み替えた落書についても報告している。

Josephus Secundus-Josep Hus Secundus

カトリックの聖人に対する冒瀆や、それと対立的に呼び出される「フス」、「ルター」といった人物像によって描かれる非カトリック教徒の像は、ヴァヴァークが親しんだバロック期のテキストに依拠するものであって、宗教的記憶に根ざすものであった。その意味で、フス派の伝統がチェコの非カトリック教徒のあいだに保全され、それが宗派間の亀裂を生んだと言うよりは、亀裂が明らかになったときに、「ヤン・フス」が、それを際立たせる記号として機能したというほうが適切であろう。

五　「狂信者」とはどのような人々か——信仰実践をめぐる非対称性

これまで検討してきたヴァヴァークの記述から明らかなように、彼は容認宗派を受け入れなかった非カトリック教徒だけを「落伍者」「狂信者」としていたわけではない。彼にとって、「狂信者」とは、非カトリック的伝統に生きるすべての人を指したのである。現実にも、ルター派やカルヴァン派信仰を自覚的、組織的に維持した人々がほとんどいなかった以上、容認宗派を受け入れるかどうかは偶然と状況に左右され、内実として狭義の「狂信者」と容認宗派に登録してカトリック教会を離脱した人々の差はあまりなかったといえよう。むしろ、容認宗派に属して聖職者の指導を受け、信仰施設を建設し、信徒団体としての体裁を整えていく過程で、これを受け入れた人々と「狂信者」との差は有意なものとなっていくだろう。

ここで考えておきたいのは、非カトリック教徒がどれほど信仰の実践と、信徒のネットワークを維持し、チェコ社会の宗派的断裂がいかなるものであったのか、あるいはいかなるものとして認識されたのか、ということである。ヴァヴァークの記述には、背反する強烈な両義性が見て取れる。一方で、ヴァヴァークは非カトリック教徒のつながりと活動の広がりに怯え、賦役拒否の農民騒擾さえ、何よりも宗教的理由によるものと断じているし、寛容令発布期には、澎湃として非カトリック教徒が名乗り出たり、カトリック教徒がその流れに合したりすることに対する強い不安が述べられている。こうした強烈な、しかし漠たる不安の一方で、ヴァヴァークは具体的な「隣人」として非カトリック教徒を識っており、この人たちの神学的プロフィールについても一定の、否定的な評価を持っていた。ヴァヴァークによれば、非カトリック教徒として現れた人々は、「下層の」「思慮の浅い」人々であり、自分たちが奉じる信条についてはっきりした自覚すら持たない人々であった。

このどちらの観察が実態をよりよく映し出しているのか、当面、確たる判断をくだすことはできない。国家当局やカトリック教会の観察にも同様の両義性を見て取ることができるからである。ただ、そうした判断を下すことは可能でないばかりでなく、そもそも妥当なものではないだろう。

「狂信者」(非カトリック教徒のことをここではもうそう呼んでしまおう)についてのヴァヴァークの不安は、帝国唯一の公認宗派であったローマ・カトリックに対抗する秘密のつながりを想定していることに由来する。教会や宗教巡察使の監視、度重なる「異端」の禁令にもかかわらず、ザクセンやシュレジエンから異端の書籍は定期的に持ち込まれ、回覧され、集会が行われた。彼の周辺にも、カトリック以外の教えを奉じる者たちが存在したし、寛容令発布後、すぐにこの人々は積極的に活動を始めることができた。カトリック教会の聖職者によらない終油式の例も数多く聞かれたのである。

このようにヴァヴァークが見聞きした現実にはっきりした表現を与えたのは、バロック期のカトリック系のテキストの伝統であった。彼の断片的な見聞は、テキストによって意味を与えられ、強調点が定められる。ヤン・フスやヤン・ジシュカ、多宗派時代のボヘミアの紛争にかかわる記憶は、現実を理解する参照系として機能した。聖母マリアや聖ヤン・ネポムツキーは、対抗宗教改革期に、過剰な祝祭によって陶酔的な崇拝の対象となったそのゆえに、「狂信者」の瀆神的振る舞いを表現するきわめてわかりやすい記号となった。「狂信者」もまた、カトリックのテキストと祝祭の実践は共有していたので、ヴァヴァークが伝えるような示威的な行動は実際に行われたのかもしれないし、そうでなかったかもしれない。重要なのは、ヴァヴァークの不安がそのように構成されている、ということである。

寛容令以前の「狂信者」たちは、ごく一部の例外を除いて、序章(深沢克己)で論じられているような秘教的伝統を維持していたわけでも、また第八章(勝田俊輔)が扱うような、宣誓による秘密結社に組織されていたわけでもない。それは、寛容令が発布されたときの彼らの行動からも明らかである。信仰実践として最も近いのは第一章(桜井万里子）に扱われているオルフェウス信仰であろう。「狂信者」たちの多くは、公認宗派であるカトリック教会で洗礼を受け、教育を受けながら、家族的伝統、地域の伝統として非カトリック信仰を、いわば民間信仰のように維持した。民間信仰といっても、遍歴の芸人や職人たちがもたらす「異端」の書物の重要性については強調しておかなければならない。ヴァヴァークの記述に見られるように、秘かに、しかし一定のルートに乗って流通する書物こそが、「狂信者」たちの宗派的自覚を維持させたものだったからである。またそのゆえに、たとえばプロコプ・ミシュカのような書物の解釈者が、それぞれの地域で彼らの指導者の役割を演じることになったのである。

もちろんだからといって、第四章（ウラジミール・ウルバーネク）が扱う一七世紀中葉に亡命したチェコ宗教改革の指導者たちの思想が、こうした書物を通じて「狂信者」に継承されている、と考えるのは性急にすぎよう。たしかに、「狂信者」たちの間には特異な考え方もあった。三位一体説、聖母マリアの処女性、キリストの聖性を否定するような流れもあったし、千年王国論も存在していた。はたして、「狂信者」たちの世界観のなかに、チェコ兄弟団やソッツィニ派、あるいは再洗礼派といった宗教改革期のボヘミアに流布した宗派集団の知的影響をどれほど跡づけることができるのかについては、今後も検討されなければならないだろう。しかし、教団なき、また神学的指導者なき集団に対して、高度に分節化された宗教思想をここに想定することには無理があるだろう。彼らの宗教実践をある種の民間信仰として考えるのは、それが家族的伝統に多くを負っているからである。フランチシェク・クトナルであれば、これを「民衆的合理性 lidová racionalita」に基づく世界観として論じるだろう。

このように考えると、ヴァヴァークの両義的観察は、それ自体として必ずしも背反するものではないことがわかる。寛容令発布期のボヘミアにおける宗派的断裂は、相容れないカトリックと非カトリックの分断、対立ではなく、一方が家族的・地域的伝統に囲い込まれた非対称的な構図を持っていたのである。第三章（河原温）が論じたような兄弟団は、バロック期のボヘミアでカトリック信仰を社会的に支え、祝祭や巡礼を準備するために数多く形作られたが、果たして、寛容令期に非カトリックと名乗り出る人々のうちに、この種の兄弟団に加入していた経験があった者がどれだけいたのか（いなかったのか）、検討することも必要であろう。いずれにしても、カトリック教徒の信仰実践が十分に社会化されていたのに対して、「狂信者」にはそのような制度化されたつながりはなかったのである。寛容令発布期に宗派をめぐるきわめて強い社会的緊張が存在したことは、ヴァヴァークの記述から明らかであるが、それが政治的・社会的紛争に発展しなかったのは、この非対称性が理由の一端と考えられよう。

他方、寛容令は、ルター派とカルヴァン派と（正確には正教も）を容認宗派として制度化することによって、「狂信者」たちの信仰の家族的伝統に大きな打撃を与えることになった。一九世紀、「国民再生」の時代に、宗派の問題がどのように経験されるかという問題は、今後の課題となろう。

（1）*Bohemia*, 17. 5. 1868.

（2）Národní archiv v Praze, Prezidium místodržitelství 1860-1870, 8/6/2/87 (Bezirksamt Kolin an Statthaltereipräsidium, 14. 5. 1868).

（3）*Národní listy*, 17. 5. 1868.

（4）Roubík, František (ed.), *Petice venkovského lidu z Čech k Národnímu výboru z roku 1848*. Praha, 1954, No. 114, 174, 311.「いまや国中に、血なまぐさいジシュカとフスを甦らせる歌が流れている。」ただし、三つの請願のこの部分はほぼ同じ表現（No. 114 はドイツ語）で、他にも共通する部分が多いので、写されたものと思われる。

（5）パラツキーの伝記としては、浩瀚な以下の文献を参照のこと。Kořalka, Jiří, *František Palacký* (*1798-1876*). *Životopis*, Praha, 1998, Štaif, Jiří, *František Palacký. Život, dílo, mýtus*, Praha, 2009.

（6）Masaryk, Tomáš, *Česká otázka. Snahy a tužby národního obrození*. Praha, 1895; *Naše nynější krize*, Praha, 1895; *Jan Hus. Naše obrození a naše reformace*. Praha, 1896; *Karel Havlíček*, Praha, 1896.

（7）Nejedlý, Zdeněk, *Komunisté, dědici velikých tradic českého národa*. Praha, 1946.

（8）Jirásek, Alois, *Temno*, Praha, 1915.

（9）Pekař, Josef, *Smysl českých dějin*, Praha, 1929.

（10）Kutnar, František, *Obrozenské vlastenectví a nacionalismus: příspěvek k národnímu a společenskému obsahu češství doby obrozenské*. Praha, 2003. この文献は、政治情勢その他諸般の事情から完成時に刊行されず、ようやく二〇〇三年になってから公刊された。

（11）Adámek, Karel Václav (ed.), *Listiny k dějinám lidového hnutí náboženského na českém východě v XVIII. a XIX. věku*. 2 vols. Praha, 1924; Rezek, A. et Šimák, J. V. (eds.), *Listář k dějinám náboženských blouznivců českých v století XVIII. a XIX*. 2 vols. Praha, 1927, 1934. 最近の研究書として、Nešpor, Zdeněk R., *Víra bez církve? Východočeské toleranční sektářství v 18. a 19. století*. Ústí nad Labem, 2004.

（12）*Paměti Františka J.Vaváka, souseda a rychtáře milčického z let 1770-1816*. Jindřich Skopec (ed.), Praha 1907-36.

（13）この時期の両義聖餐派については、Zdeněk V. David, *Finding the Middle Way: The Utraquists' Lieberal Challenge to Rome and Luther*, Washington/Baltimore, 2003. ただし、ダヴィトは両義聖餐派について、独自の意義を認め、これを積極的に評価している。

（14）Melmuková, Eva, *Patent zvaný tolerančni*, Praha, 1999, pp. 61-62. 以下、非カトリック教徒の状況については本書に依っている。

（15）ヴァヴァークの伝記として、Kutnar, František, *František Jan Vavák*, Praha, 1941.

（16）Petrán, Josef, *Nevolnické povstání 1775, Acta Universitatis Carolinae. Philosophica et Historica, Monographia XLII*. 1972, pp. 122-137. 非カトリック教徒の「民衆的世界観」については、Kutnar, František, *Sociálně myšlenková tvářnost obrozenského lidu. Trojí pohled na český obrozenský lid jako příspěvek k jeho duchovním dějinám*. Praha, 1948, pp. 153-206.

（17）*Paměti Františka J. Vaváka, souseda a rychtáře milčického z let 1770-1816*. Jindřich Skopec (ed.), Praha 1907-36（以下、Paměti), *kniha první, část I.*, p. 42.

（18）*Ibid., kniha první, část I.*, pp. 42-44.

（19）*Ibid., kniha první, část I.*, p. 44.

(20) *Ibid., kniha první, část I.*, p. 45.
(21) *Ibid., kniha první, část I.*, p. 47.
(22) *Ibid., kniha první, část I.*, pp. 48-49.
(23) *Ibid., kniha první, část I.*, p. 51.
(24) *Ibid., kniha první, část I.*, p. 56.
(25) *Ibid., kniha první, část I.*, pp. 56-57. ヴァヴァークの知る非カトリック教徒はしばしば「鍛冶屋」、「粉引き」などと名指しされ、村民（sousedé、ここでは一定以上の土地を保有し、領主支配下で村落自治にかかわる人々）と対比的に表現されることが多い。
(26) *Ibid., kniha první, část I.*, p. 60.
(27) Melmuková, *op. cit.*, pp. 31-35.
(28) *Ibid., kniha první, část II.*, p. 12.
(29) *Ibid., kniha první, část II.*, pp. 12-14.
(30) *Ibid., kniha první, část I.*, p. 44.
(31) *Ibid., kniha první, část I.*, p. 70, *kniha první, část II.*, p. 39.
(32) *Ibid., kniha první, část II.*, p. 14.
(33) *Ibid., kniha první, část II.*, p. 15.
(34) *Ibid., kniha první, část II.*, p. 26
(35) *Ibid., kniha první, část II.*, pp. 28-29.
(36) *Ibid., kniha první, část II.*, p. 39.
(37) *Ibid., kniha první, část II.*, p. 49.
(38) *Ibid., kniha první, část II.*, p. 84.
(39) *Ibid., kniha první, část II.*, p. 88.
(40) *Ibid., kniha první, část II.*, pp. 109-111.
(41) *Ibid., kniha první, část II.*, p. 55.

(42) *Ibid., kniha první, část II.*, p. 118.
(43) *Ibid., kniha první, část II.*, p. 130.
(44) Melmuková, *op. cit.*, p. 116.
(45) *Ibid., kniha první, část II.*, p. 84. チェコ語でガチョウは husa であり、しばしばヤン・フスを連想させる象徴として援用される。

第Ⅱ部　友愛団・秘密結社の諸形態

第六章　マルタ十字から赤十字へ

――近代の聖ヨハネ騎士団をめぐって

西川杉子

一　コスモポリタニズムの行方

一一世紀末、貧しい巡礼のための救護活動を目的としてイェルサレムに設立された聖ヨハネ騎士団（英 the Sovereign Military Hospitaller Order of Saint John of Jerusalem, of Rhodes and of Malta, 伊 il Sovrano Militare Ordine Ospedaliero di San Giovanni di Gerusalemme di Rodi e di Malta, 通称マルタ騎士団 the Order of Malta, 救護団騎士 Knights Hospitaller）は、テンプル騎士団やドイツ騎士団と並び、聖地における十字軍運動を代表する騎士修道会として知られている。しかし、聖ヨハネ騎士団の歴史は中世に留まらない。聖地を離れた後者二つの修道会が近世初頭までに姿を消したのに対して、聖ヨハネ騎士団は、地中海のロドス島へ、さらにマルタ島へと拠点を移しながらも、近世を通して、ラテン・キリスト教世界の守り手としての存在を示し、ヨーロッパ中から多くの人材と富を引き寄せていた。そして一七九八年、ナポレオンによってマルタ島から駆逐されて領土を喪失したものの、一八七九年に再び、総長 grand master に統括された国際的な救護団体として認知されるようになり、現在に至っているのである。(1)

本章は、一七九八年から一八七九年まで、領土を喪失し存続が危ぶまれた時期の聖ヨハネ騎士団を考察対象に選んだ。一八七九年までの聖ヨハネ騎士団は、キリスト教共同体の枠内ではあるが、特定の国家領域を超えた人々の連帯の上に築かれた結社であった。一七三〇年頃から、フリーメイソンとなる騎士団員が出てきているが、それは、第七章（深沢克己）が論じたように、三重団結会所のクロード＝フランソワ・アシャールに体現されるようなフリーメイソンの普遍的博愛精神と聖ヨハネ騎士団のコスモポリタニズムの親和性が高かったことにも由来するだろう。[2] さらには、フリーメイソンが十字軍時代の騎士修道会に起源を求めてその歴史性を主張したことや、多くの会所が、聖ヨハネ騎士団関連の名を冠していることなども、両者の親和性を例証している。

マルタ島喪失以降、ナショナルな原理で再編成されつつあった国際秩序のなかで聖ヨハネ騎士団が再び自らの存在の公認を得るためには、新しい大義が必要であった。最終的に一九世紀中頃からの国際赤十字運動の興隆のなかで、聖ヨハネ騎士団は軍事的要素を払拭し救護団体として再定義されるわけであるが、その目的は当初から定まっていたわけではない。聖ヨハネ騎士団は一九世紀過半にわたって、復興のために、中世的な十字軍運動から福音主義的事業、列強の帝国主義政策に至るまでさまざまな企てへの参加・加担を試みている。また、聖ヨハネ騎士団をとりまく勢力・集団の側にも、ヨーロッパ最古の騎士団の「過去」を積極的に利用しようとする動きがみられた。従って、復興運動期の聖ヨハネ騎士団を考察することは、一九世紀のヨーロッパ社会が、近世までの普遍主義的かつコスモポリタンな「過去」に、いかなる意味を与え、そしてそれを政治的・思想的・社会的次元でどのように再編していったのかを具体的に解明することにつながるだろう。

これまでマルタ島喪失以降の近代の聖ヨハネ騎士団の研究は、本格的になされることは少なかった。従来の先行研究は、大別して、中近世の十字軍運動の後日譚として扱うか、一九世紀に流行した中世趣味との関連で論じるか、あるいは騎士団の系譜の考証を目的としたものが圧倒的である。最後の研究のタイプについては、一九世紀に聖ヨハネ騎士団の後継と称する団体が複数誕生したこと、[3] そして今でも詐欺まがいの疑似団体が出現していることにも関連している。

もっとも近年になって、現在の国際紛争の影響をうけて、近代ヨーロッパにおける十字軍的思考の継続あるいは十字軍に関する表象の影響を考察した研究が相次ぐようになり[4]、その連関から、聖ヨハネ騎士団とその歴史にも新たな関心が寄せられるようになってきている。

しかしながら復興運動期の聖ヨハネ騎士団を考察するに際しては、史料的な制約が大きいことを留意しなくてはならない。ローマの聖ヨハネ騎士団本部文書館 Sovrano Militare Ordine di Malta, Biblioteca e Archivio Magistrale, Roma が保管するこの時期の史料は未整理を理由に公開が制限されているため、騎士団のメンバーによる公刊物に大きく依存せざるをえない[5]。それに加えて、特にブリテン諸島の聖ヨハネ騎士団の後継に関しては、現在に至っても、イギリスの団体及びその文書を扱った歴史家たちとローマ・カトリックの歴史家たちの間に歴史認識と評価の食い違いがある[6]。また史料状況の制約については、初期の赤十字運動の研究にもある程度あてはまるだろう[7]。

これらの制約を確認したうえで、本章はまず、一七八九年までの聖ヨハネ騎士団の歴史を時代を追って概観し、さらに一九世紀の復興運動の考察を試みたい。

二　前史、聖地十字軍時代からマルタ喪失まで

聖ヨハネ騎士団の起源に関しては諸説あるが、前述したごとく、一一世紀末頃、貧しい巡礼者のための救護活動を目的としてイェルサレムに設立された、ベネディクト会系の救護院にあるとされている（図1）。この救護院は一一一三年までに、教皇によって新たな修道会として認可されたが、巡礼の流行と十字軍運動の高まりのなかで、軍事能力を備えた騎士団として急速に規模を拡大していった。聖地十字軍時代の聖ヨハネ騎士団は、ヨーロッパ中から入団

加盟者を集め、また人々の寄進によって多数の所領commanderiesを持ち、その活動範囲もヨーロッパ・西アジア・アフリカに及んでいた。しかし次第に、聖地十字軍運動はイスラーム勢力に押されてゆき、一二九一年に西アジアにおける最後の拠点アッコンが陥落すると、聖ヨハネ騎士団も含めて十字軍は「聖地」から撤退する。なかでもテンプル騎士団の主力はフランスへ移動していき、ドイツ騎士団はバルト海地方に活動の場を移したのに対して、聖ヨハネ騎士団は地中海地方に留まり、いったんキプロス島に避難した後、一三〇六年、ロドス島を本拠地として活動するようになる。(8)

図1　聖ヨハネ騎士団の創設者とされる福者ジェラルド（1120年没）．彼が右手で触れているのが聖ヨハネ騎士団のシンボル「マルタ十字」である．
出典：*Novena in honour of the Blessed Gerard founder of the Order of Saint John of Jerusalem.* Roma, 2001?, cover.

イスラーム勢力との戦いから撤退した騎士団は、ヨーロッパ・キリスト教共同体にとって存在意義を失ったのではないかといわれる。それればかりか、莫大な財力と軍事力を持ち、情報収集にもすぐれた集団が、「聖地」を離れてヨーロッパに戻ったことを、脅威として受けとめた世俗の君主たちもいた。「聖地」の失地直後には、聖ヨハネ騎士団とテンプル騎士団の合併案も出たが、すぐにテンプル騎士団に対してはフランス国王から異端の嫌疑がかけられた。そして一三〇七年から一三一四年の間にフランス国王の命令で、総長ジャック・ド・モレーをはじめとする主要なメンバーが火刑に処され、テンプル騎士団は解散させられている。これに対して、聖ヨハネ騎士団は、キリスト教共同体の擁護者として地中海に留まりイスラーム勢力と対峙し続けることを選択し、また高度な医療知識を提供することで、存続することが可能になった。一三一二年には、教皇の命令により、アラゴン、カスティーリャ、ポルトガル、マジョルカ島に存在するものを除き、テンプル騎士団の財産は、聖ヨハネ騎士団の所有するところとなったので、この騎士団は財政的により裕福な団体になった。

近世初頭の聖ヨハネ騎士団はきわめてコスモポリタンな性格を持ち、その莫大な人員と所領は次のように分かれて管理されていた。総長のもとにラング Langue, Tongue と呼ばれる八つの集団、すなわちフランス、プロヴァンス、オーヴェルニュ、アラゴン、カスティーリャ（ポルトガルを含む）、イタリア、ドイツ（ボヘミア、スカンディナヴィア、ポーランド＝リトアニア等を含む）、イングランド（アイルランドとスコットランドを含む）に分かれ、それぞれのラングはヨーロッパ各地に複数の所領 commanderies から成る管区 Grand Priories と、そして騎士団の本拠地に会所 Auberge を持っていた。このラングは必ずしも民族的区分で編成されたものではなく、言語的区分に拠るものであった。

近世を通して聖ヨハネ騎士団はおおむね、ヨーロッパ・キリスト教共同体の尊敬と支持を得ていたといえるが、一六世紀は、騎士団にとっては危機の時代であった。まず、一五一七年に始まったプロテスタントの宗教改革運動によって、イングランド、ブランデンブルク等プロテスタント領邦における所領、財産を次々と失い、そこからの収入に依存していたラングは打撃をうけることとなった。(9) 特にイングランド・ラングの活動は停止状態に追い込まれた。

さらに一六世紀は、イスラーム勢力との大規模な戦争が続いた。オスマン・トルコのスレイマン大帝による六カ月に及ぶロドス島包囲によって、一五二三年一月、騎士団はロドス島からの撤退を余儀なくされ、新たな本拠地を求めて漂浪することになる。この時も、聖ヨハネ騎士団はヨーロッパ大陸に拠点を求めるより、地中海沿岸でイスラームと対峙することを選択した。一五三〇年、神聖ローマ帝国皇帝カール一世によって、聖ヨハネ騎士団はマルタ島と同島に隣接するゴゾ島、さらにアフリカの港湾都市トリポリを封土として与えられた。(10)

状況が大きく好転したのは、一五六五年五月から九月に及んだオスマン・トルコのマルタ島包囲戦に勝利してからである。一五七一年レパントの海戦にも参加し、キリスト教連合軍の勝利に貢献したことも加わって、聖ヨハネ騎士団のキリスト教の擁護者としての評価は揺るぎないものとなり、マルタ島には莫大な財・ヒトが流れ込むようになる。騎士団の総長は神聖ローマ帝国侯爵 Reichsfürst の地位が与えられ、教会序列のなかでは枢機卿と同格とみなされるようになった。また騎士団に加盟しようとする大貴族の次三男は後を絶たなかったと言われる。包囲戦終結直後に建設が開始された要塞都市ヴァレッタは、一七世紀末になると華やかなバロック都市に変化して行った。一八世紀の聖ヨハネ騎士団は、地中海随一のガレー船団を持ち、バルバリア勢力と小競り合いを繰り返して（貴族の次三男の小遣い稼ぎとして）奴隷の獲得を行う一方で、フランス宮廷を模した豪奢な生活が繰り広げられるようになっていた。

騎士団の財産没収を行ったプロテスタント諸邦でさえも、キリスト教共同体に対する聖ヨハネ騎士団の貢献を讃えた。一五六五年オスマン・トルコの包囲からマルタ島が解放された知らせをうけて、カンタベリ大主教マシュー・パーカはイングランドの大半とウェールズにおいて感謝の祈りが捧げられるように取り計らっている。[11] スイス盟約者団のプロテスタント諸邦では、特にマルタ包囲戦に勝利した聖ヨハネ騎士団への畏敬から、騎士団の所領を没収しなかったという例もある。[12]

しかし一七九八年、ナポレオン軍が襲来した際には、聖ヨハネ騎士団はほとんど戦わずしてマルタ島から撤退した。この撤退に関しては、一八世紀の聖ヨハネ騎士たちの頽廃ぶりの証左であるとされているが、それ以外にも、フランス・ラングに属する騎士たちが戦いを拒否したなど、騎士団の間にも、ナショナルな利害関係が深刻な影響を及ぼすようになったことを窺わせる説も存在する。また、フリーメイソンであるナポレオンに対して、時の総長フェルディナント・フォン・ホムペッシュ・ツー・ボルハイム（「キリスト教徒相手に戦闘はできない」と言ったと伝えられている）をはじめとして、フリーメイソンであった騎士たちが戦闘を放棄したのだという見方もある。[13] さらに、フランス革命とナポレオン戦争によって、聖ヨハネ騎士団の所領は大打撃を受け、領土と財産の大半を失った騎士団は、ナショナリズムの高まりと列強の帝国主義政策のなかで、存亡の危機に立たされたのである。

三　混迷する聖ヨハネ騎士団

ナポレオン戦争から一八七九年までの間に、聖ヨハネ騎士団は領土を失い、主権団体としてはきわめて曖昧な存在になる。一七九八年、マルタ島を追われた当初は、騎士の大半は総長フェルディナント・フォン・ホムペッシュと共にトリエステへ向かうが、一部の騎士がロシアへ赴き、ロシア皇帝パーヴェル一世を総長に選出し、一七九九年にホムペッシュは辞任するという異例の事態がおこった。これはまた、パーヴェル一世はロシア正教徒であり、かつ結婚しているという点からも先例をみない（総長就任には教皇の裁可が必要であるが、*de facto* の総長として黙認された）。一八〇二年にパーヴェル一世が暗殺されると、教皇は、騎士の間で人望があったジョヴァンニ・バッティスタ・トマージを総長に任命して、事態の打開をはかった。この間にマルタ島のフランス軍はイギリス軍に敗北し（一八〇〇年）、島はイギリス軍の管理下に置かれるようになっていた。新総長トマージは、かつてマルタ島における聖ヨハネ騎士団のフリーメイソン会所「秘密と調和」の会所長でもあった人物である。(14)「秘密と調和」会所がイギリスのグランド・ロッジの影響を強く受けていたことと無関係ではないと推測できるが、(15)トマージは、ナポレオンをマルタ島から駆逐したイギリスが、騎士団のマルタ島への復帰を支援すると期待していた。(16)しかし結局、民族意識に目覚めたマルタ島民が、フランス軍の占領と同様に聖ヨハネ騎士団の支配をも嫌ったことと、イギリスが地中海におけるマルタ島の戦略的重要性を認識するようになり、ウィーン会議でイギリス統治を承認させたために、騎士団のマルタ島への復帰は実現しなかった。(17)トマージは一八〇五年にシチリア島カターニャで死亡したため、総長代理職 lieutenant of the grandmastership が設置されたものの、これ以降、一八七九年まで聖ヨハネ騎士団は活動停止に等しい状態とみなされるようになる。

一九世紀前半には騎士団復興のために、主権を持った騎士団にふさわしい領土の探索と各ラングの復活の試みが並行して行われている。ローマ教皇やウィーン体制の盟主となったオーストリア宰相メッテルニヒ（彼自身、聖ヨハネ騎士であった）が支援を継続したために、イタリア領域とハプスブルク帝国内の所領の回復は比較的順調に進み、幾つかのイタリア系管区が創出された。また、一八三四年にはローマ中心部のスペイン広場に隣接してマルタ騎士団の本部が設置されて、教皇庁の救護活動に関わるようになった。

しかし、イタリア以外のラングおよび管区に関しては、復興の経緯は錯綜しているため、現在に至っても解明されていないことが多い。これはまた、各ラングの復興に携わった集団の立場の相違から、聖ヨハネ騎士団のアイデンティティについてラング間に相対立する見解が生み出されたことも影響している。

まず確認しておきたいことは、一九世紀のヨーロッパには、各ラングの復興に有利な文化的背景があったといえることである。歴史学界においては中世の十字軍運動に対する批判が出てくる一方で、ロマン主義の風潮のなかで、騎士団はキリスト教に基づく騎士道精神の体現者として憧れの対象になっていったのである。(18)

当時美化された十字軍の騎士は、枚挙に遑がないほどオペラや絵画や文学の題材となった。現在も愛読されている小説のなかから例を挙げると、『三銃士』（一八四四年）の著者アレクサンドル・デュマはその続々編『ブラジュロンヌ子爵』（一八四七―五〇年）において、タイトルとなった青年貴族に騎士のイメージを重ねている。この作品は「古き良き騎士道の時代」に属し独立自尊の精神に富むダルタニャンと三銃士が親政を開始したフランス国王ルイ一四世に屈服していくあり様を描いている。三銃士の一人アトスの息子であり、ダルタニャンたちにとって未来を託す希望であったブラジュロンヌも最後はフランス宮廷と決別し、コスモポリタンな聖ヨハネ騎士となって十字軍――この場合はボーフォール公爵の指揮するアルジェリア遠征――に生命を捧げることになる。

「失礼ですが、公爵さま、このことは国王には内証に願います。わたくしがお仕えするのは国王ではありませんので［中略］お連れいただけるものでしたら、わたくしは公爵さまの艦隊で働きます。ただし、そこでは、わたくしは国王よりももっと強大なおかた、神に仕えるつもりでございます」

「神だと！　それはどうしたことだ？」アトスと公爵が同時に問い返した。

「わたくしは信仰を公けに宣言して、マルタ騎士［聖ヨハネ騎士］になるつもりでございます」[19]

一七世紀においてフランス王国出身聖ヨハネ騎士が、実際に国王への忠誠から自由であったか否かは別として[20]、デュマがここで高潔な貴族アトスの息子にふさわしい身分として聖ヨハネ騎士を選択しているのは、キリスト教普遍世界の守護に生涯を捧げた聖ヨハネ騎士たちが一九世紀ヨーロッパにおいていかに想像力を刺激し、愛惜と敬意を持ってみられていたのかを傍証している。ちなみにアトスは、ガーター騎士団（イングランド王家）、聖霊騎士団（フランス王家）、金羊毛騎士団（ハプスブルク家）という君主によって創設された権威ある世俗騎士団三つの勲爵士であり、理想化された貴族の象徴なのである。また一九世紀イギリス文学を代表するウォルター・スコットの作品『アイヴァンホー』（一八一九年）においても、敵役はテンプル騎士であるが、最後に大団円をもたらすのは黒騎士ことパレスティナ帰りのリチャード獅子心王である。

騎士団への憧れは芸術分野に留まらず国民的原理を主張する政治的潮流に加担することにもなった。ノルウェーはシーグル王、ドイツはフリードリヒ・バルバロッサ、イギリスは当然のことながらリチャード獅子心王というように各国はこぞって十字軍の「英雄」たちをナショナルな歴史と結びつけている[21]。また、ナポレオン戦争以降、ギリシア独立戦争や東方問題など地中海方面での紛争が広く衆目を集めたが、軍人サー・ウィリアム・シドニー＝スミスや詩人バイロン卿のようにこれらに関係した人々のイメージは、美化された十字軍の騎士と重ね合わされた。そして、この「十字軍精神」が取り上げられる際には、頻繁に聖ヨハネ騎士団のことが結びつけられた。

したがって、聖ヨハネ騎士団の復興運動に対して、イタリア・オーストリア以外でも、支援をもちかける声はあった。この時期の列強会議では、メッテルニヒの他にフランス外交官フランソワ＝ルネ・ド・シャトーブリアンも聖ヨハネ騎士団復活のために働いていたことが窺える。[22] シャトーブリアンは、一八二二年ヴェローナ会議に臨んでは聖ヨハネ騎士団復活のための覚え書きを用意していたとされているが、[23] もともと中世の十字軍の賛美者であり、一八〇六年に聖地を訪れた際、聖墳墓教会で第一回十字軍の指揮者ゴドフロワ・ド・ブイヨンのものとされる剣で聖墳墓騎士に叙任されたことを誇りとしていた。[24] 騎士団の新たな領土に関しても、スウェーデン国王からバルト海のゴットランド島、メッテルニヒからナポレオン脱出後のエルバ島やクロアチア・クアルネロ湾の島等を提供する申し出があったが、それぞれに難点が見つかって却下された。[25] 当時、聖ヨハネ騎士団のなかでは、東地中海方面における勢力回復へのこだわりが強かったらしい。一八二〇年代の聖ヨハネ騎士団とその周辺では、ロドス島の獲得を目的とした動きがおこる。そしてその目的のために、聖ヨハネ騎士団がとったといわれる行動は、現在の歴史家たちをも当惑させているほどである。

ウィーン体制のなかで騎士団は、主権団体としての承認が得られるよう列強に働きかけてきたが、とりわけフランスとイギリスの協力を得る必要性を認識するようになっていた。特にイギリスは、当時、地中海でもっとも強力な海軍力をもっていたばかりでなく、一八二〇年ギリシア独立戦争にも深く関わっていたからである。フランスでは、フランス革命で壊滅したフランス・ラングの財産を回復するために、一八一四年、老齢の聖ヨハネ騎士ジャン・ルイ・ド・ディエンを書記長とした暫時委員会（capitular commission）、別名フランス委員会が結成されていたが、この委員会が特別な権限を得て、地中海に騎士団本拠地となる領土の獲得を目論んでいた。この委員会が特別な権限を得たとされるのは、教皇の勅書の誤読という説もあるが、フランス政府とイタリア在住の総長代理が、曖昧な形ではあるが委員会を支持したことは間違いなく、委員会はまず領土獲得とギリシア独立戦争支援に着手した。そしてその過程でイギリスの支援の必要性を認識し、「イングランド管区」形成も計るようになったのである。[26] このような委員会の活動は総長代理や教皇の権限の侵犯を意味しており、当時の騎士団の混迷ぶりをよく表しているといえるだろう。時の総長代理の真意は限られた史料からは判然としないが[27]、ディエンを始めフランス委員会のメンバーは計画の進捗状況を熱心に報告し、総長代理の協力を引き出すことに務めた。

一八二三年二月までには、フランス委員会はギリシア独立運動の一派と交渉を始めている。

ギリシア海軍の将軍は、パリの委員会に数人の騎士と修道会の旗 drapeau de la Religion を掲げたフリゲート艦を一隻欲しておりました。それがあれば、ギリシアの全艦隊は、その旗のもとで宗教のために戦おうとし、それを旗艦とみなすことでしょう。[28]

このような議論とフランス政府の後押しを得て、同年七月二三日、聖ヨハネ騎士団はロドス島の譲渡を条件に、ギリシア独立運動の一派に艦隊と四〇〇万フランの貸付の確保をイギリスにおいて行なう秘密契約を結んだ。[29] 契約書では、騎士団の役割を「十字架を防衛するための永遠の闘争と異教徒の武力からキリスト教徒を守護するための機関」と自己定義をし、「イスラーム教徒に武力で簒奪された諸領地と諸権利」を回復する決意を明らかにしている。[30] ここで定義された役割の趣旨は、一六世紀に聖ヨハネ騎士団が皇帝カール五世からマルタ島を譲渡された時のものと変わっておらず、聖ヨハネ騎士団の十字軍的・軍事的エートスが前面に押し出されたとみることができる。さらに「生来の敵」イスラームとの戦いのためには、ギリシア独立運動の指導者たちを気前よく聖ヨハネ騎士に叙任し、ギリシア正教徒を中心としたモレア管区を設立する提案もなされた。[31]

この契約の実施は、ギリシア独立運動内部の他の派閥とイギリス、オーストリア、ロシア政府の反対をうけて挫折した。またカターニャの総長代理たちが計画を頓挫させるように働きかけたという説もある(32)。その真偽はともかく、この出来事自体が、当時の聖ヨハネ騎士団の少なからぬ構成員が共有していた自画像と目的をよく物語っているといえるだろう。東地中海方面に騎士団本部を設立しようとする計画は、この後も度々浮上している(33)。

実は、このような動きを推進したフランス委員会の実権を掌握していたのは、ディエンではなく、ディエンが信頼していたピエール＝イポリート・ド・サン・クロワ・モレー侯爵という人物であった。この人物の氏素性がまったく不明なこと、また名前もおそらく偽名であると考えられることから、現在もなお、委員会の企画がどれほど真剣なものであったのかという疑問が残されている(34)。総長代理は一八二四年にはフランス委員会をいったん解散させ、フランス政府も委員会によって叙任された聖ヨハネ騎士の位階は無効であるとした。しかし、少なくとも当時のイギリスではこのフランス委員会の働きかけがきっかけとなって、本格的にラング復活の企画が始まったのである。

四　「イギリス管区」の復活

遅くとも一八二六年には、すでに解散させられたフランス委員会が再びモレーの指導下で、総長代理の認可がないまま組織され、ギリシア支援とイングランド・ラング復活に向けての働きかけを再開している(35)。モレーはフランス委員会にはイングランド・ラング復活を裁可する権限があると主張し、彼の呼びかけに応じた人々はそれを信じた(36)。また、これらの人々は、イギリスにおける聖ヨハネ騎士団の歴史を調べ、ヘンリ八世の宗教改革によってイギリスのラングは廃止に追い込まれたが、ローマ・カトリックのメアリ一世の治世下で復活を認められて、その後は廃止されずに連綿と続いてきたという説を主張するようになった(37)。そして、ロンドン北部クラーケンウェルに残された聖ヨハネ騎士団の史跡、聖ジョン門 St John's Gate（図2）において定期的な「評議会」を持つようになり、イングランド・ラングの正統な後継者として聖ヨハネ騎士団の「アングリア管区」the Sovereign and Illustrious Order of Saint-John of Jerusalem: Anglia と名乗った（以下、「イギリス管区」と記す）。一九世紀後半になると、ローマの聖ヨハネ騎士団に所属する人々から、「イギリス管区」の正統性を否認されることになるが、イギリスの「聖ヨハネ騎士」たちは自らの存立の主張を譲らなかった。一八七〇年代には、新聞紙上でイギリスの「聖ヨハネ騎士」の正統性に関する論争があるが[38]、「イギリス管区」の書記長 Secretary-General は次のように応答している。

［前略］彼はさらに、「騎士団」のイギリス支部 branch がいかなる点においても「自発的結社 voluntary association」と称することが出来ないことに気がつくべきです。なぜならイングランドにおける騎士団は、一五五七年の王令によって復興されて以来、一度たりとも廃止されたことはありませんし、マルタが陥落するまで存在していた本部においても承認され、本部の正式な構成員であったからです。しかしながらイングランドにおいては一八二六年まで［中略］ラングは活動停止状態にありました[39]。

図2　中世においては聖ヨハネ騎士団施設への玄関口であった聖ジョン門．ただし，現在の姿は19世紀に大規模な改築が施されている．現在は聖ジョン騎士団本部および史料館として利用されている．

このような経緯のなかで「イギリス管区」について判明するのは、イギリスの「騎士」たちは、イタリア管区の騎士たちよりも騎士団の宗教性を合理的にとらえておりプロテスタントであっても聖ヨハネ騎士団のメンバーになれると信じていた

こと、また総長不在の現状では、聖ヨハネ騎士団を構成する各ラングはすべて対等であると認識していたことである。(40)

［前略］騎士団はもはや修道会においても禁欲を誓ってもおりません。しかしながらわれわれイギリス評議会にとってもっとも望ましいことは、騎士団の本部として、現代的なクラブハウスの性格を備えた、騎士団にふさわしい大建造物を、八つのラングの共同出資でパリに建設することでしょう。(41)

このように「イギリス管区」のなかには、騎士団を名誉あるクラブのような存在として理解していた者もいたのである。また一八四一年、「管区」が公式に出版を認めたパンフレットでは、「イェルサレムにおける聖ヨハネ騎士団では［中略］ローマ・カトリック、ギリシア正教、ルター派、カルヴァン派やその他さまざまなキリスト教諸派が団結している」と書かれており、(42)「管区」のメンバーが騎士団に対する教皇の権威を軽視していたことが判る。実際、各ラングの意見を調整・統括する権威が不在であるばかりか、一九世紀前半を通して、イタリア在住の総長代理らが明確な立場を示さなかったことも、「イギリス管区」の思い込みをより強くさせることとなった。さらに宗教に関しては、事実上七二代目の総長となったロシア皇帝パーヴェル一世の信仰を例外としても、すでに近世プロイセンにおいてブランデンブルク直轄領（Die Balley Brandenburg des Ritterlichen Ordens Sankt Johannis vom Spital ze Jerusalem, 通称 Johannitar, 以下ヨハネス団と訳す）がプロテスタント化したにもかかわらず、マルタ島の騎士団本部から騎士の位階の保持を認められたことなど、(43)ローマ・カトリックの修道会としての枠組みを逸脱した要素が騎士団にあったのである。

一九世紀の「イギリス管区」復興に参加した人々のなかにはフリーメイソンも多数いたが、大半がミドルクラスに属していた。(44)つまり、アンシャン・レジームの一八世紀以前であれば聖ヨハネ騎士の資格は得られなかったであろうが、一九世紀になってある程度の資力と人脈を備えるようになり、地位を欲するようになった人々といえようか。彼らはシドニー＝スミスやバイロンに憧れ、自らを十字軍の騎士になぞらえようとしていた。そのメンタリティを体現した典型が、サー・ウィリアム・ヒラリであろう。ヒラリは、ナポレオン戦争中は、個人的イニシアティヴによるものとしてはイギリス最大の一四〇〇人からなる州の本土防衛軍を組織したので、その功績から准男爵の称号を得ていたのであるが、やがて海難救助に関心を持つようになり、自らも嵐の海にボートを漕いで乗り出して行き、幾人もの生命を救ったという人物であった。彼は海難救助運動の全国的な組織化を志し、その情熱は、一八二四年、「難破から人命を守るための王立全国協会」（後の王立全国ライフボート協会）の創設という形で結実していた。[45] さらに、ヒラリは東方問題にも深い関心をもち、一八四〇年頃には聖ヨハネ騎士団に対してパレスティナでの主権を与える事で、当地の宗教対立を解決しようとする提案を、「イギリス管区」に行なっている。その結果、「管区」の協力で、ヒラリの案は印刷され『聖ヨハネ騎士団の下での聖地占領の提案』[46]として、イギリスやドイツの新聞に掲載するよう手配されたばかりでなく、イギリス議会やイタリアの聖ヨハネ騎士団の有力者にも提出されたのである。[47]

このようなロマン主義的な十字軍的衝動が一九世紀前半イギリスのミドルクラスにあったからこそ、フランス委員会の働きかけが功を奏したともいえるだろう。しかし、この時点では、「管区」が宣伝に努めた聖ヨハネ騎士団による「聖地」占領案もイギリス政府を動かすには至らず、「イギリス管区」は特に実行に移すべきこともなく手をこまねいていた。「聖地」占領案の宣伝を広く行なったことも、聖ジョン門に集うミドルクラスのイギリス人たちが他のラングからの正統性の承認と同時にイギリス社会のなかでの認知を求めて方策を練っていた証といえる。

五　新しい大義――国際赤十字運動

しかしローマの聖ヨハネ騎士団にせよ「イギリス管区」にせよ、一九世紀前半にみられた聖戦と結びついた十字軍精神に固執していたのでは、その存続は危うかっただろう。一九世紀後半になっても、中東やアフリカにおける宗教紛争の土地を聖ヨハネ騎士団の領土にして、キリスト教の影響を確固たるものにしようという企画が提案されたが[48]、競って帝国主義政策を進めるヨーロッパ列強間に、軍事的性格を持った聖ヨハネ騎士団が割り込む余地はなかったのである。だがその一方で、列強間の武力衝突は、聖ヨハネ騎士団の救護団体としての歴史的役割に衆目を集めることになった。

すでに、戦場における負傷兵に対して中立的な立場で医療活動を行う団体の必要性は指摘されていた。一八世紀の慈善家ピアロン・ド・シャムセは聖ヨハネ騎士団をモデルにしながら、救護活動を専門とした新たな騎士団の創設を提唱していたし、ナポレオンの軍医ピエール・フランソワ・ペルシも救護騎士団の結成および戦場での救護施設の中立性を提案していた[49]。一九世紀中葉のクリミア戦争（一八五三―五六年）とオーストリア・フランス・サルデーニャ戦争（一八五九年）の際には、電信や大衆紙など通信網の発達によって、戦場でのヒロイズムと共に負傷兵の置かれた悲惨な状態が詳細かつ迅速に報道されるようになった。つまりヨーロッパの一般家庭にも戦場がより身近なものとなり、さらには、戦場における救護活動の重要性がより広く認識されるようになったのである。このため列強諸国にとっても戦場の救護活動の組織化が急務になっていたといえよう[50]。

戦争において敵味方の区別なく傷病者を保護することを目的とした人道主義を提唱した国際赤十字運動は、一八六二年、ジュネーヴ市民アンリ・デュナンによる『ソルフェリーノの思い出』の出版を契機として、世界中に急速に広まっていったとされている。一八六三年に、デュナンを含めた五名のジュネーヴ市民が国際負傷軍人救護常置委員会を立ち上げ（五人委員会）、同年および翌一八六四年にジュネーヴにおいて国際会議を開催して、武力紛争時の傷病者・捕虜・文民の保護に関して規定した国際条約、いわゆるジュネーヴ条約 Geneva Convention を成立・発効させている。歴史家ハチンソンによれば「一八五〇年より以前に、ジュネーヴ条約と赤十字運動の基本的構想は広く流布していた」のだが、通信網の発達がもたらした「状況の変化」が、ヨーロッパ諸国の君主や政府を赤十字運動の支持者に変え、ひいてはジュネーヴ条約を実現させたのである。(51)

しかしながら、一八六〇年代に勃興した国際赤十字運動がいかに急速に国際的救護の枠組みになりえたのかを理解するためには、初期赤十字運動を支えた五人委員会の背後にある人権運動・福祉運動などの諸ネットワークと、そこにモデルを提供したとされる聖ヨハネ騎士団との関わりを明らかにする必要があるだろう。五人委員会のメンバーはデュナンの他、ギュスタヴ・モワニエ、ギョーム＝アンリ・デュフール将軍、ルイ・アッピア、テオドール・モノワールである。いずれもジュネーヴの富裕層に属し、ジュネーヴの体制教会であるカルヴァン派の信者（ただしアッピアはヴァルド派、モワニエは亡命ユグノーの子孫）で、医療改革事業やＹＭＣＡ、公共福祉協会、あるいはフリーメイソンの諸活動などジュネーヴ社会に網の目のようにはりめぐらされた民間の博愛活動に熱心に取り組んでいた。(52) すでに一八世紀からモワニエ家やデュナン家のメンバーの中にはフリーメイソンとして活動する者がおり、(53) ジュネーヴにおける普遍的博愛精神の要にあった集団といえるだろう。(54) 現段階では推測の域をでないが、彼らのネットワークを通して五人委員会が聖ヨハネ騎士団の諸活動を熟知していたことは充分考えられる。

中世の聖ヨハネ騎士団はクリミア戦争におけるフローレンス・ナイティンゲールの活動と並んで、公的な赤十字運動の歴史において必ずといってよいほど赤十字運動の先駆者として取り上げられる。(55) 一八六三年のジュネーヴ会議を企画するに際して、デュナンら五人委員会は個人的な人脈を積極的に活用して、ヨーロッパ諸国の政府関係者も含めて戦場における傷病者の問題に関心があると思われる団体・人物に招待状を送ったが、その中に聖ヨハネ騎士団とその関係者も含めたのは、騎士団の貢献を改めて承認したともいえるだろう。

ここで留意したいのは、聖ヨハネ騎士団の代表として招待状に応じたのは、ブランデンブルク直轄領の聖ヨハネ騎士、すなわちヨハネス団騎士ロイス公爵ハインリヒ一三世であった[56]。実は、聖ヨハネ騎士団の公式な歴史では、騎士団の赤十字運動参加は、一八六九年、ベルリンにおける国際会議からになっており、ロイス公爵の参加資格については言及されていない[57]。この理由は不明であるが、一八六三年当時、まだ小規模な医療活動に携わるだけであった聖ヨハネ騎士団の本部と華々しく活動を始めたヨハネス団の状況をある程度反映しているものと思われる。

一八三四年にローマに本部を構えた聖ヨハネ騎士団は、教皇の力添えで病院を設立し、教皇庁の救護活動に携わるようになっていた。一八五〇年代からはナポリやミラノなどイタリア各地で病院建設を行なったが、すぐに騎士団発祥地イェルサレムにおいても病院を建設する案が出され、一八六九年に実現させている。オーストリアやドイツにおける聖ヨハネ騎士もこの動きに同調するようになった。この時期に、聖ヨハネ騎士団は自らの軍事的性格を払拭して、救護的性格を強化していったといえよう[58]。

しかしブランデンブルク直轄領のヨハネス団は、ローマの聖ヨハネ騎士団以上にすばやく救護団体的性格を明確にしていた。前述したように近世のヨハネス団（ブランデンブルク管区）はプロテスタント化し、ホーエンツォレルン家との関係を深めながらも、マルタ島の騎士団本部と関係を保っていたが、一八一〇年、ナポレオン戦争の影響で財政が困窮化したためにプロイセン国王によって、ヨハネス団そのものが廃絶されていた[59]。しかし、一八五二年一〇月、プロイセン国王フリードリヒ・ヴィルヘルム四世によって、「元来の義務を達成するために」復活させられたのである。「元来の義務」とは規則書（一九二八年）によると、騎士団〔ヨハネス団〕の目的は、病人への奉仕と介護、老齢者・負傷者・身体ないし精神障害者の救済、そして若者の訓練である。騎士団は国中に設立された病院とその他の施設を維持し、さらに委託された病院やその他の施設を諸原則に則って管理しなくてはならない。ドイツが参加した戦争では、騎士団は戦争において傷つき病んだ犠牲者たちの看護と治療に全力を傾注すべきである。(60)

つまりヨハネス団は、戦争における傷病者の介護の必要性をいち早く認識したプロイセン国家によって復活したのであった。ヨハネス団の復活には約四〇年かかったが、ホーエンツォレルン家や主要政治家の全面的支援や廃止前の人的ネットワークや施設が利用できたこともあって、早々に活動を再開した。一八五三年から一八五八年の間に新たに三六の病院・救護施設を建設している。(61) 戦場における傷病兵の問題が人々の日常的な話題になっていた時期だけに、その活動ぶりは、六〇年代に赤十字運動に携わる人々にも注目されたに違いない。(62) 推測の域を出ないが、一八六三年にヨハネス団騎士ロイス公爵が聖ヨハネ騎士団の代表としてジュネーヴ会議に参加した理由もここにあるのではないだろうか。一八六四年二月一日に第二次シュレースヴィヒ＝ホルシュタイン戦争が勃発すると、ジュネーヴの五人委員会は三月一三日に視察員を派遣することを決めたが、五人委員会のメンバーの一人ルイ・アッピアは自ら「デンマーク〔側〕ではなくドイツ〔側〕へ」赴くことを志願しているが、(63) これにはヨハネス団の活動を観察したいという希望が当初からあったように思われる。アッピアを通してヨハネス団の活動は五人委員会に詳細に報告され、赤十字運動の実践的モデルとなったことが知られている(64)（図3）。

一八六〇年代のイギリスの「管区」もこの国際的な救護活動の展開に無関係ではおられなかった。特に、一八六〇年代に入団したジョン・ファーリやサー・エドマンド・レチミーアは、国際赤十字運動やヨハネス団の活動に関心を持ち、「イギリス管区」がそれらの運動と連携するように働きかけていったのである。(65) 彼らの影響下で「イギリス管

図3　ルイ・アッピアがスケッチした救護活動を行うヨハネス団の騎士．馬車にはマルタ十字が描かれている．
出典：Roger Boppe, *L'Homme et La Guerre*. Genève-Paris, 1959, p. 233.

区」の人脈はそのままイギリス赤十字運動と重なっていった[66]。一八七一年八月三〇日付で、「聖ヨハネ騎士団」［イギリス管区］のサー・エドマンド・レチミーアは、『ザ・タイムズ』に次のような誇らしげな投書を行なっている。

　二九日付けの貴紙の『戦傷者への救護』と題された記事において、「英国赤十字社の創設は、聖ヨハネ騎士団［イギリス管区のこと］の会議室で行なわれたプライヴェイトな会合によるものである」と言及されていますが、小生の見解では、言及された会合の結果として一八六九年一〇月に設立されたこの組織［英国赤十字社］の発展は、ひとえに聖ヨハネ騎士団のおかげでしょう。
　この組織は、聖ヨハネ騎士団によって結成された、国際負傷軍人救護常置委員会の一暫定委員会で構成されており、ファーリ氏とバージェス大佐がもっとも活発な委員です。［中略］［一八六九年には］ファーリ氏とバージェス氏は救護常設委員会の年次大会に聖ヨハネ騎士団の代表として参加しました[67]。

「イギリス管区」は、一八六〇年代からイギリスの聖ジョン騎士団として、ローマの聖ヨハネ騎士団とは一定の距離をおくようになった（ただし、英語表記のうえでは、いずれもOrder of St John で区別はつけにくい）。主要メンバーたちは赤十字委員会の活動に尽力するようになり、一八六七年以降、赤十字運動の国際大会にも積極的に参加している[68]。

一八七七年に、聖ジョン救急隊St John Ambulance Brigadeを結成、イギリスおよびイギリス帝国内諸地域の救急医療を代表する機関に成長していった。一八七七年にはまたイェルサレムに眼科病院を建設し、これも現在まで活動を続けている。このような活動が評価されて一八八八年には勅許を得て、イギリス君主を首長とするナショナルな騎士団（The Grand Priory in the British Realm of the Most Venerable Order of the Hospital of St John of Jerusalem, 通称、聖ジョン騎士団 the Venerable Order of St John）として態勢を整えた。

このようなプロテスタント系のヨハネス団や聖ジョン騎士団の救護活動は、ローマに拠点をおく聖ヨハネ騎士団のみを正統とみなす各国の聖ヨハネ騎士たち（彼らはローマ・カトリック信徒であった）の救護活動をさらに本格化させることとなった(69)。普仏戦争までには、ドイツのローマ・カトリックの聖ヨハネ騎士が、ヨハネス団と肩を並べて戦場での救護活動にあたるようになった。また、イギリスのローマ・カトリックで一八五八年にローマ本部により聖ヨハネ騎士となったチャールズ・ボイヤーはロンドンでの病院建設に尽力していたが、七八年、なかば聖ジョン騎士団に対抗する形で、ローマの聖ヨハネ騎士団の支部としてイギリスにおける聖ヨハネ騎士連合を結成させている。一八七九年三月二八日、ローマ教皇は、当時総長職代理であったジョヴァンニ・フランチェスコ・チェスキ・ア・サンタクローチェを総長に任命して、聖ヨハネ騎士団を全面的に支援・復興させた。その背景には、赤十字に象徴される国際的救護活動への覚醒があったのである。

一八七〇年代までに、ローマに拠点をおく聖ヨハネ騎士団も、ヨハネス団も、聖ジョン騎士団も、赤十字運動の展開のなかで、人道主義に基づいた救護団体としての活動に存在意義を見いだしそれぞれ地位を築いていった。いわば、国際赤十字運動に関与することによって、「聖ヨハネ騎士団」は、ナショナリズムの時代において、生き延びたのである。それは、また同時に、聖ジョン騎士団とヨハネス団のナショナル化に象徴されるように、一九世紀の国家の編成原理が既存のコスモポリタンな組織を分断し、国民国家のなかに取り込んでいく側面も伴っていたといえる。

その後、イギリスとドイツの「聖ヨハネ騎士団」と同じ趣旨をもつ組織は、ネーデルラントとスウェーデンにも、それぞれ君主をパトロンとして結成された。現在、これら四つのナショナルな「聖ヨハネ騎士団」と、ローマに拠点をもつ聖ヨハネ騎士団は、お互いに緩やかな連合を形成し、国際赤十字運動の一端を担っている。

（1）現在の聖ヨハネ騎士団の主権に関しては Arthur Breycha-Vauthier and Michael Potulicki, “The Order of St. John in International Law: A Forerunner of the Red Cross”, *American Journal of International Law*, 48, 1954.

（2）聖ヨハネ騎士団とフリーメイソンに関しては、Desmond Caywood, “Freemasonry and the Knights of Malta”, *Ars Quatuor Coronatorum*, 83, 1970; John Webb, “The Order of St John and its Relationship to Freemasonry”, *Ars Quatuor Coronatorum*, 91, 1979; A. J. Agius ed., *History of Freemasonry in Malta 1730-1998*. Valletta, 1998.

（3）ジョナサン・ライリ＝スミスは、聖ヨハネ騎士団と自称する団体がロシア帝国外でも二七以上は、存在したとしている。Jonathan Riley-Smith, “Towards a History of Military-Religious Orders”, in: Karl Borchardt, Nikolas Jaspert, Helen J. Nicholson eds., *The Hospitallers, the Mediterranean and Europe: Festschrift for Anthony Lutterell*. Aldershot, 2007, p. 283.

（4）Jonathan Riley-Smith ed., *The Oxford Illustrated History of the Crusades*. Oxford. 1995; Elizabeth Siberry, *The New Crusaders: Images of the Crusades in the Nineteenth and Early Twentieth Centuries*. Aldershot, 2000; Ronnie Ellenblum, *Crusader Castles and Modern Histories*. Cambridge, 2007; Jonathan Riley-Smith, *The Crusades, Christianity, and Islam*. New York, 2008.

（5）聖ヨハネ騎士団員による概説として、Edgar Erskine Hume, *Medical Work of the Knights Hospitallers of Saint John of Jerusalem*. Baltimore, 1940; Michel de Pierredon, *Histoire politique de l'Ordre souverain de Saint-Jean de Jérusalem (Ordre de Malte) de 1789 à 1955*. 2nd edn. 6 vols., Paris, 1990-2000; Desmond Seward, *The Monks of War: The Military Religious Orders*. London, 1973, rev. 1995.

（6）Seward, *The Monks of War*, pp. 336-353 を参照。

（7）John F. Hutchinson, *Champions of Charity: War and the Rise of the Red Cross*. Colorado, 1996, ‘Introduction’;

Geoffrey Best, "Review: J.-F. Pitteloud ed., *Procès-Verbaux des Séances du Comité International de la Croix-Rouge, 1863-1914*, Genève, 1999", *English Historical Review*, 115 (2000), 1345-1346. 人権運動ジャーナリストのモーヘッドは、赤十字国際委員会について「先達や組織的に引き継がれる記憶に起源を求めながら、行動することに拠って立ち、しばしば奇妙なまでに歴史に無関心に見える」と言っている。Caroline Moorehead, *Dunant's Dream: War, Switzerland and the History of the Red Cross*. London, 1998, p. xxi.

（8）聖地における聖ヨハネ騎士団の概略については、邦文では、橋口倫介『十字軍騎士団』（講談社学術文庫、一九九四年）、櫻井康人「「修道会」から「騎士修道会」へ——聖ヨハネ修道会の軍事化」（『史学雑誌』第一一〇編第八号、二〇〇一年）を参照。

（9）一五三五年、聖ヨハネ騎士団はブランデンブルクの財産を喪失。一五三六—三九年にイングランドの財産を喪失、一六四九年、ネーデルラントの財産を喪失。ただしネーデルラントにおいては騎士団の救護院の活動は高く評価されており、連邦議会の監督下におかれて一九世紀まで存在していた。Pierredon, *Histoire politique de l'Ordre souverain de Saint-Jean de Jérusalem* (*Ordre de Malte*) *de 1789 à 1955*. Paris, 1990, III, p. 54.

（10）トリポリは一五五一年にオスマン・トルコに攻略された。

（11）Hume, *Medical Work*. p. 87.

（12）Christoph Maier, "Strategies of Survival: the Military Orders and the Reformation in Switzerland", in: Helen Nicholson, ed., *The Military Orders, vol. 2: Welfare and Warfare*. Aldershot, 1998.

（13）ホムペッシュのフリーメイソンのメンバーシップについては、Webb, "The Order of St John and its Relationship to Freemasonry", 62. フリーメイソンの騎士たちが戦闘意欲を喪失していたという説は、当時すでに流布していた。D. F. Allen, "New Light on Malta during the Peace of Amiens, 1801-1803", *British Library Journal*, 20, 1994, 177.

（14）Desmond Caywood, "Freemasonry and the Knights of Malta", 78-79, 87-88.

（15）*Ibid*.

（16）一八〇二年、英・仏間のアミアン条約においては、マルタ島は騎士団に返還されることになっていた。

（17）Dennis Castillo, "Maltese Nationalism, The Knights of St. John, and the French Occupation of 1798-1800", *The Catholic Historical Review*, 79, 1993; Allen, "New Light on Malta during the Peace of Amiens, 1801-1803".

(18) Siberry, *The New Crusaders.*
(19) A・デュマ『ダルタニャン物語』（鈴木力衛訳、講談社文庫、一九七五年）、一一巻、一一五頁―一一六頁。
(20) ルイ一四世と聖ヨハネ騎士団の関係については、Paul Walden Bamford, "The Knights of Malta and the King of France, 1665-1700", *French Historical Studies*, vol. 3 (1964); Paul Walden Bamford, *Fighting Ships and Prisons: The Mediterranean Galleys of France in the Age of Louis XIV*. St Paul, Mennesota, 1973.
(21) Siberry, *The New Crusaders*; Ellenblum, *Crusader Castles and Modern Histories*, chap. 2.
(22) Pierredon, *Histoire politique de l'Ordre souverain de Saint-Jean de Jérusalem* (*Ordre de Malte*) *de 1789 à 1955*. Paris, 1963, II, p. 201.
(23) *Ibid.*
(24) Elizabeth Siberry, "Images of the Crusades in the Nineteenth and Twentieth Centuries", in: Riley-Smith ed., *The Oxford Illustrated History of the Crusade*. pp. 366-367; Siberry, *The New Crusaders*, pp. 68-69. ヨーロッパにおける聖墳墓教会の意味づけに関しては、千葉敏之「都市を見立てる――擬聖墳墓にみるヨーロッパの都市観」（高橋慎一朗・千葉敏之編『中世の都市――史料の魅力、日本とヨーロッパ』東京大学出版会、二〇〇九年）を参照。
(25) Hume, *Medical Work*, pp. 208-209; Seward, *The Monks of War*, p. 318.
(26) 委員会の権限については、Pierredon, *Histoire politique*. II, pp. 137-160; Seward, *The Monks of War*, pp. 337-340; Jonathan Riley-Smith, "The Order of St John in England, 1827-1858", in: Malcolm Barber ed., *The Military Orders: Fighting for the Faith and Caring for the Sick*, Aldershot, 1994, pp. 121-123.
(27) 一八〇五年から一八七九年まで、七人が総長代理職を務めた。ギリシア独立支援が問題になっている間にも、一八二一年に総長代理が交代しているが、これらの総長代理側の資料はほとんど公刊されていない。
(28) Cited in Pierredon, *Histoire politique*. II, p. 207.
(29) *Ibid.*, pp. 211-215.
(30) *Ibid.*, p. 211.
(31) Cited in ibid., pp. 217-218. 叙任のリストと令状については pp. 233-234.
(32) フランス委員会は資金としてロンドンでの貸付を当て込んでいたが、総長代理ブスカがイギリスの新聞に情報を流して資金面で損害を与えたとされている。Seward, *The Monks of War*. p. 339.

(33) 例えば、一八二五年にはサン・ドゥニという人物がロドス島獲得を提案している。Pierredon, *Histoire politique*. II, pp. 258-259. 一八二六年には、聖ヨハネ騎士団のロドス島確保がギリシア独立支援の大義に貢献するという論説が『タイムズ紙』に掲載された。*The Times*, Jul. 15, 1826. 一八二八年には、ナクソス島が「再びイスラーム教徒の軛に屈する」のを防ぐため、同島を聖ヨハネ騎士団の保護下に置く企てについて『タイムズ紙』が報じている。*The Times*, Jan. 15, 1828.

(34) 「一部のフランス史家はまともにとるがモレーの計画は非現実」(Seward, *The Monks of War*, p. 339)、「フランスのマルタ騎士たちは［中略］よく練りもしない計画に没頭した」(Riley-Smith, "Towards a History of Military-Religious Order", p. 272)。

(35) 一八八八年までの「イギリス管区」の概略に関しては、Seward, *The Monks of War*, pp. 336-353 とRiley-Smith, "The Order of St John in England, 1827-1858"; do, *Hospitallers: The History of the Order of St John*. London, 1999, chap. 5 を参照。

(36) 一八六二年に定められた『イギリス管区会則集』では、フランス委員会が正統な権限を保持することを、繰り返し主張している。Library of the Most Venerable Order of St John, London, *The Statutes of the sovereign and illustrious Order of St. John of Jerusalem Anglia*. London, 1864, pp. 28-31.

(37) 例えば、*The Statutes of the sovereign and illustrious Order of St John of Jerusalem Anglia*, p. 30. なお、実際の中近世のイングランド・ラングはエリザベス一世の最初の議会によって廃止された。Gregory O'Malley, *The Knights Hospitaller of the English Langue 1460-1565*. Oxford, 2005, p. 332.

(38) 例えば、*The Times*, Dec. 24, Dec. 28, 1877, Jan. 01, Jan. 04, Jan. 05, Jan. 12, 1878. ローマ本部によって一八五八年、聖ヨハネ騎士に叙任されたジョージ・ボイヤーが、「イギリス管区」に対するもっとも厳しい批判者であった。彼の経歴に関しては、Dorothy A. Heffernan, *Sir George Bowyer, Q.C., M.P., Knight of Malta (1810-1883)*. Abingdon, 1983.

(39) Edmund A. H. Lechmere, "The Order of St. John", *The Times*, Jan. 21. 1878.

(40) Library of the Most Venerable Order of St John, London, OSJ Anglia Minutes 1838-52, fol. 142.

(41) Quoted in Riley-Smith, "The Order of St John in England", p. 127.

(42) William Hillary, *An Address to the Knights of St John of Jerusalem, on the Christian Occupation of the Holy Land as a Sovereign State under their Dominion*. London, 1841, p. 10.

(43) Walter G. Rödel, "Catholic and Protestant Members in the German Grand Priory of the Order of St John: the Development of the Bailiwick of Brandenburg", in: Barbar ed., *The Military Orders*. 一六世紀末以降、直轄領の総監(Herrenmeister)はホーエンツォレルン家のメンバーが務めるようになっていた。

(44) 註（2）参照。聖ジョン騎士団文書館の記録では、書記長が頓着なく自らがフリーメイソンであることを記している。Cf. Library of the Most Venerable Order of St John, London, Historical Memoranda 1, no. 60.

(45) ウィリアム・ヒラリと海難救助機関については、Norman Sayle, *For Those in Peril: The Life and Times of Sir William Hillary, the Founder of the R.N.L.I.* Douglas, Isle of Man, 1979; *ODNB*; 邦文では、金澤周作『チャリティとイギリス近代』（京都大学出版会、二〇〇八年）、一五四―一六〇頁。

(46) William Hillary, *Suggestions for the Christian Occupation of the Holy Land, as a Sovereign State, by the Order of St John of Jerusalem*. London, 1841.

(47) OSJ Anglia Minutes 1838-52, fols. 141-142, 146, 148, 152.

(48) 教皇庁の布教聖省では一八七九年頃、ローマ・カトリックの宣教師保護と奴隷貿易を阻止するため、アフリカのタンガニーカ湖付近を聖ヨハネ騎士団の領土にするという計画があった。しかし、騎士団の将来は救護活動にあると認識していた総長チェスキ・ア・サンタクローチェは、賛同しなかった。See, Riley-Smith, *The Crusades, Christianity, and Islam*, pp. 45-52.

(49) Hutchinson, *Champions of Charity*. p. 25.

(50) *Ibid.*, pp. 26-27.

(51) Hutchinson, *Champions of Charity*. pp. 25-28.

(52) とりわけ、テオドール・モノワールが会長を務める公共福祉協会での人間関係が、五人委員会という形で結実した。一九世紀のジュネーヴ社会におけるプロテスタント性についてはJohn B. Roney, "*Notre Bienheureuse Réformation*: The Meaninng of the Reformation in Nineteen-Century Geneva", in John B. Roney and Martin I. Klauber eds., *The Identity of Geneva: The Christian Commonwealth, 1564-1864*. London, 1998.

(53) François Ruchon, *Histoire de la franc-maçonnerie à Genève de 1736 à 1900*. Genève, 2004, pp. 70-71, 101.

(54) 五人委員会のなかでも中心的な役割を果たしたのは、モワイエである。モワイエについてはJean de Senarclens, *Gustave Moynier: le bâtisseur*. Genève, 2000.

(55) 例えば、Gustave Moynier and Louis Appia, *Help for Sick and Wounded*. trans. by John Furley, London, 1870, pp. 66-69; Pierre Boissier, *From Solferino to Tsushima: History of the International Committee of the Red Cross*. Geneva, English edn. 1985, pp. 136-137, 150; Angela Bennett, *The Geneva Convention: The Hidden Origins of the Red Cross*. Stroud, Gloucestershire, 2005, p. xi.

(56) 一八六三年のジュネーヴ会議がいわゆる「赤十字」を運動のシンボルと定めたのはロイス公爵の影響が働いたという推測がある。Hutchinson, *Champions of Charity*. p. 35. これについてヒュームは「赤十字のシンボルは間接的に聖ヨハネ騎士団の旗に由来する」と説明しているが、ロイス公爵に関してはふれていない。Hume, *Medical Work*. pp. 250-253.

(57) Pierredon, *Histoire politique*, III, p. 27.

(58) Hume, *Medical Work*. pp. 212-216.

(59) 一八一二年、ヨハネ騎士団の名称はプロイセン王家による勲章に用いられることになった。

(60) Quoted in Hume, *Medical Work*. p. 302.

(61) Ernst Staehle, *Die Johanniter und Malteser der deutschen und bayerischen Zunge*. Gnas, 2002, pp. 211-212.

(62) *The Times* もプロイセンに「傷病者 the sick and wounded」を扱うためにヨハネス団が復活したことを報じている。*The Times*, Jan. 22, 1857.

(63) J. -F. Pitteloud ed., *Procès-Verbaux des Séances du Comité International de la Croix-Rouge, 1863-1914*. Genève, 1999, p. 27. ルイ・アッピアはジュネーヴ市民であるが、フランクフルト・アム・マイン生まれのヴァルド派であり、ドイツ通であった。アッピアについては、Roger Boppe, *L'Homme et la Guerre: Le docteur Louis Appia et les débuts de la Croix-Rouge*. Genève-Paris, 1959を参照のこと。アッピアがドイツ行きを強く希望したので、五人委員会はジュネーヴ会議におけるオランダの代表者チャールズ・ウィリアム・メレディス・ファン・デ・フェルデをデンマークに派遣した。Pitteloud ed., *Procès-Verbaux*, pp. 27-29.

(64) Hutchinson, *Champions of Charity*. pp. 60-66.

(65)　ファーリはまた、モアニエとアッピアの共著 *La Guerre et la Charité* の英訳を行なっている。註（55）を参照。

(66)　John Furley, *In Peace and War: Autobiographical Sketches*. London, 1905, chap. 2; Joan Clifford, *For the Service of Mankind: Furley, Lechmere and Duncan, St. John Ambulance Founders*. London, 1971; Hutchinson, *Champions of Charity*. pp. 238-239.

(67)　*The Times*, Letters to Editor, Sept. 1, 1871. なお、レチミーアは活発なフリーメイソンでもあった。Webb, "The Order of St John and its Relationship to Freemasonry", 66-67; Library of the Most Venerable Order of St John, Historical Memoranda 1, no. 60.

(68)　一八六七年はファーリがオブザーヴァとして出席、一八六九年のベルリン大会から赤十字社のメンバーとして参加した。

(69)　H. J. A. Sire, *The Knights of Malta*. New Haven and London, 1996, chap. 17.

第七章　フリーメイソンの社交空間と秘教思想

――一八世紀末マルセイユ「三重団結」会所の事例から

深沢克己

一　研究対象と史料

フリーメイソン団は、団体や結社の無数の諸形態と、秘教思想の多様な諸潮流とが合流する十字路である。それは最初にイギリスで成立したとき、中世石工団体を原型とする相互扶助的な兄弟団の外観をとりながら、まもなくロンドン王立協会会員を主体とする哲学的社交団体へと転化し、その内部で共有される象徴体系を発達させた。やがてヨーロッパ大陸諸国に導入されると、それは一方でサロンと重複する上流社交界の会合組織となり、他方では信心業を目的とする兄弟団（たとえば南フランスの悔悛苦行兄弟団）を代替する世俗的友愛団として浸透する。(1) さらに「啓蒙の世紀」中葉以降は、宗派分裂を克服できない公教的キリスト教の限界を超えるために、薔薇十字団をはじめとするキリスト教的錬金術やカバラー、さらにはイシス・オシリス信仰やピュタゴラス教団など、古代地中海の密儀宗教から、北方のドルイド教にいたる数々の秘教的伝統が探究されるようになると、フリーメイソン団はこれら多様な秘教思想の受け皿として、複雑な高位階制を発達させる。その傾向はフランス革命前夜にひとつの頂点に達するが、そこでは同時に新たな転換も開始する。なぜならばバイエルン光明会をその先駆形態として、急進的啓蒙主義の政治改革運動が、フリーメイソン団と結びつく最初の兆候があらわれるからである。一九世紀以降のベルギー、フランス、イタリアなどのカトリック諸国では、フリーメイソン団の多数派は反教権主義の傾向を強め、フランス大東方会Grand Orient de France[2]は一九〇五年の政教分離法成立を推進する。他方でこの秘密友愛団は、イタリアのカルボナリに代表される数々の政治秘密結社に原型をあたえ、前者の秘儀伝授と位階制とは、後者によりしばしば模倣された。それゆえ荒唐無稽な「フリーメイソン陰謀説」に加担する必要はないとしても、啓蒙期の秘密友愛団と近代以降の秘密結社とを比較し、両者のあいだの継承関係を探究する作業は可能であり必要でもある。

そこで本章の課題は、いま述べた意味でフリーメイソン史上ひとつの転換点をなす一八世紀末について個別研究をおこない、この転換をめぐる思想対立を社会文化史的に考察することにある。研究対象となるのは、この時期にマルセイユで設立され、まもなくフランス儀礼から「矯正スコットランド儀礼」Rite Écossais Rectifiéへと転向した点で注目される「三重団結」会所Loge de la *Triple Union*であり、この会所にかかわる文書館史料を、現状で可能なかぎり網羅的に探索し、そこから従来の研究では看過されてきた問題を解明しようとする。該当する文書は、フランス国立図書館手稿文書室フリーメイソン文書、リヨン市立図書館古文書部ジャン＝バティスト・ヴィレルモス文書、フランス大東方会図書館特別保存文書、ブッシュ＝デュ＝ローヌ県文書館カスティネル文書、およびエクス＝アン＝プロヴァンス所在ポール・アルボ博物館特別保存文書に含まれる[3]。

マルセイユ三重団結会所は、一七八二年に創立されたのち、一七八八年から活動を中断するが、一八〇一年には活動を再開し、一八一五年まで存続した。それゆえこの会所の歴史は、フランス革命をさかいに前半期と後半期にわけられるが、先行研究により関心対象とされたのは、もっぱら統領期と第一帝政期に相当する後半期の活動だった。なぜならばまず第一に、フリーメイソン団は一八世紀に爆発的な発展をとげたのち、フランス革命期の活動停止をへて、統領期から復活しはじめるが、そのとき三重団結会所はフランス国内における矯正スコットランド儀礼の復興拠点として、この流派の最高指導者のひとりジャン＝バティスト・ヴィレルモスにより重視されたので、一部の歴史家とメイソン学者が、ヴィレルモス研究の一環としてそれに注目したからである。そして第二に、後半期の史料は比較的よく保存され、とくに県文書館カスティネル文書が貴重な内部文書を含むので、研究の素材が豊富だったからである。

ところがこれに対して、前半期の活動はこれまでほとんど研究されず、空白の多い未解明の前史として言及される程度だった。三重団結会所そのものを研究対象とする唯一のモノグラフィを公表したパトリック・バロも、「会所の初期については、ほとんど史料がない」と断定し、一八〇一年以降の後半期に論述を限定している。(4) フランス革命前夜に存在した多数の会所のなかで、なぜ三重団結会所だけがフランス儀礼を離脱し、ドイツ起源の矯正スコットランド儀礼に合流したかを知るためには、その初期の歴史を検討することが必要不可欠であるにもかかわらず、史料の欠如を口実に、それを回避してきたのである。

しかし革命前の時期についても、豊富とはいえないまでも、研究のための基本史料は存在する。創立から最初の数年間はフランス大東方会との往復文書、大東方会の監督下から離脱したのちはリヨンのスコットランド執政部との往復書簡が、所属する統轄団体を変更した経緯と理由について示唆に富む情報をあたえるからである。それゆえ本章では、この前半期すなわち一七八二―八八年の時期に限定してこの問題を分析し、一八〇一―一五年の後半期は研究対象からひとまず除外する。

二　一八世紀マルセイユ・フリーメイソンの一般的特徴

(1)　主要な会所とその儀礼

啓蒙期フランスのフリーメイソン運動において、マルセイユは独自の地位をしめる。新しい友愛団がヨーロッパ大陸に浸透する過程では、商人や船乗り、また軍人や外交官や学生など、移動する人々の経路に位置する海港都市、内陸交通の要衝、国境付近の境域都市などが伝播の十字路になり、とくにフランスでは、ガロンヌ川流域と地中海沿岸からローヌ川流域と東部国境地帯にいたる王国周辺部の諸都市が先駆的拠点となり、一八世紀をつうじて中心的役割を演じるからである。一七二八年にフランス大会所がパリに成立し、さらに一七七三年にフランス大東方会が結成されたのちも、ボルドー、マルセイユ、リヨン、ストラスブールなどの諸都市は、パリの統轄団体に対して相対的な自律と独立をたもち、諸外国のメイソン団体との交流関係を維持することが多かった(5)。

ではマルセイユに、フリーメイソン団の基礎単位をなす会所（ロージュ loge）は、どのくらいあったのか。地元のメイソン学者ルネ・ヴェリエの推定では、一七八九年に活動中の会所数は二〇以上あるが、既存の史料から会所名その他の概要を知ることができるのは、その約半数にすぎない。ヴェリエにしたがって、それを以下に列挙してみよう(6)。

①　スコットランド聖ヨハネ会所 Loge de *Saint-Jean d'Écosse*、別名「マルセイユ・スコットランド母会所」*Mère Loge Écossaise de Marseille*、一七五一年創立、会員数二一五名
②　完全誠実会所 Loge de la *Parfaite Sincérité*、一七六六年創立、一七八一年フランス大東方会により公認、会員数八九名
③　選良結集会所 Loge de la *Réunion des Élus*、一七六七年創立、一七八二年大東方会により公認、会員数一〇四名
④　三重団結会所 Loge de la *Triple Union*、一七八二年創立、会員数二八名
⑤　叡智愛好者会所 Loge des *Amateurs de la Sagesse*、一七八三年創立、会員数七九名
⑥　同胞愛者会所 Loge des *Philadelphes*、一七八三年創立、会員数三六名

⑦徳愛者会所 Loge des *Philarèthes*、一七八四創立、会員数四八名
⑧聖ルイ再生会所 Loge *Saint-Louis régénérée*、一七八四年創立
⑨団結友人会所 Loge des *Frères Unis*、一七八六年創立
⑩真友選択会所 Loge du *Choix des Vrais Amis*、一七八七年創立、会員数四七名
⑪聖ヨハネ門弟会所 Loge des *Disciples de Saint-Jean*、一七八七年創立、会員数一九名
⑫忠実友人会所 Loge des *Amis Fidèles*、一七八八年エディンバラ大会所から二二八番会所として公認
⑬啓蒙的新人民会所 Loge du *Nouveau Peuple Éclairé*、一七八九年創立

この一覧表が示すように、世紀末に活動する会所のなかで、最古にして最大のものは①スコットランド聖ヨハネ会所である。マルセイユ商業会議所評議員やマルセイユ学芸アカデミー会員を多く含むこの会所は、最上層の都市エリートから構成される社交団体として当時は有名だった。これにつぐ古参会所は②完全誠実会所と③選良結集会所であり、いずれもフランス大東方会結成以前に創立されたので、その後に創立された諸会所に対して名親的役割をはたしている。所属する儀礼および統轄団体についていえば、②③⑥⑩⑬はすべてフランス大東方会に公認されたフランス儀礼、⑦⑧⑪はヴェリエによれば未公認のフランス儀礼であるので、大東方会派が多数をしめる。しかし①は「マルセイユ・スコットランド母会所」の別名が示すように独自の儀礼をもち、エディンバラ大会所による公認を自称して子会所の創立権・公認権を主張し、大東方会の権威を認めず、独立の統轄団体として活動する。つぎに本章で研究する④三重団結会所は、一七八三年に大東方会により公認され、フランス儀礼の会所として出発しながら、一七八四年以降その権威を離脱し、矯正スコットランド儀礼に合流する。[(7)] また⑤叡智愛好者会所は、「哲学的スコットランド儀礼」Rite Écossais Philosophiqueという異なる儀礼に属し、この儀礼は一七七六年に大東方会から公認されたが、

両者の関係は間接的にすぎない。最後に⑫忠実友人会所は、エディンバラ大会所の登録簿に設立が明記された唯一の例であり、北方の統轄団体に直属する。以上にみるとおり、マルセイユ所在の諸会所は一枚岩的な集団でなく、制度上も思想上も多様な傾向が共存し競合している点に注目すべきである。

(2)　会員の社会構成

つぎに主要な諸会所の社会層・職能別構成をみると、海港都市の特徴を反映して、卸売商・貿易商の比率が高いことがわかる。ふたたびヴェリエに依拠すれば、この商業エリートの構成比率はスコットランド聖ヨハネ会所で六〇%、選良結集会所で五三%、三重団結会所で四六%、同胞愛者会所でも三三%に達する。しかしこの点でも完全に均質ではなく、小売商・手工業者・製造業者が比較的多い会所もある。すなわち完全誠実会所では三七%、叡智愛好者会所では三三%、真友選択会所では三四%がこれらの職業に従事し、社交組織にサン＝キュロット的色彩をあたえる。これに対して貴族・官吏層は一般に少数であり、都市の社会構成をよく反映する（表1）。[8]

もっともこれらのデータは批判的に再検討する余地があり、ヴェリエがおもに依拠したパリ国立図書館フリーメイソン文書中の会員名簿から、基本情報を再構成する必要がある。それだけでなく、名簿に記載された会員の職業を、無批判に転記すべきではない。卸売商 négociant はかなり広い概念であり、その最上層には世界市場で活躍する大貿易商もいれば、最下層には小売商 marchand と接する小規模な再販売業者もいるので、均質な社会層を構成するわけではない。したがって個々の人物について事業規模を調べずに、卸売商の概念に一括することは危険である。とくに実際は小売商であるのに、虚栄心から卸売商を自称する場合も多かったと推定されるので、名簿の記載を鵜呑みにはできない。同様にただの手工業者 artisan にすぎないのに、誇張して製造業者 fabricant を自称する例も考えられる。さらに船長 capitaine de navire といっても、大型貿易船の船長なのか、沿岸航海用の小船の船長なのかで、

表1　主要諸会所の構成

会所名	卸売商	船長	小売商	製造業	手工業	自由業	貴族	官吏	他	合計
スコットランド聖ヨハネ	128	14	0	0	11	32	11	19	0	215
完全誠実	4	36	21	4	8	6	3	7	0	89
選良結集	55	16	1	0	0	6	2	6	18	104
叡智愛好者	19	13	22	3	1	18	1	0	2	79
三重団結	13	0	5	0	0	8	0	0	2	28
同胞愛者	12	11	0	1	0	0	2	6	4	36
真友選択	8	18	12	2	2	3	0	2	0	47

その社会的性格はかなり異なる。前者はたいてい貿易商の子弟で、のちにみずから貿易商になる例が多いが、後者の場合には社会的上昇の可能性は低い。おそらく商業エリート層主体のスコットランド聖ヨハネ会所では前者、よりサン＝キュロット的な完全誠実会所では後者の類型が優越すると考えられるが、これも最終的には個々の人物調査を必要とするだろう。

三　テンプル騎士厳守会から矯正スコットランド儀礼へ

(1)　カルル・ゴットヘルフ・フォン・フント男爵

矯正スコットランド儀礼は、ドイツ・ザクセンで成立した「テンプル騎士厳守会」Strikte Observanz/Stricte Observance Templière[9]にその起源をもつ。一八世紀後半に東はロシアから西はフランス大西洋沿岸まで広まり、ヨーロッパ・メイソン界の動向に重要な影響をおよぼしたこの流派は、ザクセン貴族フント男爵 Karl Gotthelf von Hund und Altengrotkau（一七二二―七六年）により創始されたので、まず彼の前半生におけるメイソン的経歴を要約する作業からはじめるのが適切だろう。

フント男爵はシュレージェン貴族家系に属し、ザクセン東部オーバーラウジッツ Oberlausitz の世襲大領主だったが、ライプツィヒで勉学したのち、一七四一年フランクフルト・アム・マイン所在の貴族的会所で加入儀礼を受け、一七四二年の修養旅行 Kavaliertour 中、南ネーデルラント・ヘント所在の「三本薔薇」*Trois Roses* 会所で親方位階に昇位し、翌月ブリュッセルの「折れたる木」*Arbre rompu* 会所でスコットランド位階に昇位する。さらに同年中パリに到着し、新設の「三対コンパス」*Trois Compas* 会所に加入し、翌一七四三年、二一歳の若さで同会所長に就任して、これを「外国」会所 *Étrangère* と改称する。その数カ月後パリを出発するとともに会所長職を移譲し、ストラスブールで新設会所「黄金の剣」*Épée d'or* 創立に参加したのちザクセンに帰還した。その後数年間の消息は不明であるが、その間にもたびたび旅行したと推測される。啓蒙の世紀には、こうしてヨーロッパ各地を旅行しながら、それぞれの滞在地で会所を訪問し、メイソン活動をおこなう貴族・商人・知識人などが多く、フント男爵もその一例にすぎない。フリーメイソンの国際社交ネットワークは、それゆえダニエル・ロッシュのいう「移動性文化」culture de mobilité(10)の歯車装置をなし、両者は密接不可分の関係にある。ここに地名の登場したライプツィヒ、フランクフルト、ヘント、ブリュッセル、ストラスブール、パリなどは、それぞれ年市都市、境域都市、大政治首都として、この移動性文化の代表的な中継地点である(11)。

(2)　「ドイツの坩堝」

フント男爵は一七五一年に所領内のウンヴュルデ Unwürde で「三円柱」*Zu den drei Säulen* 会所を創立し、このとき以降メイソン団体の改革に着手する。これが一七五五年頃に成立したといわれる「ドレスデン改革」または「矯正儀礼」Rektifizierte Ritus であり、これを重要な契機として、フリーメイソン団の儀礼的・思想的革新の中心は西から東へ、すなわちスコットランド・イングランドからフランスをへてザクセン方面へと移行する。ザクセンが新しい中心に浮上したのは、おそらく偶然ではなく、またフント男爵個人の役割だけでなく、この地域が文化的境域または異文化接触の十字路である事実から説明されるべきだろう。ここはゲルマン文化とスラヴ文化の境界に位置し、ハンブルクとニュルンベルクの中継地点、すなわち北方文化と南方文化との会合点でもある。ドイツ史家ミシェル・

エスパーニュの表現を借りれば、それは「ドイツの坩堝」« le creuset allemand »[12]であり、ザクセン選帝侯領の政治首都ドレスデンと、国際年市都市ライプツィヒは、その車の両輪である。このような文化的境域は、相互に異質な言語・宗教・習俗の出会いの場となることにより、歴史上しばしば異端思想や秘教思想の温床または発祥地となった。[13]

ハレ、ライプツィヒ、ドレスデンをへてゲルリッツにいたる地域がその代表的事例であることは、一七世紀後半からハレがドイツ敬虔主義の中心拠点になり、やがてドレスデンの宮廷顧問官ツィンツェンドルフが、この敬虔主義の立場からヘルンフート兄弟団を創立し、またそれに先立つ一七世紀初頭に、ゲルリッツの靴職人ヤーコプ・ベーメが、[14]錬金術やカバラーの影響下に、神智学的な神秘思想を生み出した事実を想起するだけでも、理解されるにちがいない。そしてドレスデンからエルベ川とヴルタヴァ川を南方にさかのぼれば、ボヘミアの首都プラハにいたるが、ここは一六世紀後半に即位した神聖ローマ皇帝ルードルフ二世が居城をかまえ、その秘教的・ヘルメス主義的関心から錬金術師を宮廷内で活動させ、またユダヤ人に特権を授与しながらカバラー研究を優遇し、狂信を恐れてキリスト教世界の再統一を夢見た場所である。[15]またゲルリッツから東方にすすめばシュレージェンの中心都市ブレスラウ、すなわち一八世紀後半に隆盛をみる「黄金薔薇十字団」Orden der Gold-und Rosenkreuzer の揺籃の地にいたる。なぜならば牧師ザムエル・リヒターは、一七一四年に『純理的・実践的敬神哲学、または黄金薔薇十字団による賢者の石の真正にして完全なる製出』をブレスラウで出版し、錬金術的な記述の末尾に、自称秘密結社の会則を呈示したからである。[16]

(3)　テンプル騎士厳守会の成立と展開

「ドレスデン改革」の名のもとに、フント男爵はフリーメイソン団に二重の伝説を導入した。その第一はテンプル騎士団伝説、すなわち厳守会はテンプル騎士団を継承するという伝説であり、第二はジャコバイト伝説、すなわち矯正メイソン制はステュアート王朝に由来するという神話である。さらにこの両者の結合から、いわゆる「秘密の長上」Superiores Incogniti/Unbekannte Obere 伝説、つまりステュアート家はスコットランドに逃亡したテンプル騎士団の末裔であり、亡命宮廷のジェイムズ三世またはチャールズ・ステュアートが、フリーメイソン団の秘密の最高指導者だという伝説が生まれる。フント男爵は、当時の多くのドイツ秘教思想家と同じく、錬金術に強い関心をいだき、テンプル騎士団の隠された財宝を財政的手段として期待するという（今日のわれわれからみれば）荒唐無稽な考えをいだいたが、私利私欲による詐欺師ではなく、幻視と現実の同一性を信じていたにすぎない。ともあれ彼は、イギリス・フランスを中心とするメイソン制の自由主義的傾向を批判し、これに対抗してテンプル騎士団の管区制を模倣しながら、より権威主義的な階層秩序をもつ矯正メイソン制を創出したのである。

テンプル騎士厳守会は定期的に大会 Konvent を開催し、それにより発展や変化を経験する。まず一七六四年には、ドイツに導入されたフランス流「クレルモン高位階部会」Chapitre de Clermont/Clermontsche System と矯正メイソン団が、イエナ近郊のアルテンベルクで合同大会を開き、そこでフント男爵が主導権を掌握し、テンプル騎士厳守会の名で組織を統合した結果、ドイツ各地に勢力を拡大しはじめる。ところで彼は、騎士団伝説と錬金術だけで満足していたわけではなく、同時に宗教的欲求から神智学的探究にも関心をいだき[17]、牧師ヨハン・アウグスト・シュタルクのメイソン組織「聖職者団」Klerikat に接近する。その背景には、一七六〇年代からドイツに浸透しつつあるスウェーデン儀礼の影響に対抗し、厳守会独自の宗教的内実をもつ儀礼を構築したいという意図があったらしい。

ここでスウェーデン王国におけるフリーメイソン団の展開を、必要なかぎりで要約しておこう。ここには一七三〇年代からメイソンの思想と団体が導入され、五〇年代以降に組織化がはじまり、六一年にはスウェーデン大会所が結成され、カルル・フレデリク・シェファー伯が大会所長に、尚書局顧問官カルル・フレデリク・エクレフが副大会所長に就任する。これより少しまえに、フランスから導入された儀礼は放棄され、薔薇十字思想・カバラー・神智学の色彩をおびた独自の儀礼が整備された。そこにはスヴェーデンボリの神秘主義による影響も認められ、メイソン団の目標は人間内部の神霊を再認することにより神を認識することにあると主張された。一七七四年以降はカルル・フォン・ゼーデルマンラント公（のちの国王カルル一三世、在位一八〇九―一四年）が大会所長に就任すると、その統轄下に組織が強化されるが、ゼーデルマンラント公は同時に厳守会会員でもあり、ドイツ方面にも影響力をもつことになる。スウェーデン儀礼のドイツ導入には、とくに厳守会の離脱者ヨハン・ヴィルヘルム・エレンベルク（通称ツィネンドルフ）が活躍したことが知られる。(18)

このような環境下に一七七二年のコーロ Kohlo 大会（コーロはザクセン貴族アロイス・フォン・ブリュール伯所領内の地名）が開かれ、そこで重要な変化が生じる。すなわちまず第一に、厳守会内部におけるシュタルクの「聖職者団」の影響力が確立し、その儀礼が採用されることにより、厳守会の秘教的色彩は強化される。ルネ・ル・フォレスティエの見解によれば、シュタルクは「ドイツのテンプル騎士メイソン団において筆頭の役割を演じた人々のなかで、もっとも不思議な人物のひとり」(19)であるが、プロテスタント牧師でありながら、カトリック典礼を模倣した魔術的儀礼を採用し、隠れカトリックとみなされたが、彼自身は現実の宗派対立を観念のなかで宥和させる典型的な神秘主義者だったらしい。同時に第二の結果として、フント男爵がステュアート王家との関係を「誇張」したことを批判され、彼の権威が低下し、ジャコバイト伝説の放棄がはじまる。そして第三に、厳守会総会長 Magnus Superior Ordinis にブラウンシュヴァイク公フェルディナントが選出され、領邦君主による統轄権が強化されるとともに、「秘密の長上」伝説もまた衰退することになる。

こうして重要な転機をむかえながらも、厳守会はこの時期にヨーロッパ各地に浸透し、メイソン界の一大勢力に成長する。たとえばスイスでは、著名な観相学者ヨハン・カスパル・ラファーターの弟ディートヘルム・ラファーターがチューリヒとバーゼルに厳守会の会所を創設し、またミュンヘンとウィーンでは、シュトゥットガルトの弁護士で降霊術師ヴェヒターが高位階会所を創設し、さらにロンバルディアでは、ゲオルク・アウグスト・フォン・ヴァイラーが矯正スコットランド儀礼を導入するが、ヴァイラーは数年後、フランスへの厳守会導入にも決定的役割を演じる。

他方でブラウンシュヴァイク公フェルディナントは、ツィネンドルフの秘教思想に関心をもち、翌一七七三年に開催されたベルリン大会で、厳守会とスウェーデン儀礼の合同集会を実現し、魔術的・錬金術的な聖職者団と降霊術的なツィネンドルフ派の調停を試みる。つづく七五年に開催されたブラウンシュヴァイク大会では、フント男爵は批判されてますます孤立し、その翌年には死去したので、第二の決定的転機をむかえる。このとき厳守会総執政部もドレスデンからブラウンシュヴァイクに移転され、指導的権威がブラウンシュヴァイク公フェルディナントに移行したことが明示される。さらに七七―七八年にはフェルディナントが厳守会全体の総会長となることが宣言される一方で、シュタルク派の「聖職者団」は厳守会から最終的に離脱する。そこにカルル・フォン・ゼーデルマンラント公が、死去したフント男爵の後任として第七管区（ザクセン・スカンディナヴィア）の管区長に立候補し、七八年のヴォルフェンビュテル大会で選出されることになり、厳守会内部の儀礼的空白または思想的危機がおとずれる。すなわちステュアート朝伝説が衰退し、シュタルク派の魔術的儀礼が離脱したのち、厳守会がスウェーデン儀礼に吸収され、スウェーデン王族の後見下におかれる可能性が生まれたのである。この状況下で、厳守会の最高指導者フェルディナント、および第八管区（南ドイツ・オーストリア・ハンガリー）の管区長カルル・フォン・ヘッセン＝カッセル方伯はリヨンで進行中の改革に関心を向けるのである。[20]

(4) ジャン＝バティスト・ヴィレルモスと「リヨン改革」

リヨンの絹織物商人ヴィレルモス Jean-Baptiste Willermoz（一七三〇―一八二四年）は、一七七四年七月、一六名のリヨン在住メイソンとともにテンプル騎士厳守会に入会し、オヴェルニュ管区（第二管区）大高位階部会 Grand Chapitre de la Province d'Auvergne またはスコットランド執政部 Directoire écossais を結成する。[21] 七六年五月三一日にはフランス大東方会と「同盟協定」を締結し、フランス王国内の厳守会系会所とフランス大東方会との友好関係を確保した。しかし同年中にフント男爵が死去したのち、上述したドイツ厳守会内部の混乱と儀礼上の空白に失望と危機感をおぼえ、七八年一一―一二月にフランス国内三管区、すなわちオヴェルニュ（リヨン執政部）、ブルゴーニュ（ストラスブール執政部）、オクシタニ（ボルドー執政部）の各管区代表を集めて「ガリア大会」を開催し、そこで儀礼変革を断行する。この「改革の改革」により、ヴィレルモスはテンプル騎士伝説を改変して、高位階に「聖都善行騎士団」Ordre des Chevaliers Bienfaisants de la Cité Sainte を創出し、それを「穏和で慈善的で寛容な宗教」性をもつキリスト教的性格の強い「内部団」として位置づけ、さらにその上部には「誓願者」と「大誓願者」(22)から構成される「本部会」をおき、そこにマルティネス・ド・パスカリの「選良祭司団」Ordre des Élus Coëns の儀礼を導入した。

　以上の「リヨン改革」は、そこにいたる厳守会内部の混乱を克服し、新しい文脈のうえに「矯正スコットランド儀礼」を確立する意味をもつ。すなわちそれは、フント男爵の権威失墜とともにジャコバイト伝説と「知られざる長上」伝説が色あせ、その結果テンプル騎士伝説もまた空洞化しつつある現状に対応して、これを愛徳的・キリスト教的騎士位階に変換すると同時に、シュタルク派「聖職者団」の離脱により生じた思想的空白を、マルティネスの降神術思想に変換して秘密の到達目標を構築し、これによりドレスデン改革の錬金術的性格から離脱して、愛徳精神と神秘体験の二段階をもつキリスト教的高位階制を完成したのである。(23)

※　リヨン改革の位階制

本部会 Collège Métropolitain
　大誓願者 Grand Profès
　誓願者 Profès

……………内部団 Ordre Intérieur……………聖都善行騎士
修練士 Noviciat

……………象徴位階……………聖アンデレ・スコットランド親方
親方
職人
徒弟

ヴィレルモスの独創的な構想は、ブラウンシュヴァイク公やヘッセン＝カッセル方伯など最高指導者の支持をえて、やがて厳守会の主流の地位を獲得する。一七八二年七月から八月にかけてフランクフルト東方のヴィルヘルムスバートで開催された厳守会大会には、ヨーロッパ各地から三七名の代表が参加し、ヘルメス主義者やバイエルン光明会員など多様な潮流が対抗しながら、テンプル騎士伝説、「知られざる長上」問題、儀礼と位階体系などについて討議したが、最終的にヴィレルモスのリヨン改革と聖都善行騎士団の原理を採択したのである。これ以降ヴィレルモスは国際的名声をもつ「メイソン秘教主義の長老」として、その精力的な文通をつうじて、厳守会内部で影響力を行使する。

マルセイユ「三重団結」会所は、このヴィルヘルムスバート大会から二年または三年後に、矯正スコットランド儀礼に合流する。この合流または転向は、いかなる理由と経緯により生じたのか、それは一八世紀末フランス・フリーメイソン史と社会文化史の一般的文脈においていかなる意味をもつのかが、本章の探究すべき課題である。

四　クロード＝フランソワ・アシャールと三重団結会所

(1)　アシャールの生涯と活動

三重団結会所の歴史は、その創立者であり指導者であるクロード＝フランソワ・アシャール Claude-François Achard（一七五一―一八〇九年）の人格と密接不可分の関係にある。そこでまずこの人物の生涯と活動を、現在知りうるかぎりで要約し記述しておこう。彼に対する評価は、俗人界とメイソン界とのあいだでかなりの落差があり、「客観的」といわないまでも、均衡のとれた肖像を描くのはむずかしい。

アシャールはマルセイユ市内サン＝フェレオル小教区で、製紙業者＝紙問屋商人の子として一七五一年に出生した(24)。七歳のとき、父方の叔父のもとに送られて養育されたといわれるが、この叔父はドフィネ地方で司祭をつとめた人物である。その後ローヌ河畔の町ヴィヴィエにあるサン＝シュルピス神学校で勉学し、古典語としてギリシア語・ラテン語・ヘブライ語、近代語として英語・イタリア語・スペイン語を学んだ。勉学を終えるとマルセイユに帰還し、小品級に叙階されて聖務にはげんだが、やがて聖職を断念して医学に志し、モンプリエ大学とアヴィニョン大学の医学部に学び、アヴィニョン医学部の教授エスプリ・カルヴェから博士号を授与される。カルヴェは自然諸科学に広い関心をもつと同時に、洗練された書物収集家でもあり、のちにカルヴェ博物館を創立した人物であるが、アシャールはこれ以降もカルヴェと交流をつづけ、その知的影響を受けた。

学位取得後、アシャールは一七七二年からマルセイユ郊外オバーニュで医院を開業し、やがて七五年にはマルセイユ医師会会員になり、市内のサン＝マルタン小教区に居をかまえたが、ここは新市街のなかでも下層民街区として知られた(25)。七七年には、数年前にオバーニュで出会った女性、エリザベット＝フランソワズ・オリーヴと結婚する。彼女についてくわしい情報はないが、おそらく質素な家系の出身ではないかと思われる。

サン＝フェレオル小教区の高級住宅街に生まれながら、新婚の住居を下層民街にさだめた事実が物語るように、アシャールは貧民救済に関心をもち、献身的な医療に従事した。彼は多数の患者を無報酬で診療し、また慈善救護院にも勤務して貧民の往診を担当した。この愛徳と博愛精神は終生変わらず、一七八八年ごろ創立される「博愛協会」Société Philanthropique の会員になり、貧民や被災者の救護に従事し、のち一八〇三年には三重団結会所内に「善行協会」Société de Bienfaisance を創設して貧者へのスープ配給を組織しながら、(26) 〇五年以降は海難被災者の救済も実践する。他方でアシャールは一七八一年からパリ王立医師会通信会員になり、統領制下にはマルセイユ医師会の再建にも貢献したが、大多数の医師たちの「ブルジョワ的」生活様式とは異質な理想に燃えていたことがわかる。

さらにアシャールは、地域の学芸振興にも精力的に貢献した。一七八六年「マルセイユ科学・文学・芸術アカデミー」の会員にえらばれ、九〇年に同アカデミー理事に就任したのち、九三年八月八日の国民公会政令によりアカデミーが廃止されると、その再建のために尽力し、九四年一一月には「技芸臨時委員会」創設にこぎつけ、それを九六年に「技芸学院」へと改組し、ついに一八〇二年「科学・文学・芸術アカデミー」の名称回復に成功する。その功績を評価されて、翌年にはアカデミー終身書記に就任する。その間に彼は図書の収集・保存・管理の分野でも貢献し、はやくも一七七六年にミニモ修道会図書館の目録を作成したのち、革命勃発後は廃止された修道院の蔵書保全に尽力し、九三年にマルセイユ市司書に就任すると、亡命者・有罪者の蔵書目録を作成しながら、革命期をつうじてマルセイユ市立図書館と総合博物館の創設にも努力をかたむける。しかし晩年には難聴が悪化し、一八〇七年に重度の脳卒中に倒れて以後は健康状態が急速に悪化し、〇九年九月に五八歳で死去した。

これらの活動のほか、アシャールは著述と書物編集にも従事した。主要な業績は編著『プロヴァンス・ヴナスク伯領事典』であり、革命勃発の影響により未完成に終わったとはいえ、プロヴァンス語辞典（一七八五年刊行）、人名事典（一七八六―八七年）、歴史地理概説（一七八七―八八年）から構成される全六巻の書物は、プロヴァンス地方をひとつの文化的実体として把握し、その言語・人物・地理・歴史を記述する先駆的構想を示している。しかし多くの活動に従事した彼は、著述に充分な時間をさくことができず、とくに晩年の著作はいずれも未完成のまま終わった。たとえば『マルセイユとその付属地域の歴史一覧』は、一七八九年に第一巻が刊行されたのみである。

要するにアシャールは、「啓蒙の世紀」の博愛精神にもとづく救護活動と社会改善の理想を受けつぎながら、その百科全書的な知性をも継承し、私利私欲をかえりみず人類社会の進歩と福祉のために生涯をささげた人である。したがって彼のメイソン的営為も、この理想主義の文脈に位置づけられるのは当然である。上述の著作『マルセイユとその付属地域の歴史一覧』のなかには「フリーメイソン」の項目もあり、そこで著者は「一緒に集まり、音頭をとって乾杯する喜び」しか知らない会所の「愚行」を批判しながら、つぎのように述べる。「べつの等級のフリーメイソンは、習俗を純化し、美徳を実践することに専心するが、善行はその美徳の筆頭をしめる。その場合には、彼らは尊敬すべき市民であり、政府は彼らの集会を認可するほかない[27]」。

しかしながら、すべての人間と同じく、アシャールもまた高邁な理想だけで生きたわけではなく、完全無欠な人格者だったわけでもない。彼のメイソン的営為を観察すると、少なくとも表面的には、上述した人物像とはかなり異なる相貌が浮かびあがる。たしかに三重団結会所の創立当時から、彼は精神的向上や慈善・福祉への貢献を重視しており、幼少からのカトリック教育とともに、ヴィレルモスとの親和性を予感させる。しかしのちにみるように、同会所内でアシャールはしばしば内部紛争の当事者となり、分裂の責任者、高圧的な権威主義者として反対派から攻撃された。ヴィレルモス文書にはこれらの内部分裂をめぐる論争文書が多く含まれるので、それに依拠する研究者の多くは、彼の指導力を否定的に評価する傾向にある[28]。さらにアシャールには特異な秘教的傾向もあり、化学や鉱物学に関心をもつだけでなく、フランツ・アントン・メスメルの動物磁気説やカバラーに没頭し、催眠術による病気治療を試み、一八〇四－〇五年には、会所内でジョゼフ・ベルナール、オギュスタン・ミル、アルベール・ジュリアンらとともにメスメル的・オカルト的な指導グループを形成し、内部分裂を加速させたという[29]。アシャールがメスメル思想に熱中したこと自体は、ヴィレルモスも一七八四年以降それに関心をもったことを考慮すれば[30]、べつに驚くにはあたらない。それに医師アシャールは、同じく医師であるメスメルの説く肉体と精神の連関性に、共感をおぼえたのかもしれない[31]。しかしそれでも、献身的医療や図書館司書の活動とはかなりの落差を感じさせるのは事実であり、結局のところ彼の肖像には光と影とが交錯し、単純な理解をゆるさない。

(2)　三重団結会所の創立から内紛へ

アシャールの指導下に組織された三重団結会所は、おそくとも一七八二年初頭には活動を開始したと推測される。フランス国立図書館手稿文書室フリーメイソン文書にその名前が初出するのは同年五月一六日であり、このときすでにフランス大東方会と文通を開始していた。六月二八日にアシャール自身が同会所の公認を大東方会に申請し、九月二〇日には会所名による正式の公認申請が送られる。翌年六月一日に同会所のパリ代表としてクロード＝エマニュエル＝ジョゼフ＝ピエール・ド・パストレが指名され、翌日に大東方会は同会所に会憲 constitutions を授与する決定をおこなう。この会憲授与は統轄団体による公認を意味するので、それを受領した会所はその遵守を誓い、文書を大切に保管しなければならない。こうして正統性を保証された三重団結会所は、一七八三年七月二七日、歓喜にみちて設立式を挙行する。

しかし友愛と調和の日々は長続きしなかった。はやくも同年八月中旬に、あらたに公認された「叡智愛好者」会所の設立式に代表を派遣する提案をめぐり、会所長アシャールらの賛成派に対して、弁士アントワーヌ・カステラネが異議をとなえる。反対理由は、三重団結会所設立式のときに、先方から挨拶がなかったからである。ついで同月末には、同会所のパリ代表をつとめるクロード・ド・パストレがマルセイユに帰還したので、九月三日の集会で招待宴会をもよおす決議がなされると、カステラネとその同調者はこれに反対して出席を拒否する。アシャールらは出席者数が少ないことを理由に会堂での宴会を断念し、ある会員の自宅でこの宴会を開催したが、これに対してカステラネと第一監督フェランを筆頭とする反対派は、会所資金の流用による不適切な饗応であると非難した。

このころから空気は険悪さを増し、一〇月五日の集会でカステラネはアシャールを公然と攻撃する。しかもこのとき、カステラネは内部紛争の渦中にある「選良結集」会所の反主流派会員六名を集会に招きいれ、同会所の主流派を批判する発言をおこない、対立関係の範囲を外部にまで広げる行動に出た。同月九日の集会は大荒れとなり、アシャールはカステラネに退席を命じたが、これにより分裂は決定的となり、同月一二日にはアシャール派のみが集会を開いて、カステラネ派の除名を決議する。アシャールは反対派に会堂の鍵をわたすことを拒否したので、反対派は個人の自宅や、完全誠実会所の会堂を借用して集会を開き、両者の非難合戦は大量の書簡や覚書となって大東方会地方担当部のもとに送られる。その後アシャール派は、一二月六日の決議によりアンドレ＝マクシミリアン・フィギエールを代表としてパリに派遣し、さらに翌一七八四年一月一八日には、反対派を離脱したタヴェルニエの復帰を承認することにより優位に立つ。これに対してカステラネ＝フェラン派は、恒常的な集会の場を確保できずに彷徨し、しだいに弱体化する。(33)

(3)　対立の思想的背景

この種の内部紛争はめずらしい事件ではない。各地の諸会所と大東方会との往復文書を調査して印象的なことは、その友愛と寛容の理想にもかかわらず、同一都市内の諸会所のあいだで、または各会所の内部で、たえまなく紛争や対立が発生した事実である。その原因は、たとえば（公認の時期の早さで決まる）会所間の序列争い、会所長の選出に関する異議申し立て、新会員の入会許可または現会員の昇位にかかわる意見対立、会所の財政運営への批判などさまざまであり、保存された文書のかなりの部分を、これらの紛争をめぐる非難の応酬と、統轄団体の指導者による調停や裁定がしめている。一見したところこの種の対立や内紛は、たんなる個人的な嫉妬や怨恨や権力欲から生じたようであり、そこに深い思想性がありそうにはみえないので、これらの「人間的あまりに人間的な」もめごとに深入りするのは、歴史家にとり無益な作業と思われるかもしれない。それゆえ多くのメイソン史研究者は、それらの事件をあまり真剣に論じてこなかった。

しかし一見無価値にみえる事件の背後に、奥行きの深い問題がかくされている場合もある。わたくしの考えでは、三重団結会所の創立直後に発生した内部対立は、メイソン制をめぐる根本問題を背景にもち、それゆえにこそ和解不可能な分裂をもたらした。たしかに表面的には、対立の発端は些細な（少なくとも非当事者はそう考える）出来事である。しかし注意深く観察すると、アシャールとカステラネの対立の根はもっと深いところに、そして会所創立の当初から潜在したことがわかる。それをよく証言するのは、一七八三年七月二七日の設立式における両者の演説内容である。以下にそれぞれの思想を特徴的に表現する箇所を抜粋して引用しよう(34)。まず弁士カステラネは、集会参加者につぎのように呼びかけ、彼らの国民精神を鼓舞しようとする。

諸君だけが賢者であり、苛酷な動乱のなかでも平穏に生きることができる。諸君の人格的資質により、またフランス・メイソンの資格のみにより、諸君は卑俗な人々や他流派のメイソンらの上位に位置し、諸君に競合するものはいても、比肩できるものはいない。われわれは不幸なメイソンたちを忌避しよう、彼らはわれわれの愛する規範のもとに生活するのを拒むからだ。彼らをわれわれの会堂から排除しよう、彼らの不浄な息吹が会堂を汚すだろうから。［中略］われわれを飾るフランス・メイソンの栄光ある名を、いたるところで尊重させよう。われわれの名高い棟梁の美徳を、世界中に知らしめよう。［中略］フランスで指揮をとることができ、フランス人に好かれる人物は、ブルボン家の御方のほかにない。大胆にして寛大なこの国民は、代々の国王にいつも忠実であり、この高名なる家系の末裔までも愛する。外国の規範を採用するのは、堕落した心の持ち主、軽蔑すべき人間たちだけである。

しかしこれにつづいて、会所長アシャールの演説は、加入儀礼の場面を描写しながら道徳的再生と美徳の実践を語り、カステラネとはまるで異なるメイソン的理想を示す。

見捨てられた孤独な俗人は、たえまなく自分の情念とたたかうが、それを抑制することができない。［中略］周囲をとりまく闇の重さに打ちひしがれたこの不幸な人に、救いの手を差しのべよう。彼を導いて神聖な場に招きいれよう。そこでは有徳の人々が、啓蒙された社会の悦びを味わっているのだ。彼の視界をふさぐ目隠しの布をはずして、目を見開かせよう。驚くなかれ、彼はすでに別人となり、このおごそかな聖域に足を踏みいれたとたんに、殿堂の柱をなす美徳が、誤謬の産物に取って代わるのである。彼は友情の使徒になり、復讐しか知らなかったときには憎悪した兄弟たちと和解する。彼は善行の支持者になり、自分の欲情にしか耳を傾けなかったときには軽蔑した貧者たちを救済する。彼はこうして平等なメイソン団の成員になり、幸福なる人民の一員になる。彼はついに有徳者として真理の道に歩むのである。［中略］メイソン活動の年代記を通覧し、そのもっとも熱意ある成員に目を向け、なされた数々の善行を想起しよう。俗人たちはこれらの善行のまえに沈黙し、公共図書館や、民間労働者への授賞や、慈恵施設や、貧民に生活の資をあたえる収容所や、悲惨な人が慰めを受ける安息所をみて賞賛の声をあげ、多くは信奉者となる。兄弟たちよ、スコットランド儀礼の名で知られる当地の会所がおこなった数々の善行を、諸君に想起させずにはいられない。〔中略〕願わくは宇宙の偉大なる建築師がわれわれの事業を完成されんことを、〔中略〕そして全地球に広がったすべてのメイソンが、われわれが会所のなかで一体となるごとく、われわれと一体にならんことを。

この二つの文章を読み比べれば、両人が会所の集まりに求めたものがおよそ異なり、その差異はあまりに深いので、わずかな意見の相違が和解不可能な対立と分裂にいたるのは当然だと思われるだろう。おそらくアメリカ独立戦争末期のフランスにおける戦勝気分とナショナリズムの勃興を背景としながら、カステラネはフランス人の優越意識と排外的国民主義とを根拠に、擬似エリート主義的なフリーメイソンの結束を主張する。彼は「われわれの名高い棟梁」すなわちフランス大東方会会長オルレアン公フィリップへの服属を、俗人界におけるブルボン王家への忠誠に重ね、その権威にしたがわず「外国の規範を採用する」一部のメイソンたちを、「堕落した心の持ち主」として敵視する。カステラネが叡智愛好者会所の設立式への代表派遣に反対した真の理由は、おそらくこの点にかかわる。前述のように、この会所は「哲学的スコットランド儀礼」を採用し、フランス大東方会には積極的に帰属せず、むしろテンプル騎士厳守会による公認を主張していたからである(35)。外国の統轄団体を嫌悪するカステラネは、これらの「軽蔑すべき人間たち」のもとに代表を送るのは論外だと考えたのである。

ところがこれに対してアシャールは、俗人界から離脱した美徳の殿堂のなかで、友愛・善行・真理・平等を探求し、貧者救済と社会福祉に貢献する有徳の士を、フリーメイソンの理想像として呈示する。彼はこうして万人の教化と救済を志向し、「啓蒙の世紀」のコスモポリタニズムを情熱的に継承しながら、国境をこえて「全地球に広がったすべてのメイソン」が連帯することを夢みている。前述のアシャールの生涯と思想が、この演説のなかにそのまま反映しているのがわかるが、彼はこの精神にもとづいて「スコットランド儀礼の名で知られる当地の会所がおこなった数々の善行」をとくに賞賛する。これが（フランス大東方会への服属を拒否する）スコットランド聖ヨハネ会所をさすことは明白であり、少なくともこの箇所が、カステラネの演説に対する意図的批判だったことは確実である。したがってまた、アシャールの考えによれば、叡智愛好者会所に代表を派遣することには何の不都合もなかった。要するにメイソン精神の基本的理解において、またメイソン制の国民的・国際的原理の選択において、アシャールとカステラネのあいだには当初から深い溝が存在したのである。この潜在的対立が顕在化するためには、些細な出来事があれば充分だった。

大荒れになった一〇月九日の集会の翌日には、匿名の誹謗文書または絶縁状が、アシャールのもとに届けられる。この激越な手紙を書いたのがカステラネ自身であることは、もちろん確実である。[36]

あなたは横柄にも権威的な言辞を弄し、われわれに対して厚かましくも馬鹿げた脅迫をしましたが、それはわれわれの義憤を最高度に高めたにすぎません。もはやわれわれに残された道は、あなたの忌まわしい存在から自分を解放することだけです。あなたが一時期、われわれ兄弟の一員だったことを、いつか忘れる時もくるでしょう。［中略］好んで低劣さに応酬するには、低劣さを愛さねばなるまい。しかし逃げ出すまえに、われわれがあなたに向ける呪詛にあなたの二人の兄弟、ジャン＝バティストとアントワーヌを含めることを確認しておきたまえ。三人とも出て行け。走り去って、森の中かどこかの奥地に住むがいい。あなたたちは人間と暮らすには向いていない。さらば。

こうなると思想も理念もなく、品性を欠いた中傷文にすぎないが、同職組合や事業会社などの利害団体と異なり、友愛と社交の悦びだけで結ばれたフリーメイソン会所は、その友愛のきずなが消失した瞬間に、修復不可能な憎悪と誹謗の舞台になりかねない事情をよく示す史料として、引用しておく価値があるだろう。なおジャン＝バティストとアントワーヌは二人ともクロード＝フランソワの弟であり、会員名簿の職業欄をみると、前者は弁護士、後者は「ブルジョワ」と記されている。

(4)　対立の社会的背景

ところでアシャールとカステラネの対立は、純粋に思想的・イデオロギー的次元にのみ属するものだろうか。その背後には、さらに社会的・世代的次元の対立が隠されていないだろうか。この問題を検討するためには、二人それぞれの周囲に結集した主流派と反対派の会員たちについて、人物誌研究を試みる必要がある。表2は会所設立式（一七八三年七月二七日）に際して作成された会員名簿をもとに、分裂後の対応などの情報を付加して編集したものである。設立時点の会員数は二九名だったが、分裂当初から会所長アシャールを支持したのは（アシャール自身を含めて）一三名、反対派（カステラネ派）に合流したのは一五名であり、うち一人（エティエンヌ・タヴェルニエ）はのちアシャール派に復帰する。このリストを分析すると、アシャール派と反対派とのあいだには、年齢や職業の構成からみて、かなり明確な差異が認められる。

まず年齢をみると、生年不詳の一人（フランソワ・ゲ）をのぞくアシャール派一二名の平均年齢は三四・六歳、タヴェルニエをのぞく反対派一四名の平均年齢は二六・七歳であるから、年齢層の差異は歴然としている。主流派では三七―五三歳の壮年層が六名を数え、アシャール自身も三二歳に達し、二〇歳代は五名だけである。これに対して反対派は三三歳と三〇歳の二名をのぞき、全員が二〇歳代なかばであり、二九歳のカステラネは年長に属する。つまり年齢層からみれば、アシャール派と反対派との対立は、壮年層を中心とする年長者グループと、青年層を中心とする年少者グループとの対抗とみなすことができる。

表2　三重団結会所　会員名簿（1783年7月27日付）

名　前	役職・位階	職業	生年	年齢	出身地	備考
Claude-François Achard	会所長	医師	1751	32	マルセイユ	◆◎○
Jean-Baptiste Achard	前会所長	弁護士	1756	27	マルセイユ	◆◎○
Antoine Achard	書記	ブルジョワ	1757	26	マルセイユ	◆◎○
Jacques Achard	警備役	卸売商	1758	25	マルセイユ	
Antoine-Joseph Allard	親方	薬種商	1757	26	マルセイユ	◆×
Pierre Aubert	徒弟	教会参事会員	1740	43	マルセイユ	◎○
Jean Besson	親方(準会員)	小売商	1730	53	リュネル	◎○
Antoine Castellanet	弁士	公証人	1754	29	トゥロン	◆×
Jacques Castellan	印章役	薬剤師	1744	39	マルセイユ	◎○
Joseph-Victor Espanet	副書記	小売商	1754	29	マルセイユ	◎
Étienne Ferrand	第一監督	薬種商	1757	26	ルアン	◆×
Joseph-Suffrein Forcade	会計役	卸売商	1746	37	カルパントラ	◎○
Bernard Gailhac	親方	薬種商	1758	25	ベジエ	◎○
Charles Garnier	徒弟	卸売商	1753	30	トゥロン	×
François Gay	副弁士	卸売商			マルセイユ	◎○
Jacques Genoyer	親方	修道院オルガニスト	1746	37	アントルヴォ	◆◎○
André Giraudin	慈善役	外科・眼科医	1741	42	ドフィネ地方	◎○
Gaspard Bruno-Marie Gor	第二管理役	卸売商	1757	26	マルセイユ	◆×
Jean-Dominique Jobert	第一管理役	卸売商	1757	26	マルセイユ	◆×
Antoine-Bonaventure Martin		卸売商	1758	25	マルセイユ	×
Jean-Joseph Mersanne	親方	卸売商	1757	26	マルセイユ	◆×
Charles-Joseph Michel	徒弟	弁護士	1750	33	マルセイユ	×
Jean-Joseph Morassani	親方	卸売商	1758	25	マルセイユ	◆×
Jean-Pierre Palhion	文書役	卸売商	1757	26	マルセイユ	×
Jean-Joseph Gaspard Roux	親方	卸売商	1757	26	マルセイユ	◆×
Jean-Joseph Sapet	儀式長	卸売商	1758	25	マルセイユ	◆◎○
Étienne Tavernier	親方	小売商	1757	26	マルセイユ	×→◎○
Pierre-Gaspard Vian	第二監督	卸売商	1757	26	マルセイユ	×
Jacques-Joseph Blanchard	徒弟	卸売商	1759	24	マルセイユ	×

備考：◆＝前年6月28日付名簿に記載　◎＝のちアシャール派　×＝のち反アシャール派
○＝翌年7月7日の名簿に記載

つぎに職業をみると、アシャール派には医師、外科・眼科医、薬剤師、弁護士、教会参事会員、修道院オルガニストが各一名であるから、自由業・専門職の従事者は六名に達し、ほかに卸売商三名、ブルジョワ一名、薬種商一名、小売商一名から構成される。これに対して反対派には、弁護士と公証人（カステラネ）が各一名、薬種商二名であり、のこり一〇名全員が卸売商と記されている。ところで前述のように卸売商の概念は広く、また自称「卸売商」のすべてがその名に値するわけではない。ここに名前のある人物のなかに、マルセイユ実業界を代表するような大貿易商は見出されない(37)。それに二〇歳代なかばの年齢で、大規模な商売をいとなむ独立の貿易商はまれである。それゆえ彼らの多くは、おそらく中下層の質素な商人だったと推定される。それゆえ職業の点からみても、全体としてアシャール派は知的水準の相対的に高い自由業・専門職に属し、反対派は質素な商人層を主体とするので、思想対立の背後には、社会層の差異が横たわっていたと考えてよい。

ここからさきは推測になるが、神学校を卒業したアシャールをべつにしても、当時三〇歳代以上で、専門的職業についた人々の一部は、イエズス会系コレージュで教育を受け、古典的教養を学んでいた可能性がある。これに対して、二〇歳代の若い商人たちは、一般に初等教育のあとは帳場で商業の実地教育を受けるので、教育水準にも差があったと考えられる。しかも一七六二年八月のパリ高等法院裁決から六四年一一月王令にいたる決定により王国内のイエズス会が廃止された結果、コレージュは混乱した転換期をむかえるので(38)、二〇歳代の青年たちは伝統的古典教育を受ける環境にはなかった。のちの革命期にジロンド派と山岳派をわかつ世代的・文化的な差異を(39)、それゆえ三重団結会所初期のアシャール派とカステラネ派の対立に投影することができるかもしれない。

これに関連して、内部紛争の原因となった宴会の招待客、クロード・ド・パストレの人物像について補足しておこう。大東方会の公認を受ける目的で、三重団結会所のパリ代表に指名されたパストレは、由緒ある貴族の家系で、プロヴァンス海事裁判所総代官の子として一七五五年マルセイユで生まれ、エクスの大学で法学を修めたのち、八一年パリ租税法院評定官になった。彼はまたパリの知的エリートの会所として名高い「九詩神」会所 Loge des *Neuf Sœurs* 会員であり、一七八三年から同会所の弁士になる。それゆえ当時二八歳にして、すでに俗人界でもメイソン界でも申し分ないエリートであり、やがて一七八七年には「碑文・文芸アカデミー」会員、その翌年には訴願審査官就任とともに九詩神会所の会所長にも就任する。さらに革命期にフイヤン派の立法議会議員、第一帝政期にコレージュ・ド・フランス教授、パリ大学文学部教授、元老院議員に就任し、その後王政復古の憲章起草に中心的役割を演じたといわれる。[40]『ゾロアスターと孔子とマホメット』（一七八七年）、『刑法論』（一七九〇年）など著作も多い。輝かしい未来を約束されたこの人物を歓迎することは、アシャールにとり大きな喜びだったにちがいない。しかし公証人カステラネや薬種商フェランにとって、パストレは社会的にも文化的にも別世界の人だった。彼らがパストレを招待することに積極的でなかったのは、おそらくこの点と関係があるだろう。

(5)　フランス儀礼からの離脱と矯正スコットランド儀礼への合流

そこで問題になるのは、この内部紛争に対して、統轄団体であるフランス大東方会がどのように対応したかである。大東方会の回答は、「地方担当部」Chambre des Provinces 弁士サリヴェ Salivet[41] の署名による一七八四年六月三日付議決によりあたえられた。その内容は表面的には「喧嘩両成敗」であり、第一に会所長アシャールが前年一〇月一二日の集会でカステラネらを除名した決議を無効であると宣言し、第二に同月一六日に反対派の集会がアシャールの罷免と除名を決議したのも無効であると宣告したのち、第三にカステラネに言動をつつしむよう忠告し、第四に反対派の人々が三三日以内に会所長のもとに復帰するよう勧告する。[42] しかし少なくとも、この決定は会所長の行動に正当性を認めなかった点で、アシャールに対してきびしい姿勢を示している。事実サリヴェは、翌日付の報告書のなかで、第一監督エティエンヌ・フェランが前年一〇月一四日に集会開催を要求したのに、アシャールがこれを拒否したことを非難し、現時点で会所長は第一監督の求めに応じて会員を召集し、集会の場でさまざまな批判に答えるべきであり、もし彼がそこに出席を拒否するなら、会所長不在のまま集会は決議をおこなってかまわない、と述べている。[43] この意見は、おそらくアシャール自身にも伝えられただろう。

要するに大東方会は、反対派の立場に一定の理解を示し、分裂を修復する努力を会所長のがわに要求しているのである。このように突きはなした態度が、純粋に紛争の経緯を考慮した結果なのか、それとも前述のようなアシャールの思想性に対する違和感が背景にあるのか、現状ではわからない。しかしいずれにせよ、アシャールがこの決定に傷つき、不満をもったことは想像にかたくない。この決定にかかわらず、反対派は三重団結会所に復帰せず、カステラネもフェランも、わたくしが現在まで調査したかぎりでは、完全誠実会所や選良結集会所その他の会所にも入会した形跡はなく、マルセイユのメイソン界から姿を消している。したがってアシャールは彼と一緒にとどまった会員たちとともに会所を再建することになるが、これをさかいに大東方会から完全に距離をおき、新しい権威と儀礼を探しはじめる。はやくも一七八四年八月二〇日付書簡で、三重団結会所はエクスの「スコットランド聖ヨハネ」会所（マルセイユの同名会所の子会所）に手紙を送り、交流を提案する。手紙にそえられた名簿をみると、この時点で会員数はすでに二〇人まで回復している。[44] そしておそらく同年中に矯正スコットランド儀礼への転向を実現したのち、一七八五年二月一三日付の決議で、大東方会の地方支部に相当するプロヴァンス地方大会所に対して、[45] 厳守会「スコットランド執政部」Directoire écossais に加入したことを言明し、大東方会と同執政部との同盟協定を理由に、大東方会の正規会所として公認を要求する。このあらたな問題をめぐる地方大会所との論争のなかで、三重団結会所が大東方会あてに送付した同年六月一九日付の覚書は、大東方会と対等な立場で見解を述べ、みずからの採用した理想を誇らしげに述べている。[46]

われわれは自分に好ましいと思う儀礼の存在を知り、それが貴会と交流関係にあることも知っていたので、われわれはそこに加入を願い出て、認められました。〔中略〕執政部の儀礼はわれわれの好みにより良く一致するのです。〔中略〕われわれは沈黙のうちに作業し、団結と平和をわれわれの幸福とします。それを損なうすべてはわれわれを不安にし、またこの団結が持続するのは、それが全世界のメイソンに広まる場合だけです。〔中略〕しかも尊敬すべき兄弟たちよ、いかなる道がわれわれを善にみちびくとしても、メイソン界はひとつです。われわれが愛しあえば、われわれは幸福になるのです。

このコスモポリタン的主張は、アシャールたちの信仰告白であると同時に、大東方会に対する自己正当化の根拠にもなっている。その後も論争は長くつづくが、地方大会所は一七八六年七月一七日にようやく三重団結会所への弾劾を撤回し、正規会所として承認するにいたる。この時期以降、アシャールからリヨン執政部のヴィレルモスに送られた書簡は、彼がみずからの精神的修行と会所運営に真剣に取り組み、そのためにヴィレルモスの指示を謙虚に求めたことを証言する。一例として一七八六年七月二三日付書簡には、つぎのように書かれている。(47)

尊敬すべき兄弟よ、わたくしがとくに申し上げたいことは、わたくしが自分の能力を超えたものを知ろうとはしていないことです。自分には永遠に知りえないものがあるとさえ、わたくしは考えていますが、それで不安になることはありません。なぜなら知識はしかるべき時に、しかるべき人物のまえに開示されるということを、わたくしはあなたから学んだからです。その知識に値すべく修行を積むだけで、わたくしは満足です。〔中略〕執政部は、カステルとフォルカードの二人の兄弟に高位階を授与されました。同じ承認をつぎの二兄弟にもいただけるよう、わたくしからお願い申します。すなわち兄弟デュケネは、マルティグ近郊サン＝ミトルの弁護士と判事をつとめ、また兄弟カルカソンヌは、われわれの会所に加入する以前から、その知識をおおいに進歩させていました。

他方でヴィレルモスは、たとえば一七八七年五月一四日付のアシャールあて公式書簡で、フランス儀礼は知的権威も制度的権限もないので、フランス大東方会の体制下では、各地の諸会所が自由平等の名のもとに勝手気ままな行動をしていると批判する。(48)

フランス儀礼は、統轄下の諸会所に対して、すでに後者がよく知っていることのほかには、メイソン制について何も教えることができません。国民的団体をなすこの儀礼の指導部は、そこに加入した諸会所の自発的協力によってのみ組織され、維持されることができます。ところでこれら諸会所は、この儀礼から学ぶべき本質的なことがないと知っているので、勝手気ままに加入したり離脱したりしても失うべきものはありません。すべての規範は恣意的です。なぜならばフランス儀礼は根源的な不変の基礎を知らないからであり、この知識の欠如により、それは諸会所のなかにメイソンの自由と平等について誤った観念を広め、全国的統轄をになう上位団体に対する諸会所の不服従を準備し、数々の嫌悪すべき事例を生みだしたのです。

たしかに厳守会では、アシャールの書簡にもみるとおり、各会所内での加入や昇位について、そのつどスコットランド執政部での審査と承認を必要とするので、上部機関による統制が強くはたらき、組織のヒエラルヒー構造は明確であるので、各会所の自由度はそれだけ小さくなる。その組織体制の概要を示せばつぎのようになる。(49)

※ 矯正スコットランド儀礼の組織体制

厳守会総会長 Grand Maître Général
――
国民大執政部 Grands Directoires Nationaux
＝国民執政部長 Grands Maîtres Nationaux
――
管区大執政部 Grands Directoires Provinciaux
＝管区執政 Administrateurs Provinciaux
――
スコットランド執政部 Directoires Écossais （Districts）
――
スコットランド大会所 Grandes Loges Écossaises （Arrondissements）
――
会所 Loges

この階層構造のなかでは管区大執政部と地区別スコットランド執政部が重要な機能をもち、リヨンではこの両者は一体化している。それゆえ会所長アシャールの権威も、リヨン執政部と直接に結びつき、それを後ろ盾にして強化される。しかしこのような体制は、会所内の和合が確保され、高位階に昇位すべき人物の推薦について、全員が会所長の判断を支持し信頼する場合にはうまく機能するが、これらの前提がゆらいだ場合には、会所長の独断専行に対する反感をひきおこす結果となる。一七八六年の秋ごろから再発する三重団結会所の内部紛争は、以上の文脈を考慮するとよく理解されるだろう。アシャールからヴィレルモスにあてた一七八八年三月六日付書簡は、つぎのように自己弁護を試みる。(50)

たしかにわたくしは、一部の人々に対して、われわれの会所への入会をあまりにも安易に承諾したことについて、自分を責めるべきでしょう。フランス精神の持ち主である一群の人々に対して、断固たる態度を維持するのは、きわめて困難なことでした。またわたくしが暴君のように命令するといって非難されたのは、わたくしがつねに貴執政部の法を遵守する義務を表明したからです。それでも真正のメイソンたちは、わたくしがもっと断固としてそうしなかったことを非難したのでした。

しかしこの第二の紛争について、その原因や経過を詳細に分析することは、もはや本章の課題ではない。ここではこの紛争の結果、この手紙の少しまえ、二月七日の執政部決定により、三重団結会所の活動は中断を命じられ(51)、その後一八〇一年まで、一〇年以上のあいだ休眠状態になったことだけを付言するにとどめよう。

五　「啓蒙の世紀」の転換点とフリーメイソン

※　会員数の変動

まず前節の要約をかねて、三重団結会所の会員数の変動を、会員名簿史料に依拠して再構成しておこう。(52)

一七八二年六月二八日　一五人
一七八三年七月二七日　二九人
一七八四年七月七日　二〇人
一七八五年六月二四日　二三人
一七八七年　約四〇人

一七八三年秋の内部分裂により会員数は半減したが、翌年以降は徐々に回復し、活動停止を命じられる直前には、おそらく大東方会による公認時の会員数を上回ったと推定され、フランス儀礼からスコットランド儀礼への転向は、ひとまず成功したといえるだろう。はじめに述べたとおり、この会所は一八〇一年に活動を再開し、一八一五年まで矯正スコットランド儀礼の松明を保持するので、本章はその前半期の軌跡を探究したにすぎないが、ここまでの研究でえられた知見から、現段階の結論をまとめてみよう。

(1)　マルセイユにおける三重団結会所の位置

マルセイユ・フリーメイソン史に関する従来の数少ない個別研究は、そのほとんどがスコットランド聖ヨハネ会所を対象とする研究だった(53)。この会所はマルセイユ実業界を代表する貿易商、とくにプロテスタント商人を主体に構成され、その国際的名声と影響力により知られた特権的社交団体だったので、関心を集めたのは当然である。しかし都市内メイソン界の全体像を描くためには、組織と影響力の点で劣る他の諸会所についても、比較の視点から個別研究を積みかさねる必要がある。

とくに古参の選良結集会所は、おそらくスコットランド聖ヨハネ会所につぐ貿易商人の友愛団として注目されるべきだろう。一七八三年の会員名簿をみると、そこにはオノレ・オディベール、エティエンヌ＝フランソワ・クラリ、ジャン＝レモン・グルニエ、シャルル＝テオフィル・ソリコーフルなど、有力な貿易商の名が見出される。もっとも会員の変動はかなり激しく、すでに一七八六年の名簿にはこれらの名前はみられないが、この時点でもイズミル在住のジャン＝バティスト・マジャストルやジョルジュ・ヴィタリなど、在外貿易商の会員を多く含み、まぎれもなく貿易商の社交団体の相貌をあらわす(54)。選良結集会所は、一七八三年に商業仲立人の前会所長アントワーヌ・ポリに「創立者」fondateur の称号をあたえるか否かで内部分裂したが（このときの反対派が三重団結会所のカステラネ派と一時的に連合したらしい）、全体としてみればフランス大東方会に忠実で安定した会所であり、いわばフランス儀礼の「優等生」だった。

もうひとつの古参会所である完全誠実会所は、前述のように船乗り・小売商・手工業者を主体とするサン＝キュロット的色彩の濃い会所であり、社会層からみて選良結集会所とは対照的性格をもつが、この会所も大東方会に忠実だった。ただし一七八七年には役員選挙をめぐる内紛もあり、多数派（ポール派）と少数派（アルヌー派）に分裂し、後者が脱会する事件もおきた(55)。

社会階層の次元でこれらと比較すれば、三重団結会所はスコットランド聖ヨハネ会所や選良結集会所よりやや下層、完全誠実会所よりやや上層に属する会員から構成されたと考えてよいだろう。すなわちそれは、中下層の卸売商・薬種商、および若干の自由業者・知識人を主体に組織され、とくに卓越した知識人アシャールの個人的影響力が大きく、創立当初は彼の兄弟たちも役員になっていたので、内部紛争はアシャールへの個人攻撃の形態をとりやすい。しかし指導者をめぐる紛争は他の会所でもしばしば発生するので、これをアシャール個人の人格的問題に帰するのは、表面的な解釈にすぎないと思われる。

(2) 内部分裂と矯正スコットランド儀礼採用の理由

本章で分析したとおり、そこには社会階層・年齢層・知的水準に関連する複合的要因が作用している。一方にはアシャールやパストレの代表する知的教養、教会・修道院所属者も含む中高年層の宗教観・道徳観、そして彼らの共有する博愛精神があり、他方にはカステラネやフェランの代表する青年層の自己主張、アメリカ独立戦争期に高揚した多少とも排外的なナショナリズムがあったことに、分裂の深い原因を求めるべきだというのが、本章の分析からえられた基本的解釈である。

この会所が矯正スコットランド儀礼に転向した理由も、まさしく以上の思想的文脈から理解可能になる。設立式におけるカステラネの演説は、国民共同体とフリーメイソン団とを一体化させ、フランス大東方会の統轄下に「選ばれし人々」を結集してブルボン朝フランス王国の権威を高めようとする世俗的・政治的言説だった。これに対してアシャールの演説は、フリーメイソンの世界市民主義とキリスト教的愛徳精神とを融合させ、普遍的友愛による貧者救済と福祉事業を奨励した。ところでフランス大東方会の基本政策は、パリの諸会所で慣習化していた会所長の終身制を廃止させ、個人的権威を排除すること、およびロンドン大会所その他の外国統轄団体の影響力を排除し、国民原理を確立することだった。それゆえその政策は、むしろカステラネ派の主張と親和性をもち、アシャールの思想や個人的権威とは異質である。大東方会地方担当部が、アシャールに対して冷淡な裁決をくだした真の理由は、そこにあったと推察される。

それゆえこの裁決に失望したアシャールが大東方会から距離をおくようになり、自己の内面的欲求にこたえる儀礼を探索した結果、リヨン改革派のキリスト教的・愛徳的メイソン制に合流したのは、充分に理由のあることだった。

(3) 社会文化史上の意義

モリス・アギュロンは「南フランス型社交組織」に関する先駆的研究のなかで、一七八七年以降トゥロン「二重団結」*Double Union* 会所を揺るがした内部紛争を分析し、そこにメイソン的社交性の二類型の対立を見出した。すなわち彼によれば、一方には博愛的・哲学的結社の理想に忠実な、大東方会結成の理念に適合する傾向があり、他方には宴会目的の享楽的な親睦団体を求め、極端な場合には俗人とともに賭金つき球戯にふける傾向がある。[56] たしかにこれら二傾向への分裂はしばしば認められ、前述のようにアシャール自身も、未完の著書の一節において、同様の対比をおこなっている。

しかし一七八三年に発生した三重団結会所の内部対立は、このような一般的類型を適用するだけでは、その意味を正しく理解することはできない。本章で論じたように、そこには一八世紀後半のナショナリズム台頭に呼応して、統轄制の国民原理を主張する潮流と、創立精神の国際原理を保持する潮流との対立[57]が認められるが、またそれと同時に、一七七四—七六年のテュルゴの改革が挫折したのち、「啓蒙の世紀」の楽観主義的改革思想への確信が弱まり、その前提をなす普遍的合理主義が動揺するにつれて、一方で伝統や祖国の再発見を主張する政治的言説が高まり、[58] 他方で宗教的・秘教的傾向への回帰[59]が生じる二重の思想動向が反映されていると考えられる。

なお付言すれば、当時のフランス大東方会が、ブルボン家血統親王の権威のもとに国民的統轄制を強化したからといって、それが王国政府の統治を支える「政治的」道具になったと即断すべきではない。フリードリヒ二世のプロイセン王国[60]や、グスタフ三世のスウェーデン王国[61]では、たしかに王権と友愛団とのあいだに密接な関係が生まれたが、カトリック国家フランスでは、ローマ教皇による破門教勅もあり、[62] 両者の関係は曖昧なままだった。大東方会が国家の統制下におかれ、その統治を支える役割をあたえられるのは、皇帝ナポレオンの兄ジョゼフ・ボナパルトが会長に就任し、大法官カンバセレスが副会長として実権をふるった第一帝政期になってからである。[63]

秘儀伝授や霊的救済を本来の目的とする自発的団体が、公権力により「横領」されて政治的統合の装置に転化する現象は、歴史上しばしば見出される。第一章（桜井万里子）は、おそらく太古の農耕儀礼に由来するエレウシス秘儀が、アテナイの国家祭儀として制度化される過程を解明し、また第二章（河原温）は、マリア崇敬と死者供養を主体に信心業をいとなむ「雪のノートルダム」兄弟団が、ブルゴーニュ公の主導下に都市祝祭への関与を深め、政治的統合の機能をおびる時代的文脈を論じている。しかし同時に第一章は、アテナイ共同体祭祀の対極に、民間祭祀としてオルフェウス秘儀が浸透する現象に着目し、また第三章は、対抗宗教改革をへた近世ヨーロッパでは、兄弟団と公権力との関係、および兄弟団の秘儀的性格の度合に、変化が生じた可能性を示唆する。それゆえ宗教的・密儀的な結社が政治権力ととり結ぶ関係は一様ではなく、その内在的性格と外在的条件により無限に変化する。この意味でも啓蒙期以降のフリーメイソン団は、国家に対する関係の両義性または多面性により、古代の共同体祭儀から近代の反体制的秘密結社にいたる多様な存在形態を、統一的に理解するための展望台として役立つのである。

（1）悔悛苦行兄弟団とフリーメイソン会所との親和性または連続性についてはじめて問題を提起したのは、モリス・アギュロンの課程博士論文である。Maurice Agulhon, *Pénitents et francs-maçons de l'ancienne Provence. Essai sur la sociabilité méridionale.* Paris: Fayard, 1968, nouvelle éd. 1984, pp. 189-211.

（2）一七七三年に成立したフリーメイソン統轄団体で、フランス国内で多数の会所を傘下におさめる。なおフリーメイソン史の基本用語とその日本語訳については、以下の書物を参照していただきたい。ピエール＝イヴ・ボルペール『「啓蒙の世紀」のフリーメイソン』（深沢克己編訳、山川出版社、二〇〇九年）。

（3）Bibliothèque nationale de France, Cabinet des manuscrits, Fonds maçonnique. FM1 13, 35, 87, 286, FM2 289-292, 486; Bibliothèque municipale de Lyon, Fonds ancien, Fonds Jean-Baptiste Willermoz, Ms. 5611, 5869-5871, 5881-5889, 5891-5892; Bibliothèque du Grand Orient de France, Archives de la Réserve, Fonds 113-1; Archives départementales des Bouches-du-Rhône, Fonds Julien Castinel, XVI F 1, 22, 48-55, 76; Musée Paul Arbaud,

Archives, Imp. S23.

（4）Patrick Barrau, “La Triple Union (1801-1815). Une loge chrétienne sous l’Empire”. *Marseille, revue municipale*, no. 113, 1978, pp. 88-97; no. 114, 1978, pp. 34-44, 99-100.

（5）以上全般については、深沢克己『海港と文明——近世フランスの港町』（山川出版社、二〇〇二年）、三〇五—三一〇頁。同「フランス海港都市のフリーメイソン——国際社交組織と秘教思想」（羽田正・責任編集『港町の世界史3　港町に生きる』歴史学研究会編、青木書店、二〇〇六年）、三二三—三四七頁。同「一八世紀のフリーメイソンと寛容思想」（深沢克己・高山博編『信仰と他者——寛容と不寛容のヨーロッパ宗教社会史』東京大学出版会、二〇〇六年）、二二三—二五九頁。

（6）René Verrier, *La mère loge écossaise de France à l’orient de Marseille, 1751-1814*. Marseille: Éditions du Centenaire, 1950, pp. 19-20.

（7）この儀礼成立の由来は複雑で不明確な点が多い。その母体になったのはパリの「聖ラザロ」*Saint-Lazare* 会所で、これは一七六六年フランス大会所の公認下に創立されたが、一七七〇年にはマルセイユのスコットランド聖ヨハネ会所から新会憲を授与されてスコットランド儀礼に転向し、「社会契約スコットランド聖ヨハネ」会所 Loge de *Saint-Jean d’Écosse du Contrat Social* と改称する。他方で南フランスのローマ教皇領アヴィニョンで設立された「ヴナスク伯領スコットランド母会所」*Mère Loge Écossaise du Comtat Venaissin* は、一七七六年に「迫害された美徳のスコットランド聖ヨハネ」Loge de *Saint-Jean d’Écosse de la Vertu Persécutée* 会所と改称するが、その秘教的・秘術学的活動のために異端審問所から閉鎖を命じられ、同年中にパリに移転して社会契約スコットランド聖ヨハネ会所と合流し、「フランス・スコットランド母会所」*Mère Loge Écossaise de France* となる。アヴィニョン伝来といわれる儀礼をもとに、医師ボワロが整備したのが秘教的な「哲学的スコットランド儀礼」である。Pierre Chevallier, *Histoire de la franc-maçonnerie française*. 3 tomes. Paris: Fayard, 1974-1975, t. I, pp. 186-187; Daniel Ligou (dir.), *Dictionnaire de la franc-maçonnerie*. Nouvelle édition. Paris: P. U. F., 1987, pp. 99, 812.

（8）Verrier, *op. cit.*, p. 20.

（9）ドイツ語ではふつう「テンプル騎士」Templer の語を付加しないが、ここではフランス語の呼称にしたがい、「テンプル騎士厳守会」と表記する。

（10）この概念については、とくに Daniel Roche, *Humeurs vagabondes. De la circulation des hommes et de l’utilité des voyages*. Paris: Fayard, 2003を参照。

(11) 以上については、Pierre-Yves Beaurepaire, *L'Europe des francs-maçons, XVIIIe-XXIe siècles*. Paris: Belin, 2002, pp. 71-73; René Le Forestier, *Les Illuminés de Bavière et la franc-maçonnerie allemande*. Paris, 1915; réimp. Milano: Archè, 2001, pp. 156-157; Eugen Lennhoff, Oskar Posner u. Dieter A. Binder, *Internationales Freimaurer Lexikon*. München: Herbig, 2000, pp. 404-405.

(12) Michel Espagne, *Le creuset allemand. Histoire interculturelle de la Saxe (XVIIIe-XIXe siècles)*. Paris: P. U. F., 2000.

(13) 深沢克己「フランス海港都市のフリーメイソン――国際社交組織と秘教思想」（前掲論文）、三三七―三四三頁。

(14) ベーメに関する研究文献は無数にあるが、さしあたり最近の綜合として、Wouter J. Hanegraaff (ed.), *Dictionary of Gnosis and Western Esotericism*. 2 vols. Leiden-Boston: Brill, 2005, vol. I, pp. 185-192. 主要文献もそこに列挙されている。

(15) *Ibid*., vol. II, pp. 1021-1022; Jonathan Israel, *European Jewry in the Age of Mercantilism, 1550-1750*. Oxford: Clarendon Press, 1985, pp. 39-40.

(16) Le Forestier, *Les Illuminés de Bavière* (*op. cit.*), p. 147; Roland Édighoffer, *Les Roses-Croix*. Paris: P. U. F., 1982, pp. 86-87.（ロラン・エディゴフェル『薔薇十字団』田中義廣訳、白水社、一九九一年、一〇八―一〇九頁。）

(17) フントはパリ滞在中に（ルター派から）カトリックに改宗したという伝説があるが、正確なことはわからない。Beaurepaire, *op. cit., loc. cit*.

(18) Éric Saunier (dir.), *Encyclopédie de la Franc-maçonnerie*. Paris: Librairie Générale Française, 2000, pp. 744-745; Beaurepaire, *L'Europe des francs-maçons* (*op. cit.*), pp. 48-60.

(19) René Le Forestier, *La franc-maçonnerie templière et occultiste*. 3e éd. Milano: Archè, 2003, pp. 152-155.

(20) 以上については、Le Forestier, *Les Illuminés de Bavière* (*op. cit.*), pp. 158-186; id., *La franc-maçonnerie templière et occultiste* (*op. cit.*), pp. 198-270; Antoine Faivre, *L'ésotérisme au XVIIIe siècle en France et en Allemagne*. Paris: Seghers, 1973, pp. 147-150; Lennhoff, Posner u. Binder, *op. cit*., pp. 405-407, 803, 812-813.

(21) ヴィレルモスの生涯と思想については、註（5）に引用したいくつかの論文で概要を述べた。詳細には、Le Forestier,

La franc-maçonnerie templière, pp. 275-289 et sq.; Alice Joly, *Un mystique lyonnais et les secrets de la franc-maçonnerie: Jean-Baptiste Willermoz, 1730-1824*. Paris: Demeter, 1938, réimp. 1986.

(22) マルティネスと選良祭司団については、René Le Forestier, *La franc-maçonnerie occultiste au XVIIIe siècle et l'Ordre des Élus Coëns*. Paris: La Table d'Émeraude, 1928; réimp. 1987.

(23) Le Forestier, *La franc-maçonnerie templière*, pp. 433-475. ただしヴィレルモスは高位階の増殖傾向に批判的であり、リヨン改革は厳密には高位階制と区別されるが、ここでは便宜的に高位階制に含めておく。Cf. Jean Lhomme, Édouard Maisondieu et Jacob Tomaso, *Dictionnaire thématique illustré de la franc-maçonnerie*. Monaco: Éditions du Rocher, 1993, pp. 215-216.

(24) 以下の記述は、Régis Bertrand, "Claude-François Achard, l'homme qui aimait les livres". *Marseille, la revue culturelle de la ville*, no. 168, 1993, pp. 16-19 に依拠する。

(25) André Bouyala-d'Arnaud, *Évocation du vieux Marseille*. Paris: Éditions du Minuit, 1959, réimp. 1998, pp. 147-148. ただし三重団結会所が創立された一七八三年には、アシャールはサン＝フェレオル通りに近いヴァンテュール通りに居住している。Bibliothèque nationale de France, Cabinet des manuscrits, Fonds maçonnique, FM2 292, "Tableau de la Loge de la Triple Union" (1783).

(26) ただしバロによれば、この創設決定は、会所内で多くの反対意見が出たために、まもなく撤回された。Barrau, "La Triple Union" (art. cit.), *Marseille, revue municipale*, no. 113, 1978, p. 91.

(27) Bertrand, art. cit., p. 19 の引用による。

(28) Barrau, art. cit., pp. 91-94; Joly, *Un mystique lyonnais* (*op. cit.*), pp. 261-262, 312-316.

(29) Le Forestier, *La franc-maçonnerie templière*, p. 875; Joly, *op. cit.*, p. 315.

(30) Joly, *op. cit.*, pp. 217-218 et sq.

(31) 近年メスメルの著作とメスメル思想の研究書がつぎつぎに復刻されており、容易に参照することができる。基礎文献を二点ほどあげれば、Franz Anton Mesmer, *Mémoire sur la découverte du magnétisme animal. Avec une introduction de Serge Nicolas, suivie d'une étude sur Mesmer par Ernest Bersot*. Paris: L'Harmattan, 2005; Alexandre Bertrand, *Du magnétisme animal en France (1826), présenté par Serge Nicolas*. Paris: L'Harmattan, 2004.

（32）フリーメイソン会所の内部には、会所長 vénérable maître を頂点として、第一監督 premier surveillant、第二監督 second surveillant、弁士 orateur、儀式長 maître des cérémonies、書記 secrétaire、会計役 trésorier などの役職があり、原則として毎年の選挙により選出される。

（33）以上の記述は、つぎの史料に依拠する。Bibliothèque nationale de France, Cabinet des manuscrits, Fonds maçonnique, FM2 292, Dossier de la Loge de la Triple Union.

（34）*Ibid.*, FM2 292, Dossier de la Loge de la Triple Union, "Extrait du Livre d'architecture, 27e jour du 5e mois 5783".

（35）註（7）に引用した諸文献を参照。

（36）*Ibid.*, FM2 292, Dossier de la Loge de la Triple Union, Planche registrée au Grand Orient de France, le 27 octobre 1783, Lettre anonyme adressée au vénérable Achard.

（37）これらの大貿易商の多くは、栄光と名声のあるスコットランド聖ヨハネ会所に所属する。たしかにマルセイユ商人の人物誌研究はなお未開拓の分野であり、個々の人物について調査するのは容易でない。さしあたり以下の基本文献の人名索引を参照。Charles Carrière, *Négociants marseillais au XVIIIe siècle. Contribution à l'étude des économies maritimes*. 2 vols. Marseille: Institut historique de Provence, 1973; Louis Bergasse et Gaston Rambert, *Histoire du commerce de Marseille*. t. IV. *De 1599 à 1789*. Paris: Plon, 1954, pp. 496-542. また大貿易商ルー商会を受取人とする為替手形の支払人リストは、一定の事業規模と支払能力のある貿易商を表示すると考えてよい。『一八世紀ヨーロッパ商業実務書類の基礎研究』（平成六ー八年度科学研究費補助金・基盤研究(B)(2)・研究成果報告書、研究代表者・深沢克己、一九九七年）、六四ー六六頁の人名リストを参照。

（38）Jean Meyer, *Histoire de France*. t. III. *La France moderne*. Paris: Fayard, 1985, pp. 443-444; Michel Antoine, *Louis XV*. Paris: Fayard, 1989, pp. 821-822.

（39）Jacqueline Chaumié, "Les Girondins", in: Albert Soboul (dir.), *Girondins et Montagnards. Actes du colloque à la Sorbonne en décembre 1975*. Paris: Société des Études Robespierristes, 1980, pp. 19-60; cf. pp. 27-29.

（40）Ligou (dir.), *Dictionnaire de la franc-maçonnerie* (*op. cit.*), p. 916; Albert Soboul (dir.), *Dictionnaire historique de la Révolution française*. Paris: P. U. F., 1989, p. 821; René Le Forestier, *Maçonnerie féminine et loges académiques*. Milano: Archè, 1979, pp. 138, 141.

(41)　サリヴェ Louis-Georges-Isaac Salivet は，俗人界ではパリ高等法院弁護士であり，メイソン界ではパリ「聖ソフィア」*Sainte-Sophie* 会所の儀式長，一七八〇年からフランス大東方会地方担当部の弁士だった。Daniel Ligou (dir.), *Dictionnaire de la franc-maçonnerie* (*op. cit.*), pp. 1108-1109.

(42)　Bibliothèque nationale de France, Cabinet des manuscrits, FM1 87, Chambre des Provinces, Marseille, Correspondance active, le 21 juillet 1784.

(43)　*Ibid.*, FM2 292, "Rapport de l'affaire de la L. de la Triple Union à l'O. de Marseille", le 4 juin 1784.

(44)　*Ibid.*, FM2 488, Lettres de la Triple Union de Marseille à la Loge de Saint-Jean d'Écosse d'Aix, "le 20e jour du 6e mois 5784".

(45)　一七七六年四月一〇日に締結されたこの協定については，Le Forestier, *La franc-maçonnerie templière* (*op. cit.*), pp. 379-401.

(46)　Bibliothèque nationale de France, Cabinet des manuscrits, FM2 292, Planche de la Triple Union du "19e juin de l'an maçonnique 5785".

(47)　Bibliothèque municipale de Lyon, Fonds ancien, Fonds Jean-Baptiste Willermoz, Ms. 5869, Lettre d'Achard à Willermoz, le 23 juillet 1786.

(48)　*Ibid.*, Ms. 5870, Lettre officielle de Willermoz à Achard, le 14 mai 1787.

(49)　以下の図はつぎの史料から再構成したものである。Bibliothèque nationale de France, Cabinet des manuscrits, FM1 286, "Codes maçonniques des Loges réunies et rectifiées de France, tel qu'il a été approuvé par les Députés des Directoires de France au Convent National de Lyon en 5778" (6 août 1801). 厳守会初期の組織体制については，Le Forestier, *op. cit.*, pp. 119-120.

(50)　Bibliothèque municipale de Lyon, Fonds ancien, Fonds Jean-Baptiste Willermoz, Ms. 5871, Lettre d'Achard à Willermoz, le 6 mars 1788.

(51)　Joly, *op. cit.*, p. 262.

(52)　Bibliothèque nationale de France, Fonds maçonnique, FM2 292, 488 に所蔵される会員名簿から算出。ただし一七八

七年の数字は Barrau, art. cit. (no. 113), p. 88 によるが、史料の引用もなく、根拠のある数字かどうかわからない。しかし最後に引用したアシャールの手紙から推察すれば、この時期にかなり会員数が増加したことは確実である。

(53) Verrier, *op. cit.*; Jacques Choisez, *La respectable Loge de Saint-Jean d'Écosse, mère loge écossaise à l'orient de Marseille entre 1762 et 1787*. 2e éd. Bruxelles: chez l'auteur, 1986; Edmond Mazet, "La Mère Loge écossaise de Marseille". *Travaux de la Loge nationale de recherches Villard de Honnecourt*, 2e série-no. 1, 1980, pp. 62-78; Pierre-Yves Beaurepaire, "Le rayonnement et le recrutement étranger d'une loge maçonnique au service du négoce protestant: *Saint-Jean d'Écosse* à l'orient de Marseille au XVIIIe siècle". *Revue historique*, t. CCXCIII-no. 2, 1996, pp. 263-288.

(54) Bibliothèque nationale de France, Fonds maçonnique, FM2 291, Dossier de la Loge de la Réunion des Élus.

(55) *Ibid.*, FM2 289, Dossier de la Loge de la Parfaite Sincérité.

(56) Maurice Agulhon, *Pénitents et francs-maçons* (*op. cit.*), p. 184.

(57) この問題についての深めた検討は、Pierre-Yves Beaurepaire, *Le mythe de l'Europe française au XVIIIe siècle*. Paris: Éditions Autrement, 2007, pp. 190-279.

(58) Giuseppe Ricuperati, "L'homme des Lumières", in: Vincenzo Ferrone et Daniel Roche (dir.), *Le monde des Lumières*. Paris: Fayard, 1999, pp. 15-29.

(59) René Le Forestier, *L'occultisme et la franc-maçonnerie écossaise*. Milano: Archè, 1928; rééd. 1987, pp. 301-315.

(60) Beaurepaire, *L'Europe des francs-maçons* (*op. cit.*), pp. 36-38.

(61) Andreas Önnerfors, "From Jacobite Support to a Part of the State Apparatus: Swedish Freemasonry between Reform and Revolution". *Lumières*, no. 7, 1er semestre 2006, pp. 203-225.

(62) 深沢克己「一八世紀のフリーメイソンと寛容思想」(前掲)、二三六―二三八頁。

(63) Chevallier, *Histoire de la franc-maçonnerie française* (*op. cit.*), t. II, pp. 17-99; Pierre Mollier (dir.), *La franc-maçonnerie sous l'Empire: un âge d'or?* Paris: Éditions Dervy, 2007. なおジョゼフ・ボナパルトが加入儀礼を受けたのは、一七九三年マルセイユの完全誠実会所においてである。Saunier (dir.), *Encyclopédie de la Franc-maçonnerie* (*op. cit.*), pp. 92-93.

第八章　秘密結社と国家
――アイルランドの非合法宣誓法（一八二三）を中心に

勝田俊輔

一　問題の所在――秘密結社と公権力

ひと口に秘密結社と言っても、そこには歴史上さまざまな変種があり、また一つの結社にもさまざまな側面があるため、包括的に論ずることは容易ではない。こうした秘密結社の多面的な性格のうち、その社会的機能・役割ではなく、組織の面に目を向けるならば、一般に秘密結社は、以下の三つの特徴を共通して持っている。第一に儀礼が重要な意味を持つこと、第二に秘密を内部で共有していること、そして第三にメンバーの宣誓を結合原理としていること。

本章では、これらの特徴のうち特に宣誓の問題に注目する。儀礼の問題を扱わないのは、アイルランドの秘密結社ではエリアーデの分析に見られる密儀の役割が弱く[1]、組織内部では儀礼よりもむしろ現実的な問題の方が重視されたからである。秘密の問題については、秘密なるものについてなされた本格的な分析が少ないため、ジンメルの指摘を紹介するにとどめておく。ジンメルによれば、「秘密は［中略］人類のもっとも偉大な達成のひとつ」である。秘密は「未知なるもの」とは違って人工的に作り出されるものであり、「公的な」世界と並立する第二の世界を可能ならしめ、公的な世界はこの「裏の」世界によって実は大きな影響を受けている、とされる[2]。ジンメルの指摘は重要な問題をはらんでおり、今後はこの視点を組み込んだ西洋史研究が期待される(3)。

宣誓の問題について見ると、一般に誓いなるものは、日本人にとってはややなじみが薄いが、西洋社会では中世以来、人的結合の基本的な手段の一つとして秘密結社に限らず広く用いられ、また重視された(4)。一九世紀の人間だったトクヴィルも「誓いの神聖さに対する敬意は、全ての社会のいしずえとなる」と考えていた(5)。こうした誓いのうちには、官職就任の際の宣誓のように国法が要求するものもあるが、禁酒の誓いのように個人が私人として自発的に立てるものもある。後者の場合、個人は、もっぱら自分の良心にもとづいて誓いの拘束を受け入れるのであり（誓いを破れば、自分を軽蔑すべき嘘つきと認めざるをえなくなる）、そこには国家などの公権力が干渉してくる余地はないはずである。では、このような自発的な誓いが、非公式の団体に対する誓い、それも団体への服従の誓いだった場合、そうした団体と公権力との間の関係はどうなるのだろうか。この問題は、ヨーロッパではすでに中世の誓約団体についても指摘できるが(6)、少なくとも原則の上では常に困難をはらんでいる。非公式な宣誓団体は、たとえ犯罪的・反体制的な性質のものでなくとも、私的団体でありながら独自の権威体系を持つものとなり、一元的な支配を目指す国家からすれば厄介な存在となり得るからである。誓いの拘束が特に強い秘密結社は、そうした団体の典型である。

ただし、実際には近代ヨーロッパにおいて、国家が秘密結社を、私的な宣誓団体であるという理由で弾圧することはなかった。あまりにも多くの人間が何らかの秘密結社に属していたため、こうした理由で秘密結社の一切を禁じるのは非現実的だったのである。だが、例外として一九世紀初めのアイルランドを挙げることができる。一八二三年の非合法宣誓法（4 Geo. IV, chap. 87（Ireland））が、国法の裏付けを持たない非公式の宣誓を用いる団体一切を禁じたことで、アイルランドでは文字通り全ての秘密結社が禁止されたのである。本章は、この法を切り口にして、秘密結社と国家の関係について若干の整理を試みる。議論の進め方としては、近代アイルランドにおける秘密結社と国家の関係を概観し、続いて一八二三年法の主な標的となった秘密結社であるオレンジ団と、加えてアイルランドでかなりの隆盛を見たフリーメイソン団の性格と動向を考察し、最後に一八二三年法の性格と制定過程を分析する。なお、一八二三年法について内外に先行研究はない。

二　アイルランド近代史における秘密結社と国家

近代のアイルランドは、秘密結社とかなりなじみの深い社会である。一八世紀後半から二〇世紀初めにかけて数多くの秘密結社が盛んに活動し、ある歴史家によれば、アイルランド近代史において秘密結社の果たした役割は、ヨーロッパの他のどの国の場合よりも大きかった(7)。実際に、フリーメイソン団についての最近の実証研究によれば、一八世紀から一九世紀初頭にかけてのヨーロッパで最もフリーメイソン団の組織が広まっていた地域は、アイルランド北部のアルスタであった(8)。フリーメイソン団以外のものに目を向けても、農村ではしばしば大規模な農民一揆が起こったが、一揆は秘密結社を活動の母体としていた。一揆農民は、秘密結社にイニシエーションを受けて入会し、組織の掟に服従するとの誓いを立て、組織から命令を受けてことを起こしていたのである。都市部でも、一八世紀末には法律家やジャーナリストなどの知識人が急進的政治結社を作り、イギリスからの分離独立運動を計画して、革命フランスの援助を受けつつ大規模な反乱を起こしたことがある(9)。また一九世紀半ばの政治結社は、アメリカ合衆国の結社と双頭の秘密組織として発足し、互いに連絡をとりつつアイルランドと北米大陸でそれぞれ蜂起を敢行した(10)。

以上に見られるように、アイルランドの秘密結社は、現実的・現世的な利害や理念の追求を直接の目的としていたものがほとんどである。と同時に、アイルランドの秘密結社は、誓いによる結束がとりわけ強い組織でもあった。秘密結社に限らずとも、近代のアイルランド社会で宣誓の持っていた拘束力はかなり強く、現代の感覚からすれば人を愚直とも呼べる行動に向かわせることさえあったとされる(11)。こうした事情を受けて、アイルランド国家が秘密結社を弾圧する際には、犯罪的・反体制的な組織を弾圧するという名目を掲げつつも、宣誓自体も刑罰の対象としていた。以下、誓いに焦点を当てて、秘密結社の弾圧過程を概観しておこう。

農村で一揆を起こしていた秘密結社を弾圧するために、一七六五年のホワイトボイ法（5 Geo. III, chap. 8（Ireland））が、不法行為（一揆）を行うとの誓いを結社のメンバーに立てさせることを死刑に処すると定めた。この法は続く一七七六年の同名のホワイトボイ法（15 & 16 Geo. III, chap. 21（Ireland））によって更新され、新法はどんなものであれ他者に宣誓を立てさせることを禁止した。刑罰は死刑から減ぜられたが、この法は恒久化された（40 Geo. III, chap. 96（Ireland））。この結果、誓いを他者に立てさせることはすべて違法となったが、自発的に立てる誓いについては罪に問われていなかった。そこで一七八七年の暴動法（27 Geo. III, chap. 15（Ireland））が、非合法（犯罪的・反体制的の意味）の宣誓を他者に立てさせることを禁じると同時に、強要された場合を除きそうした誓いを自ら立てることも禁じた。この法も恒久化されたが（40 Geo. III, chap. 96（Ireland））、これらの法は宣誓よりも一揆行為を主な標的としていた。そこで宣誓そのものを対象とした一八一〇年の非合法宣誓法（50 Geo. III, chap. 102（Ireland））が制定され、非合法（犯罪的・反体制的の意味）の団体へ所属・服従するとの誓いを強要することに加えて自ら立てることを禁じ、違反者は終身もしくは七年の流刑とされた。

このように見ると、秘密結社に対する国家の弾圧にかんしては、アイルランドはイギリス（グレートブリテン）に先行していたと言える。イギリスで最初に秘密結社が弾圧されたのは一七九七年のことである（37 Geo. III, chap. 123）。ただし、イギリスは続いて一七九九年法を定め（39 Geo. III, chap. 79）、どのようなものであれ国法の裏付けを持たない宣誓を用いる団体を法の上ではすべて禁じることで（フリーメイソン団など一部の団体は除外）、秘密結社弾圧の網を広げた。その一方でアイルランドではこの一七九九年法に相当する法がなかったため、秘密結社の弾圧に抜け穴があった[12]。すなわち、誓いを他者に強要することは処罰の対象とされていたが、自発的に立てた誓いの場合は、たとえ国法の裏付けを持たない非公式の団体に服従するとの誓いであっても、その団体が犯罪的・反体制的なものでさえなければ、法に触れることはなかったのである。この抜け穴を埋めるのが一八二三年法なのだが、上述のようにこの法はオレンジ団を主な標的として制定された。言い換えれば、同法が制定されるまで、弾圧の抜け穴の最大の受益者だったのがオレンジ団なのである。以下まずは、アイルランドに特徴的な秘密結社であるオレンジ団とはどのような団体だったのかを確認しておこう。

三　オレンジ団とその周辺

(1)　オレンジ団の登場

オレンジ団は、近代アイルランドで陰に陽に最も大きな勢力を持った秘密結社だったといってよい。発足は一七九五年のことであり、北部のアーマ州で結成された。「オレンジ」とは、名誉革命でグレートブリテンとアイルランドの王位についたウィリアム三世の家名である。名誉革命は、アイルランドにおいては、プロテスタント支配の体制を確定した革命であり、カトリックは革命直後からさまざまな法的差別・制約の下に置かれることとなった。オレンジ団は、こうして形成された、多数派のカトリックに対して少数派のプロテスタントが優越する国制の維持を綱領に掲げる団体であった。

当初のオレンジ団は自営農民やパブ店主などを中心としており、将来性を感じさせる団体ではなかった[13]。だが、まもなく首都ダブリンにもロッジを構え、ジェントリら上流階層も組織に引き込んでいった[14]。アイルランド行政府も、当初はオレンジ団に警戒の眼差しを向けていたが[15]、組織の浸透を黙認することとなり、一九世紀初めには行政府高官にもオレンジ団のメンバーがいた[16]。このようにオレンジ団が勢力を拡大した要因の一つとして、オレンジ団がフリーメイソン型の友愛団――当時最も有効なオルグの組織――だったことが挙げられる。[17]だが組織面だけから勢力拡大を説明することはできない。オレンジ団の綱領に加えてその武力が、一七九〇年代のアイルランドの政治状況に合致していたことも要因である。

一七九〇年代前半、オレンジ団が結成される直前のアイルランドでは、名誉革命期以来のプロテスタント優越の国制が大きく変更されつつあった。カトリックに対する法的差別の大部分が一挙に撤廃され、また一七九五年には残された差別も撤廃寸前にまでいたるのである。こうした急激な変化に対して、危機感を募らせたプロテスタントの一部（非国教徒もふくむ）が、プロテスタント保守派として、中央と地方の政治において重要な勢力として登場してくる。[18]オレンジ団は反カトリック主義を言論や儀礼によって喧伝することでその先兵としての役割を担ったのである。その上オレンジ団は、カトリック住民を夜間に襲撃するといった不法行為に出ることさえあった。ところが行政府はオレンジ団そのものを組織として弾圧することはなかった。アイルランドの政治情勢が急変したことにより、オレンジ団はプロテスタント保守派の道具であるにとどまらず、国家にとっても有用な存在となったからである。一七九〇年代末にアイルランドで急進主義者が秘密結社を母体に革命運動を展開して反乱を計画したが、行政府はこれに対抗するための正規軍の不足に悩まされていた。このためオレンジ団を郷土義勇軍に編成・吸収することで、団を統制下に置きつつ、同時に革命運動に対抗するための軍事力を強化する策に出たのである。[19]実際、オレンジ団は反乱勃発直後の政府軍の大半を占めるにいたるが、[20]のみならず反乱および革命運動が鎮圧された後になっても、オレンジ団と国家は密接な関係を維持することとなる。オレンジ団を主体とする郷土義勇軍は、一八三六年に廃止されるまで警察の補助活動を行い、地域の治安維持にあたっていたのである。[21]

ところが、このオレンジ団が一八二〇年代に政府によって弾圧される。一八二三年に連合王国議会でオレンジ団に関する査問委員会が開かれ、そして一八二三年法がオレンジ団を直接の標的としつつ全ての秘密結社を禁じ、[22]続く一八二五年の非合法結社法（6 Geo. IV, chap. 4 (Ireland)）が改めてオレンジ団を対象に制定される。こうした措置の結果、オレンジ団は秘密結社としての存在を禁じられ、しばらくの間勢力をかなり弱めることとなる[23]。すなわち、体制が体制と密接な関係にあった秘密結社を弾圧したのであり、ここに、一九世紀前半のアイルランド統治における一つの転回点があったといえる。では、なぜ体制派だったオレンジ団が弾圧されなくてはならなかったのか。

(2)　オレンジ団批判の高まり

実はオレンジ団は、アイルランドの枠組みで見ると体制派の団体だったが、ブリテン諸島の枠組みで見ると反体制的な性格を持っていた。こうしたオレンジ団の二重性格は、一八世紀のアイルランド王国とグレートブリテン王国の間の、同君連合をなしながらも矛盾を抱えた関係を反映していた[24]。

オレンジ団が実現を阻止しようとしていたカトリック差別の撤廃は、イギリスによってアイルランドにいわば押しつけられた措置であった。差別撤廃は、形式の上ではアイルランド議会が制定した差別撤廃法によったのだが、この議会は、イギリス政府が派遣した植民地行政官であるアイルランド総督（通常イギリス貴族）の行政府の統制下にあった。つまりアイルランド議会の制定法は、場合によってはアイルランドの政治国民の意思ではなく、むしろイギリス政府の意向を反映したものとなった。カトリック差別撤廃法はその一例だったのだが、この措置は当時のイギリスの国際戦略上の必要によっていた。イギリスにとってアイルランドは地理的に戦略上の弱点であり、このため戦時にあってはアイルランドの政情を安定させておく必要があった。言い換えると、人口の大多数を占めるカトリックが敵国側に接近することがないよう、譲歩（法的差別の撤廃）によって彼らを体制に結びつけておかなくてはならなかったのである。実際、数度に渡るカトリック差別の段階的撤廃は基本的に戦時になされている。

特に一七九二－九三年には、革命フランスとの未曾有の大戦争の最中だったため、差別撤廃は急激かつ大幅に進められた。この結果、アイルランドのカトリックはイギリスのカトリックよりも「解放」されるにいたったのだが、そうであるがゆえに前述のプロテスタント保守派の台頭およびオレンジ団の形成を反発として招くこととなった。つまり、オレンジ団とは、一方ではアイルランドのプロテスタント支配体制が外からの圧力で変更されていく際の最終段階に登場した強力な抵抗勢力だったが、他方でブリテン諸島の枠組みで見ると、局地的かつ党派的な反動にすぎない存在だったとも言えるのである。以下、オレンジ団への批判と弾圧の具体的な経緯を見ておこう。

オレンジ団に対する批判は、実は団の発足直後から見られた。(25) 特にカトリックへの法的差別撤廃の賛成派（少なからぬ数のプロテスタントも含んだ）からすれば、オレンジ団は不倶戴天の敵であった。ただし、反カトリックの組織であるという理由でオレンジ団弾圧を政府に求めても、実現の見通しは暗かった。アイルランド王国および一八〇一年に発足する連合王国では、事実としてカトリック差別の法が部分的には残っており、依然として反カトリック主義を完全には払拭していなかった。このため、オレンジ団の主義主張を非難することは国制上の問題を招きかねず、政府はこれを避けようとした。(26) したがって、オレンジ団の弾圧を実現させせようとするのであれば、その根拠はオレンジ団が秘密結社であることに求める必要があった。

弾圧を要求する動きは、当初はイギリスのオレンジ団に対してなされた。一七九〇年代末のアイルランドでの革命運動への対抗措置の一環として派遣されたイギリスの民兵連隊にオレンジ団の勢力が浸透し、その後彼らが帰国したためにオレンジ団の組織がイギリスに持ち込まれていたのである。(27) 一八一三年の連合王国議会で、オレンジ団に関する査問委員会を設置する動議が出された。(28) その目的は、本来は革命組織に対して制定されたイギリスの一七九九年法をオレンジ団にも厳密に適用し、国法の裏付けを持たない宣誓を用いる団体として禁止することであった。結局査問委員会の設置までにはいたらず動議は撤回されたものの、議会はイギリスのオレンジ団に対する非難を表明した上で、オレンジ団の自発的な対応を期待すると言明して討論を終えた。(29) これを受けてイギリスのオレンジ団は組織の規則を改めて宣誓の使用を止め、それ以上の法的な攻撃の対象となることを免れた(30)。

この成功を受けて、今度はアイルランドのオレンジ団に攻撃の矛先が向けられることとなった。一八一三年の動議の際には、アイルランドのオレンジ団も激しく批判されたのだが、一七九九年法に相当する法がアイルランドになかったため、ここでの批判は法的根拠に乏しかった。そこで一八一四年の議会にはアイルランド各地より請願が寄せられ、本来は犯罪的・反体制的団体を標的とするアイルランドの一八一〇年法を拡大適用してオレンジ団を弾圧することを求めた(31)。これは先年のイギリスでのオレンジ団批判の例を踏襲しようとしたのだろうが、法的には無理のある要求であった。この当時実質的にアイルランド大臣に相当する主席政務官の任にあったピール Robert Peel は、一時はアイルランドのオレンジ団について、非公式の宣誓にもとづく独自の権威体系を持った団体として懸念していたが(32)、団が当時もはや宣誓を用いていないとの情報を得て、議会でその旨を表明してオレンジ団への攻撃に反論した(33)。じつは後に見るようにこの情報は誤りだったのだが、結局この年の政府は、郷土義勇軍兵士に対してはオレンジ団の儀礼行動に参加することを禁じたものの(34)、オレンジ団の組織自体については、彼らの唯一の欠点はその「過剰な忠誠心のみにある」と議会で言明するのみで何ら手を打たず、オレンジ団批判をかわすことに成功した(35)。

続く一八一五年の議会でも、請願に加えてオレンジ団批判の動議が、その「秘密の宣誓」の非合法性を根拠に提出された(36)。これに対して政府は、宣誓使用の有無の問題に触れることを避けつつ、反カトリックのオレンジ団を攻撃することがむしろ宗派対立を煽りかねないと強弁して動議に反対した(37)。結局動議は賛成二〇に対して反対八九と大差で否決され(38)、これを期に議会内外でオレンジ団攻撃はしばらく下火となっていく(39)。

議会がイギリスのオレンジ団に向けた姿勢と、アイルランドのオレンジ団に向けた姿勢の違いの最大の要因は、アイルランド選出議員(全員プロテスタント)にはオレンジ団にはっきりとした敵対姿勢を示す者が少なかったことに加えて、当時のイギリス選出議員が、大部分はオレンジ団に対して嫌悪感を抱いていたものの、全般にアイルランドに積極的な関心を示さなかったことにある。連合王国はまだ発足して間もなく、緩やかな連合国家にすぎなかった。一八一五年の動議の評決に加わった議員の数一〇九は、庶民院定数六五八人のうちアイルランド選出議員が一〇〇人だったことを考えると象徴的といってもよい数字である。従って、一八二三年にアイルランドのオレンジ団弾圧が実現したことの要因の一つとして、一八二〇年代の議会ではアイルランドに関心を持つイギリス選出議員が多かったことがあげられるが、ことは必ずしもそう単純ではない。一八二三年法案は、反オレンジ団の野党議員ではなく政府が上程したものである。以下に経緯を見ておこう。

(3)　一八二〇年代の政治情勢

一八一五年以降低調だったオレンジ団批判の声が再び挙がるのは、一八二〇年代に入ってからである。一八二一年に連合王国王ジョージ四世がアイルランドを訪問し、宗派間の「融和」の機運が高まったが、このことはオレンジ団のような宗派主義的な団体への風当たりが強くなることを意味した。さらに、この年の末にアイルランド総として着任したウェルズリ Wellesley 侯が、カトリック差別撤廃賛成派の行政官としてオレンジ団に対するはっきりとした敵対姿勢を示し始めた(40)。翌一八二二年、ウェルズリはオレンジ団に、団の毎年の行事だった反カトリックの儀礼を自制するように求めたが、オレンジ団の代表者は、総督の権威よりも組織の指導部の権威を優先すると宣言して儀礼を決行してしまった。このため、オレンジ団の組織が持った独自の権威体系の問題が再び浮上した。ウェルズリはこのような「国家内の国家」とも言える団体の危険性を指摘したが、内相ピールもこの点に同意し、一八一〇年法をオレンジ団に拡大適用すること、またそれが不可能ならば同法を改正することも検討し始めた(41)。さらにこの年の末にオレンジ団員がウェルズリ暴行未遂事件を起こし、そしてその事件の裁判がオレンジ団の司法への影響力によって不首尾に終わると、翌年二月にウェルズリは、イギリスの一七九九年法をアイルランドへ拡張するか、さもなければアイルランドの一八一〇年法を改正してオレンジ団に適用すべきとの提案をロンドンに送った[42]。ロンドンの連合王国政府はこの提案を検討したが、結局は反対した。その理由は、どちらの形をとるにせよ、結局はオレンジ団弾圧の法であると議会で理解されるであろう、というものであった[43]。つまり、一八二三年の議会が始まる段階では連合王国政府にアイルランドのオレンジ団を弾圧する意図はなかった。弾圧は、一八一三年に見られた非難の表明などとは次元の異なる強い措置であり、たとえその主義ではなく組織の問題が問われていたにせよ、当時の国制をある意味で体現するオレンジ団を、革命的秘密結社のような反体制組織と同列に扱うことに政府は躊躇したのである。ところが、一八二三年の議会は、こうした政府の思惑をこえて動いていってしまう。

一八一二―二七年に連合王国の政権の座にあったリヴァプール内閣にとって、一八二〇年代初頭は議会内外で政権基盤が揺らいでいた時期だったが[44]、とりわけアイルランド問題は泣き所の一つであった。一八二一年には、カトリック差別撤廃法案が連合王国史上初めて庶民院を通過していた。一八二二年と一八二三年には、アイルランド情勢に関する動議――これは野党の政府攻撃の常套手段であった――が発せられ、議会で激しい討議を招いた[45]。特に一八二三年の議会はいわばアイルランド議会の様相を呈することとなり、八四日が経過した時点において四九日がアイルランド関連の討議に充てられていた[46]。つまり、ナポレオン戦争終了とジョージ四世の即位という新ムードの台頭を受け、アイルランドの諸問題にイギリス選出議員も関心を示し始めていたわけだが、そのことはオレンジ団批判がかつてない程に強まることを意味した。守勢に回らざるをえなくなったオレンジ団とそのシンパからすれば、ピールが私信で述べたように「団のありとあらゆるロッジよりも、イングランドの公論を味方につける方が［中略］心強い」はずであり、そのためには「秘密の義務関係や秘密組織への加入は避けるべき」であった[47]。だが、議会に集ったイギリスの公論はまさしくその点を衝いてきたのである[48]。

一八二三年二月末から三月初めにかけて、庶民院でアバクロンビ James Abercromby と著名な急進主義者バーデットSir Francis Burdett の二人のイギリス選出議員が、オレンジ団に関する査問委員会設立の動議をそれぞれ予告した。[49] 提出されたバーデットの動議は、オレンジ団自体ではなくウェルズリ暴行未遂事件の際のダブリンの司法を直接の対象としていたが、評決の際には四〇〇以上の票を集めた。[50] 一八一五年の動議と比べかなり注目されていたわけだが、動議は可決され実際に査問委員会が設置されることとなった（後述）。

この一方でアバクロンビの動議は、組織としてのオレンジ団自体を標的としており、[51] すでに提出予告の段階でアイルランドに緊張をもたらしていたとされる。[52] 政府にとっては、議会でこの動議が可決されてオレンジ団批判の決議が採択されることとなれば、指導力の低下が疑われるのみならず難問であるカトリック問題に関しての「誤解」も招きかねなかった。[53] この種の動議の通過が認められるのであれば、カトリック差別撤廃も容認されるとの印象を与えかねなかったのである。実際、一八二三年の議会開会直後に、一八二一年の差別撤廃法案を上程した有力政治家のプランケット William Cunningham Plunket が、カトリック問題についての動議（法案上程を意味する）を予告していた。[54] このためアバクロンビの動議についての討議の際には、ピールとアイルランド主席政務官のグルバン Henry Goulburn は、予告されたプランケットの動議とは切り離して扱うように議会に求めていた。[55]

ところが、アバクロンビの動議は議会を通過する見通しが強くなり、また政府は動議提出を断念するようアバクロンビを説得することもできなかった。そこで政府はやむなく先手を打って、オレンジ団だけでなく全ての秘密結社の弾圧を目的とするという体裁をとることで反オレンジ団の措置としての性格を弱めた上で、[56] イギリスの一七九九年法をモデルとした一八二三年法案を上程したのである。[57] つまり、一八二〇年代初めの議会政治の力学が、実質的にはオレンジ団弾圧の措置である一八二三年法案を、皮肉なことに政府に導入させることとなったわけなのだが、問題はここで終わらない。一八二三年法のモデルとなった一七九九年法は、フリーメイソン団などのいくつかの秘密結社を「無害な」友愛団体として適用除外としていたが、一八二三年法はそうした除外を設けなかった。実際に、この法の制定を受けてアイルランドの全てのフリーメイソン団のロッジが活動を休止することを余儀なくされるのである[58]。つまり一八二三年法が注目に値するのは、体制派の団体を弾圧したことだけでなく、フリーメイソン団を除外しなかったことにもある。政治状況は、オレンジ団弾圧のみを必要としていたはずである。なぜそれ以上に強い法が定められることとなったのか。アイルランドのフリーメイソン団は、イギリスのそれとは違っていたのだろうか。まずは、アイルランドのフリーメイソン団がどのような組織だったのかを確認し、その上で一八二三年法の制定過程を検討することとしよう。

四　一八二三年法の制定

(1)　アイルランドのフリーメイソン団

アイルランドで最初のフリーメイソン団グランド・ロッジは、記録の上では一七二五年に設立された[59]。アイルランドで秘密結社が全土に広まっていたことは前述のとおりだが、これらはほぼ全て一八世紀の後半に登場しており、基本的にフリーメイソン団をモデルとして組織を作り上げていた。農村一揆を起こしていた秘密結社については、フリーメイソン団とのつながりは状況証拠によって示されるのみだが[60]、政治結社について見ると、オレンジ団をはじめ、カトリックのディフェンダーズ Defenders と急進主義のユナイテッド・アイリッシュメン United Irishmen らも、フリーメイソン型の組織として発足・活動していた[61]。これらの政治結社は、フリーメイソン団の最大の勢力基盤だったアルスタを発祥地としていたが、このことは、本来のフリーメイソン団が、これらとの競合によって一八世紀末から一九世紀初めにかけて衰退していった可能性も示唆する。実際オレンジ団は、フリーメイソン団を組織の自立と拡大のライヴァルと見なしてもいた[62]。

同じようにカトリック信徒も、当初はフリーメイソン団に積極的に加わっていたが、その後姿勢を変えていった。一八世紀のアイルランドのカトリックはフリーメイソン団員となることに障害はなかった。たしかに、一七三八年の教皇勅書は、「互いに同意しあった戒律と掟に従って、閉鎖的で不可解な絆で連合している」ことを非難してフリーメイソン団を禁じた(63)。とはいえ、その後も数度に渡って繰り返された教皇勅書を一八世紀のアイルランドのカトリック教会は無視していた(64)。ところが、一八世紀末からフリーメイソン団がプロテスタント色を強めていき、加えて一九世紀初めのアイルランドで全般的な宗派対立が高揚したこともあって、カトリック教会の姿勢は黙認から敵視へと変わる(65)。カトリック信徒のフリーメイソン団からの脱退の動きはすぐに完成するものではなかったが(66)、いずれにせよ一連の動向を受けて、一八二三年の時点ではアイルランドのフリーメイソン団は組織としてはかなり弱体化しており、いわば取るに足りない存在となっていた(67)。

また、秘密結社たるフリーメイソン団に対する偏見・反感が、アイルランド社会で特に強かったと考える根拠もない。実は「秘密」は、フリーメイソン団の活動のうちの一部にすぎず、一八世紀のほぼ全体を通じて、フリーメイソン団は秘密結社の名に値しないと言えるほどの公開性を持っていた(68)。またフリーメイソンの組織に対して立てられた誓いについても、原理上は独自の権威体系を作り出すものではあったが、さして問題とはされていなかった。一七九九年から一八〇〇年にオレンジ団に関するパンフレット論争が行われたが、そこでは、オレンジ団の誓いについて、フリーメイソン団の誓いと同じく厳密には「違法」だが黙認すべきものなのか、あるいはやはり違法なものとして扱うべきなのかが問題とされていた(69)。後に見るように一八二〇年代に入っても、フリーメイソン団の誓いは無害なものとして扱われていた。要するに、アイルランドの一八二三年法が、モデルとなった一七九九年法とは異なりフリーメイソン団をも弾圧対象としなくてはならなかったことの原因は、フリーメイソンの側にはなかった。

実際のところ、一八二三年法は続く一八二五年法で改正され、フリーメイソン団は同法の対象外とされて活動を公認される。この一八二五年法は、法案として審議が始まった当初から、フリーメイソン団らの非政治的結社については「当然ながら除外」するとしていた。[70] 一八二三年法の極端な性格は、別な方面に原因を求めなくてはならない。

(2) 一八二三年法の制定に向けて

制定された一八二三年法は、どんな団体であれ個人の私的な誓いを用いるもの一切を禁じた（罰則は七年間の流刑もしくは収監）ものであり、かなり包括的な性格を持っていた。ところが、この法案の制定作業が始まった段階では、同法が最終的にこうした性格のものとなることを予想していた人間は、政府筋の者も含め誰もいなかったと考える根拠がある。というのも、法案上程が議会で予告されたのは三月五日だったが、[71] 三月一〇日の時点では、野党の有力議員スプリング・ライス Thomas Spring Rice が、「誓いを立てるという儀礼はフリーメイソン会〔団〕でもなされています。しかし、そのことが問題視されることはありません」と発言していた。[72] スプリング・ライスはオレンジ団批判者の一人であり、一八二三年法案の制定に積極的に賛成する立場の人間である。その彼にしても、同法案がフリーメイソン団までも対象にする可能性などは考えていなかったのである。政府筋について見ても、一八二三年法の制定で活動を休止していたフリーメイソン団の各ロッジは一八二四年のうちに活動を再開するのだが、このように厳密にいえば法に抵触する行為に出たのは、グランド・マスタのレンスタ Leinster 公爵が、高位貴族としての自らの政治的影響力を通じて、活動再開は政府によって黙認されるとの見通しを得ていたからである。すなわちレンスタは、一八二三年法についての政府の元来の意図は、フリーメイソン団を適用除外とすることにあったとの言質・釈明を政府筋から得ていた。[73] 要するに、この法の極端な性格を説明するためには、三月の法案提出予告から七月の最終的な法案通過までの間に何があったのかを明らかにする必要があるということになる。

実際の法案審議は、第一読会が五月七日、第二読会は五月一二日に行われた。すでに第一読会の段階で、法案はフリーメイソン団をも対象とする形を取っていたのだが、[74] その後五月二七日に最初の修正を付され、以降七月二日に最終的に庶民院を通過するまでにもう一度修正を受けている。[75] すなわち、フリーメイソン団を適用除外とするチャンスはあった。加えて、同法案の審議中にフリーメイソン団は議会に適用除外を求める請願を出し、[76] またレンスタ公も同じ趣旨の提案をしていた。[77] だが首相のリヴァプール伯は「この法案はあまねく適用されねばなりません」と断言して適用除外を認めなかった。[78] 要するに政府は、当初の方針を変更し、またフリーメイソン団の反対を押し切って、この極端な法をアイルランドに導入したのである。

ここで鍵となるのは、一八二三年法案の審議とは別に行われていた議会の査問委員会の動向である。この査問委員会は一八二三年法案の審議の前に始まっており、審議と同時期に証人喚問を行っていたため、一八二三年法案の内容、特にそこでの政府の強硬な姿勢に影響したと推測することができる。

(3)　オレンジ団前代理グランド・マスタの証人喚問

一八二三年四月から五月にかけて、議会（庶民院）で前述のバーデットの動議にもとづいて全院査問委員会が組織され、五〇人以上の証人が喚問された。[79] 委員会はかなり詳しく証人を尋問していったが、[80] 最後から二人目の証人には大変に手こずった。この証人は、かつてオレンジ団の代理グランド・マスタの地位にあったキング Sir Abraham Bradley King であった。[81] キングは、ある質問に答えることを一〇回以上も拒否し続け、このため委員会は彼を退席させて対応を協議すること七度に及んだ。委員会がキングから聞き出そうとしたのは、秘密結社たるオレンジ団のメンバーが互いを識別するための合言葉だったのだが、オレンジ団員は入社式の際にこの合言葉を外部に明かさぬことを誓うのであり、キングはその誓いを破ることはできないとして証言を拒んだのである。こうした国法の裏付けのない私的な誓いを用いる団体は、前述のようにイギリスでは一七九九年法により原則的には違法とされていたが、アイルランドではそうではなかった。だが委員会は、この合言葉には強い反カトリック主義を暗示する文言が含まれていることを疑い、執拗にキングの証言を要求し続けた。しかしキングも誓いを盾にして、拒否の姿勢を崩さなかった。

キングの頑なな拒否にあい、委員会も姿勢を硬化させたが、そのあまり委員会は体裁の悪い失策を冒した。委員会は、秘密の合言葉それ自体を口にさせるのは難しいと判断し、特定の語句を示してそれが合言葉であるのか否かを答えさせる形（○×形式）で必要な情報を得ようとした。特定の語句とは、聖書の「ヨシュア記」にある（と委員会が考えた）イスラエルによるアマレク人 Amalekites の抹殺に関する文言であり、委員会はそれが合言葉なのかどうかを認めるようキングに命じた。つまり、オレンジ団が「カトリックの抹殺」を想起させる合い言葉を用いていたことを明らかにさせようとしたのであり、委員会はこの点であらかじめ何らかの情報を得ていたと推測される。しかしキングは、合言葉として「ヨシュア記」のうちのある文言が使われているところまでは認めたが、委員会の問いに答えることは合言葉の内容を明らかにすることに通じるとして、ここでも証言（返答）を拒否した。のみならずキングは、委員会が示したアマレク人に関する文言は「ヨシュア記」にはないはずだとも付けくわえた。[82] これを受けて議員の一人が実際に聖書を調べに行き、戻ってキングの言う通りである旨を委員会に告げた。[83] しかし、オレンジ団批判の急先鋒の議員が、「ヨシュア記」の第一〇章第一九節に確かに問題の文言があるとして譲らず、査問を続けた。[84] だが実のところ、そこに記されていたのはアマレク人ではなくアモリ人 Amorites についての一節であった。委員会は見当違いの命令を下していたことになる。この失策は、当時ダブリンで最大部数を誇った新聞（オレンジ団寄りであった）によって風刺されるところとなった。[85]

委員会のこうした不手際ぶりとは対照的に、キングは厳かとも言える態度でことに臨んでいた。彼は以下のように委員会（実質的には議会）に告げている――

私は、世界で最も重要な議会を前にしている、という自分の置かれた立場を理解しております。この議会が持つ一切の力をわきまえておりますが、とはいえ、私個人と、神と、そして私の良心との間に踏み込んでくるほどの力があるとまでは、認めることができません。そうすることの結果は甘んじて受け入れます。それは厳しいものとなるかも知れませんが、良心を捨てることは私にはできないのです。(86)

このように自分の立てた誓いを神聖なものとすることで証言を拒否するキングの姿勢には犯しがたい威厳があり、委員会は困難な状況に置かれた。実は、キングより先の証人の尋問の際にも同じ問題が生じていた。(87)この証人は前述のウェルズリ総督暴行未遂事件の裁判で大陪審員を務めており、大陪審の職務内容について尋問を受けたのだが、そこで(大)陪審員が立てる守秘の誓いに対して議会が持つ尋問の権限が問題となったのである。一部の議員は、ひとたび誓いが立てられた以上、どんなものであれそれは尊重されるべきであるとした。例えば経済学者のリカード David Ricardo は、「人が彼の造物主と約した厳粛な義務を議会が取り消す、などということを話題にすること自体が馬鹿げています」と弁じている。(88)同じようにピールも、「全ての大陪審員は、自らに知らされる証拠の守秘を誓い、「神の助けのあらんことを」［中略］言い換えれば「証言内容を暴露するようなことがあれば、神の守りが我から除かれんことを」と言明するのです。彼がこのように荘重な誓いを立てて守るとした秘密を明かすよう強いることなど、議会にできるのでしょうか？」と論じている。(89)

こうした宣誓原理主義とでも言うべき論法に対して、反論も出された。アバクロンビは、たしかに陪審員は秘密を守ることを神に誓ってはいるものの、陪審員の誓いは公共への奉仕を究極の目的としており、その目的にかなう場合は誓いを解消させることが可能であるとした。(90)また文筆家マキントシュ Sir James Mackintosh は、この種の誓いは国家が法によって定めたものであり、従って国家がその効力を停止できるのであり、名誉革命が国王ジェイムズ二世に対する忠誠の誓いを破棄したのと同じことであると論じた[91]。

じつは委員会は、この元大陪審員の尋問時には、こうした厄介な抽象論を避けて、質問を守秘の誓いに抵触しないことがらに限定することで合意し、尋問を進めた[92]。この証人はオレンジ団員ではなかったからである[93]。しかしオレンジ団の実質的な最高位階を占めたほどの有力者キングの証言拒否に対しては、委員会は簡単に引き下がるわけにはいかなかった。では委員会は、キングに証言を強いる根拠をどのように示そうとしたのか。

委員会は、一種の搦め手でロジックを組み立てた。オレンジ団への誓いとは逆のケース、すなわち国法に裏付けられた誓いである、陪審員の守秘の誓いについての先の討議を再開し、もしも国法の裏付けを持つ誓いであっても国家が無効にできるのであれば、国法の裏付けを持たない誓いについてはなおさらであり、そうした誓い――それが神との間に交わされた神聖な約束であったとしても――の拘束力を国家の側が認める必要はない、との見解が出され、これが評決で認められた。つまり、議会は自らの権限を、先の大陪審員の尋問の際よりも拡大した上で明確化したわけである。その上で、議会はキングにあらためて証言を命じた[94]。

この命令は罰則（収監）を備えていたのだが、しかしキングはそれでもなお証言を拒否し続けた。結局委員会は、キングの頑なな姿勢の前に折れることとなった。その理由は、すでに一八二三年法案が審議中であり、オレンジ団は宣誓を用いる団体としては間もなく存在を許されなくなる見通しだったこと、またこの全院委員会が一カ月も続いており通常の議会運営に支障をきたしていたこと、さらにはキングを投獄することは、当時党派の対立が高揚していたアイルランド情勢を一層悪化させる可能性があり、そして投獄されたキングが殉教者と見なされて、彼の行為が一部の人間にとって賞賛の対象となりかねない、ということであった[95]。

議会は、キングの証言拒否の問題それ自体は現実的・政治的判断にもとづいて処理したわけだが、その一方で抽象論の次元においては、キングの証人喚問を通じて、誓い一般の持ち得る堅牢さ・頑強さと、それゆえの公権力にとっての潜在的危険性をはっきり認識することとなった。このことが、一八二三年法の極端な性格に影響したと考えられる。実は、この点についての直接の証拠はない。一八二三年法の制定過程についての情報は、政府関係文書には乏しい[96]。またフリーメイソン団のロッジでは原則として政治問題の討論は禁じられており、アイルランドのグランド・ロッジなどが所蔵する関係文書にはこの法についての言及はほとんどない[97]。だがこれまでに挙げてきた状況証拠から、極端な性格を持った一八二三年法とは、オレンジ団をめぐる議会政治の力学の産物だったと同時に、キングらの証人喚問の経験の産物でもあったと考えることができる。

五　一八二三年法の歴史的意義

最後に、本章の議論を相対化しておこう。実は秘密結社と公権力の関係は、ヨーロッパの歴史において決して一様ではない。フリーメイソン団に限定しても、第九章（北村暁夫）で指摘されるように、イタリアでは危険視されて弾圧の対象となることもあれば、体制を背後から支える役割を果たすこともあった。フランスでも、第七章（深沢克己）で明らかにされたように、フリーメイソン団は、啓蒙期におけるさまざまな秘密友愛団から近代以降の種々の反体制的秘密結社への橋渡し役を務めうるほどに多面的な性格を持ち、公権力とも両義的な関係を維持していた。本章は、秘密結社と公権力との間のこのような多様な関係のうちの対抗の局面に注目し、さらに、反体制的組織であるがゆえの対抗にとどまらず、宣誓を結合原理とする団体であるがゆえの対抗という問題を抽出しようと試みたものである。

このように見た場合の秘密結社一般を攻撃する際にしばしば持ち出される論法は、本章で見てきたような秘密結社の「国家内の国家」としての性格が公権力にとって危険である、とするものである。ただしこうした論法は、特定の秘密結社を攻撃するための便利なレトリックにすぎないことも多かった。例えば、一八一一年、アイルランドのカトリック教会がようやくフリーメイソン団への反対姿勢を明らかにした際に、ダブリン大司教は以下のようにグランド・マスタに書き送っている――「どのような権威の干渉も受け入れない誓いは［中略］教会と国家の既存の権力に対しての陰謀の絆となるかも知れません。そしてそうであるがゆえに危険で、非難されるべきものであります」[98]。だがこの大司教は、一七八八年の段階では、フリーメイソンとなったカトリックへの破門措置を撤回するよう教皇に要請していたのである[99]。また一八二三年四月の連合王国議会で、アイルランド法務長官が以下のように述べてもいる――秘密結社とは、組織に対する忠誠の誓いをメンバーに要求することで「臣民を国家から引き離し、また、臣民が国王に対して抱く忠誠との間に干渉してくるものであります」[100]。この発言も一般論の体裁をとってはいるが、実際にはオレンジ団に対する批判としてなされたものであり、またこの発言の精神を体現した一八二三年法案は、まだこの時点では全ての秘密結社を対象としてはいなかったのである。

だが、一八二三年のアイルランドでは、このレトリックはレトリックにとどまらなかった。全院査問委員会でのキングらの証言拒否を経て、一八二三年法が一切の秘密結社を対象として制定された瞬間とは、このレトリックが現実に合致した希有な瞬間であった。希有であるがゆえに、同法は、すぐに施行に手心が加えられ、またわずか二年後に修正されるほどに無理のある法として制定されることとなった。とは言え、その一方でこの希有な瞬間とは、誓いによって結びつけられた組織としての秘密結社と公権力との間にひそむ原理上の困難な関係を鋭く浮き彫りにするものでもあったのである。

（1）M・エリアーデ（堀一郎訳）『生と再生――イニシェーションの宗教的意義』（東京大学出版会、一九七一年）。なぜそうなったのかは今後の検討を要するが、近代のアイルランドが高度に政治化された社会だったことが関連していると考えられる。

(2)　ゲオルク・ジンメル（居安正訳）『社会学——社会化の諸形式についての研究（上）』（白水社、一九九四年）「第五章　秘密と秘密結社」、三七一頁。また秘密結社についても、まさにそれが秘密の組織であるという理由によって国家から警戒されるとしている（ジンメル（長崎浩訳）「秘密結社の社会学」『情況』一九七一年九月号、一五五頁）。

(3)　例えば、ジンメルの考え方からすれば、公共性についての議論は、「公」と「私」に加えて「秘」の次元を設定する必要がある。なお、綾部恒雄『アメリカの秘密結社——西欧的社会集団の生態』（中央公論社、一九七〇年）、および綾部『秘密の人類学』（アカデミア出版会、一九八八年）も参照。

(4)　佐藤専次「西欧中世初期における教会と宣誓」（『立命館文学』五三四号、一九九四年）、三五頁。

(5)　Alexis de Tocqueville, ***Journeys to England and Ireland***, translated by George Lawrence and K. P. Mayer, edited by J. P. Mayer, London: Faber and Faber, 1958, p. 148. なお、宣誓の存在意義への疑問を表明する見解も存在していた。福山道義「宣誓の機能について」（『神奈川法学』一四巻二・三号、一九七八年）、一四八頁。

(6)　岩波敦子『誓いの精神史——中世ヨーロッパの〈ことば〉と〈こころ〉』（講談社、二〇〇七年）、一四二—一四八頁。

(7)　T. Desmond Williams, "Introduction", in T. Desmond Williams ed., ***Secret societies in Ireland***, Dublin: Gill and Macmillan, New York: Barnes & Noble Books, 1973, p. 6.

(8)　一九世紀初めにはこの地域だけで三〇〇のロッジと二万人のメンバーを誇ったとされる（Petri Mirala, ***Freemasonry in Ulster, 1733-1813****: a social and political history of the masonic brotherhood in the north of Ireland*. Dublin: Four Courts Press, 2007, p. 279）。

(9)　Nancy J. Curtin, *The **United Irishmen**: popular politics in Ulster and Dublin **1791-1798***. Oxford, Clarendon Press, 1994.

(10)　高神信一『大英帝国のなかの「反乱」——アイルランドのフィーニアンたち』第二版（同文舘、二〇〇五年）。

(11)　Petri Mirala, "Lawful and unlawful oaths in late-eighteenth and early-nineteenth century Ireland, 1760-1835", in Allan Blackstock and Eoin Magennis eds., ***Politics and political culture in Britain and Ireland 1750-1850****: essays in tribute to **Peter Jupp***, Belfast: Ulster Historical Foundation, 2007, p. 216. 他方で当時のイングランドでは、宣誓（秘密結社のものに限らない）は、人間関係を構成する要素としてはもはや時代遅れとなりつつあったとの指摘もある（P. J. Jupp, "Dr Duigenan reconsidered", in Sabine Wichert ed., *From the United Irishmen to twentieth-century unionism:*

a festschrift for A. T. Q. Stewart, Dublin: Four Courts Press, 2004, p. 89)。

（12）なお、一九世紀のイギリスとアイルランドは連合王国を形成するが、この国家は実際には統合の度合いは弱く、二つの旧王国の法はそれぞれ存続しており、また連合王国議会の定めた法も、ほとんどはイギリスもしくはアイルランドのみに適用される特定法として制定された。

（13）Hereward Senior, *Orangeism in Ireland and Britain 1795-1836*, London: Routledge & Kegan Paul, Toronto: The Ryerson Press, 1966, p. 1.

（14）Senior, *Orangeism*, p. 75. 一八二一年には、一時的ながら王弟ヨーク公爵もメンバーとなったとされる (Frank Neal, *Sectarian violence: the Liverpool experience, 1819-1914: an aspect of Anglo-Irish history*, Manchester: Manchester University Press, 1988, pp. 25, 35, note 52. Cf. Senior, *Orangeism*, p. 164)。

（15）Senior, *Orangeism*, pp. 45, 75.

（16）勝田俊輔「「ボトル騒動」と総督――一九世紀初めのダブリンの政治社会」（近藤和彦編『歴史的ヨーロッパの政治社会』山川出版社、二〇〇八年）、五〇〇頁。

（17）Mirala, *Freemasonry in Ulster*, pp. 281-282.

（18）Jacqueline Hill, "National festivals, the state and 'protestant ascendancy' in Ireland, 1790-1829", *Irish Historical Studies*, vol. 24, 1984, p. 36.

（19）Allan Blackstock, *An ascendancy army: the Irish yeomanry, 1796-1834*, Dublin: Four Courts Press, 1998, pp. 95-96.

（20）Thomas Bartlett, "Defence, counter-insurgency and rebellion: Ireland, 1793-1803", in Thomas Bartlett and Keith Jeffery eds., *A military history of Ireland*, Cambridge: Cambridge University Press, 1996, p. 249.

（21）Galen Broeker, *Rural disorder and police reform in Ireland, 1812-36*. London: Routledge and K. Paul, Toronto: University of Toronto Press, 1970, p. 88.

（22）一八二三年にこの法案を提出したアイルランド主席政務官は、一八二五年になって、この法は、当時は名指ししてはいなかったものの、オレンジ団を標的としていたと議会で明言している (Speech of Henry Goulburn, 25 February 1825, *Hansard,s parliamentary debates*, second series, vol. 12, p. 691)。

(23) 一八二三年法によって、オレンジ団は自発的に解体し、宣誓を要さない協会として、また宗派性をやや弱めた形で、再生するが、一八二五年法で再度弾圧され解散する（Senior, pp. 206-207, 213-215)。

(24) 以下の叙述については、勝田俊輔「名誉革命体制とアイルランド」（近藤和彦編『長い一八世紀のイギリス――その政治社会』山川出版社、二〇〇二年）を参照。

(25) Senior, *Orangeism*, pp. 277-278; Do., "The early Orange order 1795-1870", in Williams ed., *Secret societies in Ireland*, p. 40. 言論界からの批判の例として、Richard Wilson, *A correspondence between Richard Wilson, Esq...; the Rt. Hon. William Elliot,... and the Rt. Hon. George Ponsonby...relative to the persecutions of the Roman Catholics in his district, by a certain description of Orangemen, and the manner in which the laws are administered, with regard to the former class of people...* second edition, Dublin: John King, 1807, pp. 1-63; Francis Plowden, *An historical review of the state of Ireland, from the invasion of that country under Henry II, to its union with Great Britain on the first of January 1801*, 5 vols, Philadelphia: W. F. McLaughlin and Bartholomew Graves, 1805-06, vol. 1, pp. 114-115, 117; Do., *An historical disquisition concerning the rise, progress, nature and effects of the Orange societies in Ireland, intended as an introduction to a work in hand, to be entitled the history of Ireland, from its union with Great Britain on the 1st. of January, 1801, to the year, 1810*, Dublin: R. Coyne, 1810; Do., *The history of Ireland from its union with Great Britain, in January 1801, to October 1810*, 3 vols, Dublin: John Boyce, 1811, vol. 1, pp. 148-149.

(26) カトリック差別の完全な撤廃が実現していなかった主な理由は、国王が土壇場で反対したためであり、このため、オレンジ団流の反カトリック主義が存続することとなった。

(27) Senior, *Orangeism*, pp. 151-152.

(28) Speech of Williams Wynn, 29 June 1813, *Hansard's*, first series, vol. 26, pp. 974-979.

(29) "Orange Lodges", 29 June 1813, *Hansard's*, first series, vol. 26, pp. 974-986.

(30) Senior, *Orangeism*, pp. 167-171.

(31) Speech of Sir Henry Parnell, 8 June 1814, *Hansard's*, first series, vol. 28, pp. 34-35. 同様の誓願は、Speech of Sir John Newport, 24 June 1814, *ibid.*, pp. 245-246, および Speech of the Duke of Sussex, 28 June 1814, *ibid.*, p. 361;

Sir Henry Parnell to Denys Scully, 29 June 1814, Brian MacDermot ed., *The Catholic question in Ireland & England 1798-1822: the papers of Denys Scully*, Dublin: Irish Academic Press, 1988, letter 486, note 4; Speech of Sir John Newport, 29 November 1814, *Hansard's*, first series, vol. 29, pp. 606-607. なお、請願提出ではなく他の機会にもオレンジ団が攻撃されることがあった（Speech of Parnell, 14 July 1814, *Hansard's*, first series, vol. 28, p. 742)。

(32) Peel to Lord Whitworth, 23 July 1814, British Library, Peel Papers, Add. Mss 40287/151-152.

(33) Speech of Peel, 29 November 1814, *Hansard's*, first series, vol. 29, p. 612.

(34) Lord Whitworth to Peel, 8 June 1814, Peel Papers, Add. Mss 40188/211-218; Peel to Lord Whitworth, 16 June 1814, *ibid.*, Add. Mss 40287/19-23.

(35) Speech of Peel, 14 July 1814, *Hansard's*, first series, vol. 28, p. 749.

(36) Speech of Henry Parnell, 4 July 1815, *Hansard's*, first series, vol. 31, pp. 1090-1092. 動議を提出したパーネルによれば、この批判はダブリンの司法の判断を受けたものであり、一八一〇年法などの特定の法にもとづいてはいなかった。ただし、言及されたダブリンの司法の判断なるものを史料上に確認することはできなかった。

(37) Speech of Peel, 4 July 1815, *Hansard's*, first series, vol. 31, pp. 1092-1093.

(38) Motion respecting Orange societies in Ireland, 4 July 1815, *Hansard's*, first series, vol. 31, p. 1098.

(39) Senior, *Orangeism*, p. 194.

(40) 以上の経緯については、勝田俊輔「アイルランドにおける宗派間の融和と対立——一八二〇年代のダブリンの事例から」（深沢克己・高山博編『信仰と他者——寛容と不寛容のヨーロッパ宗教社会史』東京大学出版会、二〇〇六年）。

(41) Lord Wellesley to Peel, 15 July 1822, British Library, Wellesley Papers, Add. Mss 37299/298-305; Peel to Lord Wellesley, 21 July 1822, *ibid.*, Add. Mss 37299/312-19.

(42) Lord Wellesley to Peel, 20 February 1823, Peel Papers, Add. Mss 40324/97-100.

(43) Goulburn to Lord Wellesley, 23 February 1823, Wellesley Papers, Add. Mss 37300/282-285; Peel to Lord Wellesley, 22 February 1823, The National Archives, HO 79/8/57-71.

(44) Boyd Hilton, "The political arts of Lord Liverpool", *Transactions of the Royal Historical Society*, 5th series, vol. 38, 1988, pp. 159-160.

(45)　一八二二年四月二二日にニューポート Sir John Newport が発した動議は，アイルランド統治に積極的な改革を導入するとの言質を政府から引き出したため最終的には撤回されたが，議会討議報告で九〇ページ近くにも及ぶ激しい討論を招いた(*Hansard's*, second series, vol. 6, pp. 1469-1556)。六月一四日には貴族院でランズダウン Lansdowne 侯爵が動議を発している (*ibid.*, vol. 7, pp. 1045-1078)。また一八二三年六月一九日には，デヴォンシャー Devonshire 公爵が同じく動議を発している (*ibid.*, vol. 9, pp. 1033-1072)。

(46)　Speech of Peel, 26 June 1823, *Hansard's*, second series, vol. 9, p. 1306.

(47)　Peel to William Gregory, 5 May 1823, Peel Papers, Add. Mss 40334/34-37.

(48)　Speech of J. Hume, 11 February 1823, *Hansard's*, second series, vol. 8, pp. 93-94; Speech of J. Abercromby, 5 March 1823, *ibid.*, pp. 443-444; Speech of Sir F. Burdett, 22 April 1823, *ibid.*, vol. 8, pp. 1149-1153.

(49)　Lord Wellesley to Peel, 1 March 1823, Wellesley Papers, Add. Mss 37300/310-314.

(50)　Conduct of the Sheriff of Dublin, 22 April 1823, *Hansard's*, second series, vol. 8, p. 1167.

(51)　Speech of Abercromby, 5 March 1823, *ibid.*, p. 445.

(52)　Speech of Abercromby, 5 March 1823, *ibid.*, p. 443.

(53)　Peel to Lord Wellesley, 6 March 1823, HO 79/8/72-74.

(54)　*Times*, 5 February 1823.

(55)　Speech of Goulburn, 5 March 1823, *Hansard's*, second series, vol. 8, p. 460; Speech of Peel, 5 March 1823, *ibid.*, pp. 483-484.

(56)　Peel to Lord Wellesley, 6 March 1823, HO 79/8/72-4; Peel to Lord Wellesley, 10 March 1823, HO 79/8/74-84.

(57)　Speech of Goulburn, 5 March 1823, *Hansard's*, second series, vol. 8, pp. 460-465.

(58)　R. E. Parkinson, *History of the grand lodge of free and accepted masons of Ireland*, 2 vols, Dublin: Lodge of Research, 1957, vol. 2, pp. 47-49.

(59)　Mirala, *Freemasonry in Ulster*, p. 43.

(60)　Michael Beames, *Peasants and power: the Whiteboy movements and their control in pre-Famine Ireland*, Sussex: The Harvester Press, New York: St Martin's Press, 1983, pp. 33-34.

（61） Curtin, *The United Irishmen*, p. 91; L. M. Cullen, "The political structures of the Defenders", in Hugh Gough & David Dickson eds., *Ireland and the French revolution*, Dublin: Irish Academic Press, 1990, p. 124.
（62） Mirala, *Freemasonry in Ulster*, pp. 249-250.
（63） ダッドレイ・ライト（吉田弘之訳）『ローマ教皇とフリーメーソン』（三交社、一九九六年）、二二一―二三頁。
（64） そこには、ローマ教皇庁の意向に従うことが、プロテスタント国家の警戒心を強めかねないという懸念があった（Mirala, *Freemasonry in Ulster*, pp. 135-136）。
（65） Mirala, *Freemasonry in Ulster*, pp. 271-276.
（66） 一八一三年にカトリック神父らがフリーメイソン団を禁止した際、カトリック信徒たちはこれに抵抗しようとした（Lord Redesdale to Lord Sidmouth, 24 September 1813, HO 100/172/86-89）。一八一四年には、北部でディフェンダーズの後継者であるリボンメン Ribbonmen とフリーメイソンの間で小競り合いが起こっていることが報告されているが、「どちらもカトリック信仰を持った」組織とされている（― to ―, 5 March 1814, National Archives of Ireland, SOC, 1565/60）。
（67） Mirala, *Freemasonry in Ulster*, p. 276.
（68） Mirala, *Freemasonry in Ulster*, p. 18.
（69） Mirala, "Lawful and unlawful oaths", p. 215.
（70） Speech of Goulburn, 10 February 1825, *Hansard's*, second series, vol. 12, p. 185.
（71） Speech of Goulburn, 5 March 1823, *Hansard's*, second series, vol. 8, pp. 464-465.
（72） Speech of Thomas Spring Rice, 10 March 1823, *Hansard's*, second series, vol. 8, pp. 528-529.
（73） Parkinson, *History of the grand lodge*, vol. 2, p. 52. Cf. J. F. Burns, "The 3rd Duke of Leinster", in R. E. Parkinson ed., *Transactions of the lodge of research, no. cc, Ireland, for the years 1969-1975*, vol. 16, Newtownabbey: Styletype Printing, 1977, p. 218.
（74） British Parliamentary Papers, A bill to amend and render more effectual the provisions of an act, made in the 50th year of His late Majesty's reign, for preventing administering and taking unlawful oaths in Ireland, 1823 (329) II. 227.

(75) *Commons Journal*, vol. 78, 1823, pp. 294, 306, 342-343, 440, 445, 449.

(76) *Commons Journal*, p. 388; *Saunders's Newsletters*, 16 June 1823; *Lords Journal*, p. 858.

(77) *Saunders's Newsletters*, 15 July 1823.

(78) *Saunders's Newsletters*, 15 July 1823. 主席政務官のグルバンも，庶民院で同じ意味のことを言明している（*Ibid.*, 1 July 1823）。

(79) British parliamentary papers, Minutes of evidence before committee of whole House of Commons on statement of Attorney-General of Ireland on proceedings on trials and conduct of sheriff of city of Dublin, 1823 (308) VI. 545.

(80) 証言者の一人は，トランプ遊戯の際に手にしていたカードまで問いただされた（Evidence of John Jackson, 9 May 1823, *Minutes of evidence*... 1823 (308) VI. 545, pp. 125-127）。

(81) Evidence of King, 23, 26 May 1823, *Minutes of evidence*... 1823 (308) VI. 545, pp. 195-199, 213-214. キングの証人喚問の記録は，*Hansard's*, second series, vol. 9, pp. 490-535 にも見ることができる。

(82) Evidence of King, 23 May 1823, *Hansard's*, second series, vol. 9, pp. 491-492.

(83) Speech of Joseph Butterworth, 23 May 1823, *Hansard's*, second series, vol. 9, p. 504.

(84) Speech of Sir John Newport, 23 May 1823, *Hansard's*, second series, vol. 9, p. 505.

(85) *Dublin Evening Mail*, 6 June 1823; Brian Inglis, *The freedom of the press in Ireland 1784-1841*, London: Faber and Faber, 1954, pp. 170-171.

(86) Evidence of King, 23 May 1823, *Hansard's*, second series, vol. 9, p. 499.

(87) Evidence of Sir George Whiteford, 7 May 1823, *Minutes of evidence*... 1823 (308) VI. 545, pp. 103-109.

(88) Speech of David Ricardo, 7 May 1823, *Hansard's*, second series, vol. 9, p. 104.

(89) Speech of Peel, 7 May 1823, *Hansard's*, second series, vol. 9, pp. 120-121. ただし，後に意見を変えている（*ibid.*, p. 502）。

(90) Speech of Abercromby, 7 May 1823, *Hansard's*, second series, vol. 9, p. 104.

(91) Speech of Sir James Mackintosh, 7 May 1823, *Hansard's*, second series, vol. 9, pp. 121-123.

(92) Speeches of Peel, Henry Brougham and Colonel Barry, 23 May 1823, *Hansard's*, second series, vol. 9, p. 136.

(93) Evidence of Whiteford, 7 May 1823, *Minutes of evidence*… 1823 (308) VI. 545, p. 103.

(94) Evidence of King, 23 May 1823, *Hansard's* second series, vol. 9, p. 495.

(95) Speech of George Canning, 27 May 1823, *Hansard's*, vol. 9, pp. 501-502, 515-516; speech of Colonel Barry, 27 May 1823, *ibid.*, p. 559.

(96) 筆者は、当時グランド・マスタだったレンスタ、首相リヴァプール、内相ピール、総督ウェルズリ、主席政務官グルバン、次席政務官グレゴリWilliam Gregory、法務長官プランケットの文書と、総督府と内務省で交わされた公式書簡である内務省文書（Home Office Papers）、および主要な新聞に目を通したが、有用な情報を得ることはできなかった。

(97) 一八二三年法について論じたメンバーは譴責処分となっている（Parkinson, *History of the grand lodge*, p. 48）。

(98) "Extract of a letter from Doctor Troy dated 9 th September 1811 to the Right Honourable Earl of Donoughmore", National Library of Ireland, Ms 27796/7.

(99) Mirala, *Freemasonry in Ulster*, p. 136.

(100) Speech of Plunket, 14 April 1823, *Hansard's*, second series, vol. 8, p. 994.

第九章　戦間期フランスの亡命イタリア人とフリーメイソン

――ルイージ・カンポロンギの活動を中心に

北村暁夫

一　反ファシズム運動研究の新たな展開

ファシズムが政権を掌握したのち、膨大な数の人々がイタリアを後にしてさまざまな国に亡命した。そのなかには著名な政治家や知識人もいれば、政治的な理由だけでなく経済的な事情もあって国外に出ることを余儀なくされた「移民＝亡命者」とでも呼ぶべき民衆諸階層の人々もいた。そうした亡命者の多くが向かったのは隣国のフランスであり、彼らは亡命先を拠点にして反ファシズム運動を展開した(1)。

反ファシズム運動やその後のレジスタンス運動は、第二次世界大戦後のイタリアで最も研究の蓄積の厚いテーマの一つである。戦後に成立したイタリア共和国（「第一共和政」）の政治的正統性が、ファシズムに対する勝利にあったからである。歴史家たちは、レジスタンスに参加し戦後のイタリア政治の主役となった諸党派（キリスト教民主党、共産党、社会党など）によって系列化され、自らの党派の人々が行った英雄的な行為を検証＝顕彰する作業に従事してきたといっても過言ではない。

だが、冷戦体制の崩壊とともに、事態は大きく変化した。レジスタンスを担った諸政党は解体され、中道右派と中道左派に二分される政治状況が生まれた（「第二共和政」の誕生）。さらに、いわゆる「歴史修正主義」の潮流が登場し、ファシズムを正当化したり、レジスタンスを「神話」とみなしたりする議論が現れることによって、ファシズムに対する勝利という体制の正統性そのものが揺らぎ始めている。こうした状況のもとで、歴史家たちも旧来の党派に基づいた歴史解釈を見直し、新たな視点から反ファシズム運動の意義を捉え直す必要に迫られている。

近年のイタリアで急速に研究が進展しているフリーメイソンも、これまでの反ファシズム運動に関する研究を見直すうえで重要なテーマの一つである。とりわけ、国外亡命者による反ファシズム運動を対象とするときには、この結社を扱うことの意義はいっそう大きくなる。なぜならば、第一にフリーメイソンはファシズム政権によって徹底的に弾圧され、メイソンの多くが亡命を余儀なくされたからである。第二に、それはさまざまな政治党派の人々を内包する横断的な団体であり、そこに形成される人的関係はこれまでの党派によって系列化された歴史研究で見過ごされてきたネットワークのあり様を示してくれるからである。第三に、フリーメイソンはインターナショナルな性格を持つため、メイソンは非メイソンとは異なる（あるいは非メイソンには不可能な）国際的ネットワークを形成しうるからである。

そこで、本章では、主にフランスで展開された亡命者による反ファシズム運動を、フリーメイソンという視点を導入しつつ論じることにする。論述において中心的な役割を占めるのが、ルイージ・カンポロンギという人物である。(2)彼は一八七六年にトスカーナ地方マッサ＝カッラーラ県のポントレーモリという町に生まれ、青年期に社会党に加入した。一八九八年のいわゆる世紀末危機に際してマルセイユに亡命し、イタリア人移民によるストライキをたびたび指導した。(3)その後はイタリアに戻ったのちジャーナリストとして活動し、一九一〇年からは急進的な新聞『イル・セーコロ』のパリ特派員として再びフランスで生活するようになった。そして、ファシズム政権成立後はフランスを拠点にした反ファシズム運動にその生涯をささげ、一九四四年に亡くなっている。

本章でカンポロンギを中心に叙述する理由は、以下の通りである。第一に、彼は政治的な立場を異にするさまざまな亡命イタリア人たちを糾合することに奮迅したからである。第二に、彼はイタリア移民を政治的に組織化し、反ファシズム運動に結集させることを企図したからである。第三に、彼はフリーメイソンであり、そのことが彼のフランスにおける人的ネットワークの形成に重要な役割を果たしていると思われるからである。カンポロンギに関しては、イタリアの研究史ではたびたび言及されているものの、彼を中心に論じた研究は存在していない。フランス生活が長かったためか、彼はむしろフランスのイタリア現代史研究において重きを置かれて論じられる存在である。[4] ただし、フランスでもフリーメイソンとの関わりでカンポロンギを論じた研究はまだ現れていない。

以下では、前提としてイタリアのフリーメイソンの歴史を略述したうえで、フランスにおける亡命イタリア人の反ファシズム運動においてカンポロンギが重要な役割を果たした一九二〇年代後半から一九三〇年代前半にかけての時期を中心に、彼の人的ネットワークの実態を明らかにし、そのネットワークのなかでフリーメイソンがいかなる位置を占めたのかを論じることにする。

二　イタリアのフリーメイソンとファシズム

(1)　ファシズム政権成立以前のイタリアのフリーメイソン

フリーメイソンはイタリア諸地域に一七三〇年前後に流入したと考えられ、その後イタリアの南北を問わず各地で組織が形成された。一八〇五年にはイタリア諸地域のメイソンを統合する組織として、イタリア王国大東方会Grande Oriente del Regno d'Italiaがミラノで結成された。リソルジメントに参画した人々のなかに多数のメイソン会員を含み、なかでもガリバルディは高位のメイソンとしてイタリアのフリーメイソン組織に大きな影響力を持っていた。そして、イタリア統一直前の一八五九年に統一組織であるイタリア大東方会 Grande Oriente d'Italia（GOI）が結成された[5]。

自由主義期には会員、会所の数ともに急激に増大し、二〇世紀初頭には四〇〇余りの会所に二万人を超えるメイソンが加入していた。この会員数は、ヨーロッパのなかでイギリス、ドイツ、フランスに次ぐ四番目に位置するものであった[6]。最も多くの会所が存在したのはトスカーナであり、とりわけ港町のリヴォルノには数多くのメイソンがいた。会員には政界の有力者も多く存在し、自由主義者（とくにかつて「左派」に属していた人々）から急進党、共和党、社会党にいたるまでさまざまな政治党派に属する人々がいた。そのなかには、多くの社会立法に着手したA・デプレーティス、反教権主義と植民地拡張で知られるF・クリスピ、法学者で死刑廃止を盛り込んだ刑法典の編纂（一八八九年）に寄与したG・ザナルデッリなど、首相経験者も含まれる。また、リソルジメントの過程でメイソン会員が重要な役割を果たした遺産もあり、イタリアのフリーメイソンは「ネイション」や「ナショナリズム」との親和性が全般的に高かったということができる[7]。

けれども、二〇世紀に入るとフリーメイソン会員間の内部対立が激しくなっていく。とりわけイタリア大東方会の大会所長であったイギリス出身のE・ナタンが一九〇四年に退き（彼は一九〇七年にローマ市長に就任）、強固な反教権主義であったE・フェッラーリが大会所長に就任するとその傾向が顕著となった。ついに一九〇八年には、学校教育における宗教教育の排除の是非をめぐって、排除に反対する少数派が矯正スコットランド儀礼を全面的に採用するイタリア大会所 Grande Loggia（通称「ジェズ教会広場派」）を結成し、多数派のイタリア大東方会（通称「ジュスティニアーニ館派」）と並存する事態が生じた[8]。

(2)　ファシズム政権によるフリーメイソン弾圧

イタリア政界の有力者が加わるフリーメイソンに対して、第一次世界大戦前後にはさまざまな政治的・思想的立場による批判的な言説が登場していた。たとえば、一九一〇年に結成されたイタリア・ナショナリスト協会は当初から、フリーメイソンの影響力をイタリア政界から排除することを自らの使命の一つとしていた。ナショナリストたちはフリーメイソンを民主主義、反教権主義、改良主義的社会主義といった思潮と同一視し、二〇世紀初頭のイタリアが陥っていた退廃の象徴であるとみなして嫌悪したのである。(9) 他方で、社会党内の直接行動による革命を志向する人々も、フリーメイソンに対して批判的であった。第一次世界大戦勃発の直前に社会党の指導的な立場にあったムッソリーニは、社会党員とフリーメイソン会員が両立しえないことをたびたび主張していた。また、グラムシはフリーメイソンを、大戦前に固有の政党を組織することのなかったイタリア・ブルジョワジーが唯一形成することのできた「政党」であり、ブルジョワ階級のイデオロギーや組織を体現する存在であると規定していた。(10)

ファシズム運動には、こうしたさまざまな立場によるフリーメイソン批判が渾然一体となって流入していった。(11) とくに、一九二二年秋にムッソリーニが政権を獲得し、翌年初めにフリーメイソンに対して執拗な攻撃をしてきたナショナリスト協会が国民ファシスト党と合同すると、メイソンに対する批判が激しくなっていく。ファシズム大評議会はファシスト党員とフリーメイソン会員が両立しえないことを議決し、地方レベルではファシストによるメイソン会所に対する攻撃が続発していった。

この状況のもとで、二つに分裂していたフリーメイソン組織は異なる態度を示した。時の政権に対して常に妥協的な姿勢を表明してきたイタリア大会所は、政権の座に就いたファシズムを支持し、メイソンがファシズムの理念と矛盾しないことを機会のあるごとに強調していた。これに対し、イタリア大東方会は、初等・中等学校において宗教教育を導入することを決めたジェンティーレ改革などを通じて、ファシズム政権が教皇庁に融和的な立場をとり始めたことに脅威を感じていた。そのため、反教権主義を堅持していたファシスト党内部の少数派（「異論派」）との接近を図り、フリーメイソンに対する政権の敵対的姿勢の転換を画策した[12]。

だが、マッテオッティ事件（一九二四年六月に起きた統一社会党下院議員G・マッテオッティの暗殺事件）による政権の危機を乗り切ったムッソリーニが一九二五年一月に独裁体制への移行を宣言すると、フリーメイソンに対する攻撃はいっそう強まっていった。同年五月に秘密結社禁止法が下院に提出され、九月から一〇月には全国の会所がファシストによる破壊と掠奪の標的と化した。一一月、秘密結社禁止法が上院で可決されると、イタリア大東方会の大会所長D・トッリジャーニは同会の自主的な解散を宣言する。さらに、ファシズムを支持していたイタリア大会所も、翌一九二六年には解散を余儀なくされた。メイソン指導者層は反政府活動の嫌疑で国内流刑に処され、トッリジャーニは流刑先のポンツァ島で一九三二年に死去した。他方で、流刑を逃れるべく、国外への亡命の道を選ぶ者も相次いだ[13]。

三　カンポロンギと亡命イタリア人の反ファシズム運動

(1)　イタリア人権同盟の活動

一八九八年にドレフュス事件のさなかにあったフランスで人権同盟が誕生した。これはもともとドレフュス再審の実現を求めて結成された組織であったが、二〇世紀に入ると人権擁護という理念のために広範な活動を行うようになった。また、フランスに流入する亡命者や難民が増大するなかで、彼らの祖国における民主主義の確立とフランスでの権利保護を目的として、ロシア人権同盟、ハンガリー人権同盟、ブルガリア人権同盟といった国別の組織が相次いで結成され、さらにそれらを束ねる組織として国際人権同盟総連合が設立された[14]。

イタリア人権同盟Lega italiana dei diritti dell'uomo（LIDU）もそうした組織の一つとして、イタリアにファシズム政権が成立した直後の一九二二年末に結成された。きっかけは、フランスの人権同盟副会長を務めていたA・メナール＝ドリアンが友人のエルネスタ・カッソーラ（カンポロンギの妻）に、ファシズムに反対して亡命したイタリア人から成る人権同盟の設立を呼びかけたことにあった。創設時の会員には、カンポロンギ夫妻のほか、ジャーナリストで共和党員のA・ナトーリ、同じくジャーナリストで社会党員のF・チッコッティ、アナーキストのA・メスキ、サンディカリストのA・デ＝アンブリス、さらにガリバルディの孫であり第一次世界大戦の戦役で功績を残したリッチョッティ・ガリバルディや、パリのイタリア商業会議所会頭であると同時にフランス在住イタリア人のフリーメイソン会所「イタリア」の会所長でもあったU・トリアーカといった人々がいた。会長にはエルネスタ・カッソーラが就任した。彼らの政治的な傾向は多様であったが、第一次世界大戦に際してフランス側に立ってドイツやオーストリアと戦うことを求めた民主参戦主義の立場をとった者が多かった。また、フリーメイソン会員が多数を占めていたことも特徴的であり、人権同盟の本部はパリのメイソン会所に置かれていた(15)。

初期の人権同盟の活動に関する情報は多くない。トリアーカの指揮下に、国外追放や本国送還の処分を受けるおそれのあるイタリア人亡命者の法的身分を守る活動が行われたことや、カンポロンギらによる講演活動がパリやニースなどで行われたことなどが知られるのみである。だが、一九二六年後半に状況は大きく変化する。ファシズム政権は同年一一月に「国家防衛法」と称される諸法規を施行し、ファシズムに反対する活動が非合法とされた。反ファシズム運動活動家に対するファシストの迫害が頻発し、著名な政治家の国外亡命も相次いだ。その大半がフランスに向かい、イタリア人権同盟は新たな人的資源を得て活動を活性化させていった。また、時を同じくして、リッチョッティ・ガリバルディらによるファシスト政権転覆のための武装組織派遣の企てがフランス当局によって摘発され、実際にはリッチョッティがファシスト政権から資金援助を受けていたことが発覚した(16)。さらに、トリアーカが王政を擁護したことを共和主義者たちが攻撃し、彼が人権同盟から除名されるという事態も起きた(17)。こうした過程で、カンポロンギがイタリア人権同盟の会長に、その同郷人で青年期からの盟友であるデ＝アンブリスが書記長に就任し、両名による人権同盟の指導体制が整うことになる。

イタリア人権同盟はファシズムという独裁体制に反対し、イタリアに民主主義的な政治体制を復活させることを最大の眼目としていた。だが、その一方で、固有の政治綱領を持った政治党派であることを拒絶し、多様な政治党派の人々が結集する場となることを目指していた。また、フランスを拠点とする亡命者の組織として、新たな亡命者に対するさまざまな支援も重要な活動として位置づけられた。具体的には、滞在許可証や労働許可証の取得などフランスで生活するために必要な身分保証を確保すること、地域の労働会議所や企業を営むイタリア人移民に亡命者の雇用を働きかけること、職場での不当な待遇や地域社会での外国人差別について行政に訴えること、イタリアから非合法に出国する亡命者を支援することなどが挙げられる[18]。これらの活動には、フランスの政治家や行政当局による協力が不可欠であるが、イタリア人権同盟はフランスの人権同盟を通じてそうした支援を得ることが可能であった。とりわけカンポロンギは長年にわたるフランス左派の政治家との知己を活かして、新たな亡命者に対する積極的な支援活動に携わり、これらの活動を支える資金の面でもフランスの人権同盟から一定額の支援を受けていた。その際に、カンポロンギがメイソン会員であり、フランスの人権同盟会員や左派の政治家のなかにも多くのメイソン会員がいたことが、人的関係を構築するうえで大きな役割を果たしたと考えられるのである。

組織としてのイタリア人権同盟は、パリの中央委員会とフランス国内外の支部から構成され、年に一回大会が開催された。一九二七年七月にパリで開かれた第一回大会では、新年度の中央委員会のメンバーとしてカンポロンギ（会長）、デ＝アンブリス（書記長）、F・ボッソ（出納長）、M・ベルガモ、C・トレーヴェス、B・ブオッツィ、M・ピストッキが選出された。ちなみに、この大会の組織委員長は第一次世界大戦前のイタリア社会党の領袖であったF・トゥラーティである[19]。

第一回大会の時点で三六であった支部数は一九三〇年には一二五まで増加し、会員数も最盛時の一九三一年には三〇〇〇人近くに達した[20]。支部は地域ないし国ごとに「連盟 federazione」にまとめられた。一九三〇年の段階で、フランス国内には北部、中部、モーゼル、ムルト＝エ＝モーゼル、アルプ、ラン、プロヴァンス、ヴァール、ピレネーという九つの連盟が存在し、フランス外ではスイス、イギリス、ベルギー、チュニジア、アメリカ合衆国、カナダ、アルゼンチン、ブラジル、ペルー、オーストラリアに連盟が置かれていた[21]。このことからも明らかなように、イタリア人権同盟はイタリア移民や亡命者が居住する世界各地に支部を持っていたのであり、フランスに限定された組織ではなかった。ただ、アメリカ合衆国を中心に活動資金がフランスに向けて寄付されることはあったものの、スイスを除く諸国から大会に参加する会員はほとんどなく、フランスを中心とする組織であったことも事実である。大会も第一回のパリを皮切りに、マルセイユ（一九二八年第二回）、リヨン（一九二九年第三回）、パリ（一九三〇年第四回）、ナンシー（一九三一年第五回）、シャンベリー（一九三二年第六回）、ボルドー（一九三三年第七回）と、すべてフランスで開催されている。これらの都市はイタリアからの移民と亡命者が集中的に居住している地域にあり、カンポロンギが常日頃から頻繁に訪れ講演活動を繰り広げていた場所であった。

イタリア人権同盟は、既存の政治党派の枠を越えた反ファシズム運動の組織化を図った。ただし、一九二七年の第一回大会とほぼ同時期に行われた国際人権同盟総連合の大会でも宣言されたように、ファシズムとボルシェヴィズムの独裁体制は「人間の自由と国際平和の敵であり」、「民主主義は極右によっても極左によっても侵害される」というのが人権同盟の基本的な考え方であった[22]。したがって、ボルシェヴィズムの影響下に誕生し、コミンテルンの指導を受けるイタリア共産党の人々を受入れることはなかった[23]。また、イタリア人権同盟第一回大会では、共和党員F・スキアヴェッティによる以下の提案が採択された。「王政はイタリア人民を犠牲にしてファシズム体制と結託しているがゆえに、サヴォイア王家が国民生活の発展に歴史的役割を果たしうると主張する人々がこの組織に加入することは認められない[24]」。この提案は、イタリア人権同盟が共和主義を基本的な方針とすることを意味した。言い換えれば、ファシズムと王政を峻別して、ファシズム体制を打倒したのちにも王政が維持されることを望む穏健自由主義的な立場の人々を排除することを明らかにしたのである。王政を支持し続けたトリアーカが除名されたことはすでに述べたとおりである。共産党と王政支持者を排除したことによって、イタリア人権同盟に加入した人々の政治的な立場は、共和党、統一社会党（改良派）、社会党、サンディカリスト、アナーキストなどに限定された。また、G・ドナーティのように旧人民党系のカトリックもごく少数ながら参加していた。

一九二五年から一九二六年にかけて著名な政治家や知識人の亡命が相次ぎ、イタリア人権同盟にもそうした有力者が続々と参加した。統一社会党のトゥラーティ、トレーヴェス、G・E・モディリアーニ[25]、ブオッツィ、共和党のE・キエーザ、ベルガモなどである。彼らはファシズム政権が成立したときに下院議員を務めていた。とりわけ、トゥラーティ、トレーヴェス、モディリアーニ、キエーザはいずれもカンポロンギより年長であり、第一次世界大戦前のジョリッティ時代から最左派の諸政党を指導してきた政治家たちである。イタリアの政治的文脈からすれば、フランスでの生活が長くイタリアにおける政治活動の経験が豊かであるとは言いがたいカンポロンギは、彼らと比べて無名といっても良い存在であった。

それにもかかわらず、カンポロンギが人権同盟の中心に位置しえたのは、彼に二つの大きな政治的資源があったからである。一つは長期にわたるフランスでの生活で培われたフランス政界、とりわけ急進社会党や社会党など左派の政治家との人脈である。彼は、E・エリオ（リヨン）、P・カリエール（マルセイユ）、V・オリオル（トゥールーズ）など、とくにイタリア人移民の多い地域を地盤とする政治家と親密な関係にあった[26]。一九二四年のフランスの総選挙で左派連合（カルテル）が勝利を収めたことにより、彼らは政権の中枢に位置していた。そのため、この人的関係はフランスの行政からイタリア人亡命者に対する便宜を得るうえで、非常に有効に機能したのである。

もう一つは、反ファシズム運動において諸党派が対立するなかで、カンポロンギが特定の党派に偏ることなく、統一的な運動を形成するための仲介者、「接着剤」となる位置にいたという点である。思想的に見ても、彼の信奉する民主主義・共和主義・反教権主義は、イタリア人権同盟に参加した人々のほとんどが共有できる理念であった。また、一時期離党していた社会党に一九二五年に復党したとはいえ、[27]長らくフランスを生活の拠点にしていたために、イタリアにおけるさまざまな政治的、人的な軋轢から距離を置くこともできた。その結果、彼は諸党派が形成する扇の要となることができたのである。

(2) 反ファシズム連合の成立

一九二六年に多くの政治亡命者がフランスに流入すると、諸党派が結束して反ファシズム運動を行うための政治組織を結成しようとする動きが急速に高まった。同年一二月、南西フランスのネラック近郊で、カンポロンギらが集って会議が開かれた。翌年一月にトゥールーズのイタリア領事館から内務省に送られた文書には次のように記されている。「去る一二月一五日もしくは一六日に、ネラック近郊のドゥアザン城でカンポロンギ、クッツァーニ、ペルティーニ、デ＝アンブリス、ナトーリ、バルディーニ、チッコッティ、フェッラーリ、ジャコメッティ、パドヴァーニおよび二人のフランス人とさらに三人ないし四人のパリからやって来た人々が参加した会合が開かれた[28]」。この会議において、政治活動を行うための組織である反ファシズム連合 Concentrazione antifascista の設立が決められた。

ネラック会議ののち、反ファシズム連合の組織形態をめぐって、個人単位で加入するという提案と政党など団体単位で加入するという提案とが対立した。カンポロンギらは前者の案を支持したが、モディリアーニを中心に個人単位の加入は既存の政党の存在意義を消滅させるとして団体単位の加入を強く主張して譲らない人々がいた。結局、統一組織結成の大義を優先して、後者の案が採用された[29]。一九二七年四月、パリを本拠として正式に反ファシズム連合が発足した。加入した政党・団体は、統一社会党（改良派）、社会党（最大綱領派）、共和党、イタリア労働総連合（CGL）、イタリア人権同盟の五つである。イタリアの公安史料によれば、カンポロンギは共産党の関係者とも接触し、反ファシズム連合への共産党の加入を画策したとあるが、それが実を結ぶことはなかった[30]。参加した五団体から各二名が選出され、計一〇名によって中央執行委員会が構成された。設立時の中央執行委員は以下のとおりである。統一社会党―トレーヴェスとモディリアーニ、社会党―P・ネンニとA・バラバノフ、共和党―ピストッキとスキアヴェッティ、労働総連合―ブオッツィとF・クワリーノ、人権同盟―デ＝アンブリスとA・チャンカ[31]。

イタリア人権同盟は団体として反ファシズム連合に加入した。けれども、そもそも人権同盟自体が既存の政治党派の枠組みを越えた人的結集を標榜しており、人権同盟には統一社会党や社会党、共和党の党員が数多く含まれていた。つまり、反ファシズム連合とイタリア人権同盟には加入者の重複が見られ、とりわけ指導的な役割を果たしていた人々はかなり重複していたのである。そのため、人権同盟の会員から二つの社会党員と共和党員を除くと、指導的立場の人物は少数しか残らなかった。反ファシズム連合の中央執行委員にデ＝アンブリスとチャンカが選出されたのは、前者がサンディカリスト、後者が自由主義的な独立左派であり、いずれも社会党や共和党に属していなかったからである。他方、人権同盟とは距離を置きながら、反ファシズム連合に参加した人々が存在した。とりわけ、社会党（最大綱領派）ではバラバノフを筆頭として、フリーメイソンに対して否定的な立場をとる人々が多数派を形成し、多数派は人権同盟がメイソンと密接な関係にあるという理由で人権同盟に参加することを拒否していた[32]。だが、その彼らも反ファシズム連合の主旨には原則的に賛同して参加を決めたのである。

反ファシズム連合は機関紙『ラ・リベルタ（自由）』を一九二七年五月一日から週刊で刊行した。編集長にはトレーヴェスが就任した。諸党派が連合した団体の機関紙という性格を反映して、同紙には人権同盟、共和党、二つの社会党の動向が常時掲載されていた。年次大会をはじめとする活動の実態が紹介され、諸党派が活発に活動していることを印象づける構成になっている[33]。イタリア人権同盟のように機関紙を持たなかった組織にとっては、その代替的な役割を果たしていたともいえる。

後述するように、イタリア社会党や共和党などイタリアの最左派にはジャーナリストが多く、人権同盟にもジャーナリスト経験者が多かったために、記事の執筆や編集といった作業は容易であった。反ファシズム連合に直接参加することのなかったG・サルヴェーミニやアルトゥーロ・ラブリオーラといった著名な政治家＝知識人も寄稿し、論争的な記事が数多く掲載された。その一方で、同紙が抱える最大の問題は、刊行のための資金をいかに集めるかであった。同紙は一九二八年には発行部数が一万五〇〇〇部に達し、亡命者たちが発行する新聞としては成功を収めたといえるが、販売収入だけでは刊行を継続することが困難であった(34)。それにもかかわらず、同紙の発行が続いたのはアルゼンチン在住のイタリア人実業家T・ディ＝テッラによる反ファシズム連合への巨額の送金があったからである。ディ＝テッラは一〇代でアルゼンチンに渡り、工業用機械の工場を起こして成功した人物で、改良主義的な社会主義者としてトゥラーティと親交があった。しかし、度重なる無心と世界恐慌の影響により、ディ＝テッラからの支援は一九三一年に途絶え、反ファシズム連合と『ラ・リベルタ』紙は苦境に陥ることになる(35)。

カンポロンギはネラック会議の開催に中心的な役割を果たした人物であり、反ファシズム連合の成立に深く関与していた。だが、彼はイタリア人権同盟を代表して中央委員会に入ることはなく、反ファシズム連合のなかで要職に就くことはなかった。反ファシズム連合設立時の中央委員はその大半がイタリアで長い政治活動や組合活動の経験を有する人々であり、亡命以前のイタリア国内における活動家としての序列を反映させた人選であった。そのため、フランスでの生活が長く、イタリアでの政治的な活動歴の乏しいカンポロンギではなく、イタリアにおいて活動家やジャーナリストとして著名であったデ＝アンブリスやチャンカを人権同盟代表の中央委員に送り出したと考えられる。

しかし、それはカンポロンギが反ファシズム連合で積極的な役割を担わなかったということを意味するものではない。むしろ、彼は黒衣に徹することで重要な働きをすることになった。彼は『ラ・リベルタ』紙の創刊号に「反ファシズム連合と地方」というタイトルで短い記事を執筆している。その内容は、この組織がパリで結成されパリに本拠を置く組織であるとはいえ、結成を最も望んでいたのはフランス南東部をはじめ地方に在住するイタリア人亡命者たちであり、中央委員会はそうした地方在住の人々の要求に応えるような活動をしなければならないと訴えるものであった[36]。まさしく、ここに彼が反ファシズム連合で果たした役割が表現されている。彼は頻繁にフランス各地（さらにスイスやベルギー、チュニジアといった国も含む）を旅行して講演活動を行ったり、そこで活動する反ファシストとの接触を図ったりした。それを通じて、パリに本拠を置く反ファシズム連合と各地方とを媒介する役割を果たしたのである。

(3) 世界恐慌から反ファシズム連合の解散まで

反ファシズム連合は「第二のアヴェンティーノ連合」と評されることがあった。この評価は、一九二四年のマッテオッティ事件を契機に発足した反ファシズム諸党派の連合体であるアヴェンティーノ連合が、ファシズム政権を打倒するために具体的な行動を取ることができずに敗北したという意味で、否定的なニュアンスを伴っている。実際、一九二六年に入ってからフランスに亡命し反ファシズム連合に加わった人々、とりわけ統一社会党（改良主義派）のなかには、ムッソリーニを首相に任命した国王がいずれ彼を解任し、国民ファシスト党による一党独裁体制に終止符を打つ役割を果たすことに期待する者が存在した。政体をめぐる問題は、一九二八年五月に開かれた同連合の中央委員会会議において王政の打倒が目標に掲げられることになり、公式には解決した。しかし、モディリアーニをはじめ、ファシズム体制打倒のために宮廷との協力を模索し続ける者もおり、政体問題は同連合のなかで内紛の火種として残り続けた[37]。

他方、反ファシズム連合はアヴェンティーノ連合に比して、共産党と人民党（カトリック）が参加していないという点で大きく異なっていた。カトリックと共産党という第二次世界大戦後のイタリア政治において中心的な役割を果たした二大勢力を欠いていたことが、戦後におけるこの組織に対する評価を低くしていることは否定できない。共産党に対しては、社会党（最大綱領派）が参加を呼びかけたし、前述のようにカンポロンギも共産党員と何度か接触したが、結局、共産党の側から参加を拒否された(38)。

カトリックに関しては、一九一九年に結成されたイタリア統一後初のカトリック政党である人民党において幹部が相次いで亡命している。創設者L・ストゥルツォやF・L・フェッラーリなどである。けれども、彼らは亡命先においても人民党を再結成することはしなかった。そのため、団体単位で加入することを原則とした反ファシズム連合には、カトリック系の人々はほとんど参加しなかった。ただし、ドナーティのように、人権同盟の会員であることを通じて反ファシズム連合にも関わった人々が少数ながら存在していた。だが、ドナーティは一九二九年六月にファシズム政権と教皇庁との間でラテラーノ協定が締結された際に、この協定の締結を支持したために人権同盟から除名された(39)。亡命カトリックのなかにはフェッラーリのように、この協定はあくまでもイタリア国家と教皇庁との間のものであり、教皇庁はファシズム政権を支持しているわけではないとして、カトリックであることと反ファシストであることは矛盾しないという立場をとる者もいた。しかし、ドナーティは反ファシストであることよりも「良きカトリック」であることを優先し、反ファシズム連合のなかで優勢な反教権主義の論調に激しく論駁したのであった。結局、ラテラーノ協定の締結は、反ファシズム連合を構成する諸団体のなかにあった反教権主義をいっそう強化する結果をもたらした。

共産党とカトリックが不参加であったため、反ファシズム連合は相対的に同質性の高い団体から構成されていたが、それにもかかわらずこの組織は繰り返し内紛に襲われた。その第一の原因は、この組織のなかで一大勢力となった統一社会党（改良主義派）の人々の態度にあった。彼らは反ファシズム連合に対して強い影響力を行使し、しばしば自らの政治基盤の拡大にこの組織を利用しようとした。それに対して、社会党（最大綱領派）や共和党（とりわけ左派）は大きな不満を抱いていた[40]。

内部対立を招く第二の要因は、新たな顔ぶれによってもたらされた。一九二九年七月、シチリア沖のリパリ島に流刑となっていたカルロ・ロッセッリ、E・ルッス、フランチェスコ・ファウスト・ニッティの三人が脱出に成功し、パリに亡命した。ロッセッリはイタリア国内でサルヴェーミニらとともに『屈服するな（ノン・モッラーレ）』や『自由イタリア』といった反ファシズムの地下新聞の活動に従事していた急進自由主義者である[41]。また、ルッスは第一次世界大戦で武勲を重ね、戦後は復員兵士を支持基盤として社会改革を訴えるサルデーニャ行動党を率いた政治家である[42]。さらに、ニッティは大戦直後に首相を務めたフランチェスコ・サヴェリオ・ニッティの親族で、第一次世界大戦に従軍したのち、ニッティ元首相がファシストに襲撃されたことを契機にイタリア国内で反ファシズム組織「青年イタリア」を創設した急進自由主義者である。彼らはパリに到着して間もなく、新しい組織「正義と自由 Giustizia e Libertà」を結成した[43]。

この組織の中核を担ったロッセッリは、ファシズムが第一次世界大戦後の社会変容のなかで生まれた新しい政治運動であり、一定の社会的基盤を背景にしているがゆえに、アヴェンティーノ連合のように受動的な対決姿勢では決して打倒できないと考えていた[44]。また、これまでの亡命者たちの運動はイタリア国内に直接的に働きかけることを怠っているので、イタリアにおける地下の抵抗運動を活発化するように積極的に働きかけるべきであると認識していた。さらに、ファシズム打倒のためには、言論のみに頼るのではなく、武力の行使も辞さない姿勢が必要であるとも認識していた。

ロッセッリたちは人権同盟の活動に積極的に参加し、講演活動などを行った。その上で、彼らは新しく立ち上げた「正義と自由」を反ファシズム連合に加入させるように求めた。しかし、その是非をめぐって反ファシズム連合内部で議論が起きた。とりわけ、共和党は反ファシズム運動の統一を重視して「正義と自由」の加入を認めるピストッキやナトーリらの穏健派と、ロッセッリらが統一社会党の人脈に近いとして加入に反対するスキアヴェッティ、F・ヴォルテッラらの左派とが激しく対立した。この対立は反ファシズム連合の活動の是非にまで発展し、一九三二年の党大会で左派が勝利すると、共和党は党として反ファシズム連合から脱退することを決めた(45)。また、一九三〇年に改良主義派と最大綱領派が合同して成立した社会党の内部でも、反ファシズム連合に対する対応をめぐって対立が深まり、一九三二年には最大綱領派は事実上、反ファシズム連合から離脱する状態となった。

こうした状況に追い討ちをかけたのが、世界恐慌の発生にともなう経済的な危機であった。一九三三年のドイツにおけるナチの政権掌握により、反ファシズム連合はいったん活気を取り戻したが、四分五裂の状況を打開することはできず、結局、一九三四年五月に解散することを決定した。それとともに、機関紙『ラ・リベルタ』も休刊となった。

一九三〇年以後、共和党のキエーザ、社会党改良主義派のトゥラーティ、トレーヴェスといった重鎮と呼ぶべき政治家たちが相次いで死去した。これに対して、「正義と自由」に結集したのは、三〇歳代を中心とする人々であった。反ファシズム連合が解散し、「正義と自由」がそれに代わって反ファシズム運動統一の求心力となったのは、世代交代という側面もあったのである。

世代交代が進むなかで、カンポロンギは最年長の世代に属するようになった。一九三〇年以後の危機的状況はあまりにも深刻であり、彼の力では反ファシズム連合の解体を阻止することはできなかった。それでも彼は精力的な活動をやめることなく、さまざまな新聞への寄稿やフランス各地での講演を積極的に行っていった。反ファシズム連合が解体していくなかで、彼は「正義と自由」という新しい運動体に期待を寄せながらも、イタリア人権同盟の組織の維持に努力を傾注していくことになる。

四　亡命イタリア人とフリーメイソン

(1) イタリア人権同盟とフリーメイソン

本節では、イタリア人権同盟や反ファシズム連合においてカンポロンギが構築した人的ネットワークの具体的位相と、そうしたネットワークのなかで彼がフリーメイソンであることの意味を考察する。表1は、カンポロンギに関するさまざまな史料をもとに、そこに登場する亡命イタリア人のうち、彼と直接面識があり、しかも生年や出身地、政治傾向など主要なデータのわかる人物（カンポロンギ本人を含む五三人）を一覧としてまとめ、姓のアルファベット順に並べたものである。イタリア人権同盟に関わる人的関係が中心になるが、表中のすべての人物が人権同盟の会員であったわけではないことをあらかじめ確認しておきたい。

まず、年齢構成であるが、統一社会党（改良主義派）は比較的年齢層の高い人々が多く、逆に共和党はキエーザを除くと比較的若い人々が多かった。また、「正義と自由」の中核をなしたのは一八九〇年代生まれの若い人々であった。カンポロンギは年長の世代に属しながら、自らより若い活動家たちと行動をともにしていたといえる。

次に出身地であるが、エミリア・ロマーニャ地方出身者が最も多く一二人を占め、次いでトスカーナ地方出身者が八人である。これに対して、第一次世界大戦以前からイタリアの労働運動や社会主義運動をリードし、大戦後にも大きな労働争議が起きたロンバルディア地方やピエモンテ地方はそれほど多くない。エミリア・ロマーニャ地方やトスカーナ地方は農業労働者を中心とした農民運動が強固であり、また一九二〇年に始まる農村ファシズム運動の中心地としてファシズム勢力と反ファシズム勢力が全面的に対峙した地域であった。カンポロンギの周囲には、こうした農民運動の出身者が相対的に多く含まれていたのである。

表1　イタリア人権同盟を中心としたカンポロンギの人脈一覧

氏名		生年	生年順	出身地方	出身県	所属党派	居住地域	職業・専門分野	メイソン
アスペッターティ	Armando Aspettati	1879	16	トスカーナ	グロッセート	社会党	南東地域	ジャーナリスト	
アッツィ	Amedio Azzi	1900	49	エミリア	パルマ	社会党	パリ	農民運動（農業問題）	
バルディーニ	Nullo Baldini	1862	3	エミリア	ラヴェンナ	社会党	南西地域	農民運動（下院議員）	
バッサネージ	Giovanni Bassanesi	1905	53	ピエモンテ	アオスタ	無所属	パリ	（教員）	
ベルガモ	Mario Bergamo	1892	37	ヴェネト	トレヴィーゾ	共和党	パリ	弁護士（下院議員）	
ベルトルッツィ	Enrico Bertoluzzi	1897	41	エミリア	パルマ	社会党	南西地域	農民運動（農業問題）	
ボッソ	Ferdinando Bosso	1878	15	カンパーニア	ナポリ	社会党	パリ	べっ甲細工工場経営者	＊
ブオッツィ	Bruno Buozzi	1881	18	エミリア	フェッラーラ	社会党	パリ	労働運動（下院議員）	＊
カンポロンギ	Luigi Campolonghi	1876	12	トスカーナ	マッサ・カッラーラ	無所属	南西地域	ジャーナリスト	＊
カポラーリ	Giovanni Caporali	1891	35	ロンバルディア	クレモーナ	社会党	パリ	労働運動	
キエーザ	Eugenio Chiesa	1863	4	ロンバルディア	ミラノ	共和党	パリ	ジャーナリスト（下院議員）	＊
キオディーニ	Antonio Chiodini	1899	45	トスカーナ	フィレンツェ	共和党	南東地域	ジャーナリスト	
キオステルジ	Giuseppe Chiostergi	1889	30	マルケ	アンコーナ	共和党	（スイス）	教員	＊
チャンカ	Alberto Cianca	1884	22	ラツィオ	ローマ	無所属	パリ	ジャーナリスト	＊
チッコッティ	Francesco Ciccotti	1880	17	バジリカータ	ポテンツァ	社会党	パリ	ジャーナリスト（下院議員）	
クッツァーニ	Ettore Cuzzani	1882	20	エミリア	ボローニャ	サンディカリスト	南西地域	農民・労働運動	＊
デ＝アンブリス	Alceste De Ambris	1874	11	トスカーナ	マッサ・カッラーラ	サンディカリスト	南西地域	農民・労働運動	＊

デッラ＝トッレ	Luigi Della Torre	1861	2	ピエモンテ	アレッサンドリア	社会党	（イタリア）	銀行家（上院議員）	＊
ドルチ	Gioacchino Dolci	1904	52	ラツィオ	ローマ	無所属	パリ	（印刷工）	＊
ドナーティ	Giuseppe Donati	1889	30	エミリア	ラヴェンナ	カトリック	パリ	ジャーナリスト	
ファッキネッティ	Cipriano Facchinetti	1889	30	モリーゼ	カンポバッソ	共和党	（スイス）	ジャーナリスト	＊
ファラボーリ	Giovanni Faraboli	1876	13	エミリア	パルマ	社会党	南西地域	農民運動（農業問題）	
フェッラーリ	Oreste Ferrari	1898	42	ロンバルディア	マントヴァ	無所属	南西地域	労働運動	
フローラ	Francesco Frola	1886	26	ピエモンテ	トリノ	社会党	パリ	弁護士（下院議員）	
ジャコメッティ	Guido Giacometti	1882	20	ヴェネト	ヴェローナ	社会党	南西地域	農民運動（農業問題）	
ジャンニーニ	Alberto Giannini	1885	23	カンパーニア	ナポリ	無所属	パリ	ジャーナリスト	＊
ラブリオーラ	Arturo Labriola	1873	9	カンパーニア	ナポリ	サンディカリスト	パリ	農民・労働運動（下院議員）	＊
レーティ	Giuseppe Leti	1867	5	マルケ	アスコリ・ピチェーノ	共和党	パリ	弁護士	＊
ルッス	Emilio Lussu	1890	34	サルデーニャ	カリアリ	無所属	パリ	ジャーナリスト（下院議員）	
ミオーネ	Augusto Mione	1898	42	ヴェネト	ベッルーノ	サンディカリスト	南西地域	労働運動	
モディリアーニ	Giuseppe Emanule Modigliani	1872	8	トスカーナ	リヴォルノ	社会党	パリ	弁護士（下院議員）	
モンタジーニ	Pietro Montasini	1901	50	エミリア	レッジョ・エミリア	共和党	パリ	（公務員）・ジャーナリスト	
ナトーリ	Aurelio Natoli	1888	27	ラツィオ	ローマ	共和党	パリ	ジャーナリスト	＊
ネンニ	Pietro Nenni	1891	35	エミリア	ラヴェンナ	社会党	パリ	ジャーナリスト	
ニッティ	Francesco Fausto Nitti	1899	45	トスカーナ	ピサ	無所属	パリ	ジャーナリスト	＊
パッチャルディ	Randolfo Pacciardi	1899	45	トスカーナ	グロッセート	共和党	（スイス）	ジャーナリスト	＊
ペドリーニ	Adelmo Pedrini	1888	27	エミリア	ボローニャ	サンディカリスト	南西地域	農民・労働運動	

ペルティーニ	Sandro Pertini	1896	39	リグーリア	サヴォーナ	社会党	パリ	弁護士	*
ピストッキ	Mario Pistocchi	1901	50	エミリア	フォルリ	共和党	パリ	ジャーナリスト	
クアリーノ	Felice Quaglino	1870	7	ピエモンテ	ヴェルチェッリ	社会党	パリ	労働運動（下院議員）	
ロッセッリ	Carlo Rosselli	1899	45	ラツィオ	ローマ	無所属	パリ	ジャーナリスト	
ロッセッティ	Raffaele Rossetti	1881	18	リグーリア	ジェノヴァ	共和党	パリ	ジャーナリスト	
ロッシ	Ernesto Rossi	1898	42	カンパーニア	カゼルタ	無所属	パリ	ジャーナリスト	
サルヴェーミニ	Gaetano Salvemini	1873	9	プーリア	バーリ	無所属	パリ	（大学教員）（下院議員）	
スキアヴェッティ	Ferdinando Schiavetti	1892	37			共和党	南東地域	（教員）・ジャーナリスト	
タルキアーニ	Alberto Tarchiani	1885	23	ラツィオ	ローマ	無所属	パリ	ジャーナリスト	*
トレンティン	Silvio Trentin	1885	23	ヴェネト	ヴェネツィア	無所属	南西地域	大学教員（下院議員）	*
トレーヴェス	Claudio Treves	1869	6	ピエモンテ	トリノ	社会党	パリ	ジャーナリスト（下院議員）	*
トリアーカ	Ubaldo Triaca	1888	27	ヴェネト	ヴェネツィア	無所属	パリ	実業家	*
トゥラーティ	Filippo Turati	1857	1	ロンバルディア	コモ	社会党	パリ	弁護士（下院議員）	
ヴィルジーリ	Alberto Virgili	1889	30	ラツィオ	ローマ	サンディカリスト	南西地域	（税理士）・書店経営	
ヴォルテッラ	Francesco Volterra	1896	39	エミリア	ラヴェンナ	共和党	南東地域	ジャーナリスト	
ザンネッリーニ	Ettore Zannellini	1876	13	トスカーナ	グロッセート	社会党	パリ	医師	*

政治傾向については、二つの社会党をあわせた人々が一九人と最大多数を占めているものの、共和党が一四人を数え、さらにこれらの党派には属していない人々も二〇人に達している。ここに見られるのは、特定の党派に偏らない分散化の傾向である。さまざまな政治傾向の人々の接点、媒介者という役割を果たしたカンポロンギの特性をよく示すものであるといえるだろう。

フランスでの居住地域に関しては、パリ在住者が圧倒的な多数を占めていた。亡命イタリア人にとっても、パリは反ファシズム運動の首都であった。むしろ注目すべきは、パリに次ぐ居住者を数えたのが、イタリア人移民の集中していた南東部（マルセイユやニース、リヨンなど）ではなく、南西部（ネラックやトゥールーズ）であったことである。ネラック周辺の地域は人権同盟に関わった人々が精力を傾注して活動した場所であり、そのために彼らはこの地域に居住したのである。この点についてはあとで詳しく述べる。

さて、この表に登場する五三人のなかで、フリーメイソンであることが史料や研究文献などから確認できるのは現時点で二三人であり、全体の四割に達する。フランス人研究者ヴィアルによると、イタリア人権同盟の創設メンバーはほとんどがフリーメイソンであったのに対し、組織化が拡大して会員数が最大になった一九三一年には人権同盟の会員全体に占めるメイソンの比率は一割程度になったという(46)。それと比較すると、四割という数字は明らかに高い。この表には反ファシズム運動を指導する有力な人物が多いことを考慮すれば、有力な指導者層ほどメイソンの比率が高くなり、一般の活動家になるほど比率が低下するという仮説を立てることができる。ただし、有力指導者であっても、人権同盟に関わった人々がすべてフリーメイソンであったわけではないことをあらためて確認しておく必要がある。人権同盟の政治的姿勢に反発する政治勢力（ファシズム政権やイタリア共産党など）は、しばしば人権同盟をフリーメイソン組織と同一視していた。だが、指導者層においてさえもフリーメイソンは組織の多数派を形成していたわけではなかった。

生年との関係については、おおよそすべての世代にフリーメイソンの存在を確認することができるものの、一八九〇年代に生まれた世代には少ないことが指摘できる。彼らの世代的経験を考えるときに重要なのが、第一次世界大戦である。彼らは大戦中に従軍し、前線での苛烈な戦闘体験を持つ世代である。初期のファシズム運動を含めた復員兵運動に典型的に見られるように、前線での戦闘体験はもともとの政治的傾向や帰属する社会階級などの相違を超えて、従軍経験者としての帰属意識を若者たちに植え付けた。そうした帰属意識がフリーメイソンという別個の社交原理に基づく結社への加入を不必要に感じさせたのではないだろうか。

政治傾向とメイソンの関係を見ると、共和党にメイソンが多く、社会党には比較的少ないことがわかる。マッツィーニ主義の系譜を引く共和党には歴史的にフリーメイソンが多かったが、この党は戦間期においてもそうした伝統を継承していた。その一方で、社会党、とりわけ最大綱領派はフリーメイソンをブルジョワ的であるとして批判していたため、メイソンに加わることはなかった。改良主義派にはフリーメイソンに否定的な評価を下す者は少なかったが、それでもメイソンは少数派であった。

(2)　カンポロンギとフリーメイソン

次に、フランスに亡命したイタリア人メイソンの活動とカンポロンギとの関わりについて見てみることにする。

そもそもフランスには第一次世界大戦前から、イタリア人在住者を中心としたフリーメイソンの会所が存在していた。その代表的なものが、一九一三年にパリに創設され、フランス大会所に帰属していた「イタリア会所」である。この会所の創設者であり会所長を務めていたのが前述のトリアーカであり、彼は一八八八年にヴェネツィアで生まれたのち、青年期からパリに在住していた。ファシズム運動の台頭期から反ファシズムの旗幟を鮮明にし、ファシズム政権成立後には批判のトーンをいっそう強めたがゆえに、政権との妥協の可能性を模索していたイタリア大東方会のトッリジャーニはトリアーカの会所長更迭をフランス大会所に要求したほどであった[47]。

カンポロンギがフランスで属していたのも、この「イタリア会所」であった[48]。カンポロンギとトリアーカはファシズムに反対する姿勢では一致していたものの、両者の関係は決して良好ではなかった。イタリアの公安史料による限り、トリアーカがあしざまにカンポロンギを非難している様子がうかがえる。たとえば、次のような事例である。

「今晩、ロンカーティあてにウバルド・トリアーカから手紙が届いた。そこに書かれていたのは、人権同盟の活動が滞った責任はルイージ・カンポロンギにあり、彼が反王政の立場から過剰で不適切な態度をとったために人権同盟が政治的な色彩を帯び、活動の展開をフランス政府に妨害される口実を与えてしまったということであった」[49]。他方、カンポロンギも自らのジャーナリズム活動の拠点となっていた『ラ・フランス・ドゥ・ニース・エ・シュッデスト（ニースと南東部のフランス）』紙の紙上で、トリアーカの政治路線が矛盾に満ちたものであると批判している[50]。

この対立の原因をトリアーカの個人的資質に求める説がある。確かに、彼は野心的な人物であり、「イタリア会所」の会所長という地位だけで満足せず、人権同盟においても主導権を掌握したいと願っていたようであるが、両者の不仲をそれだけで説明することは不可能であろう。トリアーカがファシズム体制と王政とを峻別し、後者を擁護する姿勢を崩さなかったことを忘れることはできないのである。そのことが直接的な契機となって、彼が人権同盟を追われたことはすでに繰り返しのべた。彼はそののち一九二七年に「イタリア民主連合」という組織を結成して反ファシズムの活動を続けることになるが、この組織はごく小規模なものにとどまり亡命イタリア人社会に対する影響力をほとんど持ちえなかった。

他方、「イタリア会所」の内部でも、一九二六年以後、変化が起きていた。共和党所属の下院議員で高位のメイソンであったキエーザをはじめ、多くの亡命イタリア人メイソンが「イタリア会所」に入会したのである。高位のメイソンの加入はトリアーカにとって脅威であった。しかも、キエーザたちはファシズム政権によって解体を余儀なくされたイタリア大東方会の復興を図る活動を開始し、イタリアでのメイソン体験のないトリアーカをそこから排除した。「イタリア会所」における主導権の維持を図るトリアーカと、彼に対立する人々との亀裂は次第に深刻化し、ついに一九三〇年に後者の人々は新しい会所「新イタリア会所」を設立することにいたる[51]。一貫して後者の人々との歩調を合わせていたカンポロンギも、この時点で新しい会所に移っていった。

カンポロンギはイタリア大東方会の再建のためにも活動した。イタリア大東方会を再興する活動において最も重要な役割を果たしたのがG・レーティであった。彼は反ファシストの活動家としては無名であったが、かつてイタリア大東方会の出納役を務めていたために、亡命イタリア人メイソンにとっては大きな敬意を払われる存在であった。彼はポーランドでの亡命生活を経て、一九二七年からフランスで亡命生活を送っていた。カンポロンギはレーティがフランス各地で行う講演に同伴し、レーティの活動を支援していくことになる(52)。

レーティはイタリア大東方会再建に向けた一歩として、本国でイタリア大東方会に帰属する会所に加入していた会員のみから構成される「ジョヴァンニ・アメンドラ会所」を一九二九年に設立した(53)。さらにその翌年には、フランスのみならず、アルゼンチンやチュニジア、スイスなどに亡命したメイソンを糾合して、「イタリア大東方会」を再建することに成功した。フランス大東方会を中心としたフリーメイソンの国際組織は、流刑中とはいえイタリアに大会所長のトッリジャーニがいることを理由に、亡命先で再建されたイタリア大東方会を認可しなかった。だが、一九三二年にトッリジャーニが死去すると、イタリアを代表する正式な組織として認めた(54)。

ただ、レーティがフランスに到着した直後は彼に同伴する機会の多かったカンポロンギは、次第にイタリア大東方会再建の活動の場からは姿を消していくことになる。フリーメイソンに関する史料において、彼の名前を目にすることは無くなっていくのである。その理由として考えられるのは、トリアーカと同じように、カンポロンギもフランス在住が長きにわたり、イタリアでのメイソンとしての経歴に乏しかったという点である。ファシズム政権によるフリーメイソン弾圧を直接経験した人々だけが、イタリア大東方会の再建の主たる担い手になる資格を持つということを、カンポロンギ自身も十分に認識していたのではないだろうか。

フリーメイソンにおけるカンポロンギの活動は、イタリア人権同盟や反ファシズム連合での活躍に比べると地味な印象を受ける。彼はメイソンとしても高い地位にあったが、彼にとってフリーメイソンは権力や必要以上の名誉を求める場ではなかったように思われるのである。

(3) カンポロンギとネラック人脈

最後に、ここまでの分析をふまえて、ネラックを中心としたカンポロンギの具体的な人的ネットワークを再構成し、フリーメイソンとの関わりについて考察することにしたい。

一九二六年一二月に南西フランスのネラック近郊で行われた会議によって、反ファシズム連合の結成が決まった。なぜこの会議はネラックという場所で開かれたのであろうか。それは、ここがイタリア人権同盟の一つの拠点だったからである。そして、ネラックを含む地域では、彼らのイニシアティヴにより一九二〇年代前半からイタリア人農民を入植させる活動が展開されていた。カンポロンギは、この活動において鍵となる人物であった。

カンポロンギは一九二三年に『イル・セーコロ』紙のパリ特派員を辞したのち、ネラックとドゥアザンにおいて「ラ・テッラ（大地）」という会社が所有する広大な農地の管理人を務め、この企業から月額二〇〇〇フランの給与を受け取る形になっていた。[55] この企業を実質的に所有していたのが、イタリア上院議員のL・デッラ＝トッレである。ユダヤ教徒の家庭に生まれた彼は、叔父の経営する銀行を継ぎ、それを発展させて経済的に成功を収めた。さまざまな企業の経営に携わり、ミラノの『イル・セーコロ』やローマの『メッサジェーロ』といった新聞の経営者ともなった。大戦前に高額納税者として上院議員に任命され、ファシズム政権下でもその地位を保持した。しかし、彼はもともと社会党員（改良主義派）で、ウマニタリア協会 Società Umanitaria の会長なども務め、[56] ファシズムに対しては一貫して反対する姿勢を貫いた。彼自身はイタリアを離れることはなかったものの、カンポロンギたちへの資金援助を通じて亡命者たちの反ファシズム運動を支援し続けた。[57] カンポロンギが受け取っていた給与も、実態としては政治活動の資金であったと思われる。

デッラ=トッレはネラックとドゥアザンに続いて、トゥールーズ南方のミュレでも農地を購入し、これをサンディカリストのA・ペドリーニに管理させた。ペドリーニは農場の管理人として、「ラ・テッラ」社から月額一五〇〇フランを受け取っていた。彼はボローニャ県の農村出身であり、地域の農業労働者同盟の指導者を経て、E・クッツァーニを通じてデ=アンブリスと親交を深めた。一九二三年にデ=アンブリスがフランスに亡命したときにも同行している。一九二四年からはトゥールーズに居住し、デ=アンブリスやクッツァーニとともに『イル・メッツォジョルノ（南部）』紙を刊行した(58)。クッツァーニもまたボローニャ県の農村出身で、デ=アンブリスが一九一二年に創設したイタリア労働組合連合 Unione Sindacale Italiana に創立時から加わり、デ=アンブリスの側近であった。彼も一九二三年にデ=アンブリスに同行してフランスに亡命してトゥールーズに居住し、一九二六年のネラック会議にも参加している(59)。この三人はいずれもイタリア人権同盟に加入し、フランス南西支部の有力メンバーとなっていく。彼らの存在ゆえに、南西支部はサンディカリストたちの牙城となり、一九二六年以降に統一社会党（改良主義派）が多数を占めるようになったパリの本部に対して反対派を形成するようになった(60)。

さらに、彼らと密接な人的関係を築き、人権同盟にも深く関わったサンディカリストとして、A・ヴィルジーリとA・ミオーネを挙げることができる。ヴィルジーリはローマ出身の会計士で、トゥールーズでは食料品店を開いていた(61)。ミオーネはヴェネト地方ベッルーノ県の農民出身で創設期のファシズム運動に参加していたが、その後反ファシストに転じてファシズム政権成立後まもなくフランスに亡命した。彼はボルドーに居住し、公共事業を請け負ってイタリア移民の雇用を確保することに従事していた(62)。一九三二年にクッツァーニが急死し、同時期にデ=アンブリスが人権同盟から脱退すると、彼らが人権同盟の南西支部を支えることになる(63)。

しかし、「ラ・テッラ」社の農場に関与していたのはサンディカリストたちだけではなかった。N・バルディーニ、G・ファラボーリ、F・ベルトルッツィといった統一社会党（改良主義派）に属していた人々も関わっていたのである。バルディーニはラヴェンナ市出身で一八八〇年代から地域の農業労働者組合を指導していた人物である。ラヴェンナ市議会議員を経て下院議員を務めていたが、一九二四年の総選挙で落選し、その直後にフランスに亡命している。パリとトゥールーズを主な居住地として、イタリア人移民の労働組合や農民組合を組織化する活動に従事した。一九二八年には協同組合連合を立ち上げ、フランス国鉄から保線工事を受注するなど、イタリア人移民の雇用確保に努めている(64)。これに対し、ファラボーリはパルマ県の農村に農民の子供として生まれ、青年期から農民組合運動に身を投じた人物である。第一次世界大戦を経て、農民組合の全国組織である全国土地勤労者連合（通称フェデルテッラ Federterra）の中央委員という要職に就いた。その後、農村ファシズムの台頭を受けてミラノに居を移したのち、一九二六年にフランスに亡命している。トゥールーズに居を構えてからは、バルディーニの意を受けて協同組合連合の地域責任者となり、この地域のイタリア人農業労働者に対して農閑期や失業中の雇用創出に奔走した。また、仏伊農業組合連合という組織をトゥールーズで立ち上げて、イタリア人の農民や農業労働者を組織化し、彼らをフランスの労働総同盟に加入させることを図った(65)。ベルトルッツィはファラボーリと同郷の農民出身で、彼より二〇歳ほど若く、その「弟子」ともいうべき存在である。地域の社会党青年組織に所属したのち、一九二六年にファラボーリとともにフランスに亡命し、仏伊農業組合連合の活動に従事した(66)。

彼ら三人もみなイタリア人権同盟の会員であった。改良主義派は人権同盟全体では多数派であったが、南西支部においては少数派であり、しばしばデ＝アンブリスやクッツァーニらと激しく対立した。サンディカリストたちは改良主義派よりも一足早くトゥールーズを拠点に活動を始め、ここを拠点にしてパリで多数派を占める改良主義者たちに対抗しようとしていたのである。活動方針の点でも、改良主義派がフランスの労働総同盟との協力関係を背景に、イタリア人の組合をフランスの組合に統合させることを図っていたのに対して、サンディカリストはイタリア人組合の自律性を重視していた。

このように、二つの立場は対立し、時に激しい論戦を起こすこともあった。しかし、「ラ・テッラ」社所有の農場の運営やイタリア人農民の南西フランスへの入植といった活動において、両者はおおよそ共同歩調をとった。そこに介在したのがカンポロンギである。

カンポロンギのネラックでの人脈を考察する際に最初に言及すべきは、カンポロンギとデッラ＝トッレの関係である。前者は後者が所有していた『イル・セーコロ』紙のパリ特派員を一九一〇年以来務め、一九二三年にデッラ＝トッレが同紙の経営権を放棄せざるをえなくなった時に、カンポロンギは特派員を辞してネラックの農場管理の職に就いた。彼らはイタリアとフランスに離れて居住し、直接会う機会は限定されていたものの、二〇年以上にわたりきわめて緊密な人的関係を維持していた。長期にわたって緊密な関係を維持し続けたのは、政治的傾向を共有し、反ファシズム運動の同志であったからだが、それと同時に二人がともにフリーメイソンであったことも重要であったと考えられる。

一九二六年以降もイタリアにとどまっていたデッラ＝トッレは、カンポロンギと密接な関係にあることを当局からたびたび非難されていた。そこで、一九二九年にミラノ県知事に宛てて弁明のための書簡を書いているが、そのなかでカンポロンギとの関係について以下のように記している。「『イル・セーコロ』紙で仕事をしてもらっていたことや、ビッソラーティ議員と彼［カンポロンギ］が親族であることなどから、私は長年にわたり彼と知己がありました」[67]。ビッソラーティは一九世紀末から社会党の下院議員を務め、リビア戦争を契機に一九一二年に社会党から除名された改良主義派の政治家で、大戦中に大臣を務めたのち一九二〇年に死去している。カンポロンギの妻エルネスタとビッソラーティの妻が姉妹であったため、二人は義理の兄弟という関係にあった。このビッソラーティもまたメイソンであり、一九〇八年には下院で学校教育から宗教教育を排除することを訴えた動議を提出し、イタリア大東方会からイタリア大会所が分裂する直接のきっかけを作っている[68]。

また、カンポロンギが一九一〇年に『イル・セーコロ』の特派員になった際に、彼と同紙の間を直接的に仲立ちしたのは当時編集委員を務めていたナトーリであった。ナトーリはローマ出身の共和党員であり、メイソンであった(69)。フランスに亡命したのちはパリに本拠を置きながらも頻繁にネラックやトゥールーズを訪れており、ネラック会議にも参加している。

このように、デッラ＝トッレとカンポロンギは、ビッソラーティやナトーリというメイソン会員の知人を介在させながら、二〇年以上にわたる関係を維持していったのである。

次に指摘すべきなのが、カンポロンギとサンディカリストとの関係である。カンポロンギとデ＝アンブリスは生まれた町は異なるものの同じマッサ＝カッラーラ県の出身であり、一八九八年に『ラ・テッラ』という農民運動のための新聞を共同で発行したこともある同郷人であった(70)。その後は、デ＝アンブリスが革命サンディカリストとして、一九〇八年のパルマの農民ストライキの指導や一九一九年のフィウーメ占領など直接行動を志向し続けたのに対して、カンポロンギは社会党員の時期も改良主義派に属し、世紀末危機でマルセイユに亡命した際に当地のストライキを指導した経験を除けば、一貫してジャーナリストとして言論活動に従事してきた。このように二人の政治的立場は大きく異なっていた。それにもかかわらず、イタリア人権同盟の活動において二人は一致協力してきたのである。

この二人の接点は同郷人であることにとどまらなかった。彼らはいずれもメイソンである。彼らだけではない。イタリア労働組合連合の創設以来、デ＝アンブリスと行動をともにしてきたクッツァーニもまたメイソンである。デッラ＝トッレの農場管理をカンポロンギとともに委託されたペドリーニについては、メイソンであったかどうか不明である。だが、社会党の改良主義派に属していたデッラ＝トッレが、サンディカリストのペドリーニに自らの農場の管理を委託するという状況は、カンポロンギやデ＝アンブリス、クッツァーニらの仲立ちを念頭に置かなければ理解できない。その意味で、デッラ＝トッレ、カンポロンギ、デ＝アンブリス、クッツァーニとつながるフリーメイソンとしての人的ネットワークの存在が、ペドリーニの農場管理をもたらしたということができるのである。

最後に言及されるのが、カンポロンギとファラボーリら改良主義派との関係である。このグループに関しては、フリーメイソンであることが確認される人物はいない。農民出自といった彼らの社会的背景を考慮すれば、彼らはフリーメイソンとは無縁であったとみなすのが妥当であろう。彼らは農業実践や農民運動の経験が豊かな実務家たちであり、南西部に急速に流入してきたイタリア移民に対して農業指導を行ったり、移民を組織化したりするために、必要不可欠な人材であった。彼らがフランスに亡命するとただちに南西を拠点にしたのも、当初からそうした活動をすることが意図されていたものと考えられる。

けれども、彼らがフランスに亡命する以前から、カンポロンギと直接的な面識や交流があったことをうかがわせるような状況は存在していない。つまり、彼らは南西フランスに拠点を置き、カンポロンギを実質的に支援するような活動を担ったが、それはカンポロンギとの直接的な人的関係に基づくものではないのである。それでは誰が彼らの関係に介在したのであろうか。現段階では実証のともなわない仮説にすぎないが、両者を介在する上で重要な役割を果たしたのはデッラ＝トッレではないだろうか。デッラ＝トッレは改良主義派に属し、イタリア国内に豊かな人脈を持っていた。仮にデッラ＝トッレ自身がファラボーリらと面識がなかったとしても、改良主義派の第三者を介して、ファラボーリたちの亡命先を仲介し、南西フランスにおけるイタリア移民の流入とその政治的組織化を円滑に進めるためのシステムを設計することは可能であっただろう。

ネラック周辺におけるカンポロンギらの農場経営の成果については、同時代の公安史料やその後の研究において否定的な評価をされることが一般的である。(71) 農業実践の経験を欠いたカンポロンギらには、農場経営は不可能であったというのである。だが、この地域には少なくとも一九二七年以降、ファラボーリら実務家たちが居を構えており、カンポロンギ自身が農業経営に携わる必要はなかった。カンポロンギ、サンディカリスト、改良主義派が形作るシステムは、政治的には分裂の契機をはらんでいたとはいえ、農業実践という面ではそれぞれの役割分担が非常に明確な洗練されたものであった。実際、一九二七年以降もこの地域にはイタリア移民が流入し、農業労働者から折半小作、さらには自作農へと転換する事例もしばしば起きていたのであり、彼らの活動は一定の成果をもたらしていたのである。(72)

彼らの活動の主眼は南西フランスにイタリア人移民を定着させることにあったため、イタリア国内の反ファシズム運動やその後のレジスタンスに直接的に影響を与えるものではなかった。けれども、そのことをもって彼らの活動の意義を過小評価することはできないのである。

五　亡命イタリア人にとってのフリーメイソンの意味

カンポロンギの活動を中心に、フランスにおける亡命イタリア人の反ファシズム運動の推移を概括し、運動のなかで形成された彼の人的ネットワークの実態とそのなかでのフリーメイソンの占める位置について論じてきた。

カンポロンギは、イタリア人権同盟や反ファシズム連合の形成に際して中心的な役割を果たし、とくに人権同盟では長期にわたって会長という要職にあった。それは、彼が長年にわたるフランス生活でフランスの政治家たちとの密接な人的ネットワークを築いてきたことや、彼が特定の党派に偏ることなく、亡命者たちの作る諸党派の人的ネットワークが交差するところに位置することができたからであった。

こうした人的ネットワークを形成して行く上で、彼がメイソンであることは大きな意味を持っていた。フランスの左派の政治家にはメイソンがきわめて多かった。また、人権同盟に集った諸党派にもそれぞれメイソンが存在し、党派の差異を越えた親密な人間関係を形成することを可能にした。それは、同郷であることに由来する紐帯や同じ職業を営むことに由来する紐帯などとも並ぶ、ネットワーク形成の方法であった。ネラックでのカンポロンギを取り巻く人的関係は、フリーメイソンであることに由来するネットワークが反ファシズム運動のなかで具体的にどのように機能したのかを示す格好の事例である。

さて、第八章（勝田俊輔）で論じられているように、秘密結社であるフリーメイソンはしばしば近代国家にとって危険な存在であるとみなされ、それを口実に弾圧されてきた。実際、ファシズム政権はフリーメイソンを激しく弾圧した。しかし、時代を遡れば、イタリアでは国家統一の過程でガリバルディをはじめとするメイソンたちが重要な役割を果たしたこともあって、一八六一年に成立した新国家とフリーメイソンが緊張に満ちた対抗関係に陥ることはなかった。それどころか、自由主義期のイタリアはメイソンである首相や閣僚、主要都市の市長を数多く生み出し、それゆえフリーメイソンはこの時期のイタリアにおける「唯一のブルジョワ政党」であったという評価すら生み出している。ところが、二〇世紀初頭に暴力的な手段を用いてでも社会を変革しようとする政治運動が左右両極から台頭すると、フリーメイソンはイタリアの現状を体現＝表象する存在として激しい攻撃の対象となっていった。第一次世界大戦後に登場したファシズムはそうした暴力的な左右両極における政治運動のアマルガムであり、彼らはフリーメイソンを既存の権力構造のなかに組み込まれた「旧体制」の一翼であるとみなしたがゆえに、政権の座に就くと徹底的に弾圧していくことになったのである。このようにみれば、国家とフリーメイソンとの関係は一義的でないことは明らかであろう。

イタリアの国家統一の過程でフリーメイソンが大きな役割を果たしたこともあり、イタリアのフリーメイソンはネイションやナショナリズムとの結びつきが当初から大きかった。第七章（深沢克己）で指摘されているように、フランス大東方会の基本政策は外国統轄団体の影響力を排除して、国民原理を確立することにあった。イタリアのメイソン組織が矯正スコットランド儀礼の影響力を強く受けているとされるにもかかわらず、フランス大東方会にならってイタリア大東方会を結成したのも、この国民原理の確立と深く関わっているのだろう。

カンポロンギをはじめ、フランスで反ファシズム運動を展開することを決意したイタリア人メイソンたちは、フランスにおいても国民原理に執着した。フランスでイタリア大東方会を再建しようとする試みは、そのことを端的に物語っている。彼らは亡命先においても、かつての社交の場を取り戻そうとしたのであった。そして、人的関係を回復していくなかで、反ファシズム運動を展開しようとしていた。とはいえ、やはり第七章で指摘されているように、たとえ友愛と寛容の精神を謳った組織であったにせよ、フリーメイソンにも対立や内紛が存在していた。トリアーカとカンポロンギやキエーザたちとの間で繰り広げられた争いはその典型である。

カンポロンギはフランス人であるとイタリア人であるとを問わず、メイソンとの人脈を最大限に活用し反ファシズム運動に邁進していった。だが、カンポロンギにとってフリーメイソンとは人脈を活用するための純然たる社交の場に過ぎなかったのであろうか。前述したように、国民原理と深く結びついたイタリアのフリーメイソンは、世俗的な性格を強く帯びていた。しかも、国家統一の実践過程が教皇国家の解体と直結せざるをえないイタリアにあっては、フリーメイソンはきわめて明確に反カトリック教会、反教権主義の立場をとっていた。だが、そのことはメイソンたちが「宗教的」なものをすべて排除していたということを意味するわけではないだろう。史料を見る限り、カンポロンギの言動から直接的に「宗教的」、「秘儀的」なものを読み取ることはできない。けれども、フリーメイソンに対して必要以上の名誉や権力を求めなかったカンポロンギの振る舞いから、メイソン会所に社交とともにある種の心の静謐を求めていた彼の姿を見出すことは不可能ではないように思われる。

（1）フランスに亡命したイタリア人の反ファシズム運動については、次の文献が有益な概観を提供している。Simonetta Tombaccini, *Storia dei fuorusciti italiani in Francia*. Milano: Mursia, 1988.

（2）カンポロンギの生涯については、北村暁夫「亡命と移民の間で――ルイージ・カンポロンギの生涯を通して」（メトロポリタン史学会編『歴史のなかの移動とネットワーク』桜井書店、二〇〇七年）。

（3） マルセイユはフランスでも最も規模の大きなイタリア人コミュニティが存在していた。フランスにおけるイタリア移民については、北村暁夫「フランスにおけるイタリア移民の実態とコミュニティ形成」（『史艸』四九号、二〇〇八年）。

（4） フランスにおける代表的なカンポロンギ研究として、Centre d'études et de documentations sur l'émigration italienne (dir.), *Luigi Campolonghi. Une vie d'exil* (*1876-1944*). Paris: Éditions du CEDEI, 1989.

（5） リソルジメント期からファシズム期までのイタリアのフリーメイソンの歴史に関する概説的な記述として、Fulvio Conti, *Storia della massoneria italiana. Dal Risorgimento al fascismo*. Bologna: Il Mulino, 2003.

（6） Conti, *Storia della massoneria italiana*. pp. 320-331.

（7） Fulvio Conti, "La Massoneria e la costruzione della nazione italiana dal Risorgimento al fascismo", in: Zeffiro Ciuffoletti e Sergio Moravia (a cura di), *La Massoneria. La storia, gli uomini, le idee*. Milano: Oscar Mondadori, 2004, p. 150.

（8） Conti, *Storia della massoneria italiana*. pp. 188-194.

（9） Franco Gaeta, *Il nazionalismo italiano*. Roma-Bari: Laterza, 1981, p. 279.

（10） Conti, *Storia della massoneria italiana*. pp. 315-316.

（11） ただし、一九一九年三月にミラノでムッソリーニが「イタリア戦闘ファッシ」を結成したときに、この組織のなかに相当数のメイソン会員が含まれていたことが示すように、政権をとるまでのファシズム運動とフリーメイソンとの関係は単なる敵対関係として捉えることのできない複雑な状況を内包していた。Anna Maria Isastia, "Massoneria e fascismo: la grande repressione", in: Ciuffoletti e Moravia (a cura di), *La Massoneria*. pp. 190-191.

（12） Isastia, "Massoneria e fascismo", pp. 204-205.

（13） 亡命者となったメイソンの動向については、Santi Fedele, *La massoneria italiana nell'esilio e nella clandestinità, 1927-1939*. Milano: Franco Angeli, 2005.

（14） Tombaccini, *Storia dei fuorusciti Italiani*. p. 15.

（15） Eric Vial, "La Ligue italienne des droits de l'homme (LIDU), de sa fondation à 1934", in: Pierre Milza (dir.), *Les italiens en France de 1914 à 1940*. Roma: École française de Rome, 1986, pp. 408-409.

(16) Tombaccini, *Storia dei fuorusciti Italiani.* pp. 43-49.

(17) Vial, "La Ligue italienne des droits de l'homme (LIDU)", pp. 413-414.

(18) この組織の具体的な活動については、さしあたり北村「亡命と移民の間で」、二二七—二二八頁を参照。

(19) *La Libertà*, 1927/7/17.

(20) Vial, "La Ligue italienne des droits de l'homme (LIDU)", pp. 421-422.

(21) *La Libertà*, 1930/6/7.

(22) *La Libertà*, 1927/7/3.

(23) 共産党の側も、一九二四年の第五回コミンテルン大会で社会民主主義をファシズムの一分派とみなす立場を表明していたため、人権同盟のような組織への接近は峻拒していた。共産党が他の反ファシズム勢力との接近を図るようになるのは一九三〇年代に入ってからのことである。北原敦『イタリア現代史研究』(岩波書店、二〇〇二年、一六三—一七一頁)。

(24) *La Libertà*, 1927/7/24.

(25) 二〇世紀初頭にパリで活躍した画家のアメデオ・モディリアーニは、一二歳年下の彼の実弟である。

(26) Vial, "La Ligue italienne des droits de l'homme (LIDU)", p. 415.

(27) カンポロンギの長女が記録した父親の回想による。Lidia Campolonghi, *Luigi Campolonghi et la Ligue Italienne des droits de l'homme*, Inédit-dactylographié, 1974-1975, p. 51.

(28) Archivio Centrale dello Stato, Ministero dell'Interno, Direzione Generale della Pubblica Sicurezza, *Casellario Politico Centrale*（以下、ACS, CPC と略す), b. 988, Luigi Campolonghi, 1927/1/7.

(29) 反ファシズム連合が辿った歴史については、フェデーレの古典的な研究が今なお有益である。Santi Fedele, *Storia della Concentrazione antifascista 1927-1934*. Milano: Feltrinelli, 1976.

(30) ACS, CPC, Campolonghi, 1927/2/21.

(31) Fedele, *Storia della Concentrazione antifascista.* pp. 25-27.

(32) Tombaccini, *Storia dei fuorusciti Italiani.* pp. 104-105.

(33)『ラ・リベルタ』紙の詳細な分析として、Bruno Tobia, "La stampa della Concentrazione d'azione antifascista (1927-1934): strutture, diffusione e tematiche", *Italia contemporanea*, 144, 1981.

(34) Tombaccini, *Storia dei fuorusciti Italiani*. p. 68.

(35) ディ＝テッラについては、Bruno Tobia, "Il problema del finanziamento della 〈Concentrazione d'Azione antifascista〉 negli anni 1928-1932". *Storia contemporanea*, 9-3, 1978（とくに pp. 432-433）を参照。

(36) *La Libertà*, 1927/5/1.

(37) Fedele, *Storia della Concentrazione antifascista*. pp. 28-31.

(38) Fedele, *Storia della Concentrazione antifascista*. pp. 32-33.

(39) Tombaccini, *Storia dei fuorusciti Italiani*. pp. 115-120.

(40) Vial, "La Ligue italienne des droits de l'homme (LIDU)", p. 426.

(41) カルロ・ロッセッリの生涯とその思想については、Stanislao G. Pugliese, *Carlo Rosselli. Socialist Heretic and Antifascist Exile*. Cambridge: Harvard University Press, 1999 に詳しい。

(42) 第一次世界大戦中のルッスの戦争体験については、彼の回想に詳しい。E・ルッス（柴野均訳）『戦場の一年』（白水社、二〇〇一年）。

(43) 「正義と自由」については冷戦体制崩壊後、イタリアの政治体制が転換するなかで中道左派の思想的・理論的先駆として注目が高まっている。日本では、戸田三三冬による言及がある。戸田三三冬「解説」（アーダ・ゴベッティ（堤康徳訳）『パルチザン日記 1943-1945』平凡社、一九九五年）。

(44) それゆえ、ファシズムがプロレタリア階級の台頭に対する大ブルジョワジーの対抗手段であるとするコミンテルン的な視点に彼は否定的であった。

(45) 共和党の分裂の経緯については、Santi Fedele, *I repubblicani in esilio nella lotta contro il fascismo (1926-1940)*. Firenze: Le Monnier, 1983 が詳しい。

(46) Vial, "La Ligue italienne des droits de l'homme (LIDU)", p. 421.

(47) Fedele, *La massoneria italiana nell'esilio*. p. 33.

(48) カンポロンギは、一九一一年にフィレンツェの会所「ルチーフェロ（ルシフェル）」で入会儀礼を行ってメイソンとなった。「ルチーフェロ」は一九〇五年に創設された新興の会所で、その当時急速に勢力を拡大していた。その後、一九一九年にパリで「イタリア会所」に入会している（Archives du Grand Orient de France 所蔵史料による）。会所「ルチーフェロ」については、Anna Pellegrino, "Dall'Unità a fine Ottocento: la presenza massonica fra umanitarismo e anticlericalismo", in Fulvio Conti (a cura di), *La massoneria a Firenze. Dall'età dei Lumi al secondo Novecento*. Bologna: Il Mulino, 2007, pp. 252-255.

(49)　ニースのイタリア領事館からイタリア内務省に送られた記録。ACS, CPC, Campolonghi, 1927/3/24.

(50)　Tombaccini, *Storia dei fuorusciti Italiani*. pp. 112-113.

(51)　Fedele, *La massoneria italiana nell'esilio*. pp. 39-40.

(52)　たとえば、一九二八年のニースでの講演など。ACS, Minitero dell'Interno, Direzione Generale della Pubblica Sicurezza, Divisione Affari Generali e Riservati, 1928, busta 217, Categoria K3, Massoneria.

(53)　アメンドラはアヴェンティーノ連合を主導した自由主義者で、ファシストから受けた暴行がもとで亡命先のカンヌで一九二六年に死亡したため、フランスの亡命イタリア人にとって象徴的な存在であった。とりわけアメンドラがメイソン会員であったこともあり、亡命メイソンにとって彼は文字通り「殉教者 un martire」であった。

(54)　Fedele, *La massoneria italiana nell'esilio*. pp. 57-61.

(55)　ACS, CPC, Campolonghi, 1928/7/20.

(56)　ウマニタリア協会は、一八九三年にミラノで設立された世俗の公的慈善団体である。この組織については、勝田由美「国民国家形成期のミラノにおける公的福祉の模索――クリスピ法とウマニタリア協会」（北村暁夫・小谷眞男編『イタリア自由主義期における国民国家形成』（仮題）、日本経済評論社、二〇一〇年刊行予定）を参照。

(57)　デッラ＝トッレについては、ACS, CPC, b. 1690 Luigi Della Torreが有益な史料である。なお、彼はファシズム政権下のイタリアにとどまり上院議員であり続けたことにより、共産党などからは「ファシスト」とみなされていた。

(58)　ACS, CPC, b. 3808, Adelmo Pedrini.

(59)　ACS, CPC, b. 1566, Ettore Cuzzani.

(60)　Carmela Maltone, *Exil et Identité. Les antifascistes italiens dans le Sud-Ouest 1924-1940*. Pessac: Presses Universitaires de Bordeaux, 2006, p. 70.

(61)　ACS, CPC, b. 5435, Alberto Virgili.

(62)　ACS, CPC, b. 3307, Augusto Mione.

(63) ただし、ヴィルジーリは一九三四年にモロッコのカサブランカに住まいを移したのち、一九三六年からメス、一九三八年からはナンシーに居住して当地の人権同盟を指導した。
(64) ACS, CPC, b. 277, Nullo Baldini.
(65) ACS, CPC, b. 1956, Giovanni Faraboli.
(66) ACS, CPC, b. 579, Enrico Bertoluzzi.
(67) ACS, CPC, b. 1690, Luigi Della Torre, 1929/3/25.
(68) Conti, *Storia della massoneria italiana*. pp. 180-181.
(69) Fedele, *La massoneria italiana nell'esilio*. p. 27.
(70) ACS, CPC, Alceste De Ambris.
(71) その一例として、ACS, CPC, Campolonghi, 1928/7/20.
(72) 戦間期のフランス南西部におけるイタリア移民の流入の実態については、Laure Teulières, *Immigrés d'Italie et paysans de France: 1920-1940*. Toulouse: Presses Universitaires du Mirail, 2002 を参照。

あとがき

本書のタイトルのなかの「友愛と秘密」という言葉にはどこか優雅で詩的な香りが感じられる。ところが、ひとたび本書を手に取り、ページを繰るならば、そこから漂ってくるのは、図書館の、文書館の、そして資料館の香りである。まさに歴史学的香りだ。それは、人によっては香りと呼ぶにはふさわしくない臭いと感じられるかもしれない。いささかカビくささを伴っているからである。だが、本書の執筆者の全員にとってそれは懐かしく、心地よい香りである。その懐かしさは、史料を綿密に解読・分析し、そこから史実に迫ろうとする姿勢、言い換えれば、歴史学の正統な方法に基づき真正面から史料に取り組む姿勢に裏打ちされている。書名の名付け親である深沢克己は、実証的で手堅い方法を駆使して優れた研究成果を挙げてきた、まさに歴史学の王道を行く研究者である。彼のその歴史研究者としての自負と自信があってこそ、『友愛と秘密のヨーロッパ社会文化史』という書名も誕生したと私は考える。言うまでもないが、二〇〇九年の政権交代時に一時もてはやされた語である「友愛」とはもちろん無関係で、書名はその前年には誕生していた。

本書は、緒言にもあるように、平成一七年度から一九年度まで日本学術振興会科学研究費補助金を得て続けられた基盤研究（B）―（2）「ヨーロッパにおける宗教的・密儀的な団体・結社に関する比較社会史的研究」の共同研究の成果をまとめて成立した。研究代表者の深沢克己と研究分担者全員が本書において論文を執筆している。本共同研究のそもそもの出発点は、平成一三年度から一五年度まで遂行された「ヨーロッパにおける宗教的寛容と不寛容の生成・展開に関する比較史的研究」（科学研究費補助金・基盤研究（B）—（2））を継承し、さらに大規模に発展させるために企画された。つまり、ヨーロッパ史上に出現した諸団体の多くに通底してみられる宗教的・密儀的な性格の比較分析をとおして、古代から現代にいたる団体・結社の組織原理および思想潮流の展開過程と系譜関係を解明することを目的として組織されたのである。

編者の一人である深沢がすでに十年余にわたって精力的に続けてきているフリーメイソンに関する研究が、堅固な土台となって本共同研究が組み立てられたのだが、いま共同研究の成果として本書を上梓するに当たって、かつて日本の歴史学研究においてほとんど顧みられることのなかったフリーメイソン研究の分野が、可能性に満ちた研究課題として確立したことを実感している。従来の歴史研究が、宗派組織・修道会・異端運動・同職組合・兄弟団・慈善団体・社交組織・思想協会・政治的秘密結社などを、それぞれ別個に宗教史・経済史・社会史・政治史などの各分野の視点から研究対象としたのに対し、本共同研究では、それらのあいだの相互連関や継承関係あるいは重複関係を解明することをめざした。また、伝統的歴史学が団体や組織を論じる場合に、一義的にはその制度的側面を重視し、次いでその機能的側面を論じるのが通常であるのに対して、本共同研究では、団体内部の精神的結合や社交的友愛を形成し強化する儀礼的・象徴的側面をも重視した。それは、抑圧された異端や少数派信徒の場合ばかりでなく、通常の宗教団体もときに秘密結社の形態をとることが示すように、団体には機能的差異を超えて、儀礼と象徴の共通性が認められるからである。これは歴史学研究の未開拓な分野に新しい鍬入れを行なうことを意味していた。

古代ギリシアから現代ヨーロッパまで、ほぼ二五〇〇年におよぶ長期的時間枠を設定して研究課題を究明しようという意欲的な企画に古代史の分野から参加した私は、長年研究対象としてきたエレウシスの秘儀と近年になって新たに研究に着手したオルフェウスの秘儀とを比較することで、西洋古代における秘儀・密儀の特質を鮮明にし、以後のヨーロッパ史における諸団体との系譜関係の解明への手掛かりを提示したいと考えた。エレウシスの秘儀は古代ギリシア世界の中でもとりわけ広く知られ、かつ大規模に開催された秘儀であるばかりでなく、古代の秘儀・密儀のなかではもっとも初期に成立したものの一つである。オルフェウスの秘儀も時期は明らかではないが、おそらく前六世紀までには成立していたであろう。

そもそも、秘儀とそれ以外の宗教活動との違いはどこにあるのだろうか。第一章引用の碑文Ⅰ（三七頁）にみられるように、アテナイの公文書ではエレウシスの秘儀について *mysteria*（ミュステリア）という語が使用されている。この語に対応するラテン語が *initia* であることから明らかなように、ミュステリアには入信儀礼が必須の要素であった。この *mysteria* はアリストファネス『雲』でも使用されていて、主人公ストレプシアデスがソクラテス主催の塾に入門を願い出る際に、先ず最初に接触した塾の門番に何を考えていたのか尋ねると、「ミュステリア」と弁えて聞くようにと言われる（一四三行）。その少し前の一四〇行には、「ここにいる修業仲間のほかには他言無用なのだ（橋本隆夫訳）」という科白があることから、ミュステリアの内容について入信した者は口外してはならないという規定があったことが知られる。この規定は、第一章でみた「デメテルの讃歌」四七八―九行の「聞くことも語ることも許されぬ、侵すべからざる神聖な秘儀」とまさに一致する規定である。ここから、秘儀すなわちミュステリアの主要な特徴が、入信儀礼（ミュエシス）および他者に口外無用の禁忌にあったことが確認できる。エレウシスの秘儀のみならずオルフェウスの秘儀も、これらの特徴すなわち入信儀礼と儀礼内容の口外禁止の規定は共有していたと考えられる。しかも、これらの特徴は、前五、四世紀のギリシアにおける宗教の一般的な特徴と比較するならば際立って特異であった。なぜならば、古代ギリシアの宗教とは、ポリスという市民共同体あるいは政治共同体および村落などの下部共同体で挙行される宗教儀礼・祭儀そのものであり、祭礼・祭儀には共同体成員全員の参加が原則であった。したがって、自分が所属する共同体の祭儀に親族や近隣の人々とともに参加することは、伝統的慣習に従った敬虔な行動であった。他方、秘儀への入信は共同体への所属とは関係なく、個人として自分の決断で行なうものであった。秘儀と他の宗教活動との違いはここに明らかである。

ところが、同じ秘儀でもエレウシスの秘儀がオルフェウスの秘儀と大きく異なったのは、ポリス・アテナイの国内・対外政策に利用され、公共の祭儀としての機能をも大きく果たしていたことにあった。それは、同秘儀が元来エレウシスの地域共同体成員のあいだで継承されていた宗教儀礼であったものが、次第にアテナイ市民に参加を認めるようになって、拡大していったからであるのかもしれない。公共の祭儀としての側面を持っていたがゆえに、入信手数料等が公文書に明記され、その結果、比較的多くの関連史料が現存することは、後代の我々にとっては幸いであった。これに対し、オルフェウスの秘儀では、私的に挙行される儀礼に入信者は個人の立場で参加するという形態をとったため、秘儀といっても、両者のあいだには大きな差異が生じていた。しかし、オルフェウスの秘儀についても、現存史料は少ないが、楽人であるオルフェウスの歌として伝わる韻文作品をデルヴェニ・パピルスと照合することによって、今後少しずつその実態も明らかになって行くものと期待している。

史料が比較的豊富なエレウシスの秘儀の場合、主神デメテルが穀物を司る女神であることから明らかなように、現在にその存在が伝わる秘儀のなかでも比較的早く成立したものは、農耕儀礼を起源としていると推測されている。エレウシスの秘儀の縁起については、本書第一章で引いた「デメテル讃歌」が伝えており、またよく知られている神話であるので、ここでは紹介するまでもないであろう。ただ、この神話に基づき、アテナイがエレウシスの秘儀ばかりでなく農耕の発祥の地であるという神話が喧伝されるようになったことは、イソクラテス『パネギュリコス』の記述が伝えるところである。イデオロギー操作の結果と言えるこの神話の成立は、恐らく前五世紀のアテナイにおいてであろう。初穂料徴収の民会決議を支える柱としてこの神話の存在があると考えてよい。他方のオルフェウスの秘儀では、女神デメテルもこの信仰の対象ではあったが、教祖オルフェウスは音楽の才はあるが、妻エウリュディケを永遠に失ってから女性に関心を持たなくなることが物語るように、生よりも死との親近性が顕著である。

このように両秘儀は相互に相違点も少なくないが、前六〇〇年頃から共同体を離れた個人の意識が芽生え、その意識が次第に成長するにつれて、自分自身の死を恐れ、死後の安寧を希求する傾向が強くなり、死後の世界との繫がりを体験できる両秘儀の人気が高まっていったと考えられている。エレウシスの秘儀やオルフェウスの秘儀ばかりでなく、ピュタゴラス派の秘儀やディオニュソスの秘儀などが存在していたことは、小論で引用したヘロドトスの記述から間違いないが、残念ながら、いずれも秘儀であるだけに手掛かりとなる現存史料は少ない。ディオニュソス（バッコス）の秘儀の場合も、ディオニュソス信仰で結びついたマイナス（複数はマイナデス）と呼ばれる女たちの踊り狂うがごとき様子を描く陶器画は多数現存しているが、文献史料が少ないことはいま述べたとおりである。もっとも多くの情報を伝えるのはエウリピデス『バッカイ（バッコスの信女）』で、憑依状態になって山野を歩きまわるマイナスたちが、彼女たちを覗き見ていた若者（一人のマイナスの息子）を八つ裂きにする衝撃的な様子を描いているが、この悲劇のどこまでが事実で、どこがフィクションか、判断は難しい。とは言え、デルヴェニ・パピルス発見（五七頁参照）の事例が示すように、新たな史料の発見によって、これまでは明らかでなかった事実を今後知ることができるかもしれない。

秘儀・密儀が宗教活動として顕著な社会現象であったと指摘されるのは、むしろヘレニズム時代末からローマ時代においてで、この時期にはミトラやイシス、キュベレ、アドニスなどオリエント世界から到来した神々の秘儀が盛んであったとされている。これらの秘儀の流行については、多神教から一神教への移行期の過渡的な現象という説明がされてきた（その概略については、本村凌二『多神教と一神教——古代地中海世界の宗教ドラマ』を参照）。しかし、これらの秘儀のオリエント起源は今では大いに疑問視されており、ミトラ教についても、本村氏も指摘されているように（同書一九四頁）、原寸大以上に大きい像が描かれてきたというのが、近年の研究成果として有力となっている。たとえば、ローマ帝国におけるミトラの秘儀はローマ起源で、おそらくオスティアにおいて始まったとM. Clauss, ***Mithras: Kult und Mysterien.*** München, 1990によって論証され、そのオリエント起源はほぼ否定された。キュモンの『ミトラ教』(F. Cumont, *Les Mystères de Mithra.* Paris, 1990)は、すでに実証研究としての価値よりも、戦前の西欧における古代ローマ宗教研究の名著としての評価を誇るべき時にいたったということであろう。ローマ帝国における秘儀(密儀)宗教については新しい視角からの個別的な実証研究がさかんに進められている。今後さらに新しい展望が開けてくるはずで、それに注意深く関心を払うべきであろう。現段階では、本書で試みた古典期のアテナイにおける秘儀の特質の解明が、ヨーロッパ史における秘儀・密儀に関連する団体や結社の組織原理や思想潮流解明と連携できたというところにとどめておきたい。

なお、本共同研究に先行する研究は、すでに深沢克己・高山博編『信仰と他者——寛容と不寛容のヨーロッパ宗教社会史』として東京大学出版会より刊行されている。宗教的寛容を基本原理とするフリーメイソン団の成立と影響を共同研究の十字路としながら、新しい視点によりヨーロッパ社会の基底にある宗教的・秘儀的な編成原理に迫ろうとしたこの三年間の共同研究は、上記の組織原理と思想潮流の基本的骨格を再構成し、研究対象の異なる研究者間の対話を可能にするための基盤造りに一定の成果を挙げることができたと自負している。

とりわけ本共同研究の歴史学的意義として重要であるのは、儀礼や象徴体系に素材を提供した多様な秘儀・密儀や秘術思想を、従来のように哲学的・思想的観点からのみでなく、歴史的・社会的視点からも研究しようと努めたところである。古代のエレウシスの秘儀やオルフェウスの秘儀、ミトラ密儀から、中世以降のユダヤ教カバラー、錬金術を経て、近世の薔薇十字団とフリーメイソン団にいたる秘儀・秘教の系譜は、従来ともすれば異端的文学研究者や好事家の特殊な興味の対象とみなされ、正統な歴史学の対象から除外される傾向にあった。本書はこれらを社会史的文脈の中に組み入れ、その歴史的役割を正当に評価するための、貴重な一歩となったと考える。それは長年本分野の研究を重ねてきた深沢の功績であるが、同時に若い研究分担者たちが深沢の期待に応えて、彼を力強く支えて研究を推進した結果でもあり、彼らの功績も見逃せない。

なお、共同研究は、具体的には、平成一七年一二月四日から平成二〇年三月四日まで計六回の研究会とウルバーネク氏の講演（平成一九年六月）を軸として進められ、その成果をまとめて本書は出来上がった。研究会は公務等で都合がつかない者以外は全員が参加し、一回に三人から六人の研究報告とその後の討論とで、毎回長時間にわたった。常に緊張がみなぎる研究会だったが、終了後には研究リーダーが選ぶフランスワインを楽しみながらの、和やかで親密な雰囲気の会食が続いた。今にして思えば、そのすべてが、学問研究という人生を共有する者たちにこそ許される至福の時間であった。

最後に、本書の刊行は、東京大学出版会編集部・山本徹氏と笹形佑子氏の献身的な協力により実現された。ここに記して執筆者全員の感謝の意を表したい。

桜井万里子

執筆者紹介（執筆順，肩書は刊行時．*は編者）

深沢克己＊（ふかさわ　かつみ）1949年生．東京大学大学院人文社会系研究科教授．〈主要業績〉『海港と文明―近世フランスの港町』（山川出版社 2002），『商人と更紗―近世フランス=レヴァント貿易史研究』（東京大学出版会 2007），ピエール=イヴ・ボルペール著『「啓蒙の世紀」のフリーメイソン』（編訳，山川出版社 2009），『ユーラシア諸宗教の関係史論―他者の受容，他者の排除』（編著，勉誠出版 2010）

桜井万里子＊（さくらい　まりこ）1943年生．東京大学名誉教授．〈主要業績〉『古代ギリシア社会史研究―宗教・女性・他者』（岩波書店 1996），『歴史のフロンティア　ソクラテスの隣人たち―アテナイ民主政社会における市民と非市民』（山川出版社 1997），『ヒストリア　ヘロドトスとトゥキュディデス―歴史学の始まり』（山川出版社 2006），『古代地中海世界のダイナミズム―空間・ネットワーク・文化の交錯』（共編著，山川出版社 2010）

千葉敏之（ちば　としゆき）1967年生．東京外国語大学大学院総合国際学研究院准教授．〈主要業績〉『西洋中世学入門』（共著，東京大学出版会 2005），「不寛容なる王，寛容なる皇帝―オットー朝伝道空間における宗教的寛容」（深沢克己・高山博編『信仰と他者―寛容と不寛容のヨーロッパ宗教社会史』東京大学出版会 2006），『中世の都市―史料の魅力，日本とヨーロッパ』（共編著，東京大学出版会 2009）

河原　温（かわはら　あつし）1957年生．首都大学東京都市教養学部教授．〈主要業績〉『中世フランドルの都市と社会―慈善の社会史』（中央大学出版部 2001），『ブリュージュ―フランドルの輝ける宝石』（中央公論新社 2006），『ヨーロッパの中世2　都市の創造力』（岩波書店 2009），［訳書］キャロル・フィンク『マルク・ブロック―歴史の中の生涯』（平凡社 1994）

ウラジミール・ウルバーネク（Vladimír Urbánek）1963年生．チェコ共和国科学アカデミー哲学研究所研究員，Acta Comeniana編集長．〈主要業績〉*Eschatologie, vědění a politika. Příspěvek k dějinám myšlení pobělohorského exilu*, České Budějovice, 2008. "Between Universalism and Patriotism: J. A. Comenius and his Concept of Politics, "in: C. Stroppa (ed.), *Il Pensiero di Jan Amos Comenius nella societa contemporanea, Pavia, Fondazione Jan Amos Comenius*, 2005, s. 67-72. "The Idea of State and Nation in the Writings of Bohemian Exiles After 1620, " in: Linas Eriksonas ― Leos Müller (eds.), *Statehood Before and Beyond Ethnicity: Minor States in Northern and Eastern Europe, 1600-2000*, Brussels, P. I. E. -Peter Lang 2005, s. 67-83.

篠原　琢（しのはら　たく）1964年生．東京外国語大学大学院総合国際学研究院教授．〈主要業績〉『国民国家と市民―包摂と排除の諸相』（共編著，山川出版社 2009），「祭典熱の時代―つくられたチェコ性によせて」（近藤和彦編『歴史的ヨーロッパの政治社会』山川出版社 2008），「地域概念の構築性―中央ヨーロッパ論の構造」（北海道大学スラブ研究センター編『講座　スラブ・ユーラシア学1　開かれた地域研究へ―中域圏と地球化』講談社 2008）

西川杉子（にしかわ　すぎこ）1963年生．東京大学大学院総合文化研究科准教授．〈主要業績〉『ヴァルド派の谷へ―近代ヨーロッパを生きぬいた異端者たち』（山川出版社 2003），'The SPCK in Defence of Protestant Minorities in Early Eighteenth-Century Europe', *The Journal of Ecclesiastical History*, vol. 56 (2005)，「イングランド国教会はカトリックである―17・

18世紀のプロテスタント・インタナショナルと寛容問題」(深沢克己・高山博編『信仰と他者―寛容と不寛容のヨーロッパ宗教社会史』東京大学出版会 2006)

勝田俊輔(かつた しゅんすけ) 1967年生. 岐阜大学教育学部准教授. 〈主要業績〉『山川歴史モノグラフ20 真夜中の立法者キャプテン・ロック―19世紀アイルランド農村の反乱と支配』(山川出版社 2009),「アイルランドにおける宗派間の融和と対立――八二〇年代のダブリンの事例から」(深沢克己・高山博編『信仰と他者―寛容と不寛容のヨーロッパ宗教社会史』東京大学出版会 2006), 'The Rockite movement in county Cork in the early 1820s', *Irish Historical Studies*, vol. xxxiii, no. 131, 2003.

北村暁夫(きたむら あけお) 1959年生. 日本女子大学文学部教授. 〈主要業績〉『ナポリのマラドーナ―イタリアにおける「南」とは何か』(山川出版社 2005),『千のイタリア―多様と豊穣の近代』(日本放送出版協会 2010),[訳書] ピエロ・ベヴィラックワ『ヴェネツィアと水』(岩波書店 2008)

友愛と秘密のヨーロッパ社会文化史
——古代秘儀宗教からフリーメイソン団まで

2010年11月29日　初　版
2025年10月10日　第3刷

［検印廃止］

編　者　深沢克己《ふかさわかつみ》・桜井万里子《さくらいまりこ》

発行所　一般財団法人　東京大学出版会
代表者　中島隆博
153-0041 東京都目黒区駒場 4-5-29
https://www.utp.or.jp/
電話 03-6407-1069　Fax 03-6407-1991
振替 00160-6-59964

印刷所　大日本法令印刷株式会社
製本所　誠製本株式会社

ISBN 978-4-13-026138-8　Printed in Japan